Frank Decker (Hrsg.)

Populismus

Frank Decker (Hrsg.)

Populismus

Gefahr für die Demokratie oder nützliches Korrektiv?

VS VERLAG FÜR SOZIALWISSENSCHAFTEN

Bibliografische Information Der Deutschen Bibliothek
Die Deutsche Bibliothek verzeichnet diese Publikation in der Deutschen Nationalbibliografie;
detaillierte bibliografische Daten sind im Internet über <http://dnb.ddb.de> abrufbar.

1. Auflage Januar 2006

Alle Rechte vorbehalten
© VS Verlag für Sozialwissenschaften/GWV Fachverlage GmbH, Wiesbaden 2006

Lektorat: Frank Schindler

Der VS Verlag für Sozialwissenschaften ist ein Unternehmen von Springer Science+Business Media.
www.vs-verlag.de

Umschlaggestaltung: KünkelLopka Medienentwicklung, Heidelberg
Druck und buchbinderische Verarbeitung: MercedesDruck, Berlin
Gedruckt auf säurefreiem und chlorfrei gebleichtem Papier
Printed in Germany

ISBN 3-531-14537-1

Inhalt

Begriffe und Erklärungsansätze

Frank Decker

Die populistische Herausforderung. Theoretische und ländervergleichende Perspektiven

1 Einleitung

Seit Mitte der achtziger Jahre ist es in zahlreichen westeuropäischen Ländern zur Etablierung einer neuen und zugleich neuartigen Parteienfamilie gekommen, für die sich in der Wissenschaft und im journalistischen Sprachgebrauch der Begriff „rechtspopulistisch" eingebürgert hat. Als Front National, Lega Nord, Vlaams Blok und FPÖ in ihren Ländern auf den Plan traten und die ersten spektakulären Wahlerfolge erzielten, war man noch geneigt, dies als eine flüchtige Protester-scheinung abzutun, wie es sie in den westlichen Demokratien – auch in populistischer Gestalt – schon immer gegeben hatte. Es herrschte also die Erwartung, dass die neuen Parteien über kurz oder lang wieder auf Normalmaß zurückge-stutzt werden bzw. aus den Parteiensystemen ganz verschwinden würden. Die weitere Entwicklung sollte dies gründlich widerlegen. Nicht nur, dass die Pionie-re des neuen Populismus ihre Stellung halten und sogar noch weiter ausbauen konnten. Das Phänomen begann sich nun auch auf andere Länder zu erstrecken und die gesamte Sphäre der elektoralen Politik zu umfassen. Sieht man von eini-gen Ländern an der westeuropäischen Peripherie ab (Großbritannien, Irland, Spanien, Griechenland), sind die rechtspopulistischen Herausforderer heute in Europa nahezu flächendeckend präsent. In Dänemark und Norwegen feierten die Neugründungen schon in den siebziger Jahren Erfolge, an die sie – nach einer Durststrecke – ab Ende der achtziger Jahre mit einer veränderten programmati-schen Agenda anknüpfen konnten. In anderen Fällen entpuppten sich die popu-listischen Vertreter als erfolgreiche Nachahmer und Nachzügler, so z.B. in der Schweiz, wo die Volkspartei unter Christoph Blocher ihre Wandlung zum Popu-lismus erst in den neunziger Jahren vollzog und in der Folge zur stärksten Partei des Landes avancierte. In Italien war Silvio Berlusconi dieses Kunststück schon vorher gelungen. Die von ihm 1994 gegründete Sammlungsbewegung Forza Italia traf freilich auf besonders günstige Bedingungen, konnte sie doch in ein elektorales Vakuum hineinstoßen, das nach dem Totalzusammenbruch des italie-nischen Parteiensystems Anfang der neunziger Jahre entstanden war. Besonders spektakulär geriet des weiteren der Aufstieg des Niederländers Pim Fortuyn, dessen neu gegründete Partei bei den nationalen Parlamentswahlen im Jahre

2002 aus dem Stand 17 Prozent der Stimmen erzielte – in einem Land, in dem die Bedingungen weit weniger günstig schienen und rechtsextreme oder -populistische Parteien bis dahin kaum eine Rolle gespielt hatten. Schließlich machte der Populismus auch vor den neuen Demokratien Mittel- und Osteuropas nicht halt. Hier sorgten die Verwerfungen des Systemwandels und eine noch ungefestigte Parteienlandschaft dafür, dass potenzielle Newcomer sich den Unmut der Wählerschaft zunutze machen konnten.

War das Interesse der Politikwissenschaft an den neuen Parteien anfangs eher spärlich, so setzte nach einer zehnjährigen Verzögerung Ende der neunziger Jahre ein regelrechter Boom in der Populismusforschung ein, der bis heute nicht abgerissen ist. Dass sich das Phänomen auch in der allgemeinen Publizistik großer Aufmerksamkeit erfreuen würde, war ohnehin zu erwarten, kamen und kommen die schillernden Anführer der populistischen Parteien in ihrer Fähigkeit zur Selbstdarstellung doch den journalistischen Sensations- und Neuigkeitsbedürfnissen hervorragend entgegen (vgl. z.B. Jungwirth 2002). Die wissenschaftlichen Arbeiten lenkten den Blick demgegenüber stärker auf die Ursachen des Populismus, wobei sie nur zum Teil auf bewährte Konzepte der Parteiensystemanalyse (wie z.B. die Cleavage-Theorie) zurückgreifen konnten. Wie in anderen Feldern der Komparatistik machten die länderbezogenen Fallstudien hier das Gros der Literatur aus, doch entstanden daneben auch eine Reihe von länderübergreifenden Vergleichsdarstellungen – in monografischer oder Sammelbandform –, von denen sich allerdings nur ein Teil des Populismuskonzepts bedienten (z.B. Werz 2003, Scharsach 2002, Decker 2000, Betz / Immerfall 1998, Taggart 1996, Pfahl-Traughber 1994, Betz 1994), während die meisten Autoren den Begriff der radikalen oder extremen Rechten vorzogen (vgl. z.B. Hainsworth 2000, Minkenberg 1998, Kitschelt / McGann 1995, Harris 1994, Merkl / Weinberg 1993, Ford 1992, Kirfel / Oswald 1991, Cheles / Ferguson / Vaughan 1991, Greß / Jaschke / Schönkäs 1990).

Seit Ende der neunziger Jahren zeigt sich die Forschung zum Populismus breit ausgefächert. Die Ausdehnung des Phänomens auf Mittel- und Osteuropa erweiterte das empirische Material dabei ebenso wie der fortbestehende Erfolg der rechtspopulistischen Vertreter in den etablierten westeuropäischen Demokratien, die sich in einigen Ländern sogar anschickten, Teil der nationalen Regierung zu werden und damit unmittelbaren Einfluss auf die Geschicke ihrer Länder nehmen konnten. Hatten die Regierungsbeteiligung der FPÖ in Österreich, der Anfang des Jahres 2000 eine heftige europaweite Reaktion gefolgt war, und die Bildung einer rechtspopulistischen Dreierkoalition in Italien unter Silvio Berlusconi die neuen Herausforderer bereits ins Scheinwerferlicht gerückt, so sorgten der Aufstieg des früheren Amtsrichters Ronald Schill in Hamburg, die Fortuyn-Bewegung in den Niederlanden und der Erfolg des Rechtsextremisten Le Pen bei den Präsidentschaftswahlen in Frankreich 2001 und 2002 für noch mehr Diskussionsstoff. Was Mitte der achtziger Jahre als elektorale Randerscheinung begonnen hatte, schien sich jetzt zu einer handfesten Revolte gegen die etablierten Parteien auszuwachsen, die für das demokratische System selbst bedrohlich werden konnte.

Mit der Beständigkeit des Populismus hat sich auch der wissenschaftliche Blick auf das Phänomen verändert. Die Populismusforschung ist aus dem engeren Bereich der Parteiensystemanalyse herausgewachsen. Politikwissenschaftlich bewegt sie sich heute in einer breiteren real- und ideengeschichtlichen Perspektive, wobei zum einen die ideologischen Inhalte und zum anderen das Verhältnis des Populismus zur Demokratie ins Zentrum der Betrachtung rücken (Taguieff 2002, Mény / Surel 2002, Hermet 2001, Taggart 2000). Zugleich hat das Phänomen das Interesse anderer Disziplinen wie der Sozialpsychologie oder der Sprachwissenschaften auf sich gezogen, deren Befunde die politologischen Analysen ergänzen (vgl. z.B. Eismann 2002, Hauch / Hellmuth / Pasteur 2002).

Ein regelrechter Perspektivenwechsel hat sich mit Blick auf die ideologische Qualität des Populismus vollzogen. Wurden rechtsradikale oder -extremistische Parteien von jeher unter ideologischen Gesichtspunkten betrachtet, so überwog bei der Analyse der populistischen Vertreter anfangs die Auffassung, dass diese zwar ebenfalls dem rechten politischen Spektrum zugeordnet werden müssten (wenn auch nicht in allen Fällen dessen äußerem Rand), dass sie aber ideologisch ansonsten nur schwer zu fassen seien. Manche Autoren sahen und sehen es geradezu als Wesen des Populismus an, dass er inhaltlich nicht klar festgelegt sei und deshalb Verbindungen mit ganz unterschiedlichen Ideologien eingehen könne (z.B. Neu 2004, Pfahl-Traughber 1994, Betz 1994). Der Populismus erscheint aus dieser Warte eher als ein Stilmittel, das ideologische Qualität allenfalls im funktionellen Sinne gewinne: beim Versuch, das Volk für die eigenen Machtbedürfnisse einzuspannen. Populistische Parteien und Politiker seien deshalb ihrer Natur nach opportunistisch.

Betrachtet man einige der historischen Populismen in der Rückschau, so scheinen die Gemeinsamkeiten in der Tat mehr auf formalem denn auf inhaltlichem Gebiet zu liegen. Das Verhältnis von Form und Inhalt ist jedoch kein sich wechselseitig ausschließendes. Gerade der Populismus macht deutlich, dass die Form, indem sie auf bestimmte inhaltliche Auffassungen zurückverweist, selbst ideologische Qualität annimmt. Dies gilt sowohl für die *diskursive* Form – die Technik der Ansprache und Überzeugung – als auch für die *organisatorische* Form – Aufbau und Funktionsweise einer populistischen Partei – , die nach Ansicht der genannten Autoren den Kern des Populismus ausmachen. Eine Betrachtungsweise, die diesen auf ein formales Prinzip reduziert, greift insofern zu kurz.

Abhandlungen zum Populismus beginnen für gewöhnlich mit einer Diskussion darüber, ob dieser als wissenschaftliche Kategorie überhaupt tauglich sei. Dass der Populismusbegriff höchst wertgeladen ist und gerne als Waffe in politi-

schen Auseinandersetzungen benutzt wird, hat er mit anderen politikwissenschaftlichen Begriffen gemein – das allein kann also noch kein Grund sein, ihn
für den wissenschaftlichen Gebrauch abzulehnen. Das eigentliche Problem liegt
in der Unschärfe und scheinbaren inhaltlichen Beliebigkeit des Populismus, der
historisch und gegenwärtig auf ganz unterschiedliche Gruppen, Personen, Ideologien, Verhaltensweisen und Äußerungsformen angewandt worden ist (Decker
2004: 23 ff.). Zieht man die Facetten ab und bildet man aus den unterschiedlichen Spielarten eine Schnittmenge, so stehen im Zentrum des Populismus-
„Syndroms" der Rekurs auf das einfache „Volk" und die Kritik am „Establishment". Gemeint sind dabei, wenn vom Volk die Rede ist, immer die kleinen
Leute, deren Wohl durch die herrschenden Eliten angeblich verletzt wird. Das
Weltbild der Populisten entspricht mithin einer klaren Feindlage: hier das recht-
schaffene Volk, dort die bösen Konzerne, Parteien, Regierungsapparate und
sonstigen Machtblöcke, die sich gegen dessen Interessen verschworen haben.
Dem korrespondiert die romantisierende Verklärung früherer Zustände, des Ide-
als einer gewachsenen und überschaubaren Gemeinschaft, die vom Staat gegen
Übergriffe geschützt wird (Canovan 1981: 290 ff.).

2   Der neue Rechtspopulismus

Es ist evident, dass im Rahmen einer solchen Definition eine Vielzahl von Erscheinungen als „populistisch" apostrophiert werden kann. Eine wissenschaftlich
sinnvolle Verwendung des Konzepts setzt darum voraus, dass man diese Erscheinungen in zeitlicher, räumlicher und sachlicher Hinsicht eingrenzt. Der
Begriff des „neuen Rechtspopulismus" leistet eine solche Eingrenzung. Er bezieht sich auf Parteien und Bewegungen rechter politischer Orientierung, die in
den westlichen Demokratien in etwa zur gleichen Zeit – seit Mitte der achtziger
Jahre – entstanden sind und ihren Durchbruch erzielt haben. Parteien vergleichbarer politischer Ausrichtung werden in der Politikwissenschaft für gewöhnlich
als „Parteienfamilie" apostrophiert. Ausgangspunkt ist dabei die Zuordnung nach
ideologischen (faschistisch, konservativ, sozialdemokratisch, kommunistisch
usw.) oder Richtungsmerkmalen (links, rechts), von denen wiederum bestimmte
Rückschlüsse auf die Wählerbasis und Organisationsstruktur gezogen werden
können. Legt man diese drei Kriterien zugrunde, erweist sich der Populismus auf
allen Ebenen als aussagekräftiges Konzept. In ideologischer Hinsicht lässt er sich
als *Rechts*populismus konkretisieren, über seine Wählerbasis verweist er auf
einen bestimmten gesellschaftlichen Entstehungshintergrund und als parteipolitischer Akteur charakterisiert ihn eine bestimmte Organisationsstruktur und Form
des Auftretens. Gerade letzteres kann verdeutlichen, worin das Neuartige der in
den achtziger Jahren aufgekommenen Rechtsparteien besteht. Der Populismus-

begriff dürfte sich dazu besser eignen als die Begriffe „radikal" oder „extrem", die auch auf die Vorläufer der alten Rechten angewandt worden sind. Auch innerhalb des rechtspopulistischen Spektrums ist die Bandbreite der vorfindbaren Erscheinungen groß (Scharenberg 2005). Sie reicht von eindeutig extremistischen Parteien wie dem französischen Front National über die radikal-libertäre Variante des Fortuyn-Populismus in den Niederlanden, von der manche bestritten haben, dass man sie überhaupt als „rechts" qualifizieren kann, bis hin zum ideologisch gemäßtigteren und stärker angebotsseitig geprägten *Berlusconismo* in Italien. Letzteren könnte man mit Fieschi und Heywood (2004) auch als „Unternehmerpopulismus" (*enterpreneurial populism*) bezeichnen, um ihn von den herkömmlichen Spielarten des „Anti-System-Populismus" abzugrenzen. Die Unterschiede spiegeln sich dabei auch in den Einstellungen der jeweiligen Unterstützer wider, die im Falle der Anti-Parteien-Parteien starke Entfremdungsgefühle gegenüber dem politischen System aufweisen, während die Haltung der Berlusconi-Wähler zur Politik eher durch Zynismus gekennzeichnet ist.

a) Ursachen und Entstehungshintergründe

Das in etwa zeitgleiche Aufkommen der rechtspopulistischen Herausforderer in den achtziger Jahren lenkt den Blick auf die gemeinsamen, länderübergreifenden Ursachen. Dass es sich bei den neuen Rechtsparteien um eine Folgeerscheinung gesellschaftlicher Modernisierungskrisen handelt, ist keine sonderlich neue Erkenntnis. Populistische Bewegungen, die gegen die Konsequenzen von Modernisierungsprozessen zu Felde ziehen, hat es auch schon zu früheren Zeiten gegeben – man denke nur an die ausgangs des 19. Jahrhunderts in den USA entstandene Populist Party (der das Phänomen seinen Namen verdankt) oder die Poujadisten in der IV. Französischen Republik (Decker 2000: 26 ff.). Die heutigen Modernisierungsfolgen unterscheiden sich von ihren historischen Vorläufern freilich in einem entscheidenden Punkt: Handelte es sich früher um räumlich und zeitlich versetzte Erscheinungen, so rücken im Zeichen der Globalisierung die Gesellschaften in ihrer Problembetroffenheit immer mehr zusammen. Die Globalisierung ist deshalb zu einer Chiffre der Systemkritik ganz unterschiedlicher (nicht nur rechter) ideologischer Positionen geworden, die für die künftige Entwicklung der Demokratie großen Zündstoff birgt. Hier liegt der Hauptgrund für die Parallelität des Parteiensystemwandels in den einzelnen Ländern und zugleich eine Erklärung dafür, dass die Populisten – anders als noch in den achtziger Jahren erwartet oder erhofft – von der politischen Bildfläche nicht wieder verschwunden sind.

Desintegration und Fragmentierung bilden den gemeinsamen Nenner der globalisierten Moderne, deren Negativseiten sich in groben Umrissen so darstellen (Loch / Heitmeyer 2001):

- *Ökonomisch* münden sie einen allmählichen Abbau wohlfahrtsstaatlicher Sicherungen, der die Polarisierung zwischen Arm und Reich verschärft und wachsende Teile der Mittelschicht mit Abstieg bedroht (Dahrendorf 2000). Die Betroffenen müssen dabei nicht zwingend objektive Verluste erleiden (des Einkommens oder des Arbeitsplatzes). Entscheidend ist das Gefühl der eigenen Benachteiligung, das sich aus der Orientierung an bestimmten Erwartungen oder Referenzgruppen ergibt. Ein solches Gefühl kann sich auch bei Gewinnern einstellen, wenn sie glauben, im Verteilungskampf von anderen ausgenommen zu werden.
- In *kultureller* Hinsicht bedeutet Globalisierung, dass Differenzen des Lebensstils und der moralischen Orientierung sichtbarer werden. Da sich die Migration heute – anders als früher – in zunehmenden Maße auch auf Angehörige anderer Kulturkreise erstreckt, verwandeln sich die einstmals homogenen Nationen über kurz oder lang in multiethnische und -kulturelle Gesellschaften. Die Konfrontation mit den Fremden wird von Teilen der eingesessenen Bevölkerung als Verlust der hergebrachten Identität empfunden. Dieser Verlust wiegt um so schwerer, als im Zuge von Individualisierungsprozessen auch andere Gruppenbindungen in Auflösung geraten.
- Soziale Unsicherheit und Entfremdung führen schließlich dazu, dass Teile der Gesellschaft sich *politisch* nicht mehr ausreichend repräsentiert fühlen. Da der Staat seiner souveränen Handlungsfähigkeit durch die Globalisierung zunehmend beraubt wird, kann er dies nicht mehr ohne weiteres durch Leistungssteigerung wettmachen. Verlorene Handlungsspielräume lassen sich zwar auf der supra- und transnationalen Ebene partiell zurückgewinnen; gerade dadurch werden sie aber der demokratischen Kontrolle und Beeinflussbarkeit entzogen, die bislang ausschließlich im nationalstaatlichen Rahmen ihren Platz hatten.

Richtet man die Aufmerksamkeit auf die Parteien im einzelnen, so geraten neben diesen allgemeinen Ursachen eine Reihe von anderen Entstehungsgründen in den Blick, die stärker system- und kontextspezifisch interpretiert werden müssen. Welcher Blickwinkel dominiert, hängt dabei letztlich von der Untersuchungsanlage ab. Maßgeblich sind hier zum einen die Zahl der Fälle – je mehr Länder in die Betrachtung einbezogen werden, um so mehr rücken die kontextübergreifenden Gemeinsamkeiten in den Vordergrund – und zum anderen der Zuschnitt des Untersuchungsfeldes (welche Erklärungsvariablen werden berücksichtigt?). Legt man die oben vorgenommene Einteilung zugrunde, so dürften die länderübergreifenden Gemeinsamkeiten bei den ökonomischen (verteilungsbezogenen) und kulturellen (wertebezogenen) Konflikten größer sein als bei den politischen Konflikten. Die erstgenannten können zwar ebenfalls – je nach Systemkontext – unterschiedliche Gestalt annehmen, werden aber ansonsten durch gesellschaftsübergreifende Prozesse der Modernisierung und Integration in dieselbe Richtung gelenkt. Die politischen Konflikte wurzeln demgegenüber primär in den historischen, institutionellen und kulturellen Eigenarten der nationalen Regierungssysteme. Auch hier gibt es Rückwirkungen der allgemeinen Modernisierungsprozesse, die zu einer Angleichung der strukturellen Bedingungen geführt haben, etwa die Europäische Integration oder die Kommerzialisierung des Mediensystems, doch vermögen diese die Bedeutung der nationalen (systemspezifischen) Faktoren nicht nachhaltig zu schmälern.

Die Virulenz der systemischen Faktoren zeigt sich besonders geballt bei den regionalistischen Populismen – wenn eine Partei oder Bewegung für größere Autonomie oder die Loslösung ihrer Region vom Gesamtstaat streitet – sowie in Konkordanzdemokratien, in denen die großen Parteien ein Herrschaftskartell bilden und die politischen Eliten zur Abgehobenheit neigen: hier werden populistische Protestreaktionen geradezu auf den Plan gerufen. Wie das Beispiel der Lega Nord zeigt, können beide Aspekte auch zusammentreffen und damit ein besonders explosives Gemisch bilden. Überhaupt werden populistische Parteien umso erfolgreicher sein, je mehr es ihnen gelingt, aus den ökonomischen, kulturellen und politischen Krisenerscheinungen gleichzeitig Kapital zu schlagen und sie zu einer programmatischen Gewinnerformel zu verbinden.[1] Beispiele sind die FPÖ (bis 1999), die Schweizerische Volkspartei und die Liste Pim Fortuyn (2002). Dass diese Parteien ideologisch zu den eher gemäßigten Populismen gehören, dürfte zu ihrem Erfolg gewiss mit beigetragen haben. Allerdings zeigen die Beispiele des Vlaams Blok und des Front National, dass auch extremistisch ausgerichtete Vertreter elektoral in große Höhen (von zuletzt bis zu 18 Prozent) vordringen können, wenn sie über ein entsprechendes programmatisches Fundament verfügen.

---

[1] Hier liegt auch der Grund, warum die europäische Einigung in den letzten Jahren zu einem immer wichtigeren Mobilisierungsthema der neuen Rechtsparteien geworden ist. Folgt man der Argumentation der Rechtspopulisten, dann steht die EU stellvertretend für sämtliche Negativfolgen, die den Modernisierungsprozess tatsächlich oder angeblich begleiten: materielle Wohlstandsverluste, multikulturelle Überfremdung und Krise der politischen Repräsentation. Die sonst so abstrakte Globalisierung findet mit ihr einen konkreten Schuldigen. In der jüngsten Zeit hat dabei insbesondere der Beitritt der mittel- und osteuropäischen Länder zur Gemeinschaft ein lohnendes Angriffsziel abgegeben, das geeignet war, die ökonomischen, kulturellen und politischen Schattenseiten der Integration in gebündelter Form hervorzuheben (Ross 2002, Fieschi 2000).

b) Ideologie

Damit wendet sich der Blick zur Angebotsseite des neuen Rechtspopulismus. Steht bei der Analyse der Ursachen und Entstehungshintergründe die Frage im Vordergrund, wer die Wähler der Rechtsparteien sind, was für Motive sie bei ihrer Stimmabgabe leiten, und welche Bedingungen des gesellschaftlichen und politischen Umfelds eine solche Wahlentscheidung begünstigen, so geht es hier um die Parteien selbst. Dass ein Nährboden für Populismus vorhanden ist und Gelegenheiten zur Mobilisierung eines entsprechenden Wählerpotenzials bestehen, garantiert ja noch nicht, dass der populistische Akteur diese Gelegenheiten auch erkennen und nutzen kann. Will er mehr als nur einen Einmalerfolg erreichen, benötigt ein solcher Akteur mindestens dreierlei: eine charismatische Führerpersönlichkeit an der Spitze und / oder eine stabile Organisation, welche die Partei zusammenhält, die Fähigkeit zur populistischen Wähleransprache sowie eine in sich konsistente Ideologie, die möglichst alle relevanten Politikbereiche abdeckt.

Bei der Analyse der Ideologie gilt es zum einen nach dem Extremismusgrad zu unterscheiden. Extremistisch sind Parteien dann, wenn sie systemfeindliche Ziele verfolgen, die den Grundprinzipien der liberalen Demokratie widerstreiten. Populistische und extremistische Parteien können Hand in Hand gehen (wie z.B. bei Vlaams Blok und Front National), müssen es aber nicht. So ist es bei der FPÖ und den skandinavischen Fortschrittsparteien durchaus fraglich, ob sie zu den rechtsextremen Vertretern gerechnet werden können, obwohl sich in ihrer Programmatik manche Hinweise finden, die in diese Richtung deuten. Andererseits gibt es rechtsextremistische Parteien, denen die typischen Merkmale des Populismus fehlen. Hierzu gehören z.B. die bundesdeutschen Vertreter DVU und NPD.

Das andere Merkmal sind die thematischen Schwerpunkte der Partei. Hier kann man an die oben vorgenommene Einteilung der Entstehungsursachen anknüpfen und zwischen ökonomischen, kulturellen und politisch-institutionellen Vertretern unterscheiden. Wie die Wählermotive müssen auch die ideologischen Schwerpunkte der Partei im jeweiligen Systemkontext gesehen werden; zudem können sie sich im Zeitverlauf wandeln (Taggart 2004: 280 ff.). So haben sich z.B. die skandinavischen Fortschrittsparteien vom Steuerprotest der siebziger Jahre auf eine kulturalistische Spielart des Populismus zubewegt, in die fremdenfeindliche und wohlfahrtschauvinistische Gesinnungen einfließen. Programmatisch und ideologisch liegt die größte Schnittmenge der rechtspopulistischen Parteien heute auf dem kulturellen Gebiet. Anders als bei der US-amerikanischen Neuen Rechten, deren Populismus stark religiös geprägt ist und sein Hauptbetätigungsfeld in den sogenannten Lebensstilfragen (*social issues*) findet, stehen dabei in Europa die nationalen Orientierungen im Vordergrund. Schlüsselthema ist hier die Zuwanderung und die nach Ansicht der Populisten fehlgeleitete Konzeption einer multikulturellen Gesellschaft.

Einige Autoren haben mit Blick auf den nationalen Charakter der neuen Rechtsparteien eingewandt, dass es sich um länderspezifische und mithin unvergleichbare Subjekte handele (z.B. Mudde 1996: 226). Die gemeinsamen Inhalte und Triebfedern des Nationalismus gewinnen jedoch in einer vergleichenden Betrachtung nicht weniger Bedeutung als dessen von Fall zu Fall unterschiedliche Traditionen; ansonsten wäre ja kaum zu erklären, warum national gesinnte Parteien heute in so vielen Ländern gleichzeitig Erfolg haben. In der neuen Forschung zeichnet sich denn auch ein Trend ab, wonach die je verschiedenen Nationalismen als Facetten einer übergreifenden „Identitätspolitik" aufzufassen sind (Betz / Johnson 2004, Betz 2002). Ein Blick auf die programmatische Entwicklung der populistischen Rechten im letzten Jahrzehnt bestätigt dies. Das nationale Denken zeigt sich dort zunehmend eingebettet in ein gemeinsames (west)europäisches Verständnis von kultureller Identität und Zugehörigkeit, dessen Gegenbild die überwiegend nicht-westliche Zuwandererbevölkerung verkörpert. Dies findet auch in organisatorischer Hinsicht Niederschlag. Nachdem ihre nationale Ausrichtung und die Stigmatisierung als rechtsextrem in der Vergangenheit wechselseitige Berührungsängste ausgelöst hatten, ist die europaweite Zusammenarbeit der neuen Rechtsparteien inzwischen zu einer Selbstverständlichkeit geworden.

c) Auftreten und Organisation

In formaler Hinsicht treten als Hauptmerkmale rechtspopulistischer Parteien ihr Bewegungscharakter und das Prinzip der charismatischen Führerschaft hervor. Darüber hinaus kennzeichnet den Populismus eine bestimmte Art und Weise, in der er sich zu den umworbenen Wählern in Beziehung setzt (Decker 2000: 47 ff.). Diese formalen Elemente lassen sich von der inhaltlichen Ideologie nicht trennen, sondern sind mit ihr im Gegenteil eng verwoben. So wie das Selbstverständnis als Bewegung und die Ausrichtung auf eine Führerfigur die Homogenität des angeblichen Volkswillens und die Ablehnung der repräsentativen Parteiendemokratie zugunsten eines mehrheitsdemokratischen Dezisionismus zum Ausdruck bringen, so spiegelt die populistische Agitation die Gegnerschaft zum Establishment und die Ausgrenzung der Nicht-Zugehörigen wider. Es scheint nicht übertrieben, diese formalen Attribute mehr noch als die reinen ideologischen Inhalte als den eigentlichen Erfolgsgrund der rechtspopulistischen Parteien zu betrachten. Der europaweite Vergleich zeigt, dass sich Entstehung und Aufstieg der Newcomer fast ausnahmslos einzelnen Führerpersönlichkeiten verdanken – Le Pen, Berlusconi, Bossi, Haider, Fortuyn – , deren charismatische Eigenschaften damit zu einem Schlüsselfaktor werden. Wo kein Führer in Sicht ist, kann eine populistische Partei oder Bewegung also offenbar nicht gedeihen – wie günstig der soziale Nährboden und die politischen Gelegenheitsstrukturen auch immer sein mögen. Und umgekehrt: Kommt der Führer abhanden oder büßt er seinen Nimbus, seine organisatorische Machtbasis und seine Fähigkeiten als Agitator ein, so droht die Bewegung als ganze zusammenzubrechen.

Die Virulenz der formalen Aspekte des Populismus wird durch Veränderungen auf der Nachfrage- und Angebotsseite des Wählermarktes befördert. Einerseits haben sich die traditionellen Parteibindungen abgeschwächt, sodass die Wähler für etwaige Newcomer heute leichter erreichbar sind und von diesen verführt werden können, auf der anderen Seite ergeben sich durch die Pluralisierung der Medienlandschaft mehr und bessere Möglichkeiten, das Volk an den vertrauten Vermittlungsinstitutionen vorbei anzusprechen. Von daher nimmt es nicht wunder, dass der populistische Stil auch auf die etablierten Parteien übergriffen hat, die sich dieses Erfolgsrezept bis zu einem gewissen Grade zu eigen machen müssen, wenn sie im Wählerwettbewerb bestehen wollen.

Was den Populisten nützt, macht sie freilich zugleich anfällig für Misserfolge (Decker 2004: 264 ff.). Personalistische Struktur und Bewegungscharakter des Populismus sind nämlich äußerst fragil: Der Führer muss mit seiner Autorität sicherstellen, dass die Bewegung zusammenhält und ihre ideologischen Widersprüche überbrückt werden können, und er muss in der Lage sein, die Anhängerschaft auf Dauer zu mobilisieren. Charisma hat allerdings die unangenehme Eigenschaft, dass es im Laufe der Zeit verblasst. Mit fortschreitender Amtszeit des Führers wird sich daher früher oder später die Nachfolgefrage stellen und für innerparteilichen Streit sorgen. Dasselbe gilt für die agitatorischen Stilmittel: Auch sie bedürfen der fortwährenden Steigerung und Radikalisierung, wenn sie dauerhafte Wirkung entfalten sollen. Dieser Dynamisierungsdruck mag erklären, warum es den rechtspopulistischen Parteien so schwer fällt, sich in organisatorischer und ideologischer Hinsicht zu konsolidieren.[2]

Überwunden werden kann das Problem der inhärenten Instabilität durch Institutionalisierung. Panebianco (1988: 144) hat das einmal treffend die „Umwandlung von persönlichem in offizielles Charisma" genannt. Institutionalisierung bedingt dabei nicht zwangsläufig eine größere oder schlagkräftigere Organisation. Ein Maß für die Verrechtlichung von Entscheidungsprozessen, sorgt sie lediglich dafür, dass ein gewisser Grad an Professionalität vorhanden ist und die parteiinternen Konflikte nach einem geregelten (wenn auch nicht immer demo-

---

[2] Die Erfahrungen hierzu sind unterschiedlich. Einige rechtspopulistische Parteien haben den Abtritt ihrer Führerfiguren nicht verkraftet und sind an internen Rivalitäten und Richtungskämpfen gescheitert (Beispiele: Schwedens Neue Demokratie, die bundesdeutschen Republikaner und die Liste Pim Fortuyn). Anderen ist es gelungen, Ersatz zu schaffen, und die Parteiorganisation auf eine neue institutionelle Grundlage zu stellen (norwegische und dänische Fortschrittsparteien, Vlaams Blok).

kratischen) Verfahren ablaufen. Beides ist Voraussetzung, um den Zusammenhalt der Organisation längerfristig zu sichern und die im Wählerwettbewerb unverzichtbare Geschlossenheit nach außen zu vermitteln.

d) Wirkung

Parallel zur veränderten Perspektive auf die Entstehungshintergründe und die ideologische Qualität des Populismus ist in den letzten Jahren die Wirkungsebene populistischer Politik immer stärker in den Mittelpunkt der wissenschaftlichen Diskussion gerückt. Auch hier liegt der Grund in der zunächst nicht erwarteten Dauerhaftigkeit des Phänomens, das in den westlichen Demokratien mehr als nur oberflächliche Spuren hinterlassen hat. Für die Analyse bietet es sich an, einerseits nach Art und Intensität zwischen kurz- und langfristigen bzw. direkten und indirekten Wirkungen zu unterscheiden. Andererseits muss nach deren Gegenstand (Objekt) gefragt werden. Hier richtet sich der Blick aus politikwissenschaftlicher Sicht zuerst auf das Parteiensystem, sodann auf das Regierungshandeln und schließlich auf das gesamte demokratische System.

Kurzfristige Wirkungen treten auf, wenn es den etablierten Parteien gelingt, Themen und Probleme, die von den populistischen Herausforderern auf die Agenda gesetzt wurden, diesen wieder zu entwinden, indem sie die fraglichen Anliegen tatsächlich oder nur symbolisch aufgreifen. In solchen Fällen handelt es sich um ein vergängliches Protestvotum, das die Populisten zum Opfer des eigenen Erfolges werden lässt – ein Effekt, der besonders dann eintreten dürfte, wenn die Parteien auf wenige oder gar nur ein einzelnes Thema abonniert sind. Beispiele wären hier z.B. die bundesdeutschen Republikaner, deren Erfolgskurve rapide sank, nachdem sich die beiden großen Parteien 1993 auf eine Novellierung des Asylrechts verständigt hatten, oder die Schill-Partei, die im Hamburger Bürgerschaftswahlkampf 2001 ganz auf das Thema innere Sicherheit kapriziert war.

Nicht alle kurzfristigen Protestgründe lassen sich indessen durch politische Gegenmaßnahmen ausräumen. Stauen sie sich auf oder bilden sie mit anderen Problemen zusammen ein größeres „Syndrom", können solche Protestgründe zu einer dauerhaften Veränderung der Wert- und Interessenlagen ganzer Bevölkerungsgruppen führen, die sich in den Parteiensystemen niederschlägt. Schenkt man den Wahlanalysen Glauben, weist die Wählerschaft der neuen rechtspopulistischen Parteien gewisse sozialstrukturelle Schlagseiten auf (beim alten Mittelstand und der Arbeiterschaft). Im ganzen überwiegt jedoch der Eindruck einer schichtübergreifenden Erscheinung, die in erster Linie durch gemeinsame Wertorientierungen zusammengehalten wird. Insofern sind die neuen Rechtsparteien ein Indiz dafür, dass sich die Konfliktstruktur der nachindustriellen Gesellschaft in Richtung der kulturellen Achse verschoben hat. Auf dieser besetzen sie den anti-liberalen, autoritären Pol (Kitschelt / McGann 1995).

Direkte Wirkungen gehen von den Populisten aus, wenn sie selber Regierungsverantwortung tragen und somit die Politik ganz unmittelbar mitbestimmen und -gestalten können. Erfahrungen dazu liegen aus Italien, Österreich, den Niederlanden, der Schweiz und – auf der gliedstaatlichen Ebene – Deutschland (Hamburg) vor, wo rechtspopulistische Parteien in der Vergangenheit Teil der Regierungen waren oder es weiterhin sind. Einigen Vertretern (FPÖ, LPF, Schill-Partei) ist diese Rolle – gemessen an den nachfolgenden Wahlergebnissen – denkbar schlecht bekommen. An ihnen lässt sich exemplarisch studieren, welche grundsätzlichen Probleme eine Machtbeteiligung von Gruppierungen aufwirft, deren Ideologie und Programmatik überwiegend aus Anti-Positionen besteht. Auf der anderen Seite gibt es mit Berlusconis Forza Italia und der Schweizerischen Volkspartei auch Beispiele für halbwegs gelungene Gratwanderungen, die allerdings nur vor dem Hintergrund der besonderen Kontextbedingungen in den beiden Ländern erklärbar sind.

Zur Regierungsbilanz rechtspopulistischer Parteien liegen angesichts der noch schmalen empirischen Basis bisher erst wenige Studien vor (vgl. z.B. Frölich-Steffen / Rensmann 2005, Heinisch 2003, Minkenberg 2001). Das Hauptaugenmerk gebührt dabei dem materiellen Einfluss der Herausforderer auf das Regierungsgeschehen, der um so größer sein dürfte, je mehr Verhandlungs- und Durchsetzungsmacht sie gegenüber ihren Koalitionspartnern entwickeln. Dass der Einfluss im Bereich der kulturellen Themen sichtbarer ist als in der Sozial-, Wirtschafts- und Außenpolitik, nimmt angesichts der Prioritätenliste der Rechtspopulisten nicht wunder, auf der die wertebezogenen Themen ganz oben stehen. Außerdem eröffnen diese Themen den politischen Akteuren vergleichsweise große Handlungsspielräume, während die Gestaltungsmöglichkeiten in der Sozial- und Wirtschaftspolitik durch Sachzwänge heute so stark eingeschränkt sind, dass sie eine ideologische Profilierung immer weniger gestatten. Besonders deutlich zeigt sich die Handschrift der Rechtspopulisten in der Migrationsfrage, wo sie darauf gedrängt haben, die Möglichkeiten der Zuwanderung weiter einzuschränken (durch strengere Aufenthaltsgenehmigungen und eine Verschärfung des Asylrechts). Die Restriktionen waren und sind hier Teil eines breiteren identitätspolitischen Konzepts, das den nationalen Bias auch in anderen Politikfeldern verstärkt hat – von der Arbeitsplatzvergabe und Inanspruchnahme sozialer Leistungen bis hin zur Kunst- und Kulturförderung.

Um solche Wirkungen zu erzeugen, müssen die Rechtspopulisten nicht unbedingt selbst Hand anlegen. Auch dort, wo die etablierten Parteien sich einig waren, sie von der Macht fernzuhalten, haben die Herausforderer deren Agenda im eigenen Sinne geprägt (z.B. in Belgien und Frankreich). Das konkrete Ausmaß der Beeinflussung ist dabei nicht immer leicht zu ermitteln. Es hängt einerseits von der Stärke des rechtspopulistischen Vertreters, andererseits von den Konkurrenzbeziehungen der Parteien untereinander ab, hier vor allem der Mitte-Rechts-Parteien. Für Länder mit Vielparteienstrukturen wie z.B. Dänemark und Norwegen liegen hierzu einige Fallstudien vor (Harmel / Svåsand 1997), die aber eine systematische Vergleichsuntersuchung nicht ersetzen können.

Die Analyse der direkten und indirekten Wirkungen des Rechtspopulismus leitet über zu der aus Sicht der etablierten Parteien (insbesondere des Mitte-Rechts-Lagers) letztlich entscheidenden Frage nach der optimalen Bekämpfungsstrategie. Entwindet man den Rechtsparteien ihre Wähler am besten, indem man sich rhetorisch strikt von ihnen abgrenzt, jede Zusammenarbeit verweigert, sich gleichzeitig aber in der Substanz ihren Forderungen annähert? Oder ist es besser, man macht die Populisten salonfähig, gesteht ihnen durch die Beteiligung an der Macht unmittelbaren Einfluss auf die Regierungspolitik zu, um sie darüber früher oder später zu entzaubern? Eine generelle Antwort darauf mag in normativer Hinsicht wünschenswert sein; sie verbietet sich aber deshalb, weil die einzelnen Fälle je nach politischer Ausgangslage (Gelegenheitsstruktur) und Charakter der Rechtsparteien unterschiedlich gelagert sind. Dennoch haben beide Strategien zumindest vordergründig dieselbe Konsequenz. Sie verändern die politische Agenda im Sinne der Rechtspopulisten und verschieben damit die politischen Macht- und Kräfteverhältnisse. Ein Blick auf die Entwicklung in den letzten zehn Jahren scheint dies zu bestätigen. Nachdem ausgangs der neunziger Jahre bis auf Irland und Spanien überall in der EU sozialdemokratische Regierungen am Ruder waren, gelang es den Mitte-Rechts-Parteien seither, die Macht in mehreren Ländern zurückzuerobern. Anders als der Begriff vermuten lässt, lagen dem „Rechtsruck" jedoch keine größeren Wählerbewegungen zwischen dem linken und rechten Lager zugrunde; ausschlaggebend war vielmehr die veränderte Strategie der bürgerlichen Rechten gegenüber der neuen populistischen Konkurrenz, die in die Bündnisüberlegungen fortan miteinbezogen wurde. Den Anfang hatte schon 1994 Silvio Berlusconis Zusammengehen mit Bossis Lega Nord und Finis Alleanza Nazionale gemacht, das damals allerdings nur kurze Zeit funktionierte. 1999 folgte der skandalumwobene Eintritt der FPÖ in die österreichische Regierung. In Norwegen und Dänemark wurden die Rechtspopulisten ab 2001 an der Macht indirekt beteiligt, indem sich die bürgerlichen Regierungen von ihnen tolerieren ließen. Und in Italien gelang es Berlusconi, das neu aufgelegte Bündnis mit Bossi und Fini so zu stabilisieren, dass die Rechtsregierung nach vier Jahren Amtszeit heute immer noch relativ fest im Sattel sitzt.

Die elektoralen Konsequenzen der Regierungsbeteiligung variieren von Fall zu Fall. Wo die Koalitionen scheiterten, wurden die dramatischen Verluste der „entzauberten" Rechtspopulisten von den bürgerlichen Parteien größtenteils aufgefangen, die dadurch gestärkt weiter regieren konnten, während die Rechtsparteien in rivalisierende Nachfolgeorganisationen zerfielen oder sich ganz auflösten (so in Österreich, den Niederlanden und Hamburg). In anderen Fällen mussten die Mitte-Rechts-Regierungen bei Haupt- und Zwischenwahlen Niederlagen einstecken, die hauptsächlich auf das Konto der größeren Regierungsparteien gingen (Norwegen, Italien). Welche „systemische" Konsequenzen sich aus den wechselnden Wahlerfolgen des Rechtspopulismus ergeben, wird in der Literatur unterschiedlich bewertet. Die durch das Aufkommen der neuen Konkurrenz beschleunigte Pluralisierung und Polarisierung der Parteiensysteme hat die Möglichkeiten der Regierungsbildung ebenso erschwert wie das Regieren selbst. Auf der anderen Seite haben die Rechtspopulisten Repräsentationsdefizite offengelegt, den Wettbewerbscharakter der Politik verstärkt und den demokratischen Wechsel mit ermöglicht, was aus normativer Sicht durchaus positiv zu betrachten ist. Am Ende werden wir auf diese Ambivalenz unter Systemgesichtspunkten zurückkommen.

Abbildung 1:   Forschungsprogramm zum neuen Rechtspopulismus

	Entstehungshintergrund Ursachen	*Ideologie*	*Auftreten Organisation*	*Wirkung*
ökonomisch	Verteilungskrise	Neoliberalismus Wohlfahrtschauvinismus Protektionismus		
kulturell	Identitäts- / Sinnkrise	Anti-Liberalismus Fremdenfeindlichkeit		
politisch	Repräsentationskrise	Anti-Parteien-Gesinnung direkte Demokratie	charismatische Führung Institutionalisierung agitatorische Stilmittel	Parteiensystem Regierungspolitik Demokratie

3   Vom rechten zum linken Populismus

Der Begriff „Rechtsruck" greift noch aus einem anderen Grund zu kurz, der mit der veränderten Problemagenda der heutigen Politik zu tun hat und auf die längerfristigen Erfolgsaussichten der neuen Rechtsparteien verweist. Wenn das Wesen des beschleunigten Modernisierungsprozesses darin liegt, dass er zu wachsender Desintegration und Fragmentierung führt, so zieht er zwangsläufig Reaktionen der „Schließung" nach sich, die sich in protektionistischer Abwehr, Konstruktion von Feindbildern und dem Appell an eine überkommene Gemeinschaft ausdrücken. Es ist nicht in erster Linie die Rückwärtsgewandtheit, sondern das anti-egalitäre Moment, das solche Schließungsreaktionen ideologisch als „rechts" qualifiziert – im Unterschied zur egalitären und universalistischen Linken. Von daher scheint es kein Zufall, dass die neuen Herausfordererparteien heute fast ausnahmslos im rechten politischen Spektrum beheimatet sind.

Dies schließt die Möglichkeit eines linken Populismus allerdings nicht aus. Wie die Erfahrungen aus Lateinamerika und Osteuropa zeigen, kann dieser historisch sogar auf eine lange Tradition zurückblicken, wobei die Verbindung zur autoritären Regierungsform zumindest im lateinamerikanischen Fall einen wichtigen Unterschied zur aktuellen Situation in den etablierten westeuropäischen Demokratien markiert, in denen sich die Rechtspopulisten eher als systemoppositionelle Protestparteien gerieren. So wie die rechten pflegen auch die linken Populisten das anti-elitäre Ressentiment, die Gegnerschaft zum herrschenden System und die Parteinahme für das sogenannte einfache Volk. Im Gegensatz zu diesen dehnen sie das exklusorische Prinzip allerdings nicht auf die horizontale Ebene aus, wo sie ihren egalitären Zielen weiter verpflichtet bleiben und in wertebezogenen Fragen eher liberal oder libertär auftreten. Auf der kulturellen Konfliktachse bilden sie damit den Gegenpol zur populistischen Rechten.

Richtete sich der Blick bei der Suche nach linkspopulistischen Bewegungen oder Parteien in der jüngeren Vergangenheit vornehmlich auf die postkommunistischen Transformationsstaaten Mittel- und Osteuropas, so hat sich das inzwischen gründlich geändert. Seit einiger Zeit können wir auch in den westeuropäischen Gesellschaften eine Renaissance des Linkspopulismus beobachten. Diese rührt zum einen aus dem Umfeld der globalisierungskritischen Bewegung Attac; zum anderen lässt sie sich in an den zunehmenden Wahlerfolgen linkssozialistischer Parteien festmachen, die in vielen europäischen Ländern neben der Sozialdemokratie existieren. Besonders spektakulär vollzog sich die Entwicklung in der Bundesrepublik, wo es 2005 zur Formierung eines neuen Linksbündnisses kam, in dem sich die postkommunistische PDS und eine westdeutsche SPD-Abspaltung zusammenschlossen.

Ein europaweiter Vergleich zeigt, dass es zwischen dem Vorhandensein bzw. der Stärke rechts- und linkspopulistischer Parteien einen (negativen) Zusammenhang gibt. Dies ist auch nicht verwunderlich, da beide Vertreter um ein vergleichbares Wählerklientel konkurrieren, das sich überwiegend aus den abstiegsbedrohten Angehörigen der Unter- und Mittelschichten zusammensetzt (den sogenannten „Modernisierungsverlierern"). Stellt man die ideologischen Positionen den Wählereinstellungen gegenüber, so zeigt sich bei den Unterstützern der Linksparteien das altbekannte Phänomen, dass sie in kulturellen Fragen sehr viel weiter rechts stehen als die Partei („working class authoritarianism"). Für die Linkssozialisten könnte es insofern lohnend sein, sich gewisser Versatzstücke des Rechtspopulismus zu bedienen, um die eigene Wählerbasis zu verbreitern. Umgekehrt haben die rechten Vertreter aus der zunehmenden „Proletarisierung" ihrer Wählerschaft seit den achtziger Jahren die Konsequenz gezogen, die ursprüngliche neoliberale Linie zu verlassen und auf einen sozialprotektionistischen Kurs umzuschwenken. Ideologisch stellte das kein großes Problem dar, da sich das neue Konzept mit den identitätspolitischen Kernforderungen der Rechtsparteien bestens vereinbaren ließ.

Bleibt die Frage, welches Lager in Zukunft über die günstigeren Erfolgsaussichten verfügt. Hier spricht manches dafür, dass der linke dem rechten Populismus bis zu einem gewissen Grade den Rang ablaufen könnte. Tatsächlich ist das Schwächeln der Rechtspopulisten nicht nur auf deren Selbstentblößung zurückzuführen. Stattdessen verweist es auf eine tiefer gehende Erschöpfung, die einen weiteren Rückgang der Wählerunterstützung vorausahnen lässt. Ein wesentlicher Grund dafür liegt in der versäumten oder misslungenen Institutionalisierung. Der tabubrecherische Stil der Haiders, Le Pens und Berlusconis, der zur Beliebigkeits- und Spaßkultur der neunziger Jahre hervorragend passte, hat sich in den Zeiten der neuen Ernsthaftigkeit überlebt. Dem Bedürfnis nach pragmatischer Politik und realistischen Lösungen konnten und können die Rechtspopulisten nichts Überzeugendes entgegensetzen. Des weiteren haben die Mainstream-Parteien den Populisten wichtige Schlüsselthemen wie die Reform des politischen Systems oder die Migrationsfrage entwunden. Insbesondere letztere bietet den Herausforderern kaum noch Angriffsflächen, nachdem die Einwanderungsgesetze verschärft wurden und die Absage an einen falsch verstandenen Multikulturalismus heute nahezu Allgemeingut ist. Auf der anderen Seite gewinnen im Zuge des globalen Standortwettbewerbs verteilungsbezogene Konflikte an neuer Bedeutung, die von den Linkspopulisten ebenso gut oder besser adressiert werden können. Schließlich haben auch die etablierten Parteien die Vorzüge der populistischen Wähleransprache erkannt und für sich übernommen – allerdings ohne die für die Rechtspopulisten typischen Entgleisungen. Zumal im Fernsehen wird das mediale Terrain von ihnen inzwischen so umfassend besetzt, dass die Herausforderer zunehmend das Nachsehen haben und mit ihren Botschaften nicht mehr durchdringen können.

4   Auf dem Weg zur populistischen Demokratie?

Damit kommen wir zur abschließenden Schlüsselfrage: der Bedeutung des Populismus für die Demokratie. Folgt man dem eben Gesagten, dann trägt der Populismus als Systemmerkmal ein Doppelgesicht. Einerseits stellt er ein Protestphänomen dar, das – in parteiförmiger Gestalt – gegen die Begleiterscheinungen ökonomischer, kultureller und institutioneller Modernisierungsprozesse zu Felde zieht. Auf der anderen Seite beschreibt er einen allgemeinen Gestaltwandel der demokratischen Politik, der in der elektoralen Sphäre des Parteienwettbewerbs beginnt und von dort auf das gesamte politische Geschehen übergreift. Welche Spielart dominanter ist, hängt zunächst von der institutionellen Ausgangslage des Systems ab. In Konsensdemokratien, die durch geschlossene, bisweilen kartellförmige Entscheidungsstrukturen charakterisiert sind, steht zu erwarten, dass der Populismus in erster Linie von außen an das System herangetragen wird und auf dieses einwirkt. In den Wettbewerbsdemokratien, wo das Aufkommen neuer Herausfordererparteien durch hohe Zugangshürden erschwert wird, dürfte er demgegenüber eher von innen wirken, indem die etablierten Parteien sich seiner bemächtigen.

Der „eingebaute" Populismus der konkurrenzdemokratischen Systeme und der anti-parteienstaatliche Protestpopulismus in den Konsensdemokratien sind mithin Seiten derselben Medaille. Margaret Canovan (2002: 25 ff.) zufolge stellen sie beide eine Reaktion auf die zunehmende Komplexität und Undurchschaubarkeit der politischen Entscheidungsprozesse dar, die zu einer tendenziellen Entwertung der verfassungsmäßigen Institutionen geführt habe. Canovan spricht in diesem Zusammenhang von einem „demokratischen Paradoxon" der heutigen Politik, das den Populismus auf den Plan rufe. Mit seinem Hang zur radikalen Simplifizierung vermittle dieser ein Gefühl der Eingängigkeit und Transparenz, das in der demokratischen Wirklichkeit zunehmend auf der Strecke zu bleiben droht.

Der „eingebaute" Populismus und das Verhältnis von Populismus und Demokratie sind erst in jüngster Zeit Gegenstand intensiver Forschungsbemühungen geworden (vgl. insbesondere die Beiträge in Mény / Surel 2002). Damit einher ging auch ein kritischerer Blick auf das Phänomen. Wurden den rechtspopulistischen Herausforderern zunächst durchaus demokratiefördernde oder -stabilisierende Wirkungen attestiert, so überwog nun die Ansicht, dass der durch sie beförderte schleichende Systemwandel an die Grundlagen des demokratischen Verfassungsstaates rührt. Von einer positiven Korrektivfunktion der Rechtsparteien hätte man nur sprechen können, wenn die Newcomer aus den Parteiensystemen wieder verschwunden wären oder wenn sie ihren radikalen Anti-Positionen abgeschworen und sich dadurch zu normalen, systemtragenden Kräften gewandelt hätten. Beides ist nicht eingetreten. Um so notwendiger ist es, die längerfristigen institutionellen Implikationen in den Blick zu nehmen, die von den populistischen Kräften ausgehen.

Die neu entstandenen Parteien sind Trendsetter einer Entwicklung, die man als „plebiszitäre Transformation" des politischen Prozesses bezeichnen könnte. Klassische Vermittlungsinstitutionen wie Parlamente und Parteien treten in der Bedeutung zurück und werden durch direkte Beziehungen zwischen Regierung und Wahlvolk ersetzt bzw. überlagert. Gewiss haben die populistischen Neugründungen den Wandel offensiver vorangetrieben als die etablierten Kräfte.

Charakteristisch dafür ist z.B., dass einige ihrer Vertreter in der Wähleransprache deutliche Parallelen zu den amerikanischen Parteien aufweisen, die das plebiszitäre Modell in der bisher reinsten Form verkörpern (z.B. Berlusconis Forza Italia). Die Transformation ist aber auch bei den alteingesessenen Parteien inzwischen weit fortgeschritten, nachdem die Wähler sich bei der Stimmabgabe immer weniger an soziologische oder ideologische Gewissheiten gebunden fühlen und der Parteienwettbewerb aufgrund der generell abnehmenden Handlungsspielräume der (nationalen) Politik auch real an Substanz einbüßt. Den Parteien bleibt in einer solchen Situation nur die Wahl, entweder auf die Unterschiede in den Details der Problemlösungen zu verweisen (und dabei zu riskieren, dass die Wähler gelangweilt oder überfordert werden). Oder sie führen eine gezielte Depolitisierung der Wählerschaft herbei, indem sie auf symbolische Handlungen oder Personalisierungsstrategien ausweichen und in ihrer Rhetorik das Volk zum zentralen Bezugspunkt machen. Dass die letztgenannte Option im Zweifel die attraktivere ist, versteht sich im Kontext der heutigen Mediengesellschaft fast von selbst. Es hängt auch mit den Darstellungsformen und -techniken des in dieser Hinsicht besonders wichtigen Fernsehens zusammen, die eine natürliche Affinität zur populistischen Ansprache entwickeln. Für die politischen Akteure kann es sich also lohnen, „in Populismus zu machen", wenn sie Unterstützungsbasis verbreitern wollen. Damit gewinnen sie zugleich die Möglichkeit, sich von „ihren" Parteien zu emanzipieren. Die plebiszitäre Transformation bleibt insofern nicht auf die Außenseite des Parteienwettbewerbs beschränkt. Sie spiegelt sich auch im Inneren der Parteien wider, die führungslastiger werden und ihrer elektoralen Funktion alle weiteren Ziele unterordnen.

Auch wenn der Gestaltwandel der Parteiendemokratie die Gewichte von der konstitutionellen zur plebiszitären Demokratie verschoben hat, wäre es falsch, die z.B. von Tony Blair meisterhaft praktizierte Technik der populistischen Wähleransprache schon mit einer populistischen Demokratieauffassung gleichzusetzen. Charakteristisch für den „eingebauten" Populismus ist, dass er sich weiterhin innerhalb einer konstitutionell-repräsentativen Demokratiekonzeption bewegt. Diese betont den deliberativen Charakter der politischen Entscheidungsprozesse und ist deshalb ihrer Tendenz nach inklusiv, auf eine möglichst breite Interessenberücksichtigung hin ausgerichtet. Die populistisch-plebiszitäre Demokratiekonzeption setzt demgegenüber anstelle des geduldigen Aushandelns und Argumentierens die Dezision. Sie möchte die vorhandene Interessenvielfalt in einer mehrheitsdemokratischen Entscheidungsbefugnis aufgehoben sehen, die auf Ausgrenzung beruht und damit polarisierend wirkt. Von daher erklärt sich auch das Bedürfnis nach homogenen Identitätskonstruktionen, der Drang, das „Volk" als vorgestellte Einheit nicht nur im Inneren gegen die herrschenden Eliten, sondern auch nach außen hin von anderen Völkern und Nationen zu unterscheiden; dies weist den Populismus als eine im Kern anti-liberale Ideologie aus (Rosenberger 2001: 106 f.).

Aus diesem Grund wäre es auch verkehrt, die populistische Forderung nach Einführung oder verstärkter Nutzung plebiszitärer (direktdemokratischer) Beteiligungsmöglichkeiten für bare Münze zu nehmen. Wie Mudde (2004: 558 f.) zu Recht betont, verfolgen die Populisten mit der vehementen Befürwortung der Plebiszite primär den Zweck, das Volk gegen die herrschende Elite in Stellung zu bringen. Ein durchdachtes und ehrlich gemeintes institutionelles Konzept steht nicht dahinter. Tatsächlich wäre ein ausgebautes System der direkten Demokratie „von unten" (mit der Initiative als Herzstück) im Rahmen der populistischen Demokratieauffassung kaum vorstellbar. Indem sie dem Volk das Letztentscheidungsrecht über die Gesetze zubilligen, wären die direktdemokratischen Verfahren zwar imstande, das konstitutionelle Prinzip zurückzudrängen. Im Kontext der repräsentativen Institutionen und des parlamentarischen Parteienwettbewerbs würden sie aber eher in Richtung Konsens und Interessenausgleich wirken, also das Gegenteil von dem bezwecken, was die populistische Demokratie propagiert. Von daher drängt sich die Frage auf, ob nicht gerade die Plebiszite ein geeignetes Mittel sein könnten, um die populistischen Auswüchse des Parteienwettbewerbs zu begrenzen. In der elektoralen Sphäre können sich die plebiszitären Tendenzen heute weitgehend unkontrolliert entfalten. Durch die Einführung direktdemokratischer Elemente würden sie demgegenüber institutionell gezähmt und in die Sphäre der eigentlichen Sachpolitik zurückverwiesen.[3]

Im Umkehrschluss heißt das, dass die Gefährdungen durch den Populismus dort am größten sind, wo sie die bereits vorhandenen Konsenseigenschaften des politischen Systems unterminieren. Je mehr sich die plebiszitären Tendenzen Bahn brechen, um so wichtiger werden – mit anderen Worten – die freiheitssichernden Schutzvorkehrungen des Verfassungsstaates. Solange die rechtspopulistischen Kräfte in der Opposition verharren und als reine Protestparteien auftreten, dürfte von ihnen für die verfassungsmäßige Ordnung keine unmittelbare Bedrohung ausgehen. Bedenklich wird es erst, wenn sie über Regierungsmacht verfügen und ihre plebiszitären Demokratievorstellungen aktiv betreiben können. Die Erfahrungen nach der Machtbeteiligung bzw. -übernahme rechtspopulistischer Parteien in Österreich und insbesondere Italien zeigen, dass diese Befürch-

---

[3] Schwieriger ist die Frage nach der Wirkungsweise plebiszitärer Elemente in bereits bestehenden konsensdemokratischen Systemen zu beantworten. Wie die Beispiele der Schweiz, Österreichs und Italiens zeigen, waren diese nicht imstande, das Aufkommen der rechtspopulistischen Herausforderer zu verhindern. Die vorhandenen empirischen Belege deuten im Gegenteil darauf hin, dass die Populisten im Wählerwettbewerb von den direktdemokratischen Verfahren profitieren konnten (Müller 1999). Dem stehen wiederum die Erfahrungen aus anderen konsensdemokratisch verfassten Staaten entgegen, wo rechtspopulistischen Parteien ihre Wahlerfolge ganz ohne Zutun der plebiszitären Demokratie erreicht haben (z.B. Niederlande oder Norwegen).

tungen keineswegs aus der Luft gegriffen sind (Rusconi 2002, Rosenberger 2001). Sie können auch nicht durch die Hoffnung aufgewogen werden, dass die Rechtspopulisten an der Regierung mit hoher Wahrscheinlichkeit scheitern. Der Blick nach Lateinamerika oder Osteuropa macht deutlich, dass es von der populistischen Demokratie zum quasi-demokratischen Autoritarismus häufig nur ein kurzer Weg ist. Die entwickelten demokratischen Staaten mag das einstweilen noch nicht betreffen. Dennoch sollten sie die vom Populismus ausgehenden Gefahren ernst nehmen und einer plebiszitären Verwandlung ihrer Regierungssysteme schon heute vorsorglich entgegentreten.

5   Zu den Beiträgen dieses Bandes

Die bis hierher aufgeworfenen Fragestellungen und Probleme, die das Spektrum der politikwissenschaftlichen Populismusforschung umreißen, sollen in den nachfolgenden Aufsätzen aufgegriffen und vertieft werden. Der erste Teil des Bandes, der neben dem Einleitungsbeitrag drei weitere Aufsätze umfasst, erörtert das Phänomen zunächst in einer allgemein-theoretischen Perspektive. Er knüpft an das oben vorgeschlagene Analyseraster an. Den Auftakt macht *Tim Spier*, der in seinem Beitrag aufzeigt, ob und in welcher Form die populistischen Parteien und Bewegungen eine Reaktion auf gesellschaftliche Modernisierungsprozesse (und -krisen) darstellen. Dabei wird zum einen auf historische Vorläufer und Vergleichsbeispiele der aktuellen rechtspopulistischen Erscheinungen abgestellt. Zum anderen möchte der Autor die viel zitierte These empirisch überprüfen, wonach die Wählerschaft des neuen Rechtspopulismus überwiegend aus sogenannten „Modernisierungsverlierern" besteht. *Lars Rensmann* beschäftigt sich anschließend mit den ideologischen Qualitäten des Populismus im allgemeinen und des Rechtspopulismus im speziellen. Der Populismus wird dabei als „schlanke" Ideologie apostrophiert, deren Kernelemente einerseits eine Radikalkritik des politischen und gesellschaftlichen Establishments und andererseits – in der rechtsgerichteten Variante – die Abgrenzung des vermeintlich homogenen Volkes nach außen sind. Das besondere Interesse des Autors gebührt der populistischen Demokratieauffassung, die als Antithese zur konstitutionell-repräsentativen Regierungsform erscheint und damit zumindest implizit systemfeindliche Züge annimmt. Im abschließenden Beitrag des ersten Teils wendet *Thomas Meyer* den Blick auf die Angebotsseite, indem er mit den veränderten Kommunikationsbedingungen der Mediendemokratie einen zentralen Aspekt der Gelegenheitsstrukturen des Populismus beleuchtet. Meyer zufolge geht die Logik des heutigen Mediensystems mit den Bedürfnissen des Populismus nach Simplifizierung und negativer Stimmungsmache Hand in Hand. Dies schmälere die Qualität der politischen Debatte und führe dazu, dass sich die Bürger auf lange Sicht noch mehr von der Demokratie entfremdeten.

Der zweite Teil des Buches besteht aus insgesamt sieben Länderbeiträgen. So wichtig der Blick auf die übergreifenden Ursachen und Erscheinungsformen des Populismus ist, so notwendig bleibt es, diese Ursachen und Erscheinungsformen im Kontext der jeweiligen Parteien- und Regierungssysteme differenziert darzustellen. Anders als in den meisten ländervergleichenden Sammelbänden geschieht das hier nicht im Rahmen von einzelnen Länder- oder Fallstudien (mit Ausnahme des Beitrages über die Bundesrepublik). Stattdessen werden mehrere Länder bzw. Parteien zu einer Fallgruppe zusammengefasst und unter einer bestimmten Themenstellung miteinander verglichen. Den Anfang machen *Günther Pallaver* und *Reinhold Gärtner* mit ihrer Analyse der Regierungsbeteiligungen rechtspopulistischer Parteien, die sich auf die Beispiele Österreichs (FPÖ) und Italiens (Forza Italia und Lega Nord) stützt. *Gilles Ivaldi* und *Marc Swyngedouw* blicken anschließend auf die beiden erfolgreichsten Vertreter der rechtsextremen Spielart des neuen Populismus. Ihre vergleichende Untersuchung des französischen Front National und belgischen Vlaams Blok richtet sich schwerpunktmäßig auf die Akteure selbst und rückt dabei insbesondere die ideologischen Aspekte in den Mittelpunkt. *Susanne Frölich-Steffen* zeigt in ihrem Beitrag am Beispiel Österreichs, der Schweiz und den Niederlanden auf, warum rechtspopulistische Herausforderer gerade in konkordanzdemokratischen Systemen reüssieren konnten, wobei die Konsequenzen der Regierungsbeteiligung hier ebenfalls mitberücksichtigt werden. *Jens Rydgrens* Analyse des dänischen und schwedischen Falls macht demgegenüber deutlich, dass auch bei vergleichbarem politisch-kulturellen und institutionellen Systemhintergrund die Erfolgschancen der Neuankömmlinge höchst unterschiedlich sein können. Das Hauptaugenmerk seines Beitrags liegt entsprechend auf den Gelegenheitsstrukturen und der Angebotsseite des Rechtspopulismus. Ähnlich wie in Schweden konnten sich rechtspopulistische Parteien in Deutschland nicht flächendeckend etablieren. *Frank Decker* und *Florian Hartleb* suchen in ihrem Beitrag nach Gründen dieser relativen Schwäche, wobei als potenzieller Erklärungsfaktor auch der erstarkende Linkspopulismus in den Blick kommt. *Klaus Bachmann* erweitert die Vergleichsperspektive schließlich auf die neuen Demokratien Mittelosteuropas, wo die Verwerfungen des Transformationsprozesses nicht minder günstige Bedingungen für populistische Protestparteien geschaffen haben als in Westeuropa. Dies wird an ausgewählten Beispielen aus Polen, Ungarn und der Slowakei untersucht. Den Abschluss bildet *Uwe Juns* Analyse des „eingebauten" Populismus in den wettbewerbsdemokratischen Systemen Großbritanniens, Frankreichs und der Bundesrepublik. Er stellt das unverzichtbare Pendant zur Untersuchung der parteiförmigen Populismen dar, denen in der Forschung nach wie vor das Hauptinteresse gebührt. Dies gilt nicht zuletzt für die Bewertung unter Demokratie-

und Systemgesichtspunkten, die sich wie ein roter Faden durch alle Beiträge zieht.

Auf die im Untertitel des Bandes formulierte Frage, ob der Populismus eher eine Gefahr für die Demokratie oder ein nützliches Korrektiv sei, wird man auch nach der Lektüre der Aufsätze keine abschließende Antwort erhalten. Dafür sind die Bedingungen und Erfahrungen in den einzelnen Ländern zu unterschiedlich und der Populismus selbst als politisches Systemmerkmal zu vielschichtig. Die vorliegenden Beiträge sollen einen Eindruck von dieser Vielschichtigkeit vermitteln. Wenn sie helfen, das Phänomen zu entschlüsseln und die populistische Herausforderung der heutigen Demokratie besser zu verstehen, hätte der Band seinen Zweck erfüllt.

Literatur

Besonders wichtige Titel sind mit einem Sternchen gekennzeichnet.

Betz, Hans-Georg (1994), Radical Right-Wing Populism in Western Europe, New York.
*Betz, Hans-Georg (2002), Rechtspopulismus in Westeuropa. Aktuelle Entwicklungen und politische Bedeutung, in: Österreichische Zeitschrift für Politikwissenschaft 31 (3), S. 251-264.
Betz, Hans Georg / Carol Johnson (2004), Against the Current – Stemming the Tide. The Nostalgic Ideology of the Contemporary Political Right, in: Journal of Political Ideologies 9 (3), S. 311-327.
Betz, Hans-Georg / Stefan Immerfall, Hg. (1998), The New Politics of the Right. Neo-Populist Parties and Movements in Established Democracies, New York.
Canovan, Margaret (1981), Populism, London.
*Canovan, Margaret (2002), Taking Politics to the People. Populism and the Identity of Democracy, in: Yves Mény / Yves Surel (Hg.), Democracies and the Populist Challenge, Houndmills / New York, S. 25-44.
Cheles, Luciano / Ronnie Ferguson / Michalina Vaughan, Hg. (1991), Neo-Fascism in Europe, London.
Dahrendorf, Ralf (2000), Die globale Klasse und die neue Ungleichheit, in: Merkur 54 (11), S. 1057-1068.
Decker, Frank (2000), Parteien unter Druck. Der neue Rechtspopulismus in den westlichen Demokratien, Opladen.
*Decker, Frank (2004), Der neue Rechtspopulismus, 2. Auflage, Opladen.
Eismann, Wolfgang, Hg. (2002), Rechtspopulismus. Österreichische Krankheit oder europäische Normalität?, Wien.
Fieschi, Catherine (2000), European Institutions, the Far Right and Illiberal Politics in a Liberal Context, in: Parliamentary Affairs 53, S. 517-531.
*Fieschi, Catherine / Paul Heywood (2004), Trust, Cynicism and Populist Anti-politics, in: Journal of Political Ideologies 9 (3), S. 289-309.

Ford, Glyn, Hg. (1992), Fascist Europe. The Rise of Racism and Xenophobia, London.

Frölich-Steffen, Susanne / Lars Rensmann, Hg. (2005), Populisten an der Macht. Populistische Regierungsparteien in Ost- und Westeuropa, Wien.

Greß, Franz / Hans-Gerd Jaschke / Klaus Schönkäs, Hg. (1990), Neue Rechte und Rechtsextremismus in Europa, Opladen.

Hainsworth, Paul, Hg. (2000), The Politics of the Extreme Right. From the Margins to the Mainstream, London / New York.

Harmel, Robert / Lars Svåsand (1997), The Influence of New Parties on Old Parties' Platforms. The Cases of the Progress Parties and Conservative Parties of Denmark and Norway, in: Party Politics 3, S. 315-340.

Harris, Geoffrey, Hg. (1994), The Dark Side of Europe. The Extreme Right Today, 2. Auflage, Edinburgh.

Hauch, Gabriella / Thomas Hellmuth / Paul Pasteur, Hg. (2002), Populismus. Ideologie und Praxis in Frankreich und Österreich, Innsbruck / Wien.

Heinisch, Reinhard (2003), Success in Opposition – Failure in Government. Exploring the Performance of the Austrian Freedom Party and Other European Right-wing Populist Parties in Public Office, in: West European Politics 26 (3), S. 91-130.

Hermet, Guy (2001), Les Populismes dans le monde. Une histoire sociologique XIXe – XXe siècle, Paris.

Jungwirth, Michael, Hg. (2002), Haider, Le Pen & Co. Europas Rechtspopulisten, Graz.

Kirfel, Martina / Walter Oswalt, Hg. (1991), Die Rückkehr der Führer. Modernisierter Rechtsradikalismus in Europa, 2. Auflage, Wien / Zürich.

*Kitschelt, Herbert / Anthony McGann (1995), The Radical Right in Western Europe. A Comparative Analysis, Ann Arbor.

Loch, Dietmar / Wilhelm Heitmeyer (2001), Einleitung: Globalisierung und autoritäre Entwicklungen, in: dies. (Hg.), Schattenseiten der Globalisierung, Frankfurt a.M., S. 11-37.

*Mény, Yves / Yves Surel, Hg. (2002), Democracies and the Populist Challenge, Houndmills / New York.

Merkl, Peter H. / Leonard Weinberg, Hg. (1993), Encounters with the Contemporary Radical Right, Boulder / San Francisco / Oxford.

Minkenberg, Michael (1998), Die neue radikale Rechte im Vergleich. USA, Frankreich, Deutschland; Opladen.

Minkenberg, Michael (2001), The Radical Right in Public Office. Agenda-Setting and Policy Effects, in: West European Politics 24 (4), S. 1-21.

Mudde, Cas (1996) The War of Words Defining the Extreme Right, in: West European Politics 19 (2), S. 225-248.

*Mudde, Cas (2004), The Populist Zeitgeist, in: Government and Opposition 39 (4), S. 541-563.

Müller, Wolfgang C. (1999), Plebiscitary Agenda-Setting and Party Strategies. Theoretical Considerations and Evidence from Austria, in: Party Politics 5 (3), S. 303-315.

Neu, Viola (2004), Das Janusgesicht der PDS. Wähler und Partei zwischen Demokratie und Extremismus, Baden-Baden.

Panebianco, Angelo (1988), Political Parties. Organization and Power, Cambridge.

Pfahl-Traughber, Armin (1994), Volkes Stimme? Rechtspopulismus in Europa, Bonn.

Rosenberger, Sieglinde Katharina (2001), Demokratie und / versus Populismus, in: Andrei Markovits / dies. (Hg.), Demokratie. Modus und Telos, Wien, S. 101-116.

Ross, Andreas (2002), Vereint gegen Europa, in: ZEIT-Dokumente Nr. 4, S. 31-32.

Rusconi, Gian Enrico (2002), Berlusconismo. Neuer Faschismus oder demokratischer Populismus?, in: Blätter für deutsche und internationale Politik 47 (8), S. 973-980.

Scharenberg, Albert (2005), Rückkehr der Führer? Rechtsparteien in Europa, in: Blätter für deutsche und internationale Politik 50 (5), S. 571-582.

Scharsach, Hans-Henning (2002), Rückwärts nach rechts. Europas Populisten, Wien.

Taggart, Paul (1996), The New Populism and the New Politics. New Protest Parties in Sweden in a Comparative Perspective, Houndmills / London.

Taggart, Paul (2000), Populism, Buckingham / Philadelphia.

*Taggart, Paul (2004), Populism and Representative Politics, in: Journal of Political Ideologies 9 (3), S. 269-288.

Taguieff, Pierre-André (2002), L'illusion populiste. De l'archaïque au médiatique, Paris.

*Werz, Nikolaus, Hg. (2003), Populismus. Populisten in Übersee und Europa, Opladen.

Tim Spier

Populismus und Modernisierung

1 Einleitung

Wenn heute von Populismus gesprochen wird, dann denkt man zumeist an rechtspopulistische Parteien, wie sie etwa in Frankreich mit dem Front National, in Belgien mit dem Vlaams Blok oder in Dänemark mit der Dansk Folkeparti zu finden sind. Fast unweigerlich drängt sich das Bild von rhetorisch gewandten Anführern auf, die in aggressiver Weise gegen Ausländer oder das politische Establishment wettern, in ihren Reden gezielt gesellschaftliche Tabuthemen aufgreifen, in unzulässiger Weise vereinfachende Antworten auf komplexe gesellschaftliche Probleme geben – und die trotzdem (oder gerade deswegen) in den letzten zwei Jahrzehnten insbesondere in den europäischen Demokratien starken Wählerzuspruch erfahren haben. Doch Populismus ist ein viel weiteres Feld, als es dieser erste Eindruck zu vermitteln vermag. Man kann eine ganze Reihe von Bewegungen, Parteien, Führern und Regime unter diesen Begriff fassen, die vor jeweils verschiedenen historischen Hintergründen entstanden sind und die unterschiedliche ideologische Ausrichtungen und politische Ziele aufweisen (Puhle 2003, Taggart 2000). So bezeichnet man die Farmerbewegung in den USA des ausgehenden 19. Jahrhunderts genauso als „populistisch", wie die Gruppe von russischen Intellektuellen, die sich „Volkstümler" (russisch: *Narodniki*) nannten. Auch einige autoritäre Entwicklungsdiktaturen in Südamerika, wie die von Perón in Argentinien oder von Vargas in Brasilien, weisen populistische Züge auf. Selbst dem Nationalsozialismus und verwandten faschistischen Bewegungen in der Zeit zwischen den beiden Weltkriegen werden bisweilen populistische Eigenschaften attestiert (Puhle 1986: 22 f., Worsley 1969: 242).

Um derart unterschiedliche Erscheinungen unter einen Oberbegriff zu fassen, müssen gewichtige Gemeinsamkeiten vorliegen, die eine solche Klassifizierung rechtfertigen. Es ist die These dieses Aufsatzes, dass das Gemeinsame der ansonsten höchst unterschiedlichen populistischen Parteien und Bewegungen darin liegt, dass sie jeweils eine Reaktion auf Krisen im Gefolge von gesellschaftlichen Modernisierungsprozessen darstellen. Die Verwerfungen und Umbrüche, die sich aus gravierenden ökonomischen, kulturellen wie auch politischen Veränderungen ergeben, rufen danach in der Bevölkerung Verunsicherungen und Ängste hervor, die in Unzufriedenheit und Protest umschlagen können und damit gute Voraussetzungen für die populistische Mobilisierung bieten. Im Folgenden soll deshalb der Zusammenhang von Populismus und Modernisierung näher beleuchtet werden.

2   Populismus und Modernisierung – Zwei Seiten einer Medaille

Um den Zusammenhang zwischen Populismus und Modernisierung plausibel zu machen, ist es zunächst notwendig, ein wenig theoretisch auszuholen. In den Sozialwissenschaften ist „Modernisierung" das, was man wissenschaftstheoretisch als Paradigma bezeichnet: Ein einheitliches Deutungsmuster, das von einer Denkschule oder Forschungstradition zur Erklärung ganz unterschiedlicher Phänomene herangezogen wird. Modernisierung in dem hier verwendeten Sinn bedeutet zunächst nichts anderes als eine Entwicklung einer Gesellschaft von einem älteren Zustand in einen neuen. Ein typisches Beispiel für Modernisierung ist z.B. der Wandel von der Agrar- in die Industriegesellschaft, wie er für viele Staaten – allen voran England – seit Ende des 18. Jahrhunderts beobachtet werden kann.

Die Definition von Modernisierung als Entwicklung einer Gesellschaft von „alt" nach „neu" scheint zunächst lapidar zu sein. Doch wenn man sich ansieht, welche weit reichenden Analysen mit diesem gesellschaftlichen Wandel verknüpft werden, dann dürfte deutlich werden, welche Bedeutung die so genannte Modernisierungstheorie in den Sozialwissenschaften hat: So kann zunächst gefragt werden, was den Wandel einer Gesellschaft ausmacht, was also das Neue im Vergleich zum alten Zustand ist. Auch der Modernisierungsprozess selbst, also der Verlauf des Wandels, kann untersucht werden. Häufig wird zu diesem Zweck noch weiter zwischen unterschiedlichen Prozessen in gesellschaftlichen Teilsystemen unterschieden, etwa im ökonomischen, politischen oder kulturellen Bereich. So kann festgestellt werden, in welchem Bereich der Wandel zuerst eingesetzt und welche Prozesse dies in den anderen Bereichen nach sich gezogen hat. Für die Untersuchung des Phänomens Modernisierung ist es auch interessant, den Wandel in unterschiedlichen Gesellschaften zu betrachten: Durch den länderübergreifenden Vergleich ist es möglich, Hinweise auf Gemeinsamkeiten und Unterschiede in den Entwicklungen zu gewinnen. Schließlich kann man auch nach den „Konsequenzen der Moderne" (Giddens 1995) fragen, also den positiven oder negativen Auswirkungen der Modernisierungsprozesse auf bestimmte Individuen oder Bevölkerungsgruppen. Hier ist der vorliegende Aufsatz zu verorten, der Populismus als Folge von Modernisierungsprozessen interpretiert.

Wichtig ist, dass Modernisierung in diesem Sinne als eine reine Analysekategorie verstanden wird. Der Begriff ist inhaltlich zunächst leer und kann die unterschiedlichsten Formen und Ausprägung annehmen. Man könnte eine Vielzahl von historischen Einzelerscheinungen aufzählen (z.b. Industrialisierung, Bürokratisierung, Demokratisierung, Bildungsexpansion, Säkularisierung etc.) und sie als Modernisierungsprozesse interpretieren, ohne dass damit auch nur ansatzweise Vollständigkeit angestrebt würde. Auch das, was verschiedentlich unter den Begriff der „Postmoderne" gefasst wird, ist in diesem Kontext letztlich nur als eine weitere Spielart der Modernisierung zu interpretieren.

Welche Folgen haben nun Modernisierungsprozesse allgemein und wieso geht dies häufig mit einem steigenden Zuspruch zu populistischen Parteien oder Bewegungen einher? Modernisierungsprozesse sind gesellschaftliche Veränderungen in großem Maßstab. Sie gestalten zwangsläufig die Lebens- und Arbeitssituation erheblicher Teile der Bevölkerung in einschneidender Weise um. Nimmt man nur das bereits angeführte Beispiel des Wandels von der Agrargesellschaft zur Industriegesellschaft, so lassen sich hieran die bedeutenden Folgen für das Leben vieler Menschen illustrieren: Der Anteil der Bevölkerung, der in der Landwirtschaft beschäftigt war, nahm im Zuge der industriellen Revolution rapide ab. Damit einher ging ein rasanter Anstieg des Beschäftigtenanteils im industriellen Sektor. Ein erheblicher Teil der Landbevölkerung wanderte in die Städte als Standorte der neuen industriellen Produktion ab – eine Entwicklung, die je nach Betrachtungspunkt als „Landflucht" oder „Verstädterung" beschrieben werden kann. Gleichzeitig veränderte sich auch die Art und Weise der Produktion: Dominierte in Landwirtschaft und ländlichem Handwerk noch Selbstversorgung und Arbeit aus „einer Hand", so traten in den städtischen Fabriken an deren Stelle Lohnarbeit und Arbeitsteilung.

Diese Veränderungen haben natürlich gewichtige Auswirkungen auf das Leben der Menschen. Für manche sind diese eher vorteilhaft, für andere eher nachteilig. Modernisierung ist kein neutraler oder gar ausschließlich positiver Prozess, es werden immer „Gewinner" *und* „Verlierer" hervorgebracht. Gewinner von Modernisierungsprozessen sind häufig die Bevölkerungsgruppen, die sich an die stattfindenden Veränderungen am besten anpassen können oder sie als Avantgarde der Veränderung planvoll vorantreiben. In dieser Hinsicht waren die Gewinner der Industrialisierung – um beim Beispiel zu bleiben – die Mitglieder des sich herausbildenden Besitzbürgertums, die die neuen Fabriken als Zentren der industriellen Produktion betrieben, Handelsunternehmen oder Banken besaßen und von deren wirtschaftlichen Erfolg profitierten. Doch Modernisierung bringt auch immer Bevölkerungsgruppen hervor, die als Verlierer dieser Prozesse bezeichnet werden müssen. Dies ist in gewisser Hinsicht die „Schattenseite" der Modernisierung. Es sind in der Regel diejenigen, die sich nicht ohne weiteres den Veränderungen anpassen können oder zumindest durch den Wandel in unterschiedlicher Weise negativ betroffen werden. Die wichtigste Gruppe von Modernisierungsverlierern im Gefolge der Industriellen Revolution waren etwa die Arbeiter in den entstehenden Fabriken. Sie lebten gerade in der Frühphase der Industrialisierung in großer Abhängigkeit von den Unternehmern und hatten diesen gegenüber kaum Verhandlungsmacht. Niedrige Löhne, lange Arbeitszeiten, schlechte Arbeitsbedingungen und die Gefahr, dass man von einem Tag auf den anderen seine Arbeit verlor, lasteten schwer auf dieser Bevölkerungsgruppe.

Eine solche soziale Situation, in der Menschen im Modernisierungsprozess verlieren, schafft die Voraussetzungen für politischen Protest. Zunächst ist es Unzufriedenheit, die sich in dieser Gruppe ausbreitet. Sie resultiert aus enttäuschten Erwartungen an Gesellschaft und Politik, von denen die Betroffenen hoffen, dass sie die negativen Konsequenzen der Modernisierung ausräumen oder zumindest doch abfedern. Allgemeine Unzufriedenheit kann dann schnell in politische Unzufriedenheit umschlagen, wenn die etablierten politischen Eliten die Probleme überhaupt nicht wahrnehmen, sie nicht lösen können oder sie gar nicht lösen wollen. Hier entsteht das, was heute allgemein unter dem Schlagwort „Politikverdrossenheit" diskutiert wird – eine pauschale Unzufriedenheit mit der Politik und den Politikern mit ihren vermeintlich „leeren" Versprechungen.

Schwerwiegender als die mehr oder weniger konkrete Unzufriedenheit dürften aber tieferliegende psychologische Probleme sein, die aus der sozialen Situation von Modernisierungsverlierern resultieren können: Die gravierenden Veränderungen, die mit den unterschiedlichen Modernisierungsprozessen einhergehen, können bei den Verlierern dieser Prozesse tiefgreifende Verunsicherungen bis hin zu Ohnmachtsgefühlen hervorrufen. Derart betroffene Menschen fühlen sich auf der einen Seite minderwertig, ziehen sich ängstlich zurück, klagen sich selbst an oder lassen sich von anderen ausnutzen. Auf der anderen Seite hegen sie Groll und Aggressionen oder leben Racheaffekte aus, um die Ohnmacht psychologisch zu kompensieren (Fromm 1937). Auch unter dem Begriff der Entfremdung werden ähnliche Phänomene diskutiert: Hierunter versteht man einen Zustand oder einen Prozess, in dem die Beziehung zu sich selbst, zu anderen Menschen oder zu Sachen zerstört wird (Schultze / Wasmuth 1998). Die unter Umständen drastischen Veränderungen der Lebens- und Arbeitsbedingungen, die mit den Modernisierungsprozessen einhergehen, können eine derartige Entfremdung bewirken. Alte Gewohnheiten, Routinen und Traditionen gelten nicht mehr, Menschen verlieren in gewisser Hinsicht ihre soziale Identität und fühlen sich isoliert.

Aber warum sind es ausgerechnet populistische Parteien und Bewegungen, die von Unzufriedenheit, Ohnmachtsgefühlen und Entfremdung besonders begünstigt werden? Könnten nicht auch andere Akteure vom politischen Protest der Modernisierungsverlierer profitieren und sie an sich binden? Prinzipiell gibt es keinen zwingenden Grund, warum es nicht auch Organisationen, die nicht populistisch agieren, gelingen könnte, derartige Personen an sich zu binden. Allerdings gibt es viele Charakteristika des Populismus, die gerade die Unterstützung einer solchen Partei oder Bewegung nahe legen. Die populistische Agitation spricht – so die hier vertretene These – Modernisierungsverlierer besonders effektiv an.

Ein wichtiges und weitgehend universelles Merkmal des Populismus ist es, dass er an das „Volk", den „kleinen Mann auf der Straße" appelliert (Canovan 2004: 247 ff.). Dies ist der Begriffskern des Wortes, der sich schon in seiner lateinischen Wurzel *populus* („das Volk") widerspiegelt. Dabei wird „das Volk" als eine mehr oder weniger homogene Masse betrachtet, Interessenunterschiede zwischen verschiedenen Klassen, Schichten oder Berufsgruppen der Bevölkerung werden weitgehend geleugnet. Häufig wird „das Volk" zudem durch die Populisten romantisch überhöht und ihm viele positive Eigenschaften zugeschrieben: Es ist einfach, ehrlich und vernünftig, arbeitet hart und ist grundanständig. Dies ist Balsam für die geschundenen Seelen der Modernisierungsverlierer. Den orientierungslosen und sozial isolierten Menschen wird dadurch ein Gefühl der Zugehörigkeit vermittelt und ihnen eine soziale Identität gegeben.

Dieser Effekt wird noch dadurch verstärkt, dass dem derart idealisierten Volk die „Elite" oder das „Establishment" gegenübergestellt wird (Decker 2004: 35 f.). Dabei erfolgt die Darstellung des „Establishments" in ebenso klischeehafter und holzschnittartiger Weise, wie dies beim „Volk" der Fall ist: Die „Elite" ist in der Vorstellung der Populisten korrupt, selbstsüchtig und nur am Machterhalt orientiert. Eine Unterscheidung zwischen unterschiedlichen Akteuren innerhalb der „Elite" wird üblicherweise nicht vorgenommen. Statt dessen gehen Populisten davon aus, dass sich das gesamte „Establishment" gegen „das Volk" verschworen habe. Hierdurch werden verschiedene Bedürfnisse von Modernisierungsverlierern effektiv angesprochen. Einerseits wird ihre Unzufriedenheit mit der politischen Elite bedient, die für die negativen Modernisierungsfolgen oder zumindest die ausbleibende Abfederung ihrer Konsequenzen verantwortlich gemacht wird. Andererseits wird aber auch gerade durch die Abgrenzung gegenüber dem vermeintlich korrupten Establishment die Zugehörigkeit zum Kollektiv der „einfachen und ehrlichen Leute" verstärkt und so eine Identitätsfindung unterstützt. Schließlich spricht die pauschale Gegenüberstellung von „korrupter Elite" und „hart arbeitendem Volk" die latente Wut und Aggression von sich politisch ohnmächtig fühlenden Menschen an.

Ein drittes übergreifendes Merkmal populistischer Bewegungen sind ihre charismatischen Führerfiguren, die sich zu Vertretern „des Volkes" hochstilisieren und suggerieren, dass sie genau verstehen, was „die Leute auf der Straße" wünschen. Mit ihnen steht und fällt zumeist ihr politischer Erfolg, sie sind Gesicht und Aushängeschild dieser Bewegungen. Jenseits der Tatsache, dass zum Transport von politischen Inhalten immer möglichst prominente und aus Sicht der Unterstützer vertrauenswerte Personen notwendig sind, hat die Personenzentriertheit populistischer Bewegungen aber noch einen anderen Grund: Der tiefen Verunsicherung von Modernisierungsverlierern entspricht ein Bedürfnis nach

politischer Klarheit, nach Führung, die die als richtig wahrgenommenen Entscheidungen propagiert und durchsetzt.

Schließlich grenzen sich Populisten häufig von bestimmten Bevölkerungsgruppen, insbesondere Minderheiten, ab und appellieren an diesbezügliche Ressentiments in der Bevölkerung. Bei Rechtspopulisten sind dies üblicherweise
Ausländer, es können aber durchaus auch andere kulturelle, religiöse oder
sprachliche Minderheiten sein. Häufig findet man auch Intellektuellenfeindlich-
keit oder – insbesondere bei Linkspopulisten – eine personalisierte Kritik an den
wirtschaftlichen Eliten. Auch hierdurch werden Modernisierungsverlierer effektiv angesprochen: Einerseits geht Abgrenzung gegenüber anderen Gruppen, den
so genannten „outgroups", immer mit der Schaffung und dem Einschluss in eine
eigene „ingroup" einher. Dies fördert die Bildung einer sozialen Identität und
schafft psychologische Sicherheit. Andererseits fördern Gefühle der individuellen Unterlegenheit und Schwäche, des Verletztseins und der Ungerechtigkeit
immer auch die Suche nach „Sündenböcken", die für die eigene Misere verantwortlich gemacht werden können. Insofern sind Modernisierungsverlierer besonders anfällig für die ressentimentgeladene Rhetorik von Populisten.

Die Argumentation dürfte den theoretischen Zusammenhang zwischen Modernisierungsprozessen und der Unterstützung populistischer Parteien und Bewegungen verdeutlicht haben. Allerdings ist es abschließend noch notwendig,
einige gewichtige Einschränkungen zu machen, um nicht den Eindruck zu erwecken, dass auf Modernisierungsprozesse stets und immer der Erfolg von Populisten folgt. Ein derartiger Determinismus ist in den Sozialwissenschaften praktisch
nie zu beobachten. Zunächst muss das Potenzial für diese Bewegungen und Parteien ausreichend groß sein. Dies ist in aller Regel erst dann der Fall, wenn sich
die negativen Folgen von Modernisierungsprozessen zu einer krisenhaften Situation verdichten. Erst dieser „populistische Moment" (Goodwyn 1976) schafft für
populistische Parteien und Bewegungen die Möglichkeit, in der Bevölkerung
Wähler und Unterstützer zu mobilisieren. Es öffnet sich dann für Populisten ein
Gelegenheitsfenster (*„window of opportunity"*). Doch die günstige Gelegenheit
muss auch genutzt werden. Es ist genauso möglich, dass eine etablierte Partei
oder Bewegung die Themen aufgreift und auf diese Weise das Potenzial an sich
binden kann. Auch müssen Populisten ihr Potential effektiv ansprechen, etwa
durch die Massenmedien oder eigene Propaganda. Sie müssen die Möglichkeit
haben, ihre ressentimentgeladene Rhetorik vorzubringen, und über eine überzeugende und rhetorisch geschickte Führerfigur verfügen. Erst wenn diese Bedingungen gegeben sind, kann auch mit einem Erfolg der Bewegung gerechnet
werden (Decker 2004: 170 ff.).

3 Historische Beispiele für den Zusammenhang von Populismus und Modernisierung

Damit die theoretischen Erörterungen des letzten Abschnitts noch etwas plausibler werden, sollen die angestellten Überlegungen anhand von drei historischen Bewegungen mit populistischen Zügen belegt werden. Um den Zusammenhang zwischen Populismus und Modernisierung anhand dieser Beispiele beschreiben zu können, ist es natürlich notwendig, sich auf die Darstellung der groben Züge der jeweiligen historischen Situation zu beschränken (Rucht 1994: 99). Die Differenziertheit der Betrachtung, die sich in den Einzeldarstellungen zu diesen Bewegungen findet, kann in diesem Kontext nicht aufrecht erhalten werden. Die Gegenüberstellung der drei Beispiele soll im Übrigen keinesfalls nahe legen, dass es sich um Phänomene mit ähnlicher ideologischer Ausrichtung handelt. In der Tat sind sie in Bezug auf die politischen *Inhalte* höchst verschieden. Populismus wird hier aber primär als Politik*stil*, als Form politischer Rhetorik aufgefasst, was eine Gegenüberstellung ideologisch recht unterschiedlicher Erscheinungen sinnvoll erscheinen lässt (zum ideologischen Gehalt des Populismus siehe den Beitrag von Lars Rensmann in diesem Band).

a) Die Populisten-Bewegung in den USA

Als erstes historisches Beispiel soll hier die Entwicklung der Populisten-Bewegungen in den USA des späten 19. Jahrhundert nachgezeichnet werden, die von vielen Autoren zu den klassischen Formen des Populismus gezählt wird (z.B. Allcock 1971: 372).[1] Ihren Ursprung hatte diese Bewegungen in den Jahren des Durchbruchs der Hochindustrialisierung nach Ende der so genannten *reconstruction era* (1865 bis 1877), die den Wirren des amerikanischen Bürgerkrieges folgte. In der Zeit bis zur Jahrhundertwende entwickelten sich die Vereinigten Staaten zu einer der weltweit führenden Industrienationen, was in der Struktur ihres Wirtschaftssystems einschneidende Veränderungen hervorrief. So sorgte der steigende Finanzbedarf der Großindustrie dafür, dass sich konkurrierende Unternehmen zu Monopolkonzernen, den so genannten *trusts*, zusammenschlossen. Auch stieg in dieser Zeit der Einfluss großer Bankhäuser, die die entstehende Großindustrie mit Kapital versorgten. Schließlich war die Hochindus-

---

[1] Teilweise wird in der Selbstbezeichnung als „Populisten" durch die amerikanische Populisten-Bewegung auch der Ursprung des politischen Begriffs „Populismus" gesehen (Canovan 1981: 5). Unbeachtet bleibt dabei, dass bereits in der antiken römischen Republik eine Form populistischer Politik betrieben wurde: Die Gruppe der *populares*, die anfangs unter Führung der Gracchen stand, versuchte ihre Minderheitsposition innerhalb der politischen Führungsschicht gegenüber den *optimates* mit Hilfe der Volksversammlung zu überwinden.

trialisierung durch öffentlich subventionierte Großprojekte geprägt, von denen der Bau der großen Eisenbahntrassen nach Westen am bedeutsamsten war. Zentrum der Hochindustrialisierung war der amerikanische Nordosten mit seinen großen, durch Zuwanderung noch weiter wachsenden Städten. Hier hatten auch die meisten der großen Konzerne und Banken ihren Sitz.

Demgegenüber hatten insbesondere die Farmer und Pioniersiedler des Südens und Mittleren Westens unter diesen Entwicklungen zu leiden. Eröffnete ihnen der Einsenbahnbau anfangs noch die Möglichkeit, ihre Agrarprodukte im Westen und Nordosten der USA abzusetzen, gerieten sie später zunehmend in die Abhängigkeit der Eisenbahngesellschaften. Diese nutzten ihre Monopolstellung und berechneten enorme Frachtkosten, im Mittleren Westen manchmal viermal so hoch wie auf vergleichbaren Strecken im Nordosten (Hicks 1955: 60 ff.). Gleichzeitig sanken die Preise von agrarischen Produkten zwischen 1870 und 1897 um bis zu 50 Prozent (Schimmer 1997: 63). Viele Farmer gerieten dadurch in finanzielle Nöte und in die Abhängigkeit von ihren Kreditgebern. Besonders drastisch war die Praxis im Süden der USA, wo die Händler für Ausrüstung und Dünger den Farmern die Verpfändung der zukünftigen Ernteerträge abverlangten (so genanntes *crop lien system*). Die Händler hatten dadurch sogar die Möglichkeit, zu bestimmen, was die Farmer zukünftig anzubauen hatten – in aller Regel Baumwolle, so dass auch die Selbstversorgung der Bauern eingeschränkt wurde (Canovan 1981: 21 f.). Zudem machte es den Siedlern zu schaffen, dass nach dem amerikanischen Bürgerkrieg eine deflationistische Währungspolitik verfolgt wurde: Die Regierung kehrte zum Goldstandard zurück, das heißt: das im Umlauf befindliche Papiergeld wurde durch Gold gedeckt. Dies senkte die Preise und hob den Wert des Dollar – eine für die Farmer fatale Entwicklung, da sie nun weniger Dollar für ihre Agrarprodukte bekamen, während ihre Schulden in alter Höhe bestehen blieben (Goodwyn 1976: 13 ff.).

Die beklemmende wirtschaftliche Situation der Farmer mündete in organisierten Protest (Canovan 1981: 25 ff.). Erste Vorboten der Unruhe unter den Farmern war die Granger-Bewegung, die im Mittleren Westen Ende der 1860er Jahre entstand und vor allem Selbsthilfemaßnahmen propagierte. Es folgte die Greenback-Party, benannt nach der umgangssprachlichen Bezeichnung für eine Dollar-Note. Diese Partei forderte in den 1870er Jahren die Abschaffung des Goldstandards und konnte so bei einigen Wahlen Achtungserfolge erzielen. Schließlich gründete sich – erst in Texas, dann auch in anderen Staaten des Südens und Mittleren Westens – die *Farmers' Alliance*. Auch diese Gruppierung verfolgte zunächst eine Selbsthilfestrategie, ging aber schon bald zu aktivem politischen Protest über, was sich etwa im gemeinschaftlichen Boykott von Monopolkonzernen mit überhöhten Preisen äußerte. Die beiden großen Parteien, Demokraten wie Republikaner, sperrten sich jedoch gegen die politischen Forderungen der Populisten-Bewegung. Daher beschloss die *Farmers' Alliance* 1890, selbst bei Wahlen anzutreten und gründete zu diesem Zweck die *People's Party*, auch *Populist Party* genannt. Mit Forderungen wie der Erhebung einer progressiven Einkommenssteuer, der Errichtung eines öffentlichen Postbanksystems und der Verstaatlichung der Eisenbahn- und Telekommunikationskonzerne konnten Kandidaten der Populisten in einigen Präsidentschafts- und Kongresswahlen beachtliche Erfolge erlangen und sogar die Gouverneure in einigen Bundesstaaten stellen. General Weaver, ihr Präsidentschaftskandidat von 1892, vermochte mehr als eine Million Stimmen auf sich zu vereinen. Damit war die *People's Party* die erste Partei, die halbwegs erfolgreich neben Republikanern und Demokraten bestehen konnte. Nach der Jahrhundertwende gingen die Erfolge dieser Partei jedoch zurück, wohl vor allem, weil die Protestbereitschaft der Farmer während des Konjunkturaufschwungs zwischen 1897 und 1920 abebbte und viele der politischen Forderungen durch die beiden großen Parteien aufgegriffen und umgesetzt wurden (Puhle 2003: 20).

Farmers' Alliance und *People's Party* wiesen die wesentlichen Merkmale populistischer Bewegungen auf und konnten so das Potenzial der durch Modernisierungsprozesse getroffenen Farmer gut ansprechen: Bei ihnen findet sich zunächst das typische idealisierte Volksverständnis, die Beschwörung des „common man" und des hart arbeitenden Farmers. Es hatte seine Wurzeln in der amerikanischen Tradition der „agrarischen Demokratie", die auf Jefferson und Jackson zurückgeht und das Ideal einer Gesellschaft von kleinen selbständigen Farmern pflegt. Den „einfachen Leuten" im Süden und Mittleren Westen wurde ein Zerrbild der wirtschaftlichen und politischen Eliten an der Ostküste der USA entgegengesetzt: „Der Wall Street gehört das Land. [...] Die einfachen Leute in diesem Land sind Sklaven, die Monopole sind die Herren." So formulierte es Mary Elizabeth Lease, eine der umherreisenden Agitatoren der Populisten-Bewegung (Canovan 1981: 33). Diese Redner waren im Übrigen typisch für Partei und Bewegung, rhetorisch begabt und mit charismatischen Qualitäten ausgestattet. Im Unterschied zu anderen Populismen haben *Farmers' Alliance* und *People's Party* aber keine überragende Führerfigur hervorgebracht, die das Bild der beiden in der Öffentlichkeit dominiert hätte (Taggart 2000: 36). Schließlich findet sich in der amerikanischen Populisten-Bewegung auch die charakteristische ressentimentgeladene Abgrenzung gegenüber verschiedenen Bevölkerungsgruppen wieder. Neben den vermeintlich „parasitären" Bankern und Finanziers waren es auch nicht selten Juden und Schwarze, die Ziel populistischer Agitation wurden (Berlet / Lyons 2000: 64). So mischten sich bei den amerikanischen Populisten immer wieder progressive Forderungen mit rückwärtsgewandten autoritären Ideologieelementen, die das Janusgesicht dieser Bewegung ausmachen (Puhle 2003: 21).

b) Die Narodniki in Russland

In den meisten Überblicksarbeiten zu populistischen Bewegungen werden neben den amerikanischen Populisten ganz selbstverständlich die russischen *Narodniki*, zu deutsch: Volkstümler oder Volksfreunde, als klassisches Beispiel für derartige Bewegungen genannt. Ein in mancherlei Hinsicht problematischer Vergleich, denn die *Narodniki* waren – im Unterschied zum amerikanischen Fall – nie eine Massenbewegung „von unten", sondern eine Gruppe radikaler Intellektueller, die vergeblich die Unterstützung im Volk suchten. In diesem Sinne sind die *Narodniki* eher ein Beispiel für das Scheitern einer populistischen Bewegung.

Zu der Zeit, in der sich in Teilen Westeuropas und den USA die Hochindustrialisierung durchsetzte, war Russland noch vollkommen agrarisch geprägt und in den überkommenen Strukturen eines Feudalsystems gefangen: Fast 40 Prozent der Bevölkerung waren Ende der 1850er Jahre leibeigene Bauern, die auf dem privaten Grundbesitz ihrer Grundherren arbeiteten und letztlich deren „Eigentum" waren (Pipes 1984: 150 ff.). Zar Alexander II. erkannte die Notwendigkeit, diese Situation zu ändern. Er tat dies allerdings nicht aus tieferer Überzeugung, sondern getrieben von der Befürchtung, dass die Leibeigenen sich andernfalls früher oder später selbst aus ihrer Lage befreien würden (Taggart 2000: 47). So verfügte der Zar 1861 die Aufhebung der Leibeigenschaft.

Diese Maßnahme, so wichtig sie für die Leibeigenen zunächst auch war, verbesserte die soziale Lage der nun persönlich freien Bauern nicht wesentlich und brachte zudem ganz neue Probleme mit sich: Um weiterhin das Land bestellen zu können, von dessen Erträgen sie bisher gelebt hatten, mussten sie es von ihren ehemaligen Grundherren kaufen. Das Befreiungsdekret sah dafür eine sofortige Zahlung von 20 Prozent des Kaufpreises vor, der Rest war als „Ablösungszahlungen" über fünfzig Jahre zu tilgen. Hinzu kam, dass die befreiten Bauern im Gegensatz zu allen anderen Bevölkerungsgruppen weiterhin eine hohe Kopfsteuer zu zahlen hatten und auch rechtlich den anderen Bauern nicht völlig gleichgestellt waren. Schließlich trug auch die demografische Entwicklung zur dramatischen Verschlechterung der Situation auf dem Lande bei: Die Bevölkerung stieg in den ländlichen Gebieten des europäischen Russlands bis zur Jahrhundertwende um die Hälfte, ohne dass sich gleichzeitig die landwirtschaftlichen Erträge verbessert hätten. Armut und einer verbitterte Stimmung machten sich in der Landbevölkerung breit (Pipes 1984: 169 ff.).

Ein klassischer populistischer Moment, möchte man meinen! Zwar lag die geschilderte Situation der amerikanischen Farmer in vielen Punkten anders, in Bezug auf die krisenhaften sozialen Auswirkungen von Modernisierungsprozessen dürfte sie jedoch mit der Lage der befreiten Bauern in Russland strukturell vergleichbar sein. Dennoch kam es dort zunächst nicht zu größeren Unruhen, auch blieben Organisationsversuche der Bauern im Wesentlichen aus. In dieser

Situation beschlossen in den frühen 1870er Jahren Tausende von jungen Studenten, ihr Leben in den Universitätsstädten aufzugeben und „ins Volk zu ziehen" (russisch: *narodnichestvo*). Inspiriert war diese Bewegung durch intellektuelle Vordenker wie Alexander Herzen, Michail Bakunin oder Nikolaj Tschernyschewskij, die eine romantisierende Vorstellung von der russischen Landbevölkerung pflegten und die Zukunft Russlands in den russischen Bauern und nicht in einer Nachahmung westlicher Entwicklungen wie Industrialisierung oder liberale Demokratie sahen (Canovan 1981: 64 ff.). Die *Narodniki* sahen sich als Vollstrecker dieser Idee und versuchten, die Bauern für revolutionäre Aktivitäten zu gewinnen. Dies scheiterte jedoch kläglich. Die städtischen Intellektuellen, zumeist aus besseren Kreisen, waren von Habitus und Mentalität derart weit entfernt von den russischen Bauern, dass sie nur auf Unverständnis, Misstrauen und Ablehnung stießen. Zudem war die Sympathie für den Zaren trotz der desolaten Situation in der Landbevölkerung noch weitgehend ungebrochen. Der Versuch, die Bauern für ihre revolutionäre Sache zu gewinnen, endete mit der Verhaftung von 1.600 *Narodniki* durch die zaristische Polizei (Taggart 2000: 51 f.).

Das russische Beispiel zeigt, dass ein „populistischer Moment" nicht automatisch zum Erfolg einer populistischen Bewegung führen muss. Die *Narodniki* vermochten es nicht, die Bauern effektiv zu mobilisieren. Die übrig gebliebenen Aktivisten richteten ihre Aufmerksamkeit stattdessen auf den bewaffneten Kampf gegen das verhasste Zarentum. Der Versuch, die Bauern für revolutionäre Ideen zu begeistern, war gescheitert. Die Idee der *Narodniki* von einer genossenschaftlich organisierten Gesellschaft von relativ Gleichen hatte jedoch Einfluss auf spätere anarchistische oder sozialistische Bewegungen in Russland (Puhle 2003: 21).

c) Populismus in der Weimarer Republik

Als drittes und letztes historisches Beispiel für den Zusammenhang von Populismus und Modernisierung soll hier auf einige populistische Interessenverbände und Kleinparteien des so genannten „alten Mittelstandes" in der Weimarer Republik eingegangen werden. Der Erfolg dieser Organisationen ist Modernisierungsprozessen geschuldet, die schon in der Zeit des Ersten Weltkriegs ihren Ausgang nahmen. Hatten sich vor dem Krieg Gewerkschaften und Arbeitgeberverbände, Arbeiter und Unternehmer unversöhnlich als „Klassenfeinde" gegenübergestanden, begann mit dem Jahr 1914 eine Phase der engen Kooperation und des Kompromisses zwischen diesen bedeutenden gesellschaftlichen Gruppen. Für die Bürokratie und das Militär des Kaiserreichs war das eine Notwendigkeit, konnte die Kriegswirtschaft doch nur durch eine enge Koordination zwischen den Tarifpartnern aufrecht erhalten werden, die durch Zugeständnisse gegenüber den Gewerkschaften, etwa im Bereich betrieblicher Mitbestimmung, erkauft wurde. Nach dem Ende des Kaiserreiches wurde die Einbindung von Gewerkschaften und Unternehmern in die staatlichen Entscheidungsprozesse fortgesetzt. Man bezeichnet dies allgemein als korporatistische Umformung der Industriegesellschaft – die Weimarer Republik war in dieser Hinsicht der „Probelauf des Korporatismus" (Peukert 1987: 112). Zum Ausdruck kam dies einerseits im so genannten „Stinnes-Legien-Abkommen"; andererseits wurde die Zusammenarbeit institutionell durch Gründung der Zentralarbeitsgemeinschaft (ZAG) abgesichert, die später maßgeblichen Einfluss auf die Wirtschafts- und Sozialpolitik der Weimarer Republik hatte.

Für den „alten Mittelstand" aus kleinen Gewerbetreibenden, Handwerkern, Einzelhändlern, Krämern und Spediteuren war die Zusammenarbeit zwischen Arbeitgebern und Arbeitnehmern ein schreckliches Szenario. Sie glaubten zwischen den organisierten Interessen der Großindustrie und der Industriearbeiterschaft, zwischen Kapital und Arbeit erdrückt zu werden (Feldman 1986: 4 ff.). Diese Befürchtung hatte einen durchaus realen Hintergrund, äußerte doch der Geschäftsführer der deutschen Arbeitgeberverbände im Jahre 1919, dass nicht das Bürgertum, sondern die Arbeiter der Bündnispartner der Unternehmer seien (Winkler 1972: 67). Auf der anderen Seite vertrat die Sozialdemokratie eine Politik, die als gegen den Mittelstand gerichtet interpretiert wurde: In ihrem Heidelberger Programm von 1925 war – im Anschluss an eine Passage aus Marx' „Kapital" – von der „inneren Notwendigkeit" der Verdrängung des Kleinbetriebs durch die Großbetriebe die Rede. Überdies gab es nach der Revolution im Jahr 1918 in den Reihen der Sozialdemokratie Pläne zur Enteignung kleiner Gewerbebetriebe auf kommunaler Ebene (Fritzsche 1990: 41).

Aber auch die allgemeine wirtschaftliche Entwicklung machte dem „alten Mittelstand" zu schaffen. Das Handwerk, dessen Anteil an der Erwerbsbevölkerung ohnehin im Abnehmen begriffen war, fristete in der Weimarer Republik eine kärgliche Existenz – das Durchschnittseinkommen eines Handwerkers betrug nur etwa die Hälfte des Einkommens von Facharbeitern in der Industrie (Wehler 2003: 300). Die Kleinhändler wiederum, gerade in der Form der damals noch weit verbreiteten „Tante-Emma-Läden", hatten schwer mit der Konkurrenz durch die großen Warenhäuser und Konsumgenossenschaften zu kämpfen. Die Inflation der frühen zwanziger Jahre tat ihr Übriges: Handwerker und Händler konnten in dieser Zeit von ihren Erlösen häufig noch nicht einmal die Wiederbeschaffung der Materialien decken (Winkler 1972: 76 ff.).

Im sozial isolierten alten Mittelstand machte sich in der Weimarer Republik das breit, was Theodor Geiger, Soziologe und Zeitzeuge, etwas später als „Panik im Mittelstand" bezeichnen sollte (Geiger 1930). Die Händler und Kleingewerbetreibenden waren von der Politik der etablierten Parteien mehr als enttäuscht. Dies galt auch für die bürgerlichen Parteien, die sich eigentlich als traditioneller

Partner dieser Bevölkerungsgruppe gesehen hatten, aber in der Wahrnehmung vieler Mittelständler zu sehr die Interessen der Großindustrie bedienten. Konnten die linksliberale DDP und die nationalliberale DVP bei den ersten Wahlen der Weimarer Republik noch einen großen Teil des alten Mittelstandes an sich binden, so geriet dieses Wählerpotenzial spätestens mit den Reichstagswahlen 1924 in Bewegung (Winkler 1972: 134 ff.). In den Interessenverbänden des Handwerks und des Handels wurde deshalb schon in den frühen zwanziger Jahren die Gründung einer eigenen Partei diskutiert, doch die Verbandsfunktionäre waren skeptisch und wollten den dann unvermeidlichen Bruch mit den liberalen Parteien abwenden. Die Zurückhaltung der Funktionäre wurde von den Mittelständlern nicht unbedingt geteilt. Schon in der Inflationszeit leiteten sie ihren Protest vermehrt über lokale und regionale Vereinigungen oder spontan einberufene Versammlungen direkt an die Regierungsstellen weiter. Es bildeten sich freie Fachverbände, die nicht den offiziellen Dachverbänden angeschlossen waren. Bei Wahlen wurden vermehrt kleine Splitterparteien unterstützt, die sich in radikaler Weise den Interessen des Mittelstandes verschrieben hatten. Insbesondere die „Reichspartei des deutschen Mittelstandes", aber auch regionale Organisationen wie der „Braunschweiger Wirtschaftsverband" konnten so Achtungserfolge erzielen (Fritzsche 1990: 105 ff.). Anfang der dreißiger Jahre gelang es der NSDAP, den alten Mittelstand zunehmend an sich zu binden. Die mittelständischen Interessenverbände wurden entweder gezielt von Nationalsozialisten unterwandert oder, wo dies scheiterte, der NSDAP nahe stehende Gegenorganisationen gegründet. Großangelegte Kampagnen, etwa gegen Warenhäuser, taten ihr Übriges, um große Teile des Mittelstandes für die NSDAP zu gewinnen (Winkler 1972: 166 ff.). Der Erfolg der Nationalsozialisten bei den Reichstagswahlen in den frühen dreißiger Jahren kann zwar nicht ausschließlich mit der „Panik im Mittelstand" erklärt werden, die allmähliche Abwanderung des alten Mittelstandes hat aber nach neueren Untersuchungen der historischen Wahlforschung erheblich zu deren Aufstieg beigetragen (Falter 1991: 371 f.).[2]

Der Erfolg sowohl der kleinen Splitterparteien wie auch später der NSDAP bei den Angehörigen des alten Mittelstands ist gerade auch auf deren populistische Agitation zurückzuführen, die diese Bevölkerungsgruppe gezielt ansprach. In Reden und Wahlkampfschriften der „Wirtschaftspartei" findet sich häufig die

---

[2] Die These von der „Panik im Mittelstand" wird von Wehler (2003: 301 ff.) vehement bestritten. Der alte Mittelstand sei keineswegs „wie eine monolithische Verkörperung des neuen Rechtsradikalismus geschlossen in das Lager der NSDAP gedriftet". Dies wird aber von Theodor Geiger, dem Urheber dieser These, auch nicht behauptet. Geiger (1930: 647) geht davon aus, dass etwa die Hälfte der Wähler der NSDAP bei den Reichstagswahlen 1930 dem Mittelstand angehörten. Die methodisch wohl fortgeschrittenste Untersuchung der nationalsozialistischen Wählerschaft von Falter (1991: 371) stellt für die letzten fünf Reichstagswahlen einen Mittelstands-Anteil von etwa 60 Prozent fest – was die These von der „Panik im Mittelstand" durchaus plausibel erscheinen lässt.

Beschwörung des „kleinen Mannes" und des „gesunden Mittelstandes", wobei letzterer eine „ideale Bedeutung [...] für das Staats- und Volksleben" habe (Schumacher 1972: 47 ff.). Der Mittelstand wurde damit zum ideellen Kern des Volkes, zur „Quelle der deutschen Volkskraft" hochstilisiert. Dieser idealisierten Selbstbeschreibung wurde eine radikale Kritik der politischen Eliten gegenübergestellt. So heißt es in einem Wahlaufruf der Wirtschaftspartei 1924 gleich zu Beginn: „Schluss mit diesem System!" – gemeint war das System des neuzeitlichen Parlamentarismus. Man kritisierte „Misswirtschaft", „Korruption" und „Gewerkschafts- und Verwaltungsbürokratie", forderte einen Abbau der „Ausnahmegesetzgebung" gegen Handwerk und Einzelhandel und ein Ende der „parlamentarischen Futterkrippenpolitik" (Schumacher 1972: 55 ff.). Auch findet sich in der populistischen Ansprache des Mittelstandes immer wieder das typische Element der Abgrenzung gegenüber anderen Bevölkerungsgruppen, vor allem in Bezug auf die organisierte Arbeiterschaft und die Unternehmer, oder – in der Sprache der NSDAP – gegenüber „Marxismus" und „Großkapital". In idealer Weise zeigt sich dies in den nationalsozialistischen Kampagnen gegen Warenhäuser und Konsumgemeinschaften. Die großen Warenhäuser standen für „das Großkapital", die sozialdemokratische Idee der Konsumgemeinschaft für die „Arbeiterklasse", und beide Phänomene standen in direkter Konkurrenz zu den kleinen Händlern des Mittelstandes. Zusätzlich wurde die Kampagne gegen die Warenhäuser antisemitisch aufgeladen, es ging gegen die „jüdischen Warenhäuser" (Winkler 1972: 170 f.). So konnte der im Mittelstand weit verbreitete Antisemitismus noch zusätzlich zur populistischen Ansprache genutzt werden. Ein Schwachpunkt zumindest der Wirtschaftspartei lag im Fehlen einer charismatischen Führerfigur. Zwar hatte man mit Hermann Drewitz, dem Gründer und langjährigen Vorsitzenden der Partei, eine durchaus über engere Mittelstandskreise hinaus populäre Person an der Spitze; Drewitz war jedoch alles andere als charismatisch und wirkte in Reden eher schwerfällig (Schumacher 1972: 58 ff.). Auch dies mag ein Faktor gewesen sein, warum die Wähler des Mittelstandes der NSDAP mit ihrem Führer Hitler an der Spitze ab 1930 den Vorzug gaben.

4   Rechtspopulismus als „Schattenseite" aktueller Modernisierungsprozesse

Von den historischen Beispielen für populistische Bewegungen und Parteien wenden wir den Blick nun auf die aktuellen Phänomene. Seit etwa Mitte der achtziger Jahre kann in vielen westlichen Industrienationen der Aufstieg einer neuen Parteienfamilie beobachtet werden, für die sich mittlerweile in der Politikwissenschaft die Bezeichnung „rechtspopulistische Parteien" weitgehend durchgesetzt hat (Decker 2004, Pfahl-Traughber 1994, Betz 1994). Parteien wie der Front National in Frankreich, der Vlaams Blok in Belgien, die Danks Folkeparti in Dänemark, die Schweizerische Volkspartei in der Schweiz oder die Fremskrittspartiet in Norwegen können bei Wahlen regelmäßig zweistellige Ergebnisse erzielen. Aber auch Parteien, die momentan den Höhepunkt ihrer Wahlerfolge überschritten zu haben scheinen, müssen zu dieser Gruppe gezählt werden: etwa die Freiheitliche Partei in Österreich, die Lijst Pim Fortuyn in den Niederlanden, die Lega Nord in Italien oder auch die Schill-Partei in der Bundesrepublik. Seit dem Ende der Blockkonfrontation haben sich in den jungen Demokratien Osteuropas ebenfalls derartige Parteien entwickelt (Mudde 2000). Überdies können auch in den USA, in Kanada sowie in Australien und Neuseeland ähnliche Phänomene beobachten werden. Hier sollen allerdings die rechtspopulistischen Parteien in Westeuropa im Vordergrund der Betrachtung stehen.

Abbildung 1:   Erfolge rechtspopulistischer Parteien bei nationalen Wahlen 1980 bis 2004.

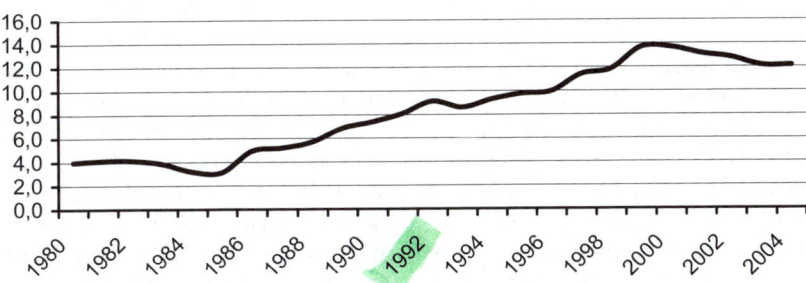

Quelle: Eigene Berechnung (arithmetisches Mittel der nationalen Wahlergebnisse von FPÖ, Dänischer Volkspartei, Norwegischer Fortschrittspartei, Front National, Schweizerischer Volkspartei und Vlaams Blok)

Wenn man – wie in Abbildung 1 dargestellt – den beinahe ungebrochenen Anstieg der Wahlergebnisse rechtspopulistischer Parteien seit Mitte der achtziger Jahre betrachtet, so stellt sich die Frage, welche Ursachen dem Erfolg dieser Parteien zugrunde liegen. Üblicherweise muss man davon ausgehen, dass ein gewichtiger Teil des Erfolgs nur aus dem nationalen Kontext des jeweiligen politischen Systems heraus erklärt werden kann. Die weitgehend parallele Entwicklung in den Ergebnissen einer ganzen Parteienfamilie legt aber die Vermutung nahe, dass es auch länderübergreifende Gründe für dieses Phänomen geben muss. In der Politikwissenschaft werden unterschiedliche Ansätze vertreten, die das Phänomen des Aufstieg rechtspopulistischer Parteien in Westeuropa erklären sollen. Eine der wichtigsten Erklärungen läuft darauf hinaus, auch diese populistischen Phänomene als Folge von Modernisierungsprozessen zu betrachten. Zumeist wird in diesem Kontext auf den Prozess der Globalisierung hingewiesen – zugespitzt könnte man daher den Erfolg rechtspopulistischer Parteien als eine der „Schattenseiten der Globalisierung" bezeichnen (Heitmeyer 2001). Es wird im Folgenden zu diskutieren sein, inwiefern die unter dem Oberbegriff „Globalisierung" zusammengefassten Modernisierungsprozesse tatsächlich für das Erstarken dieser Parteienfamilie verantwortlich sind.

In der wissenschaftlichen Diskussion war lange Zeit umstritten, ob es die „Globalisierung" überhaupt gibt, und wenn ja: worin das spezifisch Neue der heute ablaufenden Globalisierungsprozesse besteht (Held u.a. 1999: 2 ff.). Mittlerweile dürfte weithin Konsens darüber bestehen, dass unter Globalisierung verschiedene Formen der Denationalisierung zu fassen sind – also Prozesse, die den nationalstaatlichen Rahmen ökonomischen, kulturellen wie politischen Handelns überwinden und in diesem Sinn zu einer Entgrenzung führen, ohne dass damit die Nationalstaaten als klassisches Territorium der Politik verschwinden würden (Zürn 1998).

Die bedeutendste Dimension der Globalisierung ist ohne Zweifel die ökonomische. Sie macht den Kern dessen aus, was in verkürzter Weise allgemein unter Globalisierung verstanden wird. Die These von der ökonomischen Globalisierung konstatiert eine weltweite Ausdehnung wirtschaftlicher Aktivitäten und eine wachsende Intensität der Waren- und Kapitalströme zwischen den Ländern (Perraton u.a. 1998). So ist beispielsweise die Exportquote, also der Anteil des Welthandels an der Gesamtproduktion, von 10 Prozent in den fünfziger Jahren auf 15 bis 20 Prozent in den neunziger Jahren gestiegen. Die Ausdehnung weltweiter wirtschaftlicher Beziehungen ist Ausdruck einer beschleunigten Arbeitsteilung zwischen den Nationen: Es werden exportorientierte Industrien auch in den Ländern aufgebaut, die noch vor einiger Zeit Güter importierten. Die Industrien in diesen „Schwellenländern" treten damit in Konkurrenz zu jenen in den alten Industrienationen, gerade auch im Bereich der Löhne, die in den „Schwellenländern" zumeist deutlich niedriger sind. Dies soll nicht heißen, dass sich diese Konkurrenz auf alle wirtschaftlichen Bereiche auswirkt: Große Teile der Volkswirtschaft eines Landes beruhen immer noch auf nicht-exportierbaren Gütern und Dienstleistungen, entziehen sich also jeder internationalen Konkurrenz. Überdies können die alten Industrienationen den Verlust der Konkurrenzfähigkeit im Bereich der Produkte, für deren Herstellung niedrigqualifizierte Arbeit ausreicht, durch die Entwicklung neuer Produkte kompensieren, die hochqualifizierte Arbeit erfordern. Die pauschale Behauptung, dass eine Volkswirtschaft aufgrund hoher Löhne nicht international wettbewerbsfähig sei, kann daher auch nur für die exportorientierten Industrien gelten, die auf niedrigqualifizierte Arbeit in hohem Maße angewiesen sind. In jedem Fall schafft die ökonomische Globalisierung Verlierer in den Bereichen der Volkswirtschaft, die von der internationalen Konkurrenz am stärksten betroffen sind und daher Strukturanpassungen vornehmen müssen (Perraton u.a. 1998: 147 ff.). Arbeitslosigkeit, Berufswechsel oder sinkende Reallöhne können die Folge sein.

Neben der ökonomischen Dimension der Globalisierung findet sich zugleich eine kulturelle Dimension. Diese schlägt sich zunächst darin nieder, dass die grenzüberschreitende Kommunikation zunimmt. Dies ermöglicht nicht nur den weltweiten Austausch von Ideen; es geht auch einher mit neuen Strategien einer international agierenden Kulturindustrie, die Filme, Bücher und Werbung global verbreitet (Berking 2001). Ein weiterer Aspekt kultureller Globalisierung wird allgemein in der Zunahme von Migration gesehen. Auch wenn sich die westlichen Industrienationen seit den siebziger Jahren gegenüber Einwanderern aus den Entwicklungsländern vermehrt abschotten, findet Migration in diese Länder weiter statt. Zudem kann man gerade in Westeuropa auch eine nicht unerhebliche Binnenmigration feststellen, etwa zwischen den Staaten der Europäischen Union. Aufgrund von Migration, Binnenwanderung oder auch nur Tourismus werden die Grenzen traditioneller lokaler Kulturen überwunden (Berking 2001: 98). An die Stelle konservierter traditioneller Lebensstile treten damit zunehmend alternative Formen. So können an einem Ort gleichzeitig verschiedenste kulturelle Identitäten nebeneinander existieren. Das Aufbrechen des traditionellen Zusammenklangs von Territorialität und kultureller Identität ruft bei vielen Menschen Verunsicherung hervor. Sie können oder wollen derartige Veränderungen nicht hinnehmen. Diese Gruppe von Personen könnte man als Verlierer der kulturellen Globalisierung auffassen.

Schließlich hat die Globalisierung auch eine politische Dimension, die eng mit den beiden anderen Dimensionen verwoben ist. Politische, ökonomische und gerade auch ökologische Probleme, die sich heute häufig über die Grenzen des Nationalstaats hinaus auswirken, können kaum noch im Rahmen nationaler Politiken angegangen werden. Ihre Regulierung bedarf zunehmend supranationaler oder internationaler Maßnahmen, die den Wirksamkeitsverlust nationaler Politik jedoch kaum ausgleichen können. Die Steuerungsfähigkeit des klassischen Nationalstaats nimmt daher tendenziell ab. Dort, wo komplexe Probleme dennoch einer Lösung zugeführt werden, steigt auch die Unübersichtlichkeit der Politik – mit der Folge, dass die Bürger immer häufiger eine Reduzierung demokratischer Kontroll- und Einflussmöglichkeiten verspüren. Ein gutes Beispiel hierfür ist die Europäische Union, mit der die Mitgliedsstaaten versuchen, Handlungsfähigkeit auf einer höheren Ebene wieder herzustellen. Der Gang der Entscheidungen in der EU wird jedoch von den wenigsten Bürgern der Mitgliedsstaaten nachvollzogen, wobei dies sicherlich auch auf eine schlechte Politikvermittlung durch die Gremien der EU und die Medien zurückzuführen ist. Mangelnde Steuerungsfähigkeit und Intransparenz demokratischer Prozesse sind wiederum der Nährboden für Politik- und Parteienverdrossenheit, die sich in den Reihen der „Verlierer" dieser Entwicklungen breit macht.

Personen und Gruppen, die von den Folgen der ökonomischen, kulturellen wie politischen Globalisierung negativ betroffen sind, bilden das Wählerreservoir für die rechtspopulistischen Parteien. In den Reihen dieser „Modernisierungsverlierer" finden sich politische Unzufriedenheit, Statusängste, materielle Not sowie Orientierungs- und Identitätslosigkeit. Das Protestpotenzial muss aber auch effektiv angesprochen werden. Hier kommen erneut die Merkmale populistischer Agitation ins Spiel, die sich auch für das aktuelle Phänomen des Rechtspopulismus in Westeuropa nachweisen lassen und diese Parteien für Modernisierungsverlierer besonders attraktiv machen.[3]

Am offensichtlichsten dürfte das Element der charismatischen Führerfigur sein. Jörg Haider, Jean-Marie Le Pen, Pim Fortuyn oder Umberto Bossi – sie dominieren das Bild der Rechtspopulisten in den Medien und sind zentral für die populistische Ansprache (Taggart 2000: 100 ff.). Mit ihnen steht und fällt der Erfolg dieser Parteien, wie man am Niedergang der Lijst Pim Fortuyn, der Schill-Partei und selbst der FPÖ nach Tod, Ausscheiden oder Selbstdemontage ihrer Anführer erkennen kann. Die Parteien sind sich der Wichtigkeit dieser Personen bewusst und stellen sie gezielt in den Vordergrund. „Einfach ehrlich, einfach Jörg", so lautete beispielsweise ein Slogan der FPÖ im Wahlkampf 1994. Dabei geben die Rechtspopulisten vor, selbst genau zu wissen, was „das Volk" denkt und fühlt: Pim Fortuyn versprach, den Bürgern „Gehör zu verschaffen", ihnen „ihr Land zurückzugeben". Unter Haiders Plakaten konnte man lesen „Er sagt, was wir denken". Und Le Pen beschrieb sich in seinem Buch „Für Frankreich" als „Schutzherr der kleinen Leute" und „Mann aus dem Volk".

Diese Zitate führen zum zweiten Merkmal populistischer Agitation: dem Rekurs auf „das Volk" und die „kleinen Leute". Man kann dies in vielen Äußerungen der Rechtspopulisten nachweisen. Besonders auffällig ist dabei die Betonung der „nationalen Präferenz": „Österreich zuerst!", „France d'abord!", „Eigen volk eerst!", so lauten gängige Slogans von FPÖ, Front National und Vlaams Blok, die einerseits unterstellen, dass die nationalen Regierungen eigentlich Politik für andere machten, anderseits die nationale Identität ihrer Anhänger stärken. Dabei greifen nicht alle rechtspopulistische Parteien auf nationale Identitäten zurück; einige betonen stattdessen die regionale Zugehörigkeit – bis hin zur Forderung nach Separation (Lega Nord, Vlaams Blok).

Auch spielt bei den rechtspopulistischen Parteien in Westeuropa die Abgrenzung gegenüber dem politischen Establishment eine große Rolle: So wenden sich Jörg Haider und die FPÖ gegen den „Proporzstaat" und die „Herrschaft der Altparteien", die Österreich zu ihrem „Beutestück" machen würden, der Front National von Jean-Marie Le Pen macht mobil gegen das „dekadente politische

---

[3] Die wörtlichen Zitate der folgenden Passagen wurden den Büchern von Bailer-Galanda / Neugebauer (1997) und Scharsach (2002) entnommen.

System" und die „korrupte politische Klasse" und auch Pim Fortuyn in den Niederlanden wollte das „Durcheinander von acht Jahren Lila" (gemeint ist die Koalition von Sozialdemokraten, Rechts- und Linksliberalen) beenden. Hier wird
gezielt die Unzufriedenheit mit den etablierten Parteien angesprochen und die
jeweilige rechtspopulistische Partei als glaubwürdige Alternative dargestellt, die
mit den vermeintlich korrupten Eliten „aufräumt".

Schließlich findet sich bei den Rechtspopulisten Westeuropas auch die typische Abgrenzung gegenüber bestimmten Bevölkerungsgruppen und der Appell
an diesbezügliche Ressentiments. Dominant ist vor allem die Ansprache auslän-
derfeindlicher Stimmungen in der Bevölkerung, die mit besonders aggressiven
Slogans betrieben wird. „Überfremdung kostet Lebensqualität", „Zuwanderung
ist Völkermord" und „Wien verliert seinen mitteleuropäischen Charakter", so
lauten Aussagen der FPÖ zu diesem Thema. Beim Vlaams Blok ist die Rede von
„krausköpfigen Gastarbeitern", die „unsere Heimat ausplündern", „unsere Töch-
ter vergewaltigen" oder „unsere Kultur auslöschen". Und Umberto Bossi von der
Lega Nord fordert, die Flüchtlingsboote aus Afrika von der italienischen Marine
unter Beschuss nehmen zu lassen. Die rechtspopulistischen Parteien als reine
Anti-Migrationsparteien aufzufassen, geht aber insofern fehl, als die Ressentiments im Prinzip auf beliebige Minderheiten angewandt werden können, solange
eben diffuse Vorbehalte in der Bevölkerung vorhanden sind. Am deutlichsten
kommt dies bei Le Pen zum Ausdruck, der auf alle möglichen Vorurteile zu-
rückgreift und sie mit großer Aggressivität vorträgt. So will er die „Diktatur
extremistischer Linksjuden" nicht länger hinnehmen, wettert gegen „Zigeuner
und anderes Gesindel", gegen „perverse Homosexuelle, die hinter Schloss und
Riegel gehören" und gegen Aidskranke, die „den Virus durch alle Poren aus-
schwitzen" und „wie Leprakranke weggesperrt gehören". Die Ressentiments sind
austauschbar, doch die Funktion ihrer Ansprache, die Abgrenzung gegenüber
Minderheiten und die damit verbundene Bestärkung der eigenen Identität, ist
universell.

5   Die Wähler rechtspopulistischer Parteien als Modernisierungsverlierer

Der letzte Abschnitt hat versucht, auf einer eher globalen Ebene den Zusammenhang zwischen Populismus und Modernisierung für das aktuelle Phänomen
rechtspopulistischer Parteien in Westeuropa plausibel zu machen. Im Gegensatz
zu den historischen Beispielen kann man heute aber auch versuchen, diesen Zusammenhang anhand von Umfragedaten nachzuweisen. Daher soll im Folgenden
untersucht werden, ob sich in der Wählerstruktur rechtspopulistischer Parteien
Hinweise für eine Bestätigung der Modernisierungsverlierer-These finden lassen.

Die hier verwendeten Daten entstammen dem so genannten Eurobarometer, das seit den siebziger Jahren im Auftrag der Europäischen Kommission in allen EU-Mitgliedsstaaten und zeitweise auch in Norwegen erhoben wurde. Für die Analyse wurden die einzelnen Umfragenwellen von 1978 bis 2002 aus methodischen Gründen zu einem Datensatz zusammengefasst, so dass hier nur Aussagen über die Wählerschaft dieser Parteien insgesamt getroffen werden können. Etwaige Veränderungen über die Zeit bleiben dabei außen vor, wurden aber vom Verfasser kontrolliert und ergeben keine wesentlichen Abweichungen vom hier präsentierten Ergebnis. Um den Rahmen dieses Artikels nicht zu sprengen sind zwei weitere Einschränkungen notwendig: Erstens soll hier nur von Interesse sein, ob sich in der Wählerschaft rechtspopulistischer Parteien Anzeichen für die Auswirkungen der ökonomischen Dimension der Globalisierung finden lassen. Zweitens beschränkt sich die Analyse auf fünf wichtige Parteien, die über einen längeren Zeitraum bei Wahlen angetreten sind. Dies sind der belgische Vlaams Blok (VB), der französische Front National (FN), die italienische Lega Nord (LN), die norwegische Fremskrittspartiet (FRP) und die österreichische FPÖ.

Da man in einer Umfrage die Modernisierungsverlierer-Eigenschaft einer Person nicht einfach abfragen kann, müssen wir auf ein indirektes Verfahren zurückgreifen. Mithilfe einer Reihe von Indikatoren betrachten wir sozialstrukturelle Merkmale und Einstellungen der Wählerschaft dieser Parteien und interpretieren sie im Lichte der Modernisierungsverlierer-These (so auch: Kriesi 1995). Die Indikatoren lassen sich dabei in zwei Gruppen einteilen: Zunächst kann man Hinweise auf eine Überrepräsentation der Bevölkerungsgruppen suchen, die zu den tatsächlichen Verlierern aktueller Modernisierungsprozesse gehören. In den Sozialwissenschaften wird dies als *objektive Deprivation* bezeichnet. Unter Deprivation kann allgemein eine Benachteiligung, eine Entbehrung, ein Mangel an Gütern oder Möglichkeiten zur Selbstentfaltung verstanden werden (Wasmuth 1998). Diese Mangelerscheinungen können materiell sein, wie dies im Fall von Arbeitslosigkeit, Obdachlosigkeit oder allgemeiner Armut der Fall ist. Sie können aber auch immaterielle Formen annehmen, etwa bei einem niedrigen Bildungsgrad oder fehlenden sozialen Kontakten. Objektiv ist die Deprivation dann, wenn sie tatsächlich vorliegt. Im Rahmen der folgenden Analyse fallen vier Indikatoren in diese Gruppe: Es soll untersucht werden, ob die Wähler rechtspopulistischer Parteien nach Alter, Geschlecht, Bildungsgrad und Berufsgruppe zu den Bevölkerungsteilen gehören, die im Gefolge ökonomischer Globalisierung benachteiligt sind.

Eine zweite Gruppe von Indikatoren, die hier präsentiert werden soll, wird zumeist als *subjektive Deprivation* bezeichnet. Hierunter wird ein Zustand der Enttäuschung und Unzufriedenheit verstanden, der in der Kluft zwischen dem Ist- und dem Soll-Zustand der eigenen Lebensverhältnisse begründet liegt (Winkler 2000: 54). Im Unterschied zur objektiven Deprivation müssen keine tatsächlichen Mangelerscheinungen vorliegen, vielmehr reicht ein dahingehendes subjektives Empfinden aus bzw. die Befürchtung, dass es demnächst zu einer solchen Situation kommen könnte. In dieser Gruppe sollen drei Indikatoren herangezogen werden: Die Einschätzung der generellen wirtschaftlichen Situation im Lande im Vergleich zum Vorjahr, die Einschätzung der eigenen finanziellen Situation im Vergleich zum Vorjahr, sowie die Einschätzung der persönlichen Situation im nächsten Jahr.

Welche Erwartung haben wir nun in Bezug auf diese Indikatoren? Im Falle der Indikatoren objektiver Deprivation dürfte man vor allem von zwei Gruppen annehmen, dass sie im ökonomischen Globalisierungsprozess unter Druck geraten: Einerseits die Gruppe jüngerer männlicher Industriearbeiter mit eher geringer Qualifikation, die durch die internationale Konkurrenz unter Lohndruck geraten oder arbeitslos werden (Perraton u.a. 1998: 147 f.). Andererseits wird auch die Gruppe des traditionellen alten Mittelstandes aus kleinen Ladenbesitzern und Handwerkern genannt, die durch moderne Warenhäuser, Supermärkte und Handelsketten in ihrer Existenz zunehmend bedroht werden (Swank / Betz 2003: 216). Bei den Indikatoren subjektiver Deprivation ist davon auszugehen, dass die Wähler rechtspopulistischer Parteien eine Verschlechterung der allgemeinen wirtschaftlichen Situation und der konkreten eigenen Finanzlage sehen und zusätzlich befürchten, dass sich ihre persönliche Situation weiter verschlechtert.

Konfrontieren wir diese theoretischen Erwartungen nun mit den Ergebnissen der Analyse des Eurobarometers. In Tabelle 1 sind die Indikatoren objektiver Deprivation für die fünf hier untersuchten Parteien aufgeführt. Dabei wurde eine Darstellungsweise gewählt, die die Über- bzw. Unterrepräsentation der jeweiligen Gruppe in der Wählerschaft der jeweiligen Partei im Vergleich zur gesamten Wählerschaft in einem Land visualisiert. Das Ergebnis deutet auf eine vorsichtige Bestätigung der Vermutungen hin: Idealtypisch gesprochen sind es eher jüngere Männer mit geringer oder mittlerer Schulbildung, die rechtspopulistische Parteien wählen. Von ihrem Beruf her sind sie Facharbeiter oder sonstige, unqualifizierte Arbeiter, seltener Meister oder Vorarbeiter. Arbeitslose und der alte Mittelstand aus Ladenbesitzern und Handwerkern sind ebenfalls überrepräsentiert. Es ergeben sich bei einzelnen Parteien Abweichungen, die nur vor dem Hintergrund des jeweils spezifischen nationalen Kontextes interpretiert werden können.

Tabelle 1:   Indikatoren objektiver Deprivation.

	VB	FN	LN	FRP	FPÖ
Alter:					
15−24 Jahre	+ +	+ +	+ + +	+ + +	+ +
25−34 Jahre	+	−	+/−	+	+
35−44 Jahre	−	−	+/−	−	+
45−54 Jahre	+/−	+	+ +	−	−
55−64 Jahre	+/−	+/−	− −	− −	− −
65− Jahre	− − −	− −	− − −	− − −	−
Geschlecht:					
Männlich	+ +	+ +	+ +	+ +	+ +
Weiblich	− −	− −	− −	− −	− −
Bildungsgrad:					
−15 Jahre (bei Verlassen der Schule)	+/−	+	−	− −	+/−
16−19 Jahre	+ +	+ +	+	+ + +	+
20− Jahre	− − −	− − −	−	− −	− −
Berufsgruppen (Auswahl):					
Ladenbesitzer, Handwerker	− −	+ + +	+ + +	+ + +	+ +
Meister und Vorarbeiter	− −	− − −	− − −	+ + +	+
Facharbeiter	+ + +	+ + +	+ + +	+ + +	+ + +
Sonstige Arbeiter	+ + +	+ + +	+/−	+ + +	+ +
Arbeitslose	+ +	+ +	− −	+ + +	+ + +

Quelle: Eurobarometer 1978 bis 2002, eigene Berechnung. Dargestellt ist der Grad der Über- bzw. Unterrepräsentation in der jeweiligen Gruppe: +/−5,0 % (+/−); +5,1 bis +15,0 % (+); +15,1 % bis +30,0 % (+ +); +30,1 % und mehr (+ + +); −5,1 −15,0 % (−); −15,1 % bis −30,0 % (− −); −30,1 % und mehr (− − −).

Nun zu den Indikatoren subjektiver Deprivation, bei denen die selbe Darstellungsweise gewählt wurde.[4] Auch hier scheinen sich die formulierten Erwartungen auf den ersten Blick zu bestätigen. Rechtspopulistische Parteien sind in der Gruppe derjenigen, die im Vergleich zum Vorjahr die generelle wirtschaftliche Situation im Land schlechter oder sogar viel schlechter bewerten, deutlich überrepräsentiert. Ähnliches gilt für die Einschätzung der eigenen finanziellen Situation, wenn hier auch beim Vlaams Blok und beim Front National in den beiden Kategorien der Schlechterbewertung leichte Abweichungen zu verzeichnen sind. Schließlich sind die Wähler rechtspopulistischer Parteien in überdurchschnittlicher Weise der Auffassung, dass sich ihre persönliche Situation im nächsten Jahr verschlechtern wird. Eine bedeutende und über die meisten Länder konstante

---

[4] Da Österreich erst spät in die Europäische Union aufgenommen wurde und bis zu dieser Zeit die entsprechenden Indikatoren im Eurobarometer fehlen, können keine Angaben zur subjektiven Deprivation in der Wählerschaft der FPÖ gemacht werden.

Abweichung von den Erwartungen ergibt sich im Hinblick auf die Gruppe, die die eigene finanzielle Situation für viel besser hält als im Vorjahr. Dieser Befund setzt sich im Fall des Vlaams Blok und der Fremskrittspartiet auch bei der Einschätzung der zukünftigen persönlichen Situation fort, wenn auch nicht in so einem starken Maße. Es scheint in der Wählerschaft rechtspopulistischer Parteien also auch Gruppen zu geben, die sich eigentlich nicht zu den Verlierern ökonomischer Globalisierung zählen.

Tabelle 2:   Indikatoren subjektiver Deprivation.

	VB	FN	LN	FRP	FPÖ
generelle wirtschaftliche Situation:					
viel besser	+/−	− − −	− − −	− −	k/a
besser	−	−	− −	−	k/a
gleich geblieben	−	− −	−	− −	k/a
schlechter	+ +	+/−	−	+ +	k/a
viel schlechter	+ + +	+ + +	+ + +	+ + +	k/a
eigene finanzielle Situation:					
viel besser	+ + +	+ + +	− −	+ +	k/a
besser	+/−	−	− − −	−	k/a
gleich geblieben	− −	−	+/−	− −	k/a
schlechter	+ + +	−	+	+ + +	k/a
viel schlechter	−	+ + +	+ + +	+ + +	k/a
persönliche Situation im nächsten Jahr:					
besser	+	− −	− −	+	k/a
gleich bleibend	+/−	−	+	− −	k/a
schlechter	+ +	+ + +	+ + +	+ + +	k/a

Quelle: Eurobarometer 1978 bis 2002, eigene Berechnung. Dargestellt ist der Grad der Über- bzw. Unterrepräsentation in der jeweiligen Gruppe: +/−5,0 % (+/−); +5,1 bis +15,0 % (+); +15,1 % bis +30,0 % (+ +); +30,1 % und mehr (+ + +); −5,1 bis −15,0 % (−); −15,1 % bis −30,0 % (− −); −30,1 % und mehr (− − −).

Die hier präsentierten Überlegungen können nur erste illustrative Hinweise für die Richtigkeit der Modernisierungsverlierer-These liefern. Um ihre Richtigkeit tatsächlich nachzuweisen, bedarf es einer deutlich ausgefeilteren Methodik und der Interpretation der Abweichungen auf nationaler wie auf länderübergreifender Ebene. Es scheint sich jedoch ein generelles Bild von der Wählerschaft rechtspopulistischer Parteien in Westeuropa abzuzeichnen, das in Richtung einer Bestätigung der These deutet: In ihr sind Gruppen überrepräsentiert, die entweder objektiv zu den Verlierern von aktuellen Modernisierungsprozessen gehören, oder die sich zumindest subjektiv als solche fühlen.

6   Schlussbemerkungen

Nach der hier vorgenommenen Analyse spricht alles dafür, dass es einen inneren Zusammenhang zwischen krisenhaft verlaufenden Modernisierungsprozessen und der Unterstützung populistischer Parteien und Bewegungen gibt. Derartige „populistische Momente", in denen die Verlierer dieser Prozesse politisch heimatlos werden und ihre Ansprache durch Populisten möglich wird, lassen sich sowohl für historische Populismen wie auch für das aktuelle Beispiel rechtspopulistischer Parteien in Westeuropa nachweisen. Betont wurde in der Darstellung, dass es vor allem der Populismus als Politikstil ist, der Modernisierungsverlierer anspricht. Ideologisch höchst unterschiedliche Parteien und Bewegungen können so mit einer im Prinzip ähnlichen populistischen Rhetorik derartige Bevölkerungsgruppen an sich binden.

Es konnten hier allerdings nur die groben Muster dieses Zusammenhangs angesprochen werden, sodass viele Fragen offen bleiben müssen: Könnte eine andere Partei oder Bewegung, die nicht unbedingt populistisch agiert, das Protestpotenzial dennoch ansprechen? Und wenn ja, in welcher Weise? Setzt sich die Situation eines Modernisierungsverlierers direkt in die Unterstützung von Populisten um, oder gibt es intermediäre Einstellungen oder psychische Dispositionen, wie Autoritarismus oder rigides Denken, über die sich ein entsprechendes politisches Verhalten vermittelt (Scheuregger / Spier 2005)? Welchen Stellenwert haben die einzelnen Elemente populistischer Agitation und welche dieser Elemente sprechen die Modernisierungsverlierer besonders effektiv an? Diese Fragen erfordern genauere Untersuchungen anhand von aktuellen und historischen Beispielen – im einzelnen Fall wie auch im länderübergreifenden Vergleich.

Literatur

Besonders wichtige Titel sind mit einem Sternchen gekennzeichnet.

Allcock, John B. (1971), „Populism" – A Brief Biography, in: Sociology 5 (3), S. 371-387.

Bailer-Galanda, Brigitte / Wolfgang Neugebauer (1997), Haider und die „Freiheitlichen" in Österreich, Berlin.

Berking, Helmuth (2001), Kulturelle Identitäten und kulturelle Differenz im Kontext von Globalisierung und Fragmentierung, in: Wilhelm Heitmeyer / Dietmar Loch (Hg.), Schattenseiten der Globalisierung, Frankfurt a.M., S. 91-110.

Berlet, Chip / Matthew N. Lyons (2000), Right-Wing Populism in America – Too Close for Comfort, New York u.a.

*Betz, Hans-Georg (1994), Radical Right-Wing Populism in Western Europe, New York.

*Canovan, Margaret (1981), Populism, London.

Canovan, Margaret (2004), Populism for Political Theorists?, in: Journal of Political Ideologies 9 (3), S. 241-252.

*Decker, Frank (2004), Der neue Rechtspopulismus, 2. Auflage, Opladen.

Falter, Jürgen W. (1991), Hitlers Wähler, München.

Feldman, Gerald D. (1986), The Weimar Republic – A Problem of Modernization?, in: Archiv für Sozialgeschichte 26, S. 1-26.

Fritzsche, Peter (1990), Rehearsals for Fascism – Populism and Political Mobilization in Weimar Germany, Oxford / New York.

Fromm, Erich (1937), Zum Gefühl der Ohnmacht, in: Zeitschrift für Sozialforschung 6, S. 95-118.

Geiger, Theodor (1930), Panik im Mittelstand, in: Die Arbeit – Zeitschrift für Gewerkschaftspolitik und Wirtschaftskunde 7 (10), S. 637-654.

Giddens, Anthony (1995), Konsequenzen der Moderne, Frankfurt a.M.

Goodwyn, Lawrence (1976), Democratic Promise. The Populist Moment in America, New York.

*Heitmeyer, Wilhelm (2001), Autoritärer Kapitalismus, Demokratieentleerung und Rechtspopulismus – Eine Analyse von Entwicklungstendenzen, in: Wilhelm Heitmeyer / Dietmar Loch (Hg.), Schattenseiten der Globalisierung, Frankfurt a.M., S. 497-534.

Held, David u.a. (1999), Global Transformations. Politics, Economics and Culture, Oxford.

Hicks, John Donald (1955), The Populist Revolt. A History of the Farmers' Alliance and the People's Party, 2. Auflage, Minneapolis.

Kriesi, Hanspeter (1995), Bewegungen auf der Linken, Bewegungen auf der Rechten. Die Mobilisierung von zwei Typen von sozialen Bewegungen in ihrem Kontext, in: Schweizerische Zeitschrift für Politische Wissenschaft 1, S. 9-52.

Mudde, Cas (2000), In the Name of the Peasantry, the Proletariat, and the People. Populism in Eastern Europe, in: East European Politics and Societies 14 (2), S. 33-53.

Perraton, Jonathan u.a. (1998), Die Globalisierung der Wirtschaft, in: Ulrich Beck (Hg.), Politik der Globalisierung, Frankfurt a.M., S. 134-168.

Peukert, Detlev K. (1987), Die Weimarer Republik. Krisenjahre der Klassischen Moderne, Frankfurt a.M.

Pfahl-Traughber, Armin (1994), Volkes Stimme? Rechtspopulismus in Europa, Bonn.

Pipes, Richard (1984), Russland vor der Revolution. Staat und Gesellschaft im Zarenreich, München.

Puhle, Hans-Jürgen (1986), Was ist Populismus?, in: Helmut Dubiel (Hg.), Populismus und Aufklärung, Frankfurt a.M., S. 12-32.

*Puhle, Hans-Jürgen (2003), Zwischen Protest und Politikstil. Populismus, Neo-Populismus und Demokratie, in: Nikolaus Werz (Hg.), Populismus, Opladen, S. 15-43.

Rucht, Dieter (1994), Modernisierung und neue soziale Bewegungen. Deutschland, Frankreich und USA im Vergleich, Frankfurt a.M.

Scharsach, Hans-Henning (2002), Europas Populisten. Rückwärts nach rechts, Wien.

Scheuregger, Daniel / Tim Spier (2005), Working-Class Authoritarianism und die Wahl rechtspopulistischer Parteien. Eine ländervergleichende Untersuchung für Westeuropa. (Paper präsentiert auf der Konferenz „Politische Herausforderungen im Verhältnis von Bürgern und Politik" in Mannheim).

Schimmer, Ralf (1997), Populismus und Sozialwissenschaften im Amerika der Jahrhundertwende, Frankfurt a.m. / New York.

Schultze, Rainer-Olaf / Ulrike Wasmuth (1998), Art. „Entfremdung", in: Dieter Nohlen / Rainer-Olaf Schultze / Suzanne S. Schüttemeyer (Hg.), Politische Begriffe (Lexikon der Politikwissenschaft, Bd. 7), München, S. 145.

Schumacher, Martin (1972), Mittelstandsfront und Republik. Die Wirtschaftspartei / Reichspartei des deutschen Mittelstandes 1919 – 1933, Düsseldorf.

Swank, Duane / Hans-Georg Betz (2003), Globalization, the Welfare State and Right-Wing Populism in Western Europe, in: Socio-Economic Review 1 (2), S. 215-245.

*Taggart, Paul (2000), Populism, Buckingham u.a.

Wasmuth, Ulrike (1998), Art. „Deprivation", in: Dieter Nohlen / Rainer-Olaf Schultze / Suzanne S. Schüttemeyer (Hg.), Politische Begriffe (Lexikon der Politikwissenschaft, Bd. 7), München, S. 119-120.

Wehler, Hans-Ulrich (2003), Deutsche Gesellschaftsgeschichte. Bd. 4, München.

Winkler, Heinrich August (1972), Mittelstand, Demokratie und Nationalsozialismus. Die politische Entwicklung von Handwerk und Kleinhandel in der Weimarer Republik, Köln.

Winkler, Jürgen R. (2000), Rechtsextremismus. Gegenstand, Erklärungsansätze, Grundprobleme, in: Wilfried Schubarth / Richard Stöss (Hg.), Rechtsextremismus in der Bundesrepublik Deutschland, Bonn, S. 38-68.

Worsley, Peter (1969), The Concept of Populism, in: Ghita Ionescu / Ernest Gellner (Hg.), Populism, London, S. 212-250.

Zürn, Michael (1998), Schwarz-Rot-Grün-Braun. Reaktionsweisen auf Denationalisierung, in: Ulrich Beck (Hg.), Politik der Globalisierung, Frankfurt a.M., S. 297-330.

Lars Rensmann

Populismus und Ideologie[*]

1 Einleitung

In der europäischen politischen Landschaft ist der Begriff des Populismus weithin negativ konnotiert. Dies liegt nicht zuletzt an den spezifischen katastrophalen Erfahrungen mit demagogischen Mobilisierungen eines „Volkswillens" durch charismatische Führungspersönlichkeiten, auf die „Populismus" in Europa heute noch landläufig verweist. In der Bundesrepublik Deutschland haben die Verfassungsväter auch vor dem Hintergrund der totalitären Potenziale plebiszitärer Massenpolitik, mit denen Populismus ferner assoziiert wird, ganz auf Verfahren vermittelnder demokratischer Repräsentation gesetzt und auf die Institutionalisierung direktdemokratischer Mechanismen politischer Entscheidungsfindung verzichtet. Der Vorwurf, „populistisch" zu agieren, wird heute zumeist dann in Stellung gebracht, wenn dem politischen Gegner unterstellt wird, er polarisiere und simplifiziere bei komplexen Sachverhalten, um opportunistisch einer augenblicklich wahrgenommenen Stimmung oder Mehrheitsmeinung zu entsprechen und aus dieser skrupellos politisch Kapital zu schlagen. Aus den politischen und öffentlichen Debatten der Gegenwart ist jener Vorwurf kaum mehr wegzudenken. Der Populismus-Vorwurf gerät hierbei selbst zunehmend in den Verdacht, populistisch zu sein (Decker 2000: 23 f.). Insofern ist „Populismus" heute zuvorderst ein schillerndes Schlagwort, mithin ein politischer Kampfbegriff.

Dieser Kontext erleichtert es nicht, den Terminus in die wissenschaftliche Analyse zeitgenössischer Phänomene zu überführen. Aufgrund seines politischen wie zugleich vielschichtigen, ja diffusen Gehalts ist „Populismus" als analytische Kategorie und als eigenständiger Forschungsgegenstand in der Politikwissenschaft denn auch umstritten (Mudde 2004, Ignazi 2003, Taguieff 2003). Oder er wird a priori vermieden bzw. grundsätzlich als nicht operationalisierbar erachtet (Dézé 2004, Minkenberg 2000). Gleichwohl gibt es etliche empirische Indikatoren sowie theoretische Gründe dafür, dass es sinnvoll sein kann, Populismus als aktuelles politisches Phänomen zu begreifen und überdies auch als politische Ideologie zu konzeptionalisieren. So gibt es in Europa heute zahlreiche, vorwie-

[*] Für wertvolle Hinweise und die kollegiale Zusammenarbeit bedanke ich mich bei Susanne Frölich-Steffen.

gend neue und zum Teil dauerhaft erfolgreiche Akteure, die nicht einfach der „extremen" oder „radikalen" Rechten zuzuordnen sind oder sich dieser Zuordnung zum klar verfassungs- und demokratiefeindlichen Extremismus sogar deutlich entziehen. Auch fällt es bei diesen neuen „Anti-Parteien-Parteien" schwer, sie dem Spektrum etablierter liberal-demokratischer Parteien zuzuordnen, von denen sie sich in vielen Fällen nicht nur organisatorisch und im Stil, sondern auch mit Blick auf ideologische Inhalte und Demokratieverständnis unterscheiden. In diesem Kontext kann diskutiert werden, ob nicht eine „populistische Ideologie" den gemeinsamen Nenner für eine in Ost- und Westeuropa in Erscheinung tretende neue Parteienfamilie und einen neuen post-industriellen Parteientypus bildet (Frölich-Steffen / Rensmann 2005b: 5 ff.). Ferner ist es überlegenswert, inwieweit im Kontext einer post-industriellen Mediendemokratie auch in die etablierte demokratische Politik und politische Kultur spezifische neue Elemente politischer Rhetorik und Ideologie eingedrungen sind, die sich wissenschaftlich unter den Begriff des Populismus fassen lassen. Auch für die Diagnose eines „populistischen Zeitgeistes" (Mudde 2004) bedarf es indessen einer genauen Entwicklung von Kriterien und Grundlegungen im Hinblick darauf, was „populistische Ideologie" sein soll, und in welchem Verhältnis sie zur liberalen Demokratie und ihren „ideologischen" bzw. normativen Prämissen steht (Rosenberger 2005).

In diesem Beitrag wird erstens der für die Analyse populistischer Phänomene der Gegenwart wesentlichen Frage nachgegangen, inwieweit sich eine „populistische Ideologie" triftig konzeptionalisieren lässt, die erst die Typologisierung einer neuen „populistischen" Parteienfamilie (mit entsprechenden Subtypen) ermöglicht. Zweitens wird diskutiert, was mögliche Erscheinungsformen und Mobilisierungen einer solchen Ideologie für die liberal-demokratischen Verfassungsstaaten auf der Ebene des politischen Systems und der politischen Kultur bedeuten.

Hierzu werden unter Berücksichtigung von inhaltlichen Antinomien, Widersprüchen, Varianzen und Zerfaserungen Kernelemente zeitgenössischer „populistischer Ideologie" rekonstruiert, die eine historisch informierte Definition des Populismus als „schlanker" Ideologie begründen (Canovan 2002: 32). Auf dieser Basis wird das komplexe Verhältnis von ideologischen Inhalten und bestimmten populistischen Stilmitteln und Agenden analysiert. Zudem werden die Konturen des populistischen Demokratieverständnisses umrissen, das eine Antithese zur repräsentativen Parteiendemokratie darstellt. Vor dem Hintergrund der Differenzen und Überschneidungen zum Extremismus soll des weiteren eine nach ideologischen Kriterien differenzierte Typologie populistischer Parteien und Bewegungen entwickelt und der Frage nach einem möglichen „Populismus der Mitte" bei den etablierten Akteuren nachgegangen werden. Ausgehend von den normativen Spannungen zwischen demokratischen und liberal-konstitutionellen Geltungsansprüchen in den westlichen Verfassungsstaaten sollen schließlich die Konsequenzen des Populismus für die Demokratie selbst diskutiert werden (Rosenberger 2001). Dieser stellt auch eine spezifische Reaktion auf gegenwärtige demokratische Legitimationskrisen in der post-nationalen Konstellation dar (Habermas 1998).

2 Populistische Ideologiebildung: Gemeinsamkeiten, Differenzierungen und Abgrenzungen

Das erste Problem bei der wissenschaftlichen Konturierung populistischer Ideologie(n) stellen die konkurrierenden Ansätze der Forschung *über* den Populismus dar, die sich dem Phänomen in unterschiedlicher Weise nähern – vorausgesetzt, sie erkennen den Gegenstand überhaupt an.[1] Unter den vielfältigen gebräuchlichen Definitionen des Populismus erscheinen hierbei vor allem diejenigen Ansätze problematisch, die Populismus populärwissenschaftlich lediglich als eine Politik simplifizierender Antworten („einfache Lösungen") verstehen (z.B. Bergsdorf 2000: 624). Ähnlich unzureichend erscheinen solche Ansätze, die Populismus als eine Spielart des „Opportunismus" definieren, der sachliche Entscheidungen durch eine unmittelbare Mobilisierung herrschender Bevölkerungsmeinungen und -stimmungen ersetzt. Hierzu bräuchte es kaum einen eigenständigen Begriff. Auch Paul Taggarts (2000: 5) Charakterisierung des Populismus als "episodisch, anti-politisch und chamäleonhaft" hilft nicht sehr viel weiter, da ihr keine programmatischen und ideologischen Prämissen zugrunde liegen, die geeignet wären, den Gegenstandsbereich näher einzugrenzen und zu definieren. Laut Hans-Georg Betz (1994: 107) zeichnet sich Populismus gerade durch einen „Mangel an großen Visionen und umfassenden ideologischen Projekten" aus. Pierre-André Taguieff (2003) versteht unter „Populismus" ein diskursives politisches Mittel bzw. einen politischen Stil, der sich an verschiedene Ideologien binden kann. Als bloß rhetorisches, beliebig kombinierbares Stilmittel wäre Populismus indessen weitgehend mit Agitation oder Demagogie identisch. Einige Populismusforscher wiederum vertreten im Anschluss an die klassi-

---

[1] Die Pluralität der Zugänge zu den als „populistisch" gefassten politischen Phänomenen neuer Akteure, Parteien, Bewegungen und Diskurse sind in der politikwissenschaftlichen Forschung geradezu ausufernd. Manche Autoren bezeichnen die neuen Parteien in Bezug auf ihren vermuteten ideologischen Kern als „anti-immigration parties" oder „anti-globalization parties" (Betz 2002b: 206) bzw. kategorisieren sie als „xenophobe Parteien" (Betz 2002b), als „rechtsextrem" (Ignazi 2003), „neo-populistisch" (Birsl / Lösche 2001), „populistisch" (Mudde 2002) oder „rechtspopulistisch" (Decker 2004, Betz 2002a). Andere Autoren wie Michael Minkenberg (2000) sehen die verschiedenen neuen Parteien als Teil einer übergreifenden neuen „radikalen Rechten", in deren Kern die politische Ideologie eines „populistischen und romantischen Ultranationalismus" stehe, die sich antimodernistisch gegen die Prinzipien der liberalen Demokratie richte.

sche globale Vergleichsstudie von Ionescu und Gellner (1969) die Auffassung, dass die verschiedenen „Populismen" zwar je spezifische ideologische Gehalte besäßen, aber aufgrund ihrer politischen Heterogenität und Kontextabhängigkeit nur schwer auf einen gemeinsamen Nenner zu bringen seien (Canovan 1981).

Das zweite Problem ist, dass diese Deutung in aktueller und historischer Perspektive in der Tat empirisch zuzutreffen scheint. Politische Phänomene, die bisher als „populistisch" erfasst oder zugeordnet wurden, sind äußerst disparat, schwer auf einen Nenner zu bringen und werden darum von Kritikern gerne bemüht, um den Unsinn des Populismus-Konzeptes zu belegen. Dies liegt auch daran, dass der Gegenstandsbereich oft nicht nach genauen Kriterien beschrieben und ausgewiesen wird. Der Populismus hat in Lateinamerika etwa eine besondere Tradition und erscheint dort auf Anhieb nur bedingt mit den neuen europäischen Rechtspopulisten vergleichbar, die vielfach gegen Einwanderung mobilisieren. Auch innerhalb der neuen populistischen Parteien und ihrer ideologischen Orientierungen stechen die Differenzen ins Auge. So unterscheiden sich die marktliberal und individualistisch ausgerichteten Anti-Steuer-Parteien (vor allem in Skandinavien) aus den siebziger Jahren erheblich von den eher kulturell und politisch gelagerten populistischen Formationen, die Mitte der achtziger Jahre auf den Plan traten. Jene vertreten mittlerweile ökonomisch eine protektionistische, kulturell ohnehin eine anti-individualistische Position, welche die kollektive Identität und den Willen der Gemeinschaft hervorhebt.

Es kann jedoch gefragt werden, ob sich zumindest zeitgenössische populistische Phänomene vor dem Hintergrund eines bestimmten ideologischen Kerns nicht in unterschiedliche Subtypen oder Varianten einteilen ließen, wobei mindestens drei Idealtypen (Agrarpopulismus, ökonomischer und politischer Populismus) unterschieden werden könnten (Mudde 2002, Taggart 2000, Canovan 1981). Nach Frank Decker (2004: 177 ff.) kann hiervon noch ein kultureller Populismus differenziert werden. Des weiteren ist zu berücksichtigen, dass sich Ideologien – wie auch Parteien – im stetigen Prozess des Wandels befinden und keine ahistorischen statischen Einheiten darstellen. Deshalb macht es augenscheinlich auch wenig Sinn, ausgerechnet beim umstrittenen Begriff und der Ideologie des Populismus nach einem überzeitlichen gemeinsamen Nenner zu suchen, der die verschiedenen ideologischen Kernbestände populistischer Bewegungen in den USA seit dem 19. Jahrhundert (Kazin 1995: 27 ff.) und heutige Phänomene des Rechtspopulismus in der Europäischen Union umfassen soll. Dass ein solchermaßen übergreifender Nenner schwer zu identifizieren ist und populistische Erscheinungsformen mithin widersprüchliche Aspekte enthalten, bedeutet nicht, dass automatisch dem Populismus ideologische Qualität abgesprochen werden kann oder dieser sich auf funktionale, strategische Gesichtspunkte reduzieren ließe (Decker 2000: 43).

a) Kernelemente populistischer Ideologie

Sein heterogener Inhalt lässt es zunächst problematisch erscheinen, Populismus als klar konturierte Ideologie zu begreifen, wie sie etwa Sozialismus, Konservatismus oder Liberalismus darstellen. Allerdings markieren auch diese ideologischen Gerüste längst höchst umstrittene Bedeutungsfelder, genauso wie ihre traditionelle Einordnung auf der (nach wie vor für politische Orientierungen relevanten) Rechts-Links-Achse von Teilen der Parteienforschung mittlerweile in Frage gestellt wird. Im Besonderen gilt dieser Sachverhalt für die politische Ideologie des Nationalismus, wobei diskutiert wird, inwiefern dieser überhaupt als eigenständige Ideologie zu unterscheiden ist (Freeden 1998). Dennoch lassen sich beim Populismus – ähnlich dem Nationalismus – ideologische Kernelemente herausschälen, die allen gegenwärtigen populistischen Phänomenen gemein sind und die es rechtfertigen, Populismus als politische Ideologie zu verstehen; und zwar im Sinne von Michael Freedens (1996: 76) zurückhaltendem Ideologiebegriff als „konzeptuelle(r) Landkarte der politischen Welt". Dies erscheint freilich plausibel nur in Abgrenzung zu Vorstellungen von Populismus als bloßem rhetorischen Mittel bzw. politischen Stil sowie gegenüber allzu „schlanken", kaum operationalisierbaren Definitionen von Populismus als „inhaltsleerem" Opportunismus ohne Wertebasis (Taggart 2000: 4), denen zufolge Populismus gar keine Ideologie darstellt; aber auch im Unterschied zu eindeutigen Zuordnungen des Populismus als Element oder Agitationstechnik des neuen Rechtsextremismus (Butterwegge 1996: 28), wodurch der Begriff einerseits auf eine politische Strategie beschränkt, andererseits implizit durch die enge Verbindung zur extremen Rechten mit ideologischen Inhalten überfrachtet wird.

Aus den empirischen Phänomenen populistischer Akteure und Bewegungen, die seit Mitte der achtziger Jahre in den post-industriellen Demokratien Westeuropas und den post-kommunistischen Ländern Mittel- und Osteuropas in Erscheinung getreten sind, lässt sich nach Ansicht mancher Autoren ein gemeinsamer ideologischer Kern herausdestillieren (Decker 2004, Heinisch 2004, Mudde 2004). Der Populismus wird dabei als eine zwar „schlanke", aber doch inhaltlich abgrenzbare Ideologie konzeptionalisiert, deren programmatischer Kern an andere (dünne wie auch umfassendere) ideologische Konzepte gebunden sein kann. Im Zentrum populistischer Ideologie steht demnach das "Volk", das von der korrupten "Elite" ("die da oben") in einer vertikalen Dimension abgegrenzt wird. Die Populisten meinen, dass die Politik ein Ausdruck des allgemeinen Volkswillens sein sollte. Von daher haben sie zwei ideologische Hauptgegner: den Elitismus und den Pluralismus (Mudde 2004: 543).

Während der Elitismus das Gegenbild des Populismus darstellt, indem er spiegelbildlich die gute Elite dem „primitiven" Volk gegenüberstellt, widerspricht das Homogenitätsverständnis populistischer Ideologie vom Prinzip her der pluralistischen Sicht auf die Gesellschaft als heterogene Struktur mit Gruppen und Individuen, die verschiedene, teils konträre, teils überlappende Meinungen und Interessen haben. Die populistische Ideologie basiert demnach auf der Dichotomie Volk-Elite und trägt durch die dieser Dichotomie unterlegten Homogenitätsidee anti-pluralistische Züge. Das als homogene Einheit angerufene Volk wird von populistischen Akteuren bisweilen mit anderen moralisch aufgeladenen Chiffren besetzt („schweigende Mehrheit", „der kleine Mann", „die anständigen Bürger"), ansonsten aber weniger genau beschrieben als die ihm feindlich gesinnte „Elite", worunter u.a. die „Berufspolitiker", das „kulturelle Establishment" oder wahlweise die „Banken" und „Großunternehmen" oder „EU-Bürokraten" fallen. Diese Akzentuierung ist zunächst nicht systemoppositionell, sondern beruft sich in besonderer Weise auf den populären demokratischen Souverän gegen das „Establishment", ohne das liberal-demokratische System notwendig als Ganzes herauszufordern.

Die zentrale Botschaft gegenwärtiger populistischer Ideologiebildung ist es demnach, dass die Politik und das „korrupte" Establishment der Kontrolle durch das Volk, den demokratischen Souverän, entglitten sei (Canovan 2002: 27). Das erklärte Ziel ist es, „die herrschende politische Klasse soweit wie möglich ihrer Macht zu berauben, um so dem Volk seine Souveränität zurückzugeben" (Betz 1998: 5). Alle anderen Kernthemen und programmatischen Botschaften sind in diese Grunderzählung vom Gegensatz zwischen Volk und Elite eingewoben (Geden 2005: 78). Dabei werden die heterogenen Interessen und vielfältigen Konflikte der pluralistischen Gesellschaft in kollektive Identitätskonzepte transformiert, denen wiederum die egoistische Interessenverfolgung der Elite gegenübergestellt wird. Das ideologische Moment des Populismus ist von daher eher moralistisch als programmatisch (Mudde 2004: 544).

Mit der Idealisierung des von den Interessenkonflikten moderner Gesellschaften abgehobenen „guten" und „unschuldigen" Volkes gehen anti-moderne Wertorientierungen und Einstellungen gegenüber dem politischen System einher (Decker 2004: 206 ff.). Zumindest die Überhöhung der kollektiven Identität und Gemeinschaftlichkeit, die jeder Form des Populismus zueigen ist, trägt anti-moderne Züge; aus ihr spricht eine ambivalente Haltung gegenüber dem Fortschritt und die Unterstützung einer bestenfalls halbierten Modernisierung. Indem sie an überkommenen Gemeinschaftsvorstellungen festhält, stellt die populistische Ideologie auch eine Reaktion auf gesellschaftliche Veränderungen dar (siehe auch den Beitrag von Tim Spier in diesem Band). Vor dem Hintergrund dieser idealisierten „vorgestellten Gemeinschaft" vertreten zahlreiche Autoren die Auffassung, dass Identitätspolitik ein konstitutives Merkmal des gegenwärtigen Populismus sei (z.B. Heinisch 2004, Frölich-Steffen 2003, Betz 2002b). Manche sprechen noch konkreter von einem west- und osteuropäischen „Nationalpopulismus", da der Bezug auf die nationale Identität und die Erzeugung eines entsprechenden „Wir-Gefühls" die zentrale Klammer der antagonistischen Gegenüberstellung von Volk und Elite beschreibe (Frölich-Steffen / Rensmann 2005b: 10 ff.). Der Populismus reklamiert identitätspolitisch gegen die Eliten, dass sie nicht den Willen des ganzen Volkes repräsentierten, sondern Eigeninteressen über das Gemeinwohl setzten (Mudde 2004: 546). Zugleich grenzt er sich auf horizontaler Ebene von solchen Personen und Gruppen ab, deren Zugehörigkeit zum Volk grundsätzlich bestritten wird (z.B. Einwanderer oder Minderheiten).

Die populistische Ideologie begreift Identität also stets „negatorisch", durch die Abgrenzung nach „außen" und den Ausschluss der „Nicht-Zugehörigen" (Geden 2005). Insofern korrespondiert sie mit inhaltlichen Positionen, die ideologisch und programmatisch gemeinhin als „rechts" firmieren. Die „exklusorische" Identitätsbildung über Vorurteile gegen „EU-Bürokraten", Einwanderer und „andere" (Rensmann 2003) ist freilich kein Monopol der politischen Rechten. Sie wird heute auch auf der linken Seite des Parteienspektrums betrieben, denn auch deren Vertreter argumentieren vielfach identitätspolitisch über scharfe Außenabgrenzungen gegen ähnliche antagonistisch konstruierte Gruppen, Prozesse und Institutionen (EU, Globalisierung, Amerikanisierung, internationales Kapital etc.). Allerdings beziehen sich Linkspopulisten – zumindest oberflächlich – auf eine universalistische Ideologie und ein soziales Gleichheitsverständnis, das von der rechten Vorstellungswelt deutlich unterschieden ist (Hartleb 2004, Bobbio 1987).

Schließlich sind der anti-pluralistischen populistischen Ideologie auch antiliberale und anti-konstitutionelle Tendenzen zueigen. Dies ist eine Konsequenz aus der klaren Betonung der kollektiven Souveränität gegenüber Gewaltenteilung und individuellen Rechten.

Tabelle 3: Vertikale und horizontale Orientierungen populistischer Ideologie

Vertikale Orientierung (gegen „die oben")	Horizontale Orientierung (gegen „außen")
▪ Anti-Parteien-Orientierung/ Anti-Parteien-Partei ▪ Anti-Establishment ▪ Betonung kollektiver *Identität* („unten') und Gemeinschaft gegenüber individuellen *Interessen* („oben') ▪ Vertretung eines homogenisierten „Volkswillens" bzw. der „schweigenden Mehrheit" ▪ soziokulturelle Modernisierungsabwehr/gegen Modernisierung als „Eliten-Projekt" ▪ anti-pluralistische Elemente	▪ Anti-EU-Positionen ▪ Anti-Globalisierung ▪ Antiamerikanismus ▪ Sozialprotektionismus ▪ Fremdenabwehr (vor allem bei rechten Varianten) ▪ anti-pluralistische Elemente

b) Agenden und Stilmittel

Dem ideologischen Kern des „identitären" Populismus entsprechen seine politischen Stilmittel. Zu den typischen Agitationsmustern zählen z.B. Freund-Feind-Gegensätze, die Vorliebe für radikale Lösungen, der Rückgriff auf „common sense"-Argumente des „einfachen Volkes" sowie Verschwörungstheorien und gezielte Tabubrüche, die auch den Gebrauch von Gewaltmetaphern und bewusste Angstmache mit einschließen. Die innere Logik identitätspolitischer populistischer Ideologie und Mobilisierung zielt auch in den Stilmitteln auf ein Entweder/Oder. Indem sie sich gegen die in liberalen Demokratien gängigen Kompromissbildungen und Interessensausgleiche wendet, trägt sie zugleich den Keim der Überdehnung in sich (Decker 2004: 35 ff.). Auf der Ebene des politischen Prozesses wirken populistische Mobilisierungen somit konfliktverschärfend und polarisierend.

Die Polarisierung setzt sich bei den Themen fort. Gegenwärtig dominierende Agenden sind hier der Euroskeptizismus (Taggart 1998), die Globalisierungskritik, der Antiamerikanismus und – im Bereich des Rechtspopulismus – die Einwanderungspolitik, wobei die Eliten für die von jenen Entwicklungen vermeintlich ausgehenden negativen Einflüsse verantwortlich gemacht werden. In dieser Verknüpfung von „vertikaler" und „horizontaler" Abgrenzung liegt das eigentliche Erfolgsrezept des Populismus.

Schließlich verweisen Mény und Surel (2002b) darauf, dass mit Populismus als politischer Ideologie auch ein spezifisches, populäres Verständnis von Demokratie und demokratischer Politik auf der institutionellen Ebene verbunden ist. Populismus impliziert durchweg eine Kritik an den Vermittlungsformen repräsentativer konstitutioneller Demokratie, die sich in einer Krise befinde und die Basis der Gemeinschaft, das souveräne Volk, verrate. Vor allem Mudde akzentuiert gegen Taggart (2000) und Mair (2002), dass der Populismus weniger auf die Kritik repräsentativer (Parteien-)Demokratie abziele, sondern vielmehr der Idee und den Institutionen liberaler und konstitutioneller Demokratie ablehnend gegenüber stehe. Vor diesem Hintergrund verwendet Mudde den Begriff eines „demokratischen Extremismus", um die radikale Kritik an liberalen Grundsätzen und Verfahren zu beschreiben, die nach populistischer Auffassung die Durchsetzung des Mehrheitswillens behinderten – allen voran die Kritik an der Gewaltenteilung und dem konstitutionellen Schutz von Minderheiten (Mudde 2004: 561). Der populistischen Ideologie entspricht vor diesem Hintergrund die Anrufung des Plebiszits als Ausdruck des Anti-Konstitutionalismus, die zugleich die Einheit von Akteur und Volkswillen belegen soll.

Mairs (2002) Argument bleibt dennoch wichtig. Populistische Ideologie verdichtet und mobilisiert stets auch vorhandene Anti-Parteien-Affekte in liberalen Demokratien. Jene werden aufgegriffen und verstärkt, wodurch die populistische Demokratie sowohl dem konstitutionellen als auch dem repräsentativen Prinzip gegenüber gestellt wird. Politische Parteien erscheinen als korrupte Interessenvertreter, die den einheitlichen Volkswillen sabotieren. Der „populistische Traum" der Wiederherstellung der Souveränität des Volkes vereint dagegen Transparenz und Effizienz durch eine Führungsperson, die im ständigen Kontakt zum Volk steht (Canovan 2002).

Populisten geben sich entsprechend der Ideologie, den Willen der schweigenden Mehrheit zu artikulieren, organisatorisch somit als basisdemokratische Bewegungen und „Anti-Parteien-Parteien" (Mudde 1996), in denen sich die ideologische Kritik an den Vermittlungsformen liberaler repräsentativer Demokratie bereits praktisch umsetzt. Die „grass roots"-Orientierung ist bedeutend – und sei es nur symbolisch. Denn an der Spitze der populistischen Formationen stehen fast immer „charismatische" Führerpersönlichkeiten, die „Volkes Stimme" auszudrücken beanspruchen. Im Strukturprinzip der charismatischen Personalisierung manifestiert sich der Organisationstypus von autoritären „Top-down-Parteien" mit geringer innerparteilicher Demokratie, was die Glaubwürdigkeit der Forderung nach umfassender plebiszitärer Mitwirkung in Frage stellt (Rosenberger 2001). Mit dem Verweis auf die von der Führung „erahnte Volksmeinung", den vorgestellten „Volkswillen", sind diese somit eher von einem akklamatorischen Demokratiemodell im Sinne Carl Schmitts geprägt (Habermas 1996: 160 ff.). Ihre institutionellen Visionen zielen entsprechend einerseits auf Formen direkter Demokratie „von oben" wie z.B. Referenden, andererseits – gerade bei den Rechtspopulisten (z.B. FPÖ, Forza Italia oder Fidesz) – auf die Einführung präsidentieller Elemente in das vorhandene konsensdemokratische parlamentarische System.

c) Populistische versus extremistische Ideologien: Grenzen und Schnittmengen

Die populistische Ideologie muss nicht zugleich extremistisch sein. Mit ihrer Berufung auf die „Wurzeln der Demokratie" gibt sie sich zunächst zwar radikal, bleibt dabei aber reformorientiert und ist nicht auf ein geschlossenes Weltbild hin ausgerichtet (Decker 2000: 214). Auch das zugrunde liegende Demokratieverständnis ist eher reformistisch denn „systemoppositionell" (Mudde 1996). Dennoch ist die Beziehung zwischen Populismus, Extremismus und Demokratie kompliziert, was nicht zuletzt auf den „schlanken" Charakter der populistischen Ideologie selbst zurückzuführen ist. So können populistische Inhalte von etablierten demokratischen (z.B. konservativen oder sozialistischen) Akteuren aufgegriffen werden, aber auch geschlossen extremistische Ideologien können sich des Populismus bedienen bzw. mit ihm eine Verbindung eingehen. Im Sinne eines Schnittmengenmodells reichen populistische Ideologien also einerseits in die demokratische Mitte, andererseits in den Extremismus. Populistische Akteure, bei denen die populistische Ideologie den zentralen Bezugspunkt bildet, können als Verbindungsglied zwischen beiden Bereichen fungieren, sind aber typologisch von beiden Parteiengruppen zu scheiden. Populismus kann sich stärker demokratisch oder extremistisch orientieren (Hartleb 2004: 111 f.).

Parteienfamilien konstituieren sich wesentlich über ihre politische Ideologie. Ein ideologisch im Kern populistischer Parteientypus ist folglich von „bloßen" populistischen Mobilisierungen konservativer, liberaler und sozialistischer Akteure abzugrenzen. Jene Parteien haben einen breiter gefassten Kern an Programmatik und Ideologie, die sich nicht zuvorderst auf Anti-Elitismus und auf die Verteidigung nationaler Identität stützt, selbst wenn dies Mobilisierungsthemen werden können. In solchen Parteien werden heterogene Positionen und Interessen programmatisch zusammengefügt und der liberale Konstitutionalismus verteidigt. Der populistische Typus ist des weiteren von extremistischen, offen anti-demokratischen und verfassungsfeindlichen Parteien abzugrenzen, die populistisch argumentieren können, dies aber nicht notwendig tun müssen.

Allerdings sind bei den Extremisten Strategien und Stilmittel vorfindbar, die auch für populistische Akteure typisch sind: Freund-Feind-Denken, rigide Abgrenzungen, eine Gewaltmetaphernsprache, Verschwörungstheorien oder die Beschwörung des „verratenen Volkes". Populismus kann mit dem Grad seiner Radikalität als Anti-System-Populismus durchaus in (Rechts-)Extremismus übergehen. Zwischen beiden gibt es insofern ideologische und strukturelle Überschneidungen (Rensmann 2003: 109), weshalb manche Autoren den neuen Rechtspopulismus als „Rechtsextremismus light" oder als eine modernisierte, moderatere und salonfähigere Strategie bzw. als eine neo-populistische Variante rechtsextremer Parteien eingeordnet haben (Ignazi 2003: 83 ff.).

Doch gibt es zunächst signifikante Differenzen in Grad und ideologischem Gehalt, die auch eine grundsätzliche typologische Differenzierung zwischen populistischen und extremistischen Akteuren sinnvoll machen. Die Ideologieform (national-)populistischer Parteien erscheint weniger geschlossen, flexibler und anpassungsfähiger bzw. moderater als die rechtsextremer Parteien (Mudde 2002: 214). Dies schlägt sich ideologisch sowohl im Hinblick auf die Position zum demokratischen politischen System (eher: Anti-Establishment als Anti-Systemorientierung), als auch in der politisch-strategischen Ausrichtung nieder. Populistische Parteien stehen zur liberalen Demokratie in einem komplexen Verhältnis. Sie üben Kritik am Liberalismus/Konstitutionalismus sowie an den Institutionen und Praktiken repräsentativer Demokratie, sind aber nicht grundsätzlich außerhalb des demokratischen politischen Spektrums zu verorten, wie dies bei den extremistischen Akteuren der Fall ist. Ihre institutionellen Forderungen zielen auf den Einsatz von Plebisziten und die Stärkung präsidentieller Systemelemente mit verringerten Einschränkungen durch Formen der Gewaltenteilung, nicht aber auf eine Diktatur oder autoritäre Herrschaft. Dennoch existiert eine innere Neigung populistischer Ideologie zum Extremismus, und zwar wegen der genannten anti-pluralistischem und anti-konstitutionellen Orientierungen sowie des Konzeptes einer autoritären Führungsfigur.

Tabelle 4:   Extremismus und Populismus

	Extremismus	*Populismus*
Ideologieform	geschlossen, anti-pluralistisch, Ablehnung liberaler Demokratie	ideologische Flexibilität kollektive Identitätspolitik anti-pluralistische und anti-liberale Elemente
Systemposition	Anti-System-Haltung	„Anti-Establishment"-Haltung (systemimmanent)
institutionelle Vorstellungen	Diktatur / autoritäre Herrschaft	Formen direkter Demokratie Stärkung präsidentieller Elemente Schwächung der Gewaltenteilung

d) Zur (ideologischen) Typologie populistischer Parteien

Eine Typologie populistischer Parteien und Ideologien sollte sich am ideologischen Inhalt (links / rechts, ökonomisch, kulturell oder politisch) und am Grad der Ausprägung bzw. Radikalität orientieren. Die verschiedenen Typen bewegen sich dabei alle innerhalb einer länderübergreifenden nationalpopulistischen Klammer. Ihnen ist nicht nur die Kontrastierung von einfachem Volk und abgehobener Elite gemeinsam, sondern auch die protektionistische Verteidigung der nationalen Gemeinschaft nach außen, das heißt ihr Schutz vor äußeren Gefahren.

Unter den ideologischen Spielarten des anti-egalitär ausgerichteten Rechtspopulismus ist zunächst der ökonomische Populismus zu nennen. Dieser hatte seine Höhepunkte in Lateinamerika in den zwanziger und siebziger Jahren (Mudde 2002: 216). Ähnlich post-kommunistischen Akteuren profiliert sich der ökonomische Populismus durch die Forderung nach einer staatsprotektionistischen Umverteilungspolitik zugunsten der unteren und mittleren Einkommensschichten. Diese Orientierung wurde kurzzeitig durch neo-liberale, populistische Anti-Steuer-Parteien (insbesondere in Skandinavien und anfangs auch seitens der regionalistisch-sezessionistischen Lega Nord) durchbrochen, die das Volk respektive die Bürger von der „Bevormundung" durch staatliche Eliten und Interventionspolitik befreien wollten. Vertreter eines solchen dezidierten ökonomischen Populismus gibt es heute kaum noch. Bei fast allen rechtspopulistischen Parteien hat die liberale Variante eine starke Abschwächung erfahren, was sich

auch in der allmählichen „Proletarisierung" ihrer Wählerschaft widerspiegelt
(Pelinka 2005). Die ökonomische Agitation richtet sich zwar weiterhin gegen
„Sozialschmarotzer" und „arbeitsunwillige Arbeitslose" und tritt für eine freie
Marktwirtschaft im Inneren ein, ist aber gegenüber dem globalen Markt zunehmend sozialprotektionistisch eingestellt. Der ökonomische Populismus eines
offensiven Wirtschaftsliberalismus, der anti-etatistisch die Freiheit des Volkes
vom Staat proklamiert, hat in Europa nur noch bei Berlusconis Forza Italia überlebt (Grassi / Rensmann 2005).

Decker (2004: 177 ff.) differenziert im Unterschied zu Mudde den politischen Populismus weiter in kulturellen und politischen Populismus. Politischer
(Rechts-)populismus umfasst danach Parteien, die das „nationale Volk" gegen
die „anti-nationale Elite" in Stellung bringen. Der politische Populismus zielt
zumeist auf institutionelle Reformen oder Korrekturen, die in ihren extremeren
Varianten bis hin zur Totalumgestaltung des politischen Systems reichen können. Decker ordnet die Akteure des vornehmlich politischen Rechtspopulismus –
im Unterschied zu Mudde – zugleich den gemäßigteren Varianten des Populismus zu, wobei er hier in Europa als relevanten Fall aber nur noch Berlusconis
Forza Italia ausmachen kann. Die (Rest-)FPÖ und die Lega Nord sind hingegen
längst einem extremeren, kulturellen oder exklusorischen Populismus zuzuordnen.

Bei den extremeren Varianten rechtspopulistischer Parteien handelt es sich
laut Decker (2004: 177) allesamt um solche Akteure, die der Gruppe des kulturellen (Rechts-)Populismus zuzurechnen sind, wozu heute in Europa die meisten
relevanten rechtspopulistischen Akteure gezählt werden können (u.a. Fidesz,
FPÖ, Dänische Volkspartei, SVP oder die norwegische Fortschrittspartei). Sie
zeichnen sich durch eine prononcierte Abgrenzung der „kulturellen Identität"
gegen die EU, gegen Fremde, Einwanderer und Minderheiten, gegen „Amerikanisierung" und Globalisierung aus, obschon sie oft nicht mehr von einer rassi-
schen Höherwertigkeit, sondern von kultureller Autonomie im Sinne eines
ethnokulturellen Partikularismus oder „Ethnopluralismus" reden. Dieser kulturelle Rechtspopulismus entspricht einem „exklusorischen Identitätspopulismus",
der sich durch soziokulturelle Modernisierungsabwehr und zumindest latente
Fremdenfeindlichkeit auszeichnet. Ein Beispiel ist die aktuelle Rest-FPÖ, die
von der Unvereinbarkeit bestimmter Kulturen spricht. Mit dem Grad der exklusorischen Abgrenzung nach „außen" im Sinne eines anti-liberalen und anti-
universalistischen Kulturrelativismus nimmt hier auch die ideologische Nähe
zum Rechtsextremismus zu bzw. verschwimmt die Grenze. Dies betrifft vor
allem rechtsextreme Parteien wie die Republikaner, den Front National oder
Vlaams Belang, die soziokulturell anti-modern und anti-liberal eingestellt sind
und insofern mit den Prinzipien des demokratischen Verfassungsstaates kollidie-
ren.

Unter den politisch-institutionellen und ökonomischen Spielarten gibt es darüber hinaus einen neuen, zuletzt immer bedeutsamer gewordenen Typus linkspopulistischer Parteien, der mit den rechts- und nationalpopulistischen Vertretern manche Übereinstimmung aufweist. Zu dieser Gruppe zählen u.a. die exkommunistische Rifondazione Communista (RC) in Italien, die Linkspartei (VP) in Schweden, die Partei des Demokratischen Sozialismus" (PDS) in Ostdeutschland, die nach ihrem Zusammenschluss mit einer SPD-Abspaltung in den alten Bundesländern ebenfalls unter dem Label „Linkspartei" firmiert, oder die Sozialistische Volkspartei (SF) in Dänemark. Die Linksparteien sind ökonomisch populistisch im Sinne eines Sozial- und Nationalprotektionismus, der sie u.a. gegen das „internationale Kapital" agitieren lässt. Zugleich geben sie sich politisch populistisch in der Opposition gegen „die Elite" und in der Verteidigung des „guten Volkes" mit plebiszitären Mitteln (im Falle der PDS tritt noch ein identitätspolitischer Ost-Regionalismus hinzu). Diese Parteien sind wie das Gros der rechtspopulistischen Vertreter nicht (mehr) dem Extremismus zuzuordnen, von dem sie sich mehr oder weniger deutlich distanziert haben. Sie haben eine weniger geschlossene, im Kern populistische Ideologie und sind überwiegend, im Unterschied zu den Varianten des (rechten oder exklusorischen) kulturellen Populismus, auch soziokulturellen und politischen Modernisierungsprozessen gegenüber aufgeschlossen. Signifikante Differenzen zum Rechtspopulismus zeigen sich ferner im Verhältnis zur Wirtschaft, in der Sicherheits- und Sozialpolitik und in der von der ideologischen Grundorientierung her universalistisch-egalitären, nicht nationalistisch-fremdenfeindlichen Positionierung.

e) „Populismus der Mitte"?

In der Populismusforschung wird inzwischen stärker betont, dass auch die etablierten demokratischen Akteure sich bisweilen populistische Ideologieelemente zunutze machen, Parteien also, für die der Populismus mitnichten im Zentrum ihrer Ideologie steht und für die der anti-elitäre Topos eigentlich nur schwer zu bedienen ist (Hartleb 2004: 329 ff.). Doch nicht nur die für populistische Akteure besonders charakteristischen Formen der Personalisierung, Polarisierung und des kalkulierten Tabubruchs zeigen sich heute in Medien und Politik insgesamt auf breiterer Basis, gerade im Kontext von Wahlkampfmobilisierungen. Laut Mudde haben auch die ideologischen Koordinaten des Populismus Eingang in den Mainstream gefunden, weshalb er von einem „populistischen Zeitgeist" in Europa spricht. Die in diesem Zusammenhang verwendeten Fälle und Beispiele von einzelnen populistischen Mobilisierungen durch etablierte Politiker sind in der Forschung gleichwohl umstritten. Mudde nennt u.a. die Mobilisierung durch den früheren Tory-Vorsitzenden William Hague in Großbritannien, der gegen die

„metropolitane", „herablassende" „liberale Elite" agitierte, welche keinen Bezug zum englischen Volk mehr habe (zit. nach Mudde 2004: 550). Auf der anderen Seite des politischen Spektrums erkennt Peter Mair (2002: 92 ff.) einen *mainstream populism* auch bei Tony Blairs New Labour, die mit einer Anti-Establishment-Rhetorik die „Befreiung unseres Volkes" unter einer neuen Einheit von Nation und Partei verspricht.

In Deutschland gibt es jenseits des gängigen Populismus-Vorwurfs in der Politik ähnliche Beispiele, die in der Literatur kontrovers bewertet werden. Während einige Autoren das von Jürgen W. Möllemann initiierte „Projekt 18" der FDP als Versuch einer rechtspopulistischen Neuorientierung der Liberalen gewertet haben, wird diese Interpretation von anderen in Zweifel gezogen (Rensmann 2004, Decker 2004). Im übrigen lassen sich nach Ansicht der Forschung Beispiele für erfolgreiche und weniger erfolgreiche populistische Kampagnen finden; zu den ersteren gehört etwa der von der nordrhein-westfälischen CDU im Landtagswahlkampf 2000 verwendete Slogan „Kinder statt Inder", zu den letzteren die geschickte Verknüpfung von Kriegsangst und anti-amerikanischen Ressentiments durch die SPD im Bundestagswahlkampf 2002 (Roberts 2003).

3   Populistische Ideologie und das Paradox demokratischer Legitimität

Abschließend gilt es, das Verhältnis von Populismus und Ideologie in den heutigen liberalen Demokratien zu klären, um abzuschätzen, ob und wieweit populistische Ideologie mit demokratischer Ideologie interagiert (und somit als deren Korrektiv fungieren kann), oder ob sie umgekehrt eine Gefahr für die Demokratie darstellt. Hierzu soll das Verhältnis von anti-konstitutionalistischer populistischer Ideologie zu den normativen Grundlagen der liberalen Demokratie und ihren ideologischen Prämissen und Legitimitätsquellen genauer erörtert werden.

a) Spannungen liberaler Demokratien und populistischer Anti-
   Konstitutionalismus

Populistische Ideologien spiegeln eine grundsätzliche innere Spannung im Kern liberaler Demokratien. Diese Spannung kann mit Seyla Benhabib (2002) als „Paradox demokratischer Legitimität" bezeichnet werden. Demnach nutzen populistische Akteure den Umstand, dass sich liberal-demokratische Verfassungsstaaten aus zwei unterschiedlichen Legitimitätsquellen speisen, die sowohl normativ als auch faktisch in Widerspruch zueinander stehen können. Eine Quelle ist die exklusive demokratische Souveränität, die Selbstgesetzgebung des „We, the people" einer kollektiven Einheit von Staatsbürgern (Ackerman 1991). Die andere Quelle ist eine universalistisch begründete, liberale Verfassungs- und Rechtsordnung, die jene demokratische Souveränität und Exklusivität begrenzt, sich über konstitutionelle Prinzipien kontrollierender Gewaltenteilung organisiert, die aber gleichwohl selbst konstitutiv auf die demokratische Legitimierung durch die Staatsbürger angewiesen ist. Demokratie und Repräsentation richten sich dabei notwendig auf Begrenzung (und Ausschluss) und haben die Bildung einer politischen Identität des Souveräns gleichermaßen zur Voraussetzung und zum Ziel; sie bauen – mit anderen Worten – auf die Gleichheit der Staatsbürger. Liberale Rechtsnormen sind demgegenüber prinzipiell universalistisch, das heißt: sie zielen auf eine universale, nicht nur die Staatsbürger umfassende Gleichheit sowie auf die unveräußerlichen Rechte aller. Die demokratischen und liberal-konstitutionellen Prinzipien begrenzen sich in demokratischen Verfassungsstaaten gegenseitig. Laut Habermas (1996) wird die zwischen ihnen bestehende Spannung durch den ‚öffentlichen Gebrauch der Vernunft' gelöst, also durch transparente Verfahren der Entscheidungsfindung, bei denen institutionell-prozedurale Mechanismen (u.a. Wahlen, Gesetzgebung, Bürgerrechte) mit freien, öffentlichen und kommunikativen Prozessen politischer Willensbildung verschränkt sind. Ob diese – normativ wünschenswerte – dauerhafte Versöhnung universalistisch-liberaler und demokratisch-partikularer Ansprüche realistisch ist, muss allerdings bezweifelt werden (Benhabib 2002, Canovan 2002).

Die innere normative Spannung zwischen demokratieerweiternden und -begrenzenden Prinzipien ermöglicht es populistischen Akteuren, gegen die reale oder scheinbare Dominanz des Verfassungsstaatsgedankens im „Namen des Volkes" zu Felde zu ziehen (Papadopoulos 2002: 47). Das dieser Anrufung inhärente normative Modell beruht auf der illiberalen und mithin anti-pluralistischen Vorstellung, dass der Demos praktisch ohne institutionelle und konstitutionelle Begrenzungen herrschen soll, also auf der einseitigen Betonung des normativen Aspekts der ‚Volkssouveränität', was Mudde (2004: 561) pointiert als „demokratischen Extremismus" bezeichnet. Das populistische Modell zielt mithin auf die Abschaffung der ‚unnötigen' konstitutionellen Begrenzungen des allgemeinen ‚Volkswillens' oder der Mehrheitsmeinung, wie den Schutz von Minderheiten, die Garantie von Individualrechten (z.B. von Straftätern) oder die Unabhängigkeit der Justiz. Es offeriert damit ideologisch eine ‚Lösung' des Paradoxons demokratischer Legitimität durch Zurückstellung der konstitutionellen Seite der liberalen Demokratie. Dies geschieht über den fiktiven oder tatsächlichen Einsatz des Plebiszits, das den vorgestellten Volkswillen in die Politik zurückbringen soll (Rosenberger 2001). Im populistischen Modell der Demokratie wird die imaginäre Instanz eines vermeintlichen Einheitswillens gegen die Heterogenität der realen Meinungs- und Willensbildungsprozesse mit ihren mannigfachen Interessengegensätzen in Stellung gebracht. Die Homogenisierung des demokratischen Souveräns nach innen – und der generalisierte Vertretungsanspruch die-

ses Souveräns durch populistische Akteure – geht dabei mit einer Homogenisie-
rung des konstruierten Gegenübers einher, zuvorderst der vorgeblich nicht zum
Volk zählenden Elite mit ihren Partikularinteressen, nicht selten aber auch der
„Anderen" („die EU-Bürokraten", Ausländer etc.), die ebenfalls als homogene
Einheit stilisiert werden.

*b) Populistische Ideologie als Reaktion auf demokratische Legitimationskrisen
   in der post-nationalen Konstellation*

Die populistische Ideologie repräsentiert nicht nur ein bestimmtes Deutungsmuster, sondern ist auch Ausdruck einer veränderten politischen Wirklichkeit. Obgleich der Populismus wohl „keine systemimmanente ‚Autoimmunreaktion'"
(Heinisch 2004: 245) verkörpert, deutet sein Aufstieg doch auf zeitgenössische
Probleme demokratischer Legitimität in den europäischen Staaten. Etliche de-
mokratie- und populismustheoretische Ansätze gehen davon aus, dass das populistische Modell für Teile der Wählerschaft dann besonders attraktiv erscheint,
wenn der normative Anspruch demokratischer Souveränität in repräsentativen
politischen Systemen nur unzureichend verwirklicht wird, also eine Krise der
Repräsentation und Legitimition besteht (Mair 2002, Papadopoulos 2002). Der
Erfolg populistischer Ideologien in den letzten zwei Jahrzehnten verweist demnach u.a. auf Repräsentationsschwächen der europäischen Parteiendemokratien,
wobei die populistischen Akteure als Indikator und Korrektiv wirken können:
Sie indizieren ein reales oder empfundenes Strukturproblem des politischen
Systems, eine Krise der Parteien als demokratische Vermittlungsinstitutionen
und nicht gehaltene Versprechen demokratischer Repräsentanz, Transparenz und
Partizipation. Insbesondere der mit populistischer Ideologie vielfach verknüpfte
plebiszitäre Gedanke spielt auf einen strukturellen Mangel demokratischer Partizipation an, eine weit verbreitete Parteien- und Parlamentarismuskritik (Schuett-
Wetschky 2005). Er dürfte mit der Zunahme informeller Politik und Verhand-
lungssysteme – nicht zuletzt auf supranationaler Ebene – an Bedeutung eher
noch gewinnen, da sich gerade hier erhebliche Teile des demokratischen Souveräns von den Entscheidungsprozessen ausgeschlossen fühlen. Andererseits un-
terminiert die dem Populismus eigene anti-konstitutionelle, anti-pluralistische
und illiberale Tendenz die Legitimität des demokratischen Verfassungsstaates,
seiner Institutionen und Werte. Populismus, verstanden als Anti-Establishment-
Ideologie, und Demokratie stehen in jedem Fall in einem dynamischen Verhältnis und komplexen Beziehungsgeflecht und sind nicht einfach Gegensätze.

Transformationsprozesse politischer Handlungsformen in entgrenzten politischen Räumen bergen erhebliche Probleme und Risiken (Kriesi / Grande 2004).
Der Populismus ist in Europa insofern auch eine Reaktion auf ein zumindest

temporäres Ungleichgewicht zwischen den demokratischen Repräsentationsansprüchen, die sich am klassischen Muster nationaler Souveränität orientieren, und den neuen Formen des trans- und supranationalen Regierens, wie sie sich in der EU exemplarisch ausgebildet haben.

Das aufgezeigte Paradox, das eine offene Flanke für populistische Mobilisierungen bereit hält, stellt sich im Grundsatz in allen liberalen Demokratien und ist nicht auf west- oder osteuropäische Länder beschränkt. Die bisherige Forschung hat das Verhältnis von Populismus, Parteiendemokratie, Repräsentationskrise und Legitimitätsverlust vornehmlich im internen Bezugsrahmen diskutiert (Taggart 2000, Canovan 2002, Mair 2002). Die post-nationale Ebene und die Auswirkungen der europäischen Integration und beschleunigten Globalisierung auf den Parteiensystemwandel wurden dabei eher unterschätzt. Durch diese Prozesse haben sich neue soziokulturelle Spannungslinien zwischen populistischer und konstitutionell-repräsentativer Demokratieauffassung gebildet, die das beschriebene Paradoxon zusätzlich verstärken.

In diesem Kontext stellt sich abschließend die Frage nach den systemischen und politisch-kulturellen Folgewirkungen des Populismus. Erfolgreiche Populisten sind, einmal an die Macht gelangt, im Regierungsalltag bisher überwiegend gescheitert (Frölich-Steffen / Rensmann 2005a). Der Kampf gegen „die Elite" und gegen komplexe demokratische Verhandlungs- und Regelungssysteme wird für die Akteure ideologisch und programmatisch zu einem Glaubwürdigkeitsproblem, wenn man selbst ein Teil der Elite wird und an den gescholtenen Verhandlungssystemen partizipiert. Welche Implikationen haben aber die populistischen Forderungen als solche für das politische System? Wirken sie als innovativer Motor oder als Gefahr für die liberale Demokratie?

Die reformerischen Potenziale populistischer Ideologie, welche auf die Integration von basisdemokratischen Elementen und somit auf Strukturveränderung zielen, betreffen vor allem die institutionelle Ebene des politischen Systems. Positiv übernehmen die Populisten bei Repräsentationskrisen eine Art Kontrollfunktion. Hierbei ist ihr eigener Handlungsspielraum aber begrenzt. So dürften populistische Akteure insgesamt nur wenig Chancen haben, Ideologie in Politik umzumünzen, wenn sie dabei auf der Verfassungsebene ansetzen müssen. Durch die Überdehnung des europäischen Integrationsprozesses ist allerdings selbst in diesem Bereich einiges in Bewegung geraten. In den Referenden zum EU-Verfassungsvertrag in Frankreich und den Niederlanden hat sich der demokratische Souverän mittels Plebiszit deutlich gegen die Positionen der großen Mehrheit der politischen Klasse gestellt. Diese direktdemokratisch reklamierte ‚Macht des Volkes' dürfte auf Dauer nicht ohne Konsequenz bleiben für die Diskussion um plebiszitäre Mechanismen (und Verfassungsänderungen) auch in der Bundesrepublik.

Im Besonderen könnten die illiberalen, anti-pluralistischen Elemente des Populismus im politischen Diskurs, bei konkreten Gesetzesvorhaben und auf der Ebene der politischen Kultur Wirkung entfalten und Veränderungen herbeiführen. Hinsichtlich des politischen Selbstverständnisses von nationaler Identität haben die Deutungsangebote populistischer Akteure laut Minkenberg (2001) gesellschaftlich eine breite Resonanz erfahren und sind im Bereich der Einwanderungs- und Asylpolitik von den demokratischen Mainstream-Parteien zum Teil kooptiert worden. Was auf der institutionellen Seite als „Demokratiegewinn" durch Plebiszite erscheint und positive Folgen für das politische System zeitigt, stellt sich auf der Ebene der politischen Kultur mithin eher als Gefahr einer sukzessiven „Demokratieentleerung" gegenüber rechtsstaatlichen Normen dar, welche eine wichtige Säule liberal-demokratischer Legitimität – und damit das demokratische System als solches – auf Dauer beschädigen könnte (Rosenberger 2005).

Eine radikale Ausgrenzung populistischer Akteure durch die etablierten Parteien könnte freilich von den Wählern als Bestätigung aufgefasst werden, dass die suggerierte Konfliktlinie zwischen „Volk" und „Elite" respektiver politischer Klasse eine reale ist (Geden 2005: 73). Eine adäquatere Antwort auf die populistische Herausforderung wäre die Problematisierung und Infragestellung der ihr zugrunde liegenden Ideologie. Dies setzt freilich voraus, dass die neuen Problemlagen der liberalen Demokratie in der „post-nationalen" Konstellation, auf die der Populismus reagiert, nüchtern gesehen und nicht von vornherein als Schimäre abgetan werden.

4   Schlussbetrachtung

Wie andere Ideologien, so muss auch der Populismus historisch verortet und im jeweiligen zeitlichen und systemischen Kontext analysiert werden. Populismus kann als eine ‚dünne' Ideologie konzeptionalisiert werden, in deren Zentrum eine pauschale Entgegensetzung von „gutem Volk" und „korrupter Elite" (*„die da oben"*) steht. Diese – moralisch aufgeladene –Entgegensetzung kann in Verbindung mit anderen, inhaltlich weiter ausdifferenzierten politischen Ideologien (z.B. Rechtskonservatismus, Nationalismus oder Sozialismus) in Erscheinung treten. Allerdings gibt es unter den gegenwärtigen populistischen Ideologieangeboten eine gewisse „Affinität nach rechts" in Form eines Nationalpopulismus, die auf das Prinzip der „exklusorischen" Identitätsfindung zurückverweist. Die politischen Stilmittel des Populismus (Verschwörungsdenken, Polarisierung, Tabubruch oder der Rückgriff auf common-sense-Argumente) sind mit der ideologischen Konzeption zumeist eng verbunden, wenn sie auch nicht notwendig aus ihr folgen. Die Verbindung von Form und Inhalt spiegelt sich insbesondere in der Berufung auf plebiszitäre, anti-konstitutionelle Politikformen, die der Parteiendemokratie und ihrer überkommenen Form der Interessenvermittlung normativ entgegen gestellt werden. Zeitgenössische Themen populistischer Mobilisierungen sind hierbei Euroskeptizismus, Antiamerikanismus, Globalisierungskritik und Einwanderung – insgesamt geht es um gesellschaftliche Veränderungsprozesse, Identitäts- und Souveränitätsverluste, für die die „korrupten Eliten" verantwortlich gemacht werden.

Populismus kann mit dem Grad seiner Radikalität in systemfeindlichen (Rechts-)Extremismus umschlagen, so wie es zwischen beiden ideologische Schnittmengen gibt: Populistische Ideologie kann sich auch im Extremismus finden. In seinem „dünnen" Kern erweist sich der Populismus als „Anti-Establishment"-Ideologie, die sich in der Regel reformerisch gegen den liberalen Konstitutionalismus wendet. Dem populistischen Demokratiemodell entspricht die zumindest implizit antiliberale Vorstellung einer im Hinblick auf Mitglieder, Interessen, Meinungsbildung und Entscheidungsverfahren homogenen Demokratie. Wirkungsmächtige populistische Ideologien, die nicht nur von populistischen Parteien bemüht werden, können langfristig problematische Effekte für liberale Demokratien zeitigen, wenn sie mittels anti-pluralistischer Vorstellungen die freiheitliche Demokratie auf die Souveränität eines vermeintlich homogenen Volkswillens reduzieren. Mit einem solchermaßen vereinseitigten Demokratieverständnis richtet sich der Populismus nicht nur gegen die repräsentativen Vermittlungsverfahren und das Prinzip der horizontalen und vertikalen Gewaltenteilung. Vielmehr mobilisiert er zugleich gegen die liberal-universalistische Begründung und das Selbstverständnis moderner Verfassungsstaatlichkeit.

Verschärft wird dieses Problem durch die zunehmende Verlagerung von Regierungsmacht auf die trans- und supranationale Ebene, wo der Rückstand der demokratischen gegenüber den konstitutionellen Strukturen noch sehr viel stärker ausgeprägt ist als im nationalen Kontext (Beck / Grande 2004). Solange diese Schieflage nicht beseitigt wird, dürften populistische Parteien und Ideologien weiterhin über beste Mobilisierungschancen verfügen.

Literatur

Besonders wichtige Titel sind mit einem Sternchen gekennzeichnet.

Ackerman, Bruce (1991), We the People I: Foundations, Cambridge.
Benhabib, Seyla (2002), Transformations of Citizenship. The Case of Contemporary Europe, in: Government and Opposition 37 (4), S. 439-465.
Beck, Ulrich / Edgar Grande (2004), Das kosmopolitische Europa. Gesellschaft und Politik in der Zweiten Moderne, Frankfurt a.M.

Bergsdorf, Harald (2000), Rhetorik des Populismus am Beispiel rechtsextremer und rechtspopulistischer Parteien wie der „Republikaner", der FPÖ und des „Front National",in: Zeitschrift für Parlamentsfragen 31 (3), S. 620-626.

Betz, Hans-Georg (1994), Radical Right-Wing Populism in Western Europe, New York.

Betz, Hans-Georg (1998), Rechtspopulismus: Ein internationaler Trend?, in: Aus Politik und Zeitgeschichte B 9-10, S. 3-12.

Betz, Hans-Georg (2002a), The Divergent Paths of the FPÖ and the Lega Nord, in: Martin Schain / Aristide Zolberg / Patrick Hossay (Hg.), Shadows over Europe: The Development and Impact of the Extreme Right in Western Europe, New York, S. 61-82.

*Betz, Hans-Georg (2002b), Conditions Favoring the Success and Failure of Radical Right-Wing Populist Parties in Contemporary Democracies, in: Mény / Surel 2002a, S. 197-213.

Birsl, Ursula / Peter Lösche (2001), (Neo-)Populismus in der deutschen Parteienlandschaft oder: Erosion der politischen Mitte, in: Dietmar Loch / Wilhelm Heitmeyer (Hg.), Schattenseiten der Globalisierung, Frankfurt a.M., S. 346-377.

Bobbio, Noberto (1987), The Future of Democracy, Cambridge.

Butterwegge, Christoph (1996), Rechtsextremismus, Rassismus und Gewalt. Erklärungsmodelle in der Diskussion, Darmstadt.

Canovan, Magaret (1981), Populism, London.

*Canovan, Margaret (2002), Taking Politics to the People. Populism as the Ideology of Democracy, in: Mény / Surel (2002a), S. 25-44.

Decker, Frank (2000), Parteien unter Druck. Der neue Rechtspopulismus in den westlichen Demokratien, Opladen.

*Decker, Frank (2004), Der neue Rechtspopulismus, 2. Auflage, Opladen.

Dézé, Alexandre (2004), Between Adaptation, Differentiation and Distinction: Extreme Right-Wing Parties within Democratic Political Systems, in: Roger Eatwell / Cas Mudde (Hg.), Western Democracies and the New Extreme Right Challenge, London, S. 19-39.

Freeden, Michael (1996), Ideologies and Political Theory. A Conceptual Approach, Oxford.

Freeden, Michael (1998), Is Nationalism a Distinct Ideology?, in: Political Studies 46 (4), S. 744-763.

Frölich-Steffen, Susanne (2003), Die österreichische Identität im Wandel, Wien.

*Frölich-Steffen, Susanne / Lars Rensmann, Hg. (2005a), Populisten an der Macht. Populistische Regierungsparteien in Ost- und Westeuropa, Wien.

Frölich-Steffen, Susanne / Lars Rensmann (2005b), Populistische Regierungsparteien in Ost- und Westeuropa: Vergleichende Perspektiven der politikwissenschaftlichen Forschung, in: Frölich-Steffen / Rensmann (2005a), S. 3-36.

Geden, Oliver (2005), Identitätsdiskurs und politische Macht. Die Mobilisierung von Ethnozentrismus zwischen Regierung und Opposition am Beispiel von FPÖ und SVP, in: Frölich-Steffen / Rensmann (2005a), S. 71-85.

Grassi, Mauro / Lars Rensmann (2005), Die Forza Italia. Erfolgsmodell einer populistischen Regierungspartei oder temporäres Phänomen des italienischen Parteiensystems?, in: Frölich-Steffen / Rensmann (2005a), S. 123-149.

Habermas, Jürgen (1996), Die Einbeziehung des Anderen: Studien zur politischen Theorie, Frankfurt a.M.

Habermas, Jürgen (1998), Die post-nationale Konstellation, Frankfurt a.M.

*Hartleb, Florian (2004), Rechts- und Linkspopulismus. Eine Fallstudie anhand von Schill-Partei und PDS, Wiesbaden.

Heinisch, Reinhard (2004), Die FPÖ. Ein Phänomen im internationalen Vergleich. Erfolg und Misserfolg des identitären Rechtspopulismus, in: Österreichische Zeitschrift für Politikwissenschaft 31 (3), S. 247-261.

*Ignazi, Piero (2003), Extreme Right Parties in Western Europe, Oxford.

Ionescu, Ghiţa / Ernest Gellner, Hg. (1969), Populism. Its Meanings and National Characteristics, London.

Kazin, Michael (1995), The Populist Persuasion. An American History, New York.

Kriesi, Hanspeter / Edgar Grande (2004), Nationaler politischer Wandel in entgrenzten Räumen, in: Ulrich Beck / Christoph Lau (Hg): Entgrenzung und Entscheidung, Frankfurt a.M.

Mair, Peter (2002), Populist Democracy vs Party Democracy, in: Mény / Surel (2002a), S. 81-98.

*Yves Mény / Yves Surel, Hg. (2002a), Democracies and the Populist Challenge, New York.

Yves Mény / Yves Surel (2002b), The Constitutive Ambiguity of Populism, in: Mény / Surel (2002a), S. 1-21.

Minkenberg, Michael (2000), The Renewal of the Radical Right between Modernity and Anti-Modernity, in: Government and Opposition 35 (2), S. 170-188.

Minkenberg, Michael (2001), The Radical Right in Public Office. Agenda-Setting and Policy Effects, in: West European Politics 24 (4), S.1-21.

Mudde, Cas (1996), The Paradox of the Anti-Party, in: Party Politics 2 (2), S. 265-276.

Mudde, Cas (2002), In the Name of the Peasantry, the Proletariat, and the People: Populisms in Eastern Europe, in: Mény / Surel (2002a), S. 214-232.

*Mudde, Cas (2004), The Populist Zeitgeist, in: Government and Opposition 39 (4), S. 541-563.

Papadopoulos, Yannis (2002), Populism, the Democratic Question, and Contemporary Governance, in: Mény / Surel (2002a), S. 45-61.

Pelinka, Anton (2005), Die FPÖ. Eine rechtspopulistische Regierungspartei zwischen Adaption und Opposition, in: Frölich-Steffen / Rensmann (2005a), S. 89-106.

Rensmann, Lars (2003), The New Politics of Prejudice: Comparative Perspectives on Extreme Right Parties in European Democracies, in: German Politics and Society 21 (4), S. 93-123.

Rensmann, Lars (2004), Demokratie und Judenbild. Antisemitismus in der politischen Kultur der Bundesrepublik Deutschland, Wiesbaden.

Roberts, Geoffrey K. (2003), 'Taken at the Flood'? The German General Election 2002, in: Government and Opposition 38 (1), S. 53-72.

Rosenberger, Sieglinde K. (2001), Demokratie und / versus Populismus, in: Andrei S. Markovits / dies. (Hg.): Demokratie. Modus und Telos, Wien, S. 101-116.

*Rosenberger, Sieglinde K. (2005), Rechtspopulismus: Kurzfristige Mobilisierung der vox populi oder anhaltende Herausforderung der repräsentativen Demokratie?, in: Frölich-Steffen / Rensmann (2005a), S. 37-51.

Schuett-Wetschky, Eberhard (2005), Parlamentarismuskritik ohne Ende? Parteidissens und Repräsentationskonzepte am Beispiel der Entparlamentarisierungs- und Gewaltenteilungskritik, in: Zeitschrift für Politikwissenschaft 15 (1), S. 3-34.

*Taggart, Paul (2000), Populism, Buckingham.

Taggart, Paul (1998), A Touchstone of Dissent. Euroscepticism in Contemporary Western European Party Systems, in: European Journal of Political Research 33, S. 363-388.

Taguieff, Pierre-André (2003), L'illusione populista. Dall'arcaico al mediatico, Mailand.

Thomas Meyer

Populismus und Medien

1 Der Begriff des Populismus

Alle Versuche, das Phänomen des Populismus auf den Begriff zu bringen, haben immer wieder gezeigt, dass es zu komplex, kontextabhängig und veränderlich ist, um in knappen Definitionen erfasst werden zu können. Diese Schwierigkeiten zeigen sich schon im Grundsätzlichen, denn Populismus kann beides sein: Eine Herrschaftstechnik und eine soziale Protestbewegung gegen entfremdete Herrschaft, er kann Form sein und Inhalt und er kann beides verbinden (siehe den Beitrag von Lars Rensmann in diesem Band).

Bezogen auf die aktuelle Problemlage des Populismus in Europa gibt es gleichwohl einen Konsens über wichtige Fragen in der relevanten Forschung. Dazu gehört vor allem die Diagnose, dass der Populismus in den modernen Massendemokratien infolge von Modernisierungskrisen und politischen Repräsentationsproblemen ein Dauerphänomen darstellt, das zwar in seiner Größenordnung und Virulenz beträchtlichen Schwankungen unterworfen, aber jederzeit zu gewärtigen ist. Die Erfahrung der letzten drei Jahrzehnte belegt diese These (siehe den Beitrag von Tim Spier in diesem Band).

Auch wenn die aus der Geschichte bekannten populistischen Bewegungen und Parteien wegen ihrer fließenden Konturen schwer auf einen Nenner zu bringen sind, lassen sich doch eine Reihe von Kennzeichen formulieren, die in ihrer Mehrzahl, wenn auch nicht alle gleichzeitig und in derselben Form, auf die meisten einschlägigen Fälle zutreffen. Auf diese Weise lässt sich plausibel machen, in welchen Fällen das Merkmal „populistisch" als erfüllt gelten kann. Dazu gehört:

1.) Beim Populismus als Bewegung handelt sich fast immer um eine politische Orientierung der Unter- bzw. Mittelschichten gegen „oben", gegen die etablierten Institutionen, ihre Repräsentanten und die „politische Klasse" insgesamt.

2.) Im Mittelpunkt stehen dabei fast immer Angst und Misstrauen vor allem gegen „die da oben" und der diffuse Protest gegen sie. Es handelt sich in erster Linie um eine Bewegung des „gegen", des Widerstands gegen herrschende Verhältnisse, zumeist ohne ein den eigenen Standards entsprechendes konstruktives Handlungsprogramm.

3.) Beim Populismus als Strategie geht es um die Instrumentaliserung von Einfachschablonen und Schwarz-Weiß- Bildern des Politischen und groben Schemata der emotionalen Entdifferenzierung.

4.) Zumeist spitzt sich die Entdifferenzierung zu einer Form des Freund – Feind-Denkens zu, bei der dem Volk („wir hier unten ") die „Oberen" als Gegensatz unversöhnlich kontrastiert werden.

5.) Feindschaft und Misstrauen führen zum Abbruch verständigungsorientierter Kommunikation. An ihre Stelle treten Anklage, Anprangern und verschiedene Formen der Verdächtigung. Im Hinblick auf den Populismus als Methode werden übereinstimmend zwei Kennzeichen in den Mittelpunkt gerückt: *Erstens* geht es immer um die Verschärfung vorhandener populärer Vorurteile und ihrer Instrumentalisierung. Insofern ist Populismus durch einen anti-aufklärerischen Zug gekennzeichnet. *Zweitens* verficht und nutzt der Populismus die reine Lehre von Gut und Böse und verdächtigt alle komplexen Lösungen und Kompromisse als korrupt.

Die Ursachen des Populismus sind vielschichtig. Als Hintergrundmotiv kann immer ein akutes Modernisierungsproblem vermutet werden, das auf kulturellem, sozialem oder ökonomischem Gebiet Bedrohungsängste, Entwurzelungserfahrungen, Unsicherheiten und Ängste auslöst. Hinzu tritt dann die Wirkung eines jeweils speziellen politischen Rahmens, der durch einen kulturell-institutionellen Anknüpfungspunkt bestimmte Reaktionsmuster nahe legt. Als eine häufig ausschlaggebende Gelegenheitsstruktur für die Entfachung und Nährung populistischer Stimmungen in der Gesellschaft und den Erfolg populistischer Strategien repräsentativer politischer Akteure erweist sich jedoch zunehmend auch die durch die Logik der Massenmedien forcierte politische Kommunikationskultur der modernen Mediendemokratien.

2 Die Logik der Mediendemokratie

Die modernen Massenmedien erzeugen gesellschaftliche Aufmerksamkeit für gemeinsame Themen im wesentlichen durch die Befolgung von zwei aufeinander abgestimmten Regelsystemen. Das erste Regelsystem (*Selektionslogik*) besteht in der Auswahl berichtenswerter Ereignisse nach Maßgabe ihrer Nachrichtenwerte (Schulz 1976). Das zweite Regelsystem (*Präsentationslogik*) besteht aus einem Kanon von Inszenierungsformen für das so ausgewählte Nachrichtenmaterial, der die Maximierung eines anhaltenden Publikumsinteresses gewährleisten soll (Meyer / Ontrup / Schicha 2000). Das Zusammenwirken beider

Regelsysteme, das sich in einem gewissen, allerdings eng begrenzten, Ausmaß von Medium zu Medium anders gestaltet, kennzeichnet die spezifische Logik des Mediensystems. Dieser Logik ist alles unterworfen, was im Mediensystem hervorgebracht wird, jede Information und jeder Bericht über andere gesellschaftliche Teilsysteme und deren Leistungen. Sie wirkt als eine Prä-Inszenierung, über die der Zugang zu den Medienbühnen verbindlich geregelt wird. Nicht nur bei den visuell ausgerichteten elektronischen Medien fördert diese Medienlogik auf der Präsentationsebene vor allem spannungsreiche theatralische Inszenierungen.

Die Selektionslogik der Massenmedien, die als Regelsystem die Auswahl der in Betracht kommenden Ereignisse steuert, besteht in der Anwendung der sogenannten Nachrichtenfaktoren. Der Nachrichtenwert eines Ereignisses gilt als um so größer, je mehr dieser Faktoren darauf zutreffen. Es sind vor allem die folgenden: kurze Dauer des Geschehens, räumliche, politische und kulturelle Nähe zum Betrachter, Überraschungswert im Rahmen eingeführter Großthemen, Konflikthaftigkeit, Schaden, ungewöhnliche Erfolge und Leistungen, Kriminalität, Personalisierung, Prominenz der handelnden Personen (Schulz 1976).

Die Präsentationslogik, die als Regelsystem die Darstellung der ausgewählten Ereignisse in den Medien steuert, unterscheidet sich nach Graden von Medium zu Medium. Erhebliche Unterschiede bestehen in dieser Hinsicht zwischen den Boulevard- und den Qualitätsmedien, jedoch zeigt der genauere Vergleich, dass alle Grundtypen theatraler Inszenierungsoptionen in allen Mediengattungen eine Rolle spielen können, einige von ihnen naturgemäß eher in den Bild- als in den Printmedien: Personifikation, mythisierender Heldenkonflikt, Drama, archetypische Erzählung, Wortgefecht, Sozialrollendrama, symbolische Handlung, Unterhaltungsartistik, sozialintegratives Nachrichtenritual (Meyer / Kampmann 1998). Bei all diesen Inszenierungsformen geht es um die Erzeugung von Aufmerksamkeit, Neugier und Spannung mit den Stilmitteln von Theater und Popkultur, um ein möglichst breites Publikum zu gewinnen und bei der Stange zu halten.

Die zunehmende Mediatisierung von Politik ist durch das Zusammenwirken der beiden komplementären Teilsysteme gekennzeichnet. Auf der Seite der Medien trägt jede Darstellung des Politischen in ausschlaggebender Weise die Spuren des Wirkens der beiden medialen Filtersysteme. Damit entsteht die Frage, ob die Darstellung der Politik in den Massenmedien die Eigenlogik des Politischen noch in einem für die selbständige Urteilsbildung der Bürger angemessenen Maße erkennen lässt oder ob sie diese in zu weitgehender Weise in die Regeln ihrer eigenen Logik auflöst. Auf der Seite der Politik führt die Schlüsselrolle des Mediensystems im Prozess der Legitimation politischen Handelns zur Vermehrung und zur Professionalisierung der Anstrengungen, ein Höchstmaß an Kontrolle über die Darstellung der Politik im Mediensystem zurückzugewinnen. Dies geschieht auf dem Wege der möglichst perfekten Übernahme der medialen Logik in die Selbstdarstellung der Politik. Die Selbstmediatisierung wird zu einer zentralen Strategie politischen Handelns in der Mediengesellschaft (Meyer 2001). Damit entsteht die Frage, ob Politik unter diesen Bedingungen überhaupt noch in angemessenem Ausmaß ihrer eigenen Logik folgen kann oder in der Hauptsache zum Lieferanten für die spezifischen Bedürfnisse des Mediensystems wird – in der Hoffnung, auf diese Weise ihren unbegrenzten Bedarf an öffentlicher Zustimmung umfassend und risikoarm befriedigen zu können. Die Auswirkungen dieser Entwicklung sind weitreichend und vielgestaltig. Sie strukturieren nicht nur die Darstellung des Politischen, sondern auch seine Herstellung neu. Welche Themen auf den Tisch kommen, welcher Politiker Aufstiegschancen hat, wer die Führung übernimmt und wie groß seine Spielräume zur Definition seiner Politik sind – gegenüber der eigenen Partei, gegenüber den Kontrahenten und gegenüber der Öffentlichkeit –, wird durch mediale Vermittelbarkeit und Mediencharisma mitentschieden. Wo beides ausbleibt, haben Themen und Interessen wenig Aussicht auf Berücksichtigung.

Professionelle Selbstmediatisierung der Politik nach den Regeln theatraler Inszenierungslogik wird qualitativ und quantitativ zu einer der Hauptaktivitäten des politischen Systems. In Europa ist sie nach dem Wegfall des Systemwettbewerbs zu einer Art Ideologieersatz geworden. Sie verfügt dabei über vier basale Inszenierungsstrategien, die auch mit Anteilen wirklich vollzogener Herstellungspolitik versetzt sein können. Inszenierung kann, sie muss aber nicht, auch der schöne Schein des Realen sein. Ihre Kommunikationsinstrumente sind: mediengerechte Theatralisierung der Kommunikationsangebote überhaupt, Event-Politik, Image-Projektion und Scheinhandlung.

Mediengerechte Theatralisierung: Bei den politischen Akteuren wachsen Neigung und Fähigkeit, alle Informationen und Botschaften, die sie kommunizieren wollen, den beiden medialen Logiken der Selektion und der theatralen Inszenierung entweder nach eigenem Vermögen oder unter Mithilfe professioneller Berater zu unterwerfen. Die beschriebenen Regeln der Themenauswahl, Vereinfachung, Emotionalisierung, Personalisierung, Dramatisierung, Skandalisierung und die erfolgreichsten medialen Vermittlungstechniken nach Maßgabe des vorherrschenden Publikumsgeschmacks sind das Repertoire, aus dem sie sich dabei je nach Kontext, Beratungssituation und eigenen Handlungsfähigkeiten bedienen.

Event-Politik: Von Schein-Ereignissen ist in den USA schon seit den sechziger Jahren die Rede (Daniel Boorstin). Sie waren die ersten großen Verbeugungen der politischen Welt vor den Mediengesetzen. Die Grenze zwischen Ereignissen, die reales Geschehen verschönt in Szene setzen, und solchen, die nichts sind als Schein, aber aussehen wie greifbare Wirklichkeit, ist fast immer fließend. Der Fundus der Inszenierungschancen ist unerschöpflich und nach vorne offen.

Die Medien aber haben die Wahl. Sie können das ihnen von der Politik dargereichte Scheinereignis an ihr Publikum bloß durchreichen – wenn sie gerade wenig Zeit, Sachverstand, Interesse, Verantwortlichkeit haben oder einfach meinen, dieser Wurm werde dem Fisch schon schmecken. Sie können das Angebot ignorieren und selbst etwas aus dem Anlass machen; sie können die Inszenierung der Politik aber auch demontieren, kritisch auf ihren wirklichen Kern befragen und bei all dem doch ihren eigenen Regeln der Auswahl und der Inszenierung treu bleiben. Die Fälle zwei und drei erfordern Kompetenz und Zeit, der Fall drei birgt das Risiko der Ungnade bei jenen Politikern, die man als Informationsquelle schon morgen wieder braucht. Die Medienregeln und das Darstellungsinteresse der Politik bilden strategische Koalitionen, sozusagen widerspruchsvolle Inszenierungs-Partnerschaften. Die letzte Inszenierungshoheit allerdings liegt stets im Mediensystem.

Image-Politik: Image ist das Schein-Ereignis auf dem Gebiet der Ethik – Scheinhandeln als Personifikation. Durch wohlkalkulierte Scheinhandlungen wird eine natürliche Person zur Personifikation von Eigenschaften, die aus der Mythologie oder Ethik ihres Gemeinwesens besonderen Glanz bezieht.

Symbolische Scheinpolitik: Der klassische Fall symbolischer Scheinpolitik lag vor, als sich Präsident Reagan vor den versammelten TV-Kameras auf der Schulbank eines Klassenzimmers mit Lehrern und Schülern ins Gespräch vertiefte und vor den Augen des Publikums leidenschaftliches Interesse am Bildungswesen zeigte, während er gerade dessen Etat empfindlich gekürzt hatte. Solche Auftritte können, müssen aber nicht Placebo-Politik zu Verstellungszwecken sein. Sie gehören zum Handwerkszeug des Medien-Machiavellisten.

„Politainment" wird unter diesen Bedingungen zur zentralen Kommunikationsstruktur auf beiden Seiten des politischen Systems – der politischen Akteure und der medialen Beobachter (Dörner 2001). Die öffentliche Darstellung von Politik und ihr realer Vollzug werden auf diese Weise tendenziell entkoppelt. Das Zusammentreffen von angemessener Informativität und Inszenierungsoberfläche in den einzelnen Kommunikationen wird beliebig, es ist immer möglich, im Durchschnitt aber eher unwahrscheinlich und nie zuverlässig zu erwarten. Für den Bürger ist unmittelbar kaum noch nachzuvollziehen, welche der Darstellungen von Politik leere Inszenierungen und welche geschickte Präsentationen eines tatsächlichen Geschehens sind. Da aber die Bürger selbst sich ihr Urteil über die Angemessenheit der Inszenierung aus vielen Quellen bilden können, bleiben leere oder widersprüchliche Inszenierungsstrategien, obgleich sie in vielen Fällen zum Erfolg führen, letztlich nicht nur für ihre Adressaten, sondern auch für ihre Autoren immer riskant.

3   Tendenz zum strukturellen Populismus

Es geht bei der neuen medialen Kommunikationskultur aber nicht nur um die
Darstellung, sondern um tektonische Verschiebungen in den Fundamenten der
Politik selbst. Die Logik der Mediendemokratie drängt die Parteien auf der ganzen Linie an den Rand des Geschehens, auch wenn sie durch ihre Aktivitäten auf
der kommunalen Ebene und als politisches Richtungs-Ambiente der Spitzenak-
teure weiterhin im Fokus der öffentlichen Aufmerksamkeit bleiben. Die Medienlogik folgt auch einem gebieterischen Präsentismus. Was zählt, ist das neueste
vom Neuen, der allerneueste Augenblick, attraktiv gefüllt. Gestern und Morgen
verblassen, der lange Prozess langweilt. Die Parteien, ja das ganze intermediäre
System der Vereine, Organisationen und Initiativen, in denen Projekte und Lösungen in langwierigen Beratungen, Verhandlungen, Kompromissen allmählich
reifen, also das mühsame Procedere der Demokratie, haben unter den Gesetzen
der Medienwelt kaum eine Chance. Unter dem Druck der ultraschnellen Medienzeit mit ihrem Zwang zur jederzeitigen Sofort-Reaktion und spontanen Akzep-
tanztest der politischen Spitzenrepräsentanten ergibt sich die Verdrängung von
Mitgliederparteien und Diskursen aus dem Zentrum der Politik fast von selbst.
Die schnelle Umfrage, der die passende Inszenierung auf dem Fuße folgt, ersetzt
das abwägende Räsonnement, obgleich doch alle wissen, dass die rasch geäußer-
te Meinung vor dem gründlicheren öffentlichen Gespräch ihrerseits oft nicht viel
mehr sein kann als das Echo der Medieninszenierung bei ihren flüchtigen Be-
trachtern.

Mit der Vorrangrolle der Medien bei der Auswahl möglicher Spitzenkandidaten vor der innerparteilichen Willensbildung, die im Wechselspiel zwischen
Medienresonanz, Wahlerfolgen und Kandidatenunterstützung geschieht, ist den
politischen Parteien dann auch noch jene „Krönungs-Funktion" aus der Hand
genommen, die einerseits ihre Zentralrolle mitbegründet hatte und ihnen andererseits das Gewicht einer letzten Richtungskontrolle im politischen Prozess verschaffte. Nun büßen sie ihren kontinuierlichen Einfluss auf die Tagespolitik, ein
Stück demokratischer Kontrolle der Politik durch die Gesellschaft, unter dem
doppelten Druck von Medienzeit und Medienlogik weitgehend ein.

Doch nicht nur die Parteien, die bisher eine demokratisch fundierte Zentral-
stellung im politischen Prozess eingenommen haben, geraten in der mediende-
mokratischen Konstellation an den Rand des Geschehens. Der Konflikt zwischen
der langsamen politischen Prozesszeit und der schnellen medialen Reaktions-
und Inszenierungszeit bringt auch den Parlamentarismus selbst in Bedrängnis
und trägt wesentlich zum Übergang der parlamentarischen Parteiendemokratie in
ein neues Regime der postparlamentarischen Demokratie bei (Benz 2000). Auch
der Anteil des intermediären Systems der Vereine, Verbände und Initiativen am
großen politischen System geht zurück. Der diskursive Austausch der beteiligten

Akteure entfällt dann weitgehend zugunsten einer Abfolge der je für sich stehenden momentanen Ereignisse sich selbst korrigierender Medientests der politischen Spitzenrepräsentanten und ihrer Berater.

Das Parlament erfährt sowohl infolge der Marginalisierung der politischen Parteien wie auch durch die Auswirkungen der Medienlogik auch auf seine eigenen Handlungsbedingungen einen spürbaren Bedeutungsverlust. Die Vertreter der Regierungspartei im Parlament stehen zum einen unter dem Eindruck der Erfahrung und des prinzipiellen Funktionswissens, dass sie ihren Wahlerfolg in ausschlaggebendem Maße der medialen Durchschlagskraft ihres Spitzenkandidaten verdanken. Sie können zudem täglich beobachten, dass Dissense zwischen den politischen Absichtsbekundungen ihres Regierungschefs und Vertretern der zugeordneten Parlamentsfraktion dessen Mediencharisma schmälern und allmählich aufbrauchen. Darum sind sie im Großen und Ganzen immer zum voraus- oder nacheilenden Konsens mit dessen Vorgaben bereit.

Diese Tendenz wird dann noch verschärft, wenn Regierungschefs in außerparlamentarischen Verhandlungssystemen und neo-korporatistischen Gesprächsrunden einen Konsens der großen Interessengruppen organisieren und als ihren eigenen Regierungserfolg öffentlich vermitteln. Dann schrumpft der Spielraum der Mehrheitsfraktion zur Mitgestaltung der Regierungspolitik häufig auf Nachbesserungsforderungen in einzelnen Detailbereichen. An der Entscheidung über die großen Linien der Regierungspolitik ist sie in einer solchen Konstellation kaum noch beteiligt.

Im Hinblick auf die politische Kommunikation werden durch den Sog der Medienregeln vor allem zwei Wirkungen erzeugt, die die Tendenz zur Mediokratie forcieren. Auf der Ebene der Medien wird die Darstellung der Politik immer entschiedener entdifferenziert, trivialisiert, personalisiert und den Regeln der Unterhaltungsinszenierung unterworfen. Der Maßstab der größtmöglichen Aufmerksamkeit führt so gut wie immer die Feder, wenn es darum geht, was aus dem politischen Leben berichtet und wie es gemacht wird. Der Wurm, der dabei den Fischen gereicht wird, lässt am Ende oft nur noch wenig von dem erkennen, was dem Angler geschmeckt hätte. Entscheidend ist aber die Wirkungskette auf der zweiten Ebene, nämlich der des politischen Prozesses selbst. Dem wachsenden Inszenierungsdruck des Mediensystems fügt sich auch der dem großem Publikum sichtbare Teil der Politik selbst, weil er sich, nicht ohne Not, obgleich auch nicht immer ohne Lust und Liebe, denselben medialen Inszenierungsregeln der Aufmerksamkeitsmaximierung unterwirft und so seinerseits zum Bestandteil der Mediokratie macht.

Das, was den politischen Prozess als solchen, aber erst recht Politik in der Demokratie ausmacht, halbwegs rationale Debatten über artikulierte Alternativen, die Erarbeitung von Programmen und ihre kontrollierte Umsetzung, langsame Prozesse der Umwandlung von Interessen und Forderungen in realisierungsfähige Projekte und ein Anspruch von Aufklärung durch die Art, wie im öffentlichen Raum partikulare Interessen im Lichte von Argumenten und Gegenargumenten geläutert werden, verschwindet dann bis zur Unkenntlichkeit aus dem öffentlichen Bild der Politik. Schon die Spitzenmatadore der Parteien selbst inszenieren unter dem Inszenierungsdruck, den sie sich nicht ausgesucht haben, ihre Vorhaben und sich selbst als Akteure, die möglichst jedem sympathisch sind, der nicht von vornherein entschiedene Vorbehalte hat. Die Politik gerät – nicht ohne eigenes Zutun – unter dieselben Zwänge, denen die Mediokrität der Medienkommunikation entspringt.

Das politische Regime der Mediendemokratie führt mithin zu einer tendenziellen Schwächung all derjenigen Strukturen und Akteure im politischen Prozess, die dessen deliberative, kontinuierliche und verantwortungspolitische Dimension verkörpern und zur Privilegierung derjenigen Akteure und Strategien, die auf den kurzfristigen Kommunikationserfolg durch massenwirksame Inszenierungsstrategien setzen. Eine problematische Entdifferenzierung des politischen Kommunikationsprozesses ist die Folge, die diesen zwangsläufig in die Nähe populistischer Strategien führt.

4   Populismus als Inszenierungsstrategie

Der Druck auf Bedienung des breitest möglichen Massengeschmacks in Verbindung mit der Verführung zur Steigerung der Dosis, damit die Wirkung aufrechterhalten werden kann, führt vor allem im Fernsehen und in den Boulevard-Printmedien zu einer Rutschbahn der Mediokrität und der Infantilisierung der Kommunikationsangebote, die dem Populismus in die Hände arbeitet und einen Selektionsdruck auf den erfolgreichen Politikertyp ausübt. Das zeigt sich in idealtypischer Form an der Spezies des Schauspieler-Politikers, der jahrelang große politische Erfolge durch eine überwältigende Publikumsunterstützung feiern kann, ohne über die Handlungskompetenzen zu verfügen, die der Rolle innerhalb des politischen Systems angemessen wären. Schauspieler-Politiker, die die politische Inszenierungskunst beherrschen, haben gezeigt, welche Möglichkeiten die medialen Kommunikationsstrukturen bieten. Als Modell der aus diesen Prozessen hervorgehenden Infantilisierung können jene herausragenden Trivialschauspieler gelten, die es am Ende des 20. Jahrhunderts in wichtigen Ländern zu Politikerruhm gebracht haben, indem sie einfach ihre Unterhaltungsrollen ins politische Genre hinüberspielten und ihr Publikum zur Wählerschaft machten. Sie verfügten weder über ein umsetzungsfähiges Programm, noch über eine gesellschaftliche Organisationsbasis oder strukturierte Partizipationschancen ihrer Adressaten und verkörperten infolgedessen das populistische Politikspiel mit den Massenmedien nahezu idealtypisch. Der Journalist Dirk Kurbjeweit hat im Jahr 2000 Porträts der Schauspieler-Politiker Jesse Ventura, Minnesota, USA, und Joseph Ejercito Estrada, Philippinen, gezeichnet. Die selbstgestellte Frage „Sind Schauspieler die besseren Politiker?" beantwortet er in der Bilanz mit Einschränkungen positiv. Beide ehemaligen Showstars seien kraft ihrer überlegenen und gleichsam zur zweiten Natur gewordenen Darstellungskunst „die einzigen Politiker, die populär werden können ohne Parteimaschine" (Kurbjuweit 2000: 28 ff.).

Die beiden Schauspieler-Politiker demonstrieren im spielerischen Gestus ihres Auftritts und der ungebundenen Art ihrer politischen Praxis beispielhaft Regeln und Chancen des reinen strategischen Populismus. Beide porträtierten Schauspieler sind, anders als die modernen Parteien, zur Volksnähe prädestiniert, denn sie haben ein bunt bewegtes Leben hinter sich, das sie in viele Ecken und Winkel der Gesellschaft getrieben hat. Sie können sich der Wirkung ihres Auftretens so sicher sein, dass sie in der neuen politischen Rolle nichts mehr spielen müssen, sondern ohne große Rücksichten und Wirkungskalküle sich geben können, wie sie als Menschen aus dem Volke wirklich sind. Ihre Darstellungstalente und ihre Mediafitness haben ihnen große Berufserfolge als Showdarsteller verschafft, längst bevor sie beschlossen, ihre Darstellungskraft zur Basis einer politischen Karriere zu machen. Nun verkörpern sie nach Kurbjuweit das Prinzip „Body-Politik" gegen die „Mappen-Politk" jenes klassischen Politikertyps, der seine Zeit auf das Studium von Verwaltungsvorlagen, Arbeitspapieren, Verhandlungskonzepten und Texten verwendet, „aus denen sich das Zähe und Öde der klassischen Politik speist, der ganze Bürokratismus, das Unsinnliche, mitunter Unmenschliche" (ebd.). Dagegen setzt der Body-Politiker die Unmittelbarkeit seines medienträchtigen Körpers, sozusagen seines medialen Atavar-Körpers, und das Publikum ist von der schieren Unterhaltsamkeit begeistert, die keine Langeweile durch Argumente oder Informationen aufkommen lässt. Der traumwandlerisch sicher schauspielernde Politiker verkörpert ohne Täuschung die „ehrliche Haut" und kommt damit im Volke zu Recht gut an.

Der Schauspieler-Politiker muss nicht erst in politischen Organisationen Zustimmung gewinnen, um dann sein öffentliches Darstellungstalent erproben und beweisen zu können. Er transferiert umgekehrt das reine Darstellungscharisma, das sich im gnadenlosen Showbusiness schon bewiesen hat, in das politische Geschäft und ist infolgedessen dort von nichts und niemand anderem abhängig als seinem eigenen Medientalent. Er ist keiner Lobby, keinem Verein, keiner Partei, keiner Gruppierung verpflichtet, solange der mediale Glanz seines öffentlichen Körpers strahlt. Da Politik in der Mediengesellschaft, so das Fazit des Berichterstatters, offenbar ja ohnehin immer nur Staatstheater sein kann, aber wegen der bloß angelernten politischen Schauspielernaturen eben immer nur ein schlechtes und zudem von Organisationen gehemmtes Staatstheater, sei das Demokratiespiel der echten Schauspieler allemal vorzugswürdig und die bessere Politik.

Beide Helden sind aber nicht nur Schauspieler, sondern leben in ihrer Spontaneität und vollkommenen Ungebundenheit als „andere Politiker" mitten im Volk. Und beide „Alternativpolitiker" verfügen sogar über ein regelrechtes politisches Programm. Dies ist zwar von den Einzelheiten, Festlegungen, Handlungsanleitungen und Begründungen der etablierten „Mappen-Politik" frei, aber dennoch eine bedeutende politische Botschaft. Ventura sagte im Playboy, er sei in der Finanzpolitik konservativ, in der Gesellschaftspolitik liberal, und er wolle in Minnesota das beste Bildungssystem der Welt aufbauen, und Religion sei etwas für schwache Gemüter. Zum Glück, so lautet die Begründung des Beobachters, haben beide nie eine Partei von innen gesehen, denn in diese Schleifmaschinen begibt man sich früh hinein und wird dann bloß noch zurecht geschliffen. Schauspieler-Politiker, frei von allen Kleinlichkeiten der Rechenschaftspflichten und Mitwirkungsrechte anderer, haben auch vor den größten Aufgaben keine Angst. Ventura will „den Senat abschaffen, eine Straßenbahn für ein Autovolk, einen Quantensprung im Bildungssystem" erreichen. Die Politologin der University of Minnesota, die dem Schauspieler-Politiker vorhält, die Institutionen zu missachten und sich im Parlament nicht blicken zu lassen, erweist sich nach dem Urteil des Berichterstatters schon durch den bloßen Blick auf ihr Äußeres – „ihre Haare sind kurz, ihre Brille ist dick" – als bedauernswertes Stiefmütterchen der Mediengesellschaft, deren Vorhaltungen kaum mehr als ein Ressentiment der Zu-Kurz-Gekommenen sind.

Der mediale Betrachter bringt die Mediengesellschaft kompromisslos auf ihren Begriff. Wenn Demokratie Legitimation durch Kommunikation ist, dann ist der professionellste Kommunikationskünstler allemal der beste Demokrat. Und wenn das authentische Spiel der „Body-Politik" die wirkungsvollste Form unterhaltsamer Kommunikation ist, dann dankt die „Mappen-Politik" mit ihren unübersichtlichen institutionellen Prozeduren und langatmigen Argumentationen besser ab. Allerdings mit einem kleinen Vorbehalt: Boom ist Voraussetzung für „Body-Politik": Wenn die Wirtschaft brummt, wenn kein Krieg droht, schätzen die Bürger einen Typ Politiker, der das Geschäft nicht besonders gut beherrschen muss, solange er unterhaltsam ist. Und an Atomwaffen und dergleichen sollte man die Body-Politiker besser doch nicht lassen, auch nicht in Krisenstäbe, wenn die Lage ernst wird. „In der Krise ist das Vertrauen auf die gute alte Mappen-Politik größer. Aber auf der Ebene von Bundesstaat oder Bundesland, wo es mehr um Repräsentation, um Stimmungen geht, würde ich mich eher für Ventura und seine Berater entscheiden als zum Beispiel für den Ministerpräsidenten von Rheinland-Pfalz, den gemütlichen Vollbartträger Kurt Beck und dessen Berater" (ebd.).

Das Interesse medialer Unterhaltungspolitik an ihrer eigenen Legitimation in politischen Kategorien ist mehr als ein ironisches Spiel. Es entspringt auch nicht allein dem Verdruss des medialen Präsentationsprofis an der Unzulänglichkeit allzu vieler Selbstinszenierungsversuche von Politikern, die das mediale Spiel mit großer Bereitschaft spielen möchten, aber kaum können. Es ist der Versuch, in der Korrespondenz zwischen dem vitalen Unterhaltungsbedürfnis der Menschen und dem Unterhaltungstalent der Medienstars ein Element plebiszitärer Demokratie zu entdecken, das jeder Form demokratischer Vermittlung, Institutionalisierung und erst recht den Prozeduren der Parteien eben auch als demokratische Politik überlegen sei. Abgesehen von der Fülle der Ressentiments gegen die „politische" Politik, die Politik der langsamen Prozesse des Interessensausgleichs, der institutionellen Kontrollen, der Verantwortlichkeit durch die Rechte vieler Mitwirkender, der Verständigung in Rede und Gegenrede, der Kontinuität vermittelnder Organisationen, enthält dieses Plädoyer für die Unterhaltung vor allem ein radikales Missverständnis, was das Element des Politischen im Prozess der politischen Kommunikation sei. Denn wie sehr auch immer Kommunikation im Medienzeitalter der Unterhaltsamkeit bedarf, um viele zu erreichen – ein Kern von Rationalität, von verlässlicher Information und Argumentation, von Überprüfbarkeit und Verständigungsfähigkeit muss ihr immer erhalten bleiben, so lange sie bei aller Unterhaltsamkeit noch die politische Funktion demokratischer Legitimation erfüllen will. Wenn auch dieser Kern verloren geht, mögen die Plebiszite für die Unterhaltungskünstler zwar begeisternder sein als das meiste, was Politik in dieser Hinsicht je aufbieten kann, und oft sogar breiter in der Gesellschaft verankert, als das demokratische Verfahren es schaffen kann. Aber politisch, im Sinne demokratischer Legitimation und Kontrolle, sind sie dann nicht mehr.

Die reine Unterhaltungsdemokratie hört auf, Demokratie zu sein. Denn bei dieser kann es nie allein um irgendeinen kommunikativen Einklang von öffentlichen Akteuren und dem Massenpublikum gehen, sondern immer auch um die Form der Verständigung, um Mitwirkung möglichst vieler, um Kontrolle. Die Durchleuchtung der Praktiken Estradas im Zuge der gegen ihn angestrengten Amtsenthebungsklage haben den Verdacht bestätigt, den politisch kundige Beobachter immer schon gegen diese Art infantilisierter Schaupolitik hatten, die nur noch die Verlängerung des Showbusiness auf die politische Bühne darstellt. Sie fällt einem viel prinzipielleren Realitäts- und Kontrollverlust zum Opfer als die Politik der Berufspolitiker, weil hinter der Bühne der Darsteller nichts Politisches mehr stattfindet. Es wird kein Stück aus dem politischen Leben gegeben. Politische Erfolge sind dann Zufallstreffer, Korruption aber wird zum System. Die Verführbarkeit durch den eigenen irrealen Glanz verwischt alle Unterschiede von Gesetz, Moral und Ordnung. Was das Massenpublikum auf der Bühne zu sehen wünscht, erscheint als ultimative Legitimation. Alles erscheint möglich, weil alles spielbar und an das Medienpublikum des trivialen Genres verkäuflich ist. Wie beim Kleinkind beginnen die Grenzen zwischen Phantasie und Realität zu verfließen. Infantilität ist das Gesetz dieser Grenzverwischung.

Das Fernsehen steht unter dem Diktat der Fernbedienung, jede neue Sequenz in jeder Inszenierung dient dem Ziel, das Wegschalten gerade aus dieser Sendung gerade in diesem Augenblick abzuwenden. Schon dieser Zwang für sich genommen begünstigt die Infantilisierung des Angebots, wie bei Kleinkindersendungen, in denen jeder Moment für sich selber sprechen muss, weil ein großer Spannungsbogen kaum durchzuhalten ist. Der Zwang, die größtmögliche Zahl von Zuschauern in jedem Augenblick bei der Stange halten zu müssen, forciert die Tendenz, Sendungen als eine ununterbrochenen Reihung von Knalleffekten zu realisieren, weil selbst kurze Spannen des Ausklinkens postwendend mit finanziellen Verlusten bestraft werden. Der Zwang zum unbedingten Dienst am breitest möglichen Massengeschmack und der beständige Versuch, die Basis durch experimentelle Erhöhung der Dosis im Genre des Trivialen und Spektakulären zu verbreitern oder gegen harte Konkurrenz zumindest zu halten, drückt fortwährend auf das kulturelle und politische Anspruchsniveau. Dieser Zwang teilt sich aus Gründen der öffentlichen Legitimation und des journalistischen Ehrgeizes zwar nicht gänzlich ungefiltert, aber doch im Effekt durchschlagend auch den öffentlich-rechtlichen Anstalten mit. Mediokrität wird zum ökonomischen Imperativ des größeren Teils der Angebote des Fernsehens und aller anderen Medien, die unter seinen Einfluss geraten.

5   Liberale Demokratie und Massengeschmack

Die politische Dominanz des Massengeschmacks wirft andere Probleme auf als dessen kulturelle und alltagsweltliche Rolle. Während es nämlich außer Zweifel steht, dass mit seinem eigenen Leben und seinen Freiheitschancen jeder Einzelne im Rahmen von Recht, Gesetz und Moral anfangen kann, was ihm beliebt, bleibt es fragwürdig, ob im Hinblick auf den politischen Bereich, in dem es um die Regeln und Chancen des Lebens aller und darüber hinaus auch noch der künftigen Generationen geht, die Diktate des Massengeschmacks in gleicher Weise als Lebenstatsache hinzunehmen sind. Als Entdecker der sozialen Regeln, die kulturelle und politische Mediokratie erzeugen, also die gesellschaftliche Herrschaft kultureller und politischer Mediokrität, kann der seiner Herkunft nach aristokratische, seiner politischen Gesinnung nach aber eher demokratische Frühdiagnostiker der Massendemokratie Alexis de Tocqueville gelten. Als er die erste Massendemokratie der Geschichte, die noch jungen Vereinigten Staaten von Amerika, zu Beginn des 19. Jahrhunderts bereiste und begutachtete, fiel ihm eine unwiderstehlicher Drang zur Nivellierung des öffentlichen Lebens auf, für das der am wenigsten gebildete Durchschnittsgeschmack des Massenpublikums zur Richtschnur wurde. Der Wettlauf um die Gunst des Massenpublikums schleift das Besondere, Herausragende oder einfach nur Anspruchsvolle als untragbares Risiko ab, weil es der Mehrheit nicht gefällt. Legitim erscheint in der Demokratie, wenn sie die Kultur ergreift, nur noch das, was mehrheitsfähig ist.

Es ist dabei nicht die politische Legitimationsidee der Demokratie als solche, die am Ende zu ihrer eigenen Gefährdung führen kann, sondern ein egalisierender Druck, der auf dem öffentlichen Leben lastet und der die Unterschiede in Bildung, Kenntnissen, Format, Erfahrung und Geschmack erst ignoriert und dann auslöscht, während doch aus ihnen allein ein zivilisiertes gesellschaftliches Leben, eine eigensinnige Sphäre der Selbstbehauptung und der Urteilskraft hervorgehen kann. Diese Sphäre führt nicht nur dazu, „dass jeder Mensch seine Vorfahren vergisst, sondern sie verbirgt ihm auch seine Nachkommen und trennt ihn von seinen Zeitgenossen; sie verweist ihn unablässig auf sich allein und droht, ihn schließlich ganz in die Einsamkeit des eigenen Herzens einzuschließen."[1] Es ist nicht die Gleichheit der Rechte aller Einzelnen und schon gar nicht die Gleichheit ihrer Teilhabe an der Politik in den politischen Assoziationen der Gesellschaft, sondern die Gleichheit in der Vereinzelung, die am Ende alle empfänglich macht für das niedrigste Mittelmaß der Meinungen, des Wissens, der Normen und des Urteils, das eine äußerliche Einheit zwischen den Vielen stiftet. Die bloße Übereinstimmung der Vielen in ihrer Isolation und der von ihr ausgehende öffentliche Druck bietet Ersatz für die Orientierungen und Haltungen, die die Individuen in der Vereinzelung selbst nicht mehr finden können.

Während das aktive gemeinsame Engagement der gleichen Bürger in den Assoziationen der Zivilgesellschaft ihre Urteilsfähigkeit und ihre Widerstandskraft gegen den Zentralismus des egalitären Mittelmaßes gerade stärkt, erzwingt die Gleichheit der Vereinzelung dessen Herrschaft über ihr Denken, ihre Kultur und ihr Leben. Im Unterschied zur Oberfläche seines Sprachgebrauchs ist es daher in der Analyse Tocquevilles nicht die Demokratie in ihrer genuinen Praxis der öffentlichen Verständigung, sondern die Kombination aus egalitärer Vereinzelung und Mehrheitszwang, die zur Herrschaft der Mittelmäßigkeit über das Leben und Denken der ganzen Gesellschaft führt.

Es sind nach dieser Beobachtung mithin zwei soziale Mechanismen in ihrer Wechselwirkung, auf denen die Herrschaft der Mediokrität in Kultur und Politik gründet: zum einen die Vereinzelung der Individuen, die ihre Anfälligkeit für den Druck der Durchschnittsmeinungen und des Durchschnittgeschmacks als autoritativer Lebensorientierung begünstigt und am Ende alle an der Erzeugung

---

[1] Alexis de Tocqueville (1835 / 1840), Über die Demokratie in Amerika, in: ders., Das Zeitalter der Gleichheit. Auswahl aus Werken und Briefen. 2., neubearbeitete und erweiterte Auflage. Übersetzt und hgg. von Siegfried Landshut, Köln / Opladen 1967, S. 60.

des Drucks teilhaben lässt; zum anderen die Übertragung des demokratischen Entscheidungsprinzips aus der Politik, wo es in den Grenzen der Grundrechte immer am Platze ist, auf die gesellschaftlichen Sphären der Kultur und der Lebensführung, wo es zwar für die Regelung der Voraussetzungen und Rahmenbedingungen, aber gerade nicht für die Erzeugung der Inhalte sinnvoll ist. In dem Maße, wie das egalitäre Prinzip der Mehrheitslegitimation aus einer politischen Entscheidungsregel zu einer kulturellen Produktionsnorm wird, die alle gesellschaftlichen Sphären gleichermaßen beherrscht, entsteht überall der Druck zur Mediokrität des unteren Durchschnitts, die bei der größtmöglichen Zahl noch Gefallen findet, der jederzeit sofort die meisten noch zustimmen können. Das egalitäre Prinzip schlägt dann nicht nur die politischen Entscheidungen in seinen Bann (was völlig in Ordnung ist), sondern auch die öffentlichen Debatten in ihrem Vorfeld. Schließlich zieht die so erzeugte Mediokrität alles, was die Demokratie ausmacht, zumal die Qualität der Öffentlichkeit, in ihren Sog.

Es ist jedoch etwas kategorial ganz anderes, ob jedes Individuum für sich selbst entscheidet, in welcher Nähe zur unteren Grenze des kulturellen und kommunikativen Niveaus seiner Gesellschaft es seine eigenen einschlägigen Bedürfnisse pflegen und befriedigen möchte, denn das betrifft ja zunächst immer nur es selbst. Oder ob dieses Niveau zur gebieterischen Richtschnur für die am meisten verbreiteten und damit auch am leichtesten zugänglichen Kommunikationsangebote in Kultur und Politik insgesamt wird, was immer zugleich auch die anderen mitbetrifft. Wenn der Einzelne auch dort, wo er verantwortlicher Staatsbürger sein sollte, nur noch als privat konsumierender Kunde in Erscheinung tritt, verwischen sich für ihn selbst und für jene, die ihm mit ihren Angeboten gegenüber treten, die Unterschiede zwischen den beiden Rollen vollends.

Je mehr der Markt entscheidet, was medialer Erfolg ist, um so mächtiger wird der Drang zur populistischen Oberfläche in Politik und Massenmedien. Die Massenmedien, wenn auch in deutlicher Abstufung mit Qualitätssprüngen vom Boulevard zu den Qualitätsblättern, vom Fernsehen bis zu den Printsparten, sind auf nichts festgelegt, außer auf die Notwendigkeit einer attraktiven Oberfläche. Sie sind also ihrer Natur nach eine Gelegenheitsstruktur, die immerzu zum Vorrang der Inszenierung vor der Verantwortung verführt, aber ihn nicht erzwingt. Ihre Publikumsbühnen lassen sich nun mal nicht füllen, wenn schlecht inszeniert wird. Ein Publikum lässt sich aber auch dann fast immer finden, wenn sich unter der Oberfläche der Verführung nichts Substanzielles verbirgt – keine Informationen, keine Argumente und schon gar nicht Verantwortung.

6 Gelegenheitsstrukturen und Aktivierungsvoraussetzungen

Die medialen Inszenierungszwänge können von den politischen Akteuren und von den Medienschaffenden zwar nicht ausgeschlagen, aber doch auf gänzlich unterschiedliche Weise genutzt werden. Infotainment kann eine vorzugswürdige Art der Politikvermittlung sein, nämlich dann, wenn sie ihre Chance der Erreichung eines großen und verstreuten Publikums nicht allein zur Unterhaltung, sondern zur angemessenen Information über die Sachen nutzt, auf die sie sich bezieht. Diese Chance wird in der täglichen Praxis der Politikvermittlung im Fernsehen und einem Teil der Printmedien allerdings selten, in den Qualitätsmedien hingegen regelmäßig genutzt. Auch bei den Politikern differenziert sich das Bild. Wir erleben aber regelmäßig den Leerlauf der Inszenierungskunst ohne relevante Beimischung eines dem Politischen angemessenen Informationsgehalts bei der großen Überzahl der Produkte des Mediensystems und der Mehrzahl der Spitzenpolitiker auf den großen Medienbühnen.

Der Übergang zwischen populärer Inszenierungskunst und populistischen Mobilisierungsstrategien kann aus den beschriebenen Gründen fließend sein, jedenfalls in der Kommunikationskultur einzelner Politiker. Die Massenmedien bieten für vorsätzlich populistische Strategien eine beispiellos günstige Gelegenheitsstruktur. In welchem Maße sie in der Breite der Gesellschaft Resonanz finden und damit zu einer wirklichen Macht im politischen Prozess werden, hängt aber auch vom Vorhandensein entsprechender Erfahrungen und Motive in der Gesellschaft selbst ab. Diese können durch populistische Deutungsangebote politischer Akteure stets nur in engen Grenzen hervorgebracht werden. Ausschlaggebend für ihre Massenverbreitung und ihre Stärke sind entfremdende Erfahrungen, die die Bürger mit der repräsentativen Politik selbst gemacht haben. Für diese tragen in aller Regel die verantwortlichen Politiker des politischen Systems eine Mitverantwortung.

7 Denkzettel oder Gefahr für die Demokratie?

Wegen der Mitverantwortung politischer Amtsinhaber und Mandatsträger für die Erfahrung, die populistische Stimmungen in der Gesellschaft begünstigen, ist, vor allem nach dem überwältigenden Wahlerfolg des Populisten Pim Fortuyn in den Niederlanden, das Argument vorgebracht worden, gelegentliche populistische Attacken auf die etablierte Politik seien für die Demokratie letztlich nur heilsam, weil sie durch den Druck, den sie erzeugen, die etablierte Politik wieder näher an die Gesellschaft heranführen. Während etwa in den Niederlanden der überraschend große Erfolg Fortuyns zu einer weitgehenden Akzeptanz des Denkzettel-Theorems geführt hat, in der Annahme, nun würden die anderen demokratischen Parteien endlich die Probleme aufgreifen, die von den Populisten erst durch Dramatisierung in den Fokus der öffentlichen Aufmerksamkeit gerückt werden konnten, neigen die sozialwissenschaftlichen Beobachter hierzulande eher zu der Auffassung, dass die auf diese Weise bewirkte Öffnung der politischen Kultur für ausländerfeindliche Ressentiments zum Problem für die demokratische Entwicklung wird. Für diese Deutung spricht viel, denn eine längerfristige Dominanz populistischer Sichtweisen in der demokratischen Öffentlichkeit führt offensichtlich dazu, dass die Hemmschwellen bei der Diskussion von Problemen der Ausländerintegration unmerklich abgesenkt und damit auch Grundrechtsstandards verwässert werden. Die Risiken populistischer Politik für eine politische Kultur der Demokratie, die beides ermöglicht, eine den komplexen Sachlagen angemessene politische Debatte und die Vermeidung massenhafter politischer Entfremdung in der Gesellschaft, sind größer als die Chancen, dass sie dazu auf den Umwegen der Simplifizierung und des Ressentiments indirekt beiträgt. Das gilt umso mehr, als die politische Kultur der Demokratie in den Mediendemokratien der Gegenwart diesem Risiko durch die Dauerversuchung populärer Politikinszenierung ohnehin schon im Übermaß ausgesetzt ist.

Literatur

Besonders wichtige Titel sind mit einem Sternchen gekennzeichnet.

Benz, Arthur (2000), Postparlamentarische Demokratie und kooperativer Staat, in: Claus Leggewie / Richard Münch (Hg.), Politik im 21. Jahrhundert, Frankfurt a.M., S. 263-280.
*Dörner, Andreas (2001), Politainment. Politik in der medialen Erlebnisgesellschaft, Frankfurt a.M.
Kurbjuweit, Dirk (2000), Sind Schauspieler die besseren Politiker? Was die Politik vom Showgeschäft lernen kann, in: Spiegel Reporter Nr. 6, S. 24-38.
*Meyer, Thomas (2001), Mediokratie. Die Kolonisierung der Politik durch das Mediensystem, Frankfurt a.M.
*Meyer, Thomas / Martina Kampmann (1998), Politik als Theater. Die neue Macht der Darstellungskunst, Berlin.
Meyer, Thomas / Rüdiger Ontrup / Christian Schicha (2000), Die Inszenierung des Politischen. Zur Theatralität medialer Diskurse, Opladen.
Schulz, Winfried (1976), Die Konstruktion von Realität in den Nachrichtenmedien. Analyse der aktuellen Berichterstattung, Freiburg/ München.

Länderstudien und vergleichende Perspektiven

Günther Pallaver / Reinhold Gärtner

Populistische Parteien an der Regierung – zum Scheitern verdammt? Italien und Österreich im Vergleich

1 Rechtspopulismus, neue Parteien und Regierungsbeteiligung: eine Annäherung.

Es gibt relativ wenige Erfahrungen mit populistischen Parteien, die in Westeuropa über einen längeren Zeitraum an einer Regierung beteiligt waren oder nach wie vor sind. Wir kennen dazu die Beispiele aus der Schweiz, den Niederlanden, Österreich und Italien. Wenn wir diese Zuordnung vornehmen, so haben wir bereits eine Einschränkung vorgenommen. Es handelt sich um Parteien, die an staatlichen Regierungen beteiligt waren oder nach wie vor sind und nicht nur an Regierungen auf substaatlicher Ebene, wie etwa die Schill-Partei in Deutschland oder der Front National in Frankreich.

Der ersten Einschränkung folgt die nächste. Bei diesen populistischen Parteien handelt es sich um rechtspopulistische Parteien: Die Freiheitliche Partei Österreichs (FPÖ), die Lega Nord (LN) und Forza Italia (FI), die Schweizerische Volkspartei (SVP) und die Partei Pim Fortuyns (LPF) befinden sich nach der einschlägigen wissenschaftlichen Literatur zum Rechtspopulismus generell und rechtspopulistischen Parteien speziell, die mittlerweile sehr umfangreich ist[1], rechts von der politischen Mitte.

---

[1] Vgl. z.B. Chintera-Stutte 2005, Decker 2004, Werz 2003, Betz 2002, Tarchi 2002, Hainsworth 2000, d'Archais 1996 und Biorcio 1991 / 92.

Tabelle 1: Regierungsbeteiligung (rechts)populistischer Parteien in Italien, den Niederlanden, Österreich und der Schweiz

Land	Partei	Dauer
Italien	FI, LN*	10.5. 1994 – 17.1.1995; seit 11.6.2001
Niederlande	LPF	22.07.2002 – 16.10.2002
Österreich	FPÖ	24.05.1983 – 21.01.1987; seit 04.02.2000
Schweiz	SVP	seit 1929[2]

*Die Lega Nord entzog der Regierung Berlusconi bereits im Dezember 1994 das Vertrauen.

Bei diesen vier Fällen handelt es sich um Länder mit einem ausgeprägten konkordanzdemokratischen System, das von den populistischen Parteien mit Vehemenz attackiert und zu demontieren versucht wurde, das aber zugleich den populistischen Parteien die eigenen Schranken vor Augen führte (siehe auch den Beitrag von Susanne Frölich-Steffen in diesem Band).

Tabelle 2: Wahlergebnisse (rechts)populistischer Parteien in Italien, den Niederlanden, Österreich und der Schweiz seit 1986 (nationale Parlamentswahlen)

	Forza Italia	Lega Nord	LPF	FPÖ	SVP
1986				9,7	
1987					11,0
1990				16,6	
1991					11,9
1994	21,0	8,4		22,5	
1995				21,9	14,9
1996	20,6	10,1			
1999				26,9	22,5
2001	29,4	3,9			
2002			17,0	10,0	
2003		5,7			26,7

Keine dieser rechtspopulistischen Parteien konnte aufgrund der Wahlergebnisse eine Alleinregierung bilden, alle Parteien bildeten Koalitionsregierungen unterschiedlichen Typs. In Italien kam 1994 und 2001 ein Mitte-Rechts-Bündnis an

---

[2] Bzw. Vorgängerparteien. Die Regierungsbeteiligung der SVP – speziell seit 1959 – muss vor dem Hintergrund der Schweizer „Zauberformel" gesehen werden: 1959 wurde vereinbart, dass der Bundesrat nach der Formel 2-2-2-1 beschickt wird: je zwei Vertreter für die Freisinnig-demokratische Partei (FdP), für die Christlich-demokratische Volkspartei (CVP) und die Sozialdemokratische Partei der Schweiz (SPS) sowie einen für die Schweizerische Volkspartei (SVP). Diese Formel wurde nach den Wahlen von 19. Oktober 2003 zu Gunsten der SVP geändert, die seitdem zwei Sitze hält (dafür die CVP nur mehr einen).

die Macht, das aus mehreren Parteien besteht. Die Partei Silvio Berlusconis, Forza Italia, dominiert(e) als stimmenstärkste Partei des Bündnisses sowohl in der ersten Regierung (1994 / 1995) als auch in den beiden Neuauflagen (seit 2001 bzw. 2005) die Koalition. Die Lega Nord spielt(e) aber immer eine sehr autonome Rolle und bildete seit 2001 eine koalitionäre Hauptachse mit Forza Italia. Die beiden populistischen Parteien FI und LN stehen in innerkoalitionären Konfliktfällen in der Regel immer gemeinsam gegen die nicht-populistischen Koalitionspartner *Alleanza Nazionale* (AN) und die DC-Nachfolgepartei *Unione di centro* (UDC).

In Österreich hatte die FPÖ bereits von 1983 bis 1987 eine kleine Koalition mit den Sozialdemokraten (SPÖ) gebildet. In dieser Phase kann man mit Blick auf die FPÖ allerdings noch nicht von einer rechtspopulistischen Partei sprechen, zu der sie sich erst mit der Machtübernahme durch Jörg Haider im Jahre 1986 entwickelte. Obwohl es der FPÖ bei den Nationalratswahlen 1999 gelungen war, die ÖVP auf den dritten Platz im Parteiensystem zu verweisen (in der Endabrechnung hatte sie 415 Stimmen mehr erzielt), musste sie sich in der anschließend gebildeten „schwarz-blauen" Koalition mit der Rolle des Juniorpartners begnügen; nach den Nationalratswahlen des Jahres 2002 sah sie sich dann einer starken ÖVP-Übermacht gegenüber. In den Niederlanden war die LPF im Jahre 2002 nur für eine kurze Phase an der Regierung beteiligt und spielte dabei keine dominante Rolle. In der Schweiz legte die SVP in den letzten Jahren dermaßen an Stimmen und Mandaten zu, dass die „Zauberformel" zu ihren Gunsten geändert werden musste.

So wie die rechtspopulistischen Parteien in den Koalitionsregierungen als dominierende oder nicht-dominierende Akteure in Erscheinung treten können, so unterscheiden sich die Bündnisse auch in ihrer Regierungskontinuität und -dauer. Abgesehen von der SVP, die im Rahmen des schweizerischen Konkordanzsystems und der späteren „Zauberformel" schon seit 1929 an der Regierung ist, befindet sich die FPÖ (ab Frühjahr 2005 als BZÖ) als Juniorpartner der ÖVP seit 2000 an der Regierung. Es folgen Forza Italia und Lega Nord, die nach einem kurzen Intermezzo von acht Monaten im Jahre 1994 seit 2001 regieren. Die LPF blieb nur knapp drei Monate an der Regierung. Wir haben es somit mit unterschiedlichen Kontinuitäten zu tun. Außerdem gab es seit dem Regierungsantritt im Jahre 2000 in Österreich vorgezogene Neuwahlen (2002) und zwei ÖVP / FPÖ-Regierungen. Der ersten kurzen Regierung Berlusconi im Jahre 1994 folgten nach dem Regierungsantritt im Jahre 2001 die Regierungen Berlusconi II und nach schweren Verlusten bei den Regionalratswahlen im Jahre 2005 die Regierung Berlusconi III.

Schließlich muss gefragt werden, mit wem die rechtspopulistischen Parteien die Regierungsbündnisse gebildet haben. Im italienischen, österreichischen und niederländischen Fall waren das ausnahmslos die konservativen, christdemokratischen oder liberalen Vertreter des rechten Mainstreams, in der Schweiz, wo traditionell eine Allparteienregierung besteht, auch die Sozialdemokratie.

2   Rechtspopulismus und rechtspopulistische Parteien

Was den (Rechts)Populismus insgesamt betrifft, so stützen wir uns in diesem Beitrag in erster Linie auf die von Mény / Surel (2002) sowie von Decker (2004) definierte Position. Die beiden ersteren weisen darauf hin, dass wir trotz des unscharfen, vielgliedrigen Begriffs feststellen können, dass sich der Populismus in relativ ähnlichen Kontexten behauptet, die durch Ungleichgewichte bei politisch-institutionellen oder sozioökonomischen Anpassungen charakterisiert sind. Da in der Demokratie politische Herrschaft durch das Volk begründet und legitimiert werden muss, berufen sich populistische Parteien und Bewegungen mit besonderem Nachdruck auf das Volk, allerdings mit mehreren Unterscheidungen. In erster Linie wird das Volk als homogen und autonom verstanden. Populistische Parteien/Bewegungen produzieren in demokratischen Systemen eine permanente ideologische Spannung, die darauf ausgerichtet ist, die „tatsächliche" Souveränität des Volkes zu realisieren, sodass die direkte Ausübung der Macht durch das Volk im Widerspruch zur repräsentativen Demokratie gesehen wird.

Dem Konzept der „homogenen Gemeinschaft" entspricht die von Decker (2004: 29 ff.) definierte Position, vor allem die der ethnischen und kulturellen (Neu)Positionierung rechtspopulistischer Parteien und die damit verbundene Ablehnung jeder Art von ethnischer und geistig-kultureller Integration. Ebenso zentral ist die von Decker aufgelistete Betonung der agitatorischen Stilmittel des Populismus – vom Rückgriff auf common-sense-Argumente über die Vorliebe für radikale Lösungen, die Polarisierung zwischen unten und oben, zwischen *uns* und *den anderen*, Verschwörungstheorien, Tabubrüche und bewusste Provokationen, Verwendung biologistischer und Gewaltmetaphern bis hin zu Emotionalisierung und Angstmache.

Wenn wir von diesen Annahmen ausgehen, so ist die Assoziation zu den genannten Parteien nicht zufällig, wenngleich eine undifferenzierte Gleichsetzung unzulässig ist. Schon Pim Fortuyn passte nicht so recht in das mehr oder weniger einhellige Schema eines Jörg Haider, Christoph Blocher oder Umberto Bossi. Fortuyn legte zwar in Fragen des Islam eine radikale und restriktive Haltung an den Tag, mit Blick auf die Integration der bereits in den Niederlanden lebenden Migranten zeigte er sich jedoch wesentlich liberaler als die Vertreter des rechtspopulistischen Mainstreams. Wie sich die Machtbeteiligung der LPF gestaltet hätte, wenn Fortuyn Parteiführer geblieben und selbst als Minister in die Regierung eingetreten wäre, lässt sich nach seiner Ermordung wissenschaftlich seriös nicht mehr beantworten.

Unabhängig von den jeweiligen politisch-ideologischen Unterschieden weisen die rechtspopulistischen Herausforderer gewisse Gemeinsamkeiten als „neue Parteien" auf. Mit der Erschöpfung der alten gesellschaftlichen Konfliktlinien (*cleavages*) und der Krise der traditionellen Parteien ist ein neuer Parteientypus entstanden, der als „Bewegungspartei" bezeichnet werden kann (Gunther / Diamond 2001). Dieser Parteientypus befindet sich auf halbem Weg zwischen Partei und Bewegung. Einerseits beteiligt man sich als politische Partei an Wahlen, andererseits behält oder übernimmt man organisatorische Merkmale, die in die Nähe einer gesellschaftlichen oder politischen Bewegung weisen. Selbst wenn das Unterscheidungskriterium zwischen „alten" und „neuen" Parteien in der Zuordnung längs der klassischen *cleavages* erfolgt, können auch „alte" Parteien wie etwa die FPÖ durchaus Elemente der „neuen" annehmen oder diese fast völlig ersetzen (Massari 2004: 111 ff.). Die „Bewegung" als Charakteristikum solcher Parteien finden wir bei der FPÖ genauso wie bei der Lega Nord, Forza Italia und der LPF, weniger bei der SVP, in den einzelnen Fällen allerdings wellenmäßig in unterschiedlicher Intensität.

3   Anpassung an das Ambiente

Wie wir gesehen haben, betrachten populistische Parteien das „Volk" als ihre Legitimationsbasis, sehen sich als Antagonisten jener, die „da oben" sind, verfolgen als Ziel die Exklusion der „Volksfeinde" und die Errichtung der „wahren Volksherrschaft" (Pallaver 2005: 208). Einmal an der Regierung, müssen populistische Parteien versuchen, diese Ansprüche zu verwirklichen. Befinden sie sich selber an der Macht, sind diese Parteien also einem neuen politischen „Ambiente" ausgesetzt. Das Ambiente kann dabei sehr komplex und instabil, oder aber stabil, der Partei gegenüber feindlich oder freundlich eingestellt sein. Es kann dem populistischen Akteur ein bestimmtes Verhalten aufzwingen oder breite Manövriermöglichkeiten einräumen.

Aus analytischen Gründen bietet es sich an, das Ambiente in „institutionelle Zwänge" und in „Arenen" aufzuschlüsseln (Panebianco 1982: 385). Institutionelle Zwänge können beispielsweise die Parteienfinanzierung oder das Wahlsystem sein, die auf das Verhalten und / oder die Organisation von Parteien Auswirkungen haben, oder das repräsentative parlamentarische System insgesamt, mit seinen Regeln, Verfahren und Ritualen. Die Arenen sind hingegen jene Gegebenheiten des politischen Umfeldes, in denen sich die Beziehungen der Parteien mit anderen Organisationen abspielen. Diese Beziehungen können unterschiedlich beschaffen sein: In einigen Arenen wird eine Partei Ressourcen mit anderen Parteien austauschen, in anderen mit ihnen um die Ressourcen konkurrieren.

Besonders wichtig ist die elektorale Arena. Diese Arena kann verschiedene Grade der Stabilität bzw. der Instabilität aufweisen, der Partei gegenüber feindlich oder freundlich gesinnt sein. Wenn eine solche Arena relativ ruhig, das heißt das Verhalten der in ihr agierenden Personen und Gruppen voraussehbar ist, können wir eine höhere Kohäsion und größere Stabilität unter den dominanten Bündnissen der Parteien erwarten. Eine solche Arena ist unter anderem durch eine hohe Anzahl von Stammwählern gekennzeichnet.

Wenn es in einer solchen Arena hingegen „turbulent" zugeht, weil eine starke Wechselbereitschaft im Wählerverhalten besteht (Volatilität), so ist die Unvorhersehbarkeit politischer Entwicklungen viel größer. Dadurch sind auch die potenziellen Schwierigkeiten eines Parteienbündnisses größer. Die Frage, ob eine elektorale Arena ruhig oder turbulent ist, hängt unter anderem davon ab, wie groß die Kontrolle der Parteien über die Arena selbst ist, worüber natürlich auch das Verhalten der konkurrierenden Parteien entscheidet. Der erfolgreiche Angriff von Konkurrenten auf die Identität einer Partei kann die Organisation destabilisieren, wenn diese nicht die Fähigkeit aufbringt, entsprechende kollektive Anreize zu vermitteln. Solche Anreize können z.B. darin liegen, dass man die Identität und Solidarität unter den Anhängern und Wählern durch ideologische oder programmatische Aussagen stärkt (Lange 1977). Wenn eine Partei diese Fähigkeiten einbüßt, führt dies zu Glaubwürdigkeits- und zu Stimmenverlusten, die die Legitimität der Führung beeinträchtigen und unter Umständen sogar in eine Spaltung der Partei münden können.

4   Die Realität des Regierens

Als die Haider-FPÖ im Jahre 2000 an die Regierung kam, waren die Erwartungen ihrer Funktionäre und Wähler hoch, konnten doch nun die über Jahre hinweg gestellten Forderungen an „die da oben" endlich verwirklicht werden. Die über die politische Kommunikation produzierte Perzeption, in der Politik sei, einmal an der Regierung, alles und sofort machbar, stieß aber auf institutionelle Schranken (Pelinka 2002). Einmal, weil die FPÖ nicht den Bundeskanzler stellte und somit in gewissem Sinne nur die zweite Geige spielte, zumal ihr Chef Haider in Kärnten geblieben war, zweitens, weil es parlamentarische Regeln und Verfahren gab, die eingehalten werden mussten. Schon bald sah sich die FPÖ im Spannungsverhältnis zwischen repräsentativer und plebiszitärer Demokratie und merkte, dass Oppositions- und Regierungspolitik zwei unterschiedliche Dinge waren. Um dem Problem zu entkommen, schlug die FPÖ eine Doppelstrategie ein, nämlich beide Rollen zu spielen, also sowohl Regierungs- als auch Oppositionspolitik zu betreiben. So etwas kann aber nur dann funktionieren, wenn ein solches strategisches Spiel parteiintern gewollt, beabsichtigt und geplant ist.

Von einem diesbezüglichen Konsens war man bei der FPÖ nach dem Regierungsantritt 2000 weit entfernt. Konnten in den ersten Monaten noch die bilateralen Maßnahmen der neu kreierten „EU-14" als Sündenbock herhalten und einen kaum nachvollziehbaren „Österreichpopulismus" nicht nur der FPÖ, sondern auch der ÖVP entfachen, so hatte es damit nach dem Weisenbericht vom September 2000 ein Ende. Nachdem das externe Feindbild verblasst war, musste sich die Regierung – und damit auch die FPÖ – auf das konzentrieren, worauf sie laut Verfassung vereidigt worden war: das Regieren. Überdies versuchte die FPÖ die Einrichtungen des Proporzsystems, die von ihr zuvor massiv kritisiert worden waren, nun für sich selber zu nutzen.[3] Unmut wurde auch laut, weil sich wirtschaftlich keine Besserung abzeichnete: Die unteren Einkommen blieben im Keller, die Arbeitslosenquote war weiter gestiegen anstatt zu sinken und die Abgabenhöhe hatte zwischenzeitlich ein Rekordniveau erreicht.

In den Jahren 2001 und 2002 wurde die interne Kluft zwischen Haider und dem Regierungsflügel der Partei zunehmend spürbarer. Die Regierungsarbeit der FPÖ, die von den Medien durchaus goutiert wurde (was sich z.B. in guten Umfragewerten für Vizekanzlerin Riess-Passer oder Finanzminister Grasser ausdrückte) wurde beständig und beharrlich aus Kärnten torpediert. Haider nutzte jede sich ihm bietende Chance, die eigenen Minister zu brüskieren, so etwa durch seine beiden spektakulären Besuche beim irakischen Diktator Saddam Hussein. Die Doppelrolle der FPÖ misslang also gründlich. Im Sommer des Jahres 2002 erfolgte der finale Schritt. Als Haider aus Kärnten verlauten ließ, dass eine Steuerreform vorgezogen werden müsse, wurde der Riss innerhalb der Partei deutlich sichtbar. Im September 2002 wurde vom rechten Flügel der FPÖ ein Sonderparteitag im steirischen Knittelfeld abgehalten und bei dieser Gelegenheit die Regierungsmannschaft ein weiteres Mal öffentlich desavouiert. Die Folge war der Rücktritt der Regierungsmitglieder und von Seiten der ÖVP die Ansetzung von Neuwahlen für den 24. November 2002.

Im Gegensatz zu Österreich mussten sich die populistischen Parteien in Italien nicht mit der Rolle des Juniorpartners in der Regierung begnügen, sondern stellten die Hauptakteure dar. Berlusconi hatte 1994 ein „neues italienisches Wunder" versprochen, war aber bereits nach wenigen Monaten gescheitert, weil die Lega Nord der tödlichen Umklammerung durch die FI entgehen wollte, aus der Koalition austrat und dadurch die Regierung zum Rücktritt zwang. 2001

---

[3] Als ein Beispiel für die von der FPÖ betriebene Postenbesetzung mit Parteifunktionären sei auf Reinhard Gaugg verwiesen. Dieser sollte als stellvertretender Vorsitzender des Hauptverbandes der Sozialversicherungsträger bestallt werden, gab dieses Amt aber zurück, nachdem er in stark alkoholisiertem Zustand am Steuer seines Wagens erwischt worden war. Dem Rückzug war offenbar eine Zusage der Parteiführung vorausgegangen, Gaugg den zu erwartenden Verdienstentgang von etwa € 250.000 zu ersetzen. Die Inhalte der vermeintlichen Abmachung sind zur Zeit Gegenstand eines Gerichtsprozesses.

präsentierte sich Berlusconi mit einem Regierungsprogramm, das er dem Stil nach wie Newt Gingrich (*Contract with America*) als „Contratto con gli italiani" präsentierte.[4] Das auf fünf zentrale Punkte konzentrierte Programm sah folgendes vor: 1. Steuersenkungen, 2. Reduzierung der Straftaten, 3. Erhöhung der Mindestrenten auf mindestens 516 €, 4. Halbierung der Arbeitslosenzahlen durch Schaffung von 1,5 Millionen neuen Arbeitsplätzen, 5. Auflage eines riesigen Investitionsprogramms zur Realisierung von Infrastrukturprojekten. Sollten nicht mindestens vier von diesen fünf Punkten umgesetzt werden, so verkündete Berlusconi großspurig, würde er sich 2006 nicht mehr zur Wahl stellen (Ricolfi 2005: 104 ff.).

Die Lega Nord konzentrierte sich in erster Linie auf die Realisierung der sogenannten „Devolution", bei der es um eine Föderalisierung des italienischen Staatswesens geht. Über die von der Regierung Amato im März 2001 bereits beschlossenen Verfassungsreformen hinaus sollten danach weitere Kompetenzen vom Zentralstaat an die Regionen abgetreten werden. Ausländerfeindliche Positionen und protektionistische Forderungen zum Nutzen der heimischen Industrie ergänzten das Wahlprogramm.

Nach dem Wahlsieg, der ihm sichere Mehrheiten in beiden Häusern des Parlaments bescherte, ging Berlusconi in den ersten Monaten daran, sein Programm zu realisieren. Auffällig war, dass er zu Beginn seiner Amtszeit eine Reihe von Arbeitsfeldern in Angriff nahm, die zumindest indirekte Auswirkungen auf sein Firmenimperium und seine Position in verschiedenen strafrechtlichen Verfahren hatten. Das betraf etwa die Abschaffung der Besteuerung von Profiten, wenn sie wieder investiert werden (wovon sein Medienunternehmen Mediaset profitierte), die Abschaffung der Erbschafts- und Schenkungssteuer und die Reform des Gesellschaftsrechts (Umwandlung der strafrechtlichen Bestimmungen in verwaltungsrechtliche, Reduzierung der Verjährungsfristen bei Vergehen im Gesellschaftsrecht). Der Justizpolitik wurde ebenso hohe Priorität eingeräumt. Unter den diesbezüglichen Maßnahmen zu erwähnen sind z.B. die Einführung der Immunität zugunsten der fünf höchsten Staatsträger, die später als verfassungswidrig wieder aufgehoben wurde, die Verzögerung der Übernahme des europäischen Haftbefehls oder der Versuch, das Rechtshilfeabkommen mit der Schweiz zu sabotieren.

Bei der Verfolgung ihrer Ziele sahen sich Berlusconi und Bossi genauso wie die FPÖ in Österreich den Zwängen der repräsentativen Demokratie ausgesetzt, jenen Verfahren und Ritualen also, die sie zuvor immer scharf kritisiert hatten (Gipfeltreffen der Koalitionspartner, Gespräche mit der Opposition, vertrauliche Absprachen usw.). Die Umsetzung der Reformenversprechen der Re-

---

[4] Auch Jörg Haider hatte in seiner Zeit als Oppositionsführer 1995 einen „Vertrag mit Österreich" geschlossen.

gierung kam infolge des internen Abstimmungsbedarfs weit langsamer voran als erwartet. Weil die Koalitionspartner oft diametral entgegengesetzte Meinungen vertraten, waren Reibereien an der Tagesordnung. Darüber hinaus mussten Berlusconi und Bossi auf die parlamentarische Opposition, den Staatspräsident, den Verfassungsgerichtshof, den Obersten Richterrat und nicht zuletzt auf die öffentliche Meinung Rücksicht nehmen, die der Reformpolitik manchen Stein in den Weg legten. Zusammengenommen führte das dazu, dass die Koalition mit der persönlichen Agenda des Ministerpräsidenten und der Schlichtung interner Konflikte mitunter mehr beschäftigt war als mit der eigentlichen Regierungsarbeit (Donovan 2004).

Ein knappes Jahr (August 2005) vor dem Ende der Legislaturperiode präsentierte sich das Ergebnis der Regierungspolitik denn auch recht bescheiden. Von den fünf zentralen Punkten hat Berlusconi nur die Erhöhung der Mindestrenten zur Gänze erfüllt. Eine Reduzierung der Straftaten ist nicht erfolgt, andere Punkte wurden nur zum Teil verwirklicht, so unter anderem die von Berlusconi als epochemachend angepriesene Steuerreform, die insbesondere den höheren Einkommen zugute kam, die mittleren und unteren Einkommensbezieher dagegen kaum entlastete.

Die Lega Nord war mit der Forderung nach einer Föderalisierung Italiens in den Wahlkampf gezogen, musste aber auf Druck der Koalitionspartner, insbesondere von Alleanza Nazionale und UDC, immer mehr von ihren radikalen Vorstellungen Abstand nehmen. Sollte die Verfassungsreform noch innerhalb der Legislaturperiode verabschiedet werden, wird die Lega das als großen Sieg verkaufen, obwohl von ihrer ursprünglichen Konzeption kaum etwas übrig geblieben ist. Auch in der Ausländerpolitik und beim Freihandel konnte die Partei mit ihren Forderungen nach größeren Restriktionen letztlich nicht durchdringen.

Die Regierungsbilanz der Rechtspopulisten nimmt sich also nach vier Jahren äußerst bescheiden aus. Nicht nur, dass Italien im Jahre 2005 die laut Maastricht-Vertrag zulässige Grenze der Neuverschuldung deutlich überschritten hat. Auch bei zentralen ökonomischen Indikatoren wie Bruttoinlandsprodukt, Wettbewerbsfähigkeit, Arbeitsplätze in der Industrie und Frauenerwerbsquote lag das Land unter den 15 Mitgliedsstaaten der Alt-EU an letzter Stelle. Von daher verwundert es nicht, dass das ohnehin geringe Vertrauen der Italiener in die politischen Institutionen 2005 auf den tiefsten Stand seit Berlusconis Amtsantritt gefallen ist.

5   Folgen der Regierungsarbeit: Personelle und organisatorische Abspaltungen und die Krise der Leadership

Genauso wie es eine überragende Rolle des Elitenverhaltens und der Eliteneinstellungen für die Etablierung, Stabilisierung und Destabilisierung von Demokratien gibt (Merkel 1999: 112), kommt den Führern der populistischen Parteien für deren Identität und Erfolg maßgebliche Bedeutung zu. Populistische Parteien sind sogar noch stärker als andere Parteien auf Führungspersönlichkeiten angewiesen, die die Inhalte und Ideen medien- und publikumswirksam umsetzen und transportieren können. Vergleichen wir unter diesem Gesichtspunkt die Entwicklung in Österreich und Italien.

Als die „schwarz-blaue"-Koalition am 4. Februar 2000 angelobt wurde, war das Prozedere auffallender als das zu diesem Zeitpunkt noch nicht ganz sichtbare Personalproblem der FPÖ. Die designierte Regierungsmannschaft konnte nicht wie sonst üblich über den von Demonstranten belebten Ballhausplatz zur Präsidentschaftskanzlei schreiten, sondern musste diese über einen Hintereingang betreten. Zudem bleibt die eisige Miene des damaligen Bundespräsidenten Thomas Klestil bei der Angelobung in Erinnerung, der seine Abneigung gegen die neue Koalition nicht verbergen konnte. Bereits vorher hatte Klestil zwei Namen von der Ministerliste streichen lassen, die er nicht zu Unrecht für den fremdenfeindlichen Nationalratswahlkampf der FPÖ 1999 verantwortlich wähnte (Gärtner 2002a).[5]

Die personellen Probleme der neuen FPÖ-Regierungsmannschaft wurden kurz darauf offenkundig. Der neue Justizminister Michael Krüger blieb ganze 25 Tage lang im Amt, ihm waren die Forderung nach einem Jaguar als Dienstwagen und Äußerungen über den eigenen sexuellen Lebensstil zum Verhängnis geworden – beides zeugte nicht gerade von großer politischer Erfahrung. Die neue Sozialministerin Elisabeth Sickl wurde ebenfalls bereits im Oktober 2000 abgelöst, nachdem sie mit unbedachten Aussagen mehrfach ins Fettnäpfchen getreten war. Michael Schmidt amtierte als Infrastrukturminister nur einen Monat länger, und auch dessen Nachfolgerin Monika Forstinger musste im Februar 2002 nach gut einem Jahr im Amt wieder ihren Hut nehmen. Die hohe Verschleiß wirft die Frage auf, warum es der FPÖ während ihres scheinbar unaufhaltsamen Aufstiegs nicht gelungen war, ministrable Persönlichkeiten in ausreichender Zahl heranzubilden.

---

[5] Hilmar Kabas war als Wiener Landesparteiobmann für die Wahlplakate in der Hauptstadt verantwortlich gewesen, wo in teils rassistischer Weise unter anderem gegen Schwarzafrikaner Stimmung gemacht wurde; Thomas Prinzhorn hatte in einem Interview mit einer deutschen Zeitung behauptet, dass ausländischen Frauen in Österreich gratis Hormonpräparate zur Steigerung ihrer Fertilität gewährt würden. Zur Fremdenfeindlichkeit der FPÖ vgl. Gärtner 1996 und Gärtner 2002b.

Eine Antwort darauf findet man, wenn man die Liste der Personen durchgeht, die im Laufe der 13-jährigen Obmannschaft Jörg Haiders (September 1986 bis Februar 2000) entweder aus der FPÖ ausgetreten sind, ausgeschlossen wurden oder aber von sich aus zurückzogen. Diese Liste enthält die Namen von nicht weniger als drei Ex-Bundesvorsitzenden (Friedrich Peter, Alexander Götz und Norbert Steger) sowie acht ehemaligen Landespartei- oder Fraktionsvorsitzenden! Besonders spektakulär geriet der Austritt der Nationalratspräsidentin und stellvertretenden Bundesobfrau Heide Schmidt, die im Februar 1993 mit vier weiteren FPÖ-Nationalratsabgeordneten das Liberale Forum gründete (Bailer / Neugebauer 1994). Parallel dazu schuf der Aufstieg der FPÖ eine Unzahl an neu zu besetzenden Posten und Positionen, die nur zu oft nach Tagesverfassung an zufällig Anwesende vergeben wurden und nicht primär nach politischer Kompetenz. Dies sollte sich dramatisch rächen, als die neu entstandenen Orts-, Bezirks- und Landesorganisationen später reihenweise zusammenbrachen.

Es ist offensichtlich, dass Jörg Haider in der Zeit seiner Obmannschaft nicht nur innerparteiliche Kontroversen oder Gegenmeinungen unterdrückte; er vereitelte auch jeden Versuch, Persönlichkeiten, die ihm selbst hätten gefährlich werden können, in verantwortliche Positionen zu bringen. So war die Partei auf Gedeih und Verderb an seine Person gebunden. Zwar hatte sich Haider Anfang 2000 entschieden, den Bundesvorsitz an Susanne Riess-Passer abzugeben, doch blieb er trotz seiner Selbststilisierung als „einfaches Parteimitglied" nicht nur in der eigenen Wahrnehmung, sondern auch in der medialen Öffentlichkeit weiterhin der starke Mann der Partei, der als Unterhändler in den Koalitionsverhandlungen und ständiges Mitglied des Koalitionsausschusses zugleich in die Regierungspolitik einbezogen war.

Sein Teilrückzug nach Kärnten entsprang zum einen der Selbsterkenntnis Haiders, dass ihm persönlich der Weg an die Regierungsspitze verwehrt blieb und wohl weiter verwehrt bleiben würde (Bärenreuter / Hofer / Obermaier 2004). Zum anderen sollte die Arbeitsteilung mit der neuen Vorsitzenden die FPÖ in die Lage versetzen, die Rollen einer Oppositions- und Regierungspartei gleichzeitig wahrzunehmen. In der Praxis lief das auf eine Quadratur des Zirkels hinaus. Das Modell hätte nur funktionieren können, wenn der „heimliche Parteichef" bereit gewesen wäre, die Emanzipation des Regierungsarms bis zu einem gewissen Grade zuzulassen und die Regierungspolitik konstruktiv zu begleiten. Stattdessen tat er das genaue Gegenteil (Decker 2004: 83 f.).

Der von Haider betriebene Selbstzerstörungsprozess der FPÖ, der in der Neugründung des BZÖ im Frühsommer 2005 seinen vorläufigen Höhepunkt fand, spiegelt sich in den häufigen Wechseln an der Parteispitze wider. Bekleidete Susanne Riess-Passer den Parteivorsitz noch für zwei Jahre, so blieb ihr Nachfolger Matthias Reichhold im Herbst 2002 nur wenige Wochen im Amt. Herbert Haupt übernahm anschließend den Vorsitz für weitere zwei Jahre, bevor er von

Haiders Schwester (!) Ursula Haubner abgelöst wurde, der wiederum im April 2005 Heinz Christian Strache an die Parteispitze nachfolgte.

Der Wahl Straches ging die Abspaltung des BZÖ voraus. Im Frühjahr 2005 gab es Signale, dass sich der Wiener FPÖ-Obmann Strache beim nächsten Parteitag um den Vorsitz bewerben würde, woraufhin die Forderungen innerhalb der Haider-Fraktion der FPÖ lauter wurden, Haider selbst solle nun erneut die Führung der Partei übernehmen. Um einer möglichen Kampfabstimmung mit unsicherem Ausgang zuvorzukommen, wurde am 3. April 2005 das BZÖ gegründet. Gründungsmitglieder waren neben Jörg Haider unter andrem Vizekanzler Hubert Gorbach und Ministerin Ursula Haubner. Sämtliche FPÖ-Regierungsmitglieder und der überwiegende Teil der Abgeordneten wechselten zum BZÖ. Auch auf Länderebene ist der Prozess der Trennung noch nicht abgeschlossen; hier dürfte aber spätestens mit den im Oktober stattfindenden Landtagswahlen (in Wien, Burgenland und der Steiermark) eine Klärung erfolgen, ob beide oder nur eine der beiden Parteien kandidieren und welche Personen auf Länderebene zu welcher Partei tendieren.

Die Entwicklung in Italien verlief anders, doch lassen sich zugleich manche Parallelen zu Österreich erkennen. Auch in Italien war das erste Amtsjahr der Regierung nach ihrem triumphalen Wahlsieg 2001 von starker personeller Diskontinuität geprägt (Cotta / Verzichelli 2003). Berlusconi entließ bereits nach kurzer Zeit eine Reihe von Ministern und Staatssekretären. Darunter befand sich auch Außenminister Renato Ruggero, der seinen Hut nehmen musste, weil er pro-europäische Positionen vertreten hatte, die dem EU-Skeptiker Berlusconi und den EU-Gegnern der Lega Nord missfielen.

Im Gegensatz zur FPÖ, die durch das schnelle Anwachsen der Wählerunterstützung enorme Schwierigkeiten hatte, erfahrenes Personal für die zu besetzenden Positionen zu finden, plagten Berlusconi solche Sorgen nur kurzzeitig. Wurden 1994 noch Schulungskurse für die parlamentarischen Neuankömmlinge veranstaltet, so profitierte die Forza Italia 2001 vom Sachverstand ehemaliger Christdemokraten und Sozialisten, die zu Berlusconis Partei reihenweise übertraten. Der Professionalisierungsschub erfasste auch die Organisationsstrukturen der Partei. Anfänglich als „leichte Partei" konzipiert, die ganz auf ihren Leader und dessen mediale Ausstrahlung zugeschnitten war (Pallaver 1995: 318), kam Berlusconi von dieser Vorstellung nach der Wahlniederlage von 1996 sehr schnell ab und setzte nun alles daran, den Ausbau der Parteiorganisation voranzutreiben. Denn im Wahlkampf, der durch Einschränkungen in der TV-Werbung gekennzeichnet gewesen war, befanden sich plötzlich wieder jene Parteien im Vorteil, die auf wahlwerbende Mitglieder und landesweit verankerte Parteistrukturen zurückgreifen konnten (Poli 2001: 95 ff.). Die „Flashpartei" entwickelte sich bald zu einer verkappten Organisationspartei, die durch die Verquickung mit Berlusconis Medienmacht europaweit aber weiterhin einen Sonderfall darstellt.

Anders war die Situation bei der Lega Nord. Diese verstand sich von Anfang an als eine traditionelle Partei, die auf eine kapillare territoriale Organisationsstruktur sowie auf ein dichtes Netz von Vorfeldorganisationen setzte. Gleichwohl hatte die Lega Probleme bei der Besetzung von Regierungsfunktionen. Ihr Personal mochte zwar zahlenmäßig ausreichen, war aber für die Übernahme der Ämter häufig nicht qualifiziert.

So wie die FPÖ sind auch Forza Italia und Lega Nord Parteien mit einer ausgeprägten Leadership, die die Organisation maßgeblich prägt. Die Figur Berlusconi ist nicht nur für die Forza Italia, sondern für die gesamte Mitte-Rechts-Koalition (*Casa delle libertà*) konstitutiv. Der Mailänder Unternehmer hat die Partei aus dem Nichts geschaffen, hat ihre Wahlkämpfe, den Apparat und das Personal finanziert. Kennzeichnend für Berlusconis Führungsstil ist, dass er seine Mitarbeiter (auch im engeren Führungszirkel der Partei) ständig auswechselt. Wer dem Parteichef widerspricht, muss fürchten, seinen Posten zu verlieren. Abspaltungen in größerem Stil hat es deswegen auf gesamtstaatlicher Ebene zwar noch nicht gegeben, wohl aber auf regionaler Ebene. Ganz im Sinne des traditionellen italienischen „trasformismo" gibt es eine Reihe von Abgeordneten, die die Forza Italia (zumeist in Richtung einer ihrer Koalitionspartner) verlassen haben.

Auch Bossi ist der unumstrittene Führer der Lega Nord. Er hat die Lega Lombarda gegründet und in die spätere Lega Nord überführt. Die mitunter sprunghaft wechselnden Ansichten Bossis gelten als Credo der Partei, das keinen Widerspruch duldet. Wer Kritik äußert, wird politisch kaltgestellt oder ausgeschlossen. Im Gegensatz zu Forza Italia hat es innerhalb der Lega bereits zahlreiche kleinere bis größere Abspaltungen gegeben, die aber der Partei insgesamt bisher nicht ernsthaft gefährlich werden konnten. Für die Aktivisten und Sympathisanten der Lega personifiziert Bossi die Partei. Umso mehr hatte und hat die Lega unter der politischen Abwesenheit ihres Vorsitzenden zu leiden, der im März 2004 einen Herzinfarkt erlitt und daraufhin seine politischen Funktionen für mehr als ein Jahr nicht ausüben konnte; die Führung der Lega musste während dieser Zeit von einem Triumvirat übernommen werden.

Die Unmöglichkeit, den Sympathisanten und Wählern die kollektiven und selektiven Anreize zu vermitteln (Berselli 2005), die der Partei Identität verleihen und diese Identität stabilisieren, hat letztlich dazu geführt, dass die Führung von Berlusconi, weniger jene von Bossi, zuerst verhalten, dann aber immer offener in Frage gestellt wurde. Während bei Bossi die Pietät der Krankheit die internen Diadochenkämpfe etwas verdeckte, wurden in den Reihen der Mitte-Rechts-Koalition die Forderungen lauter, Berlusconi solle das politische Feld räumen und die Führung der Koalition für den Wahlkampf 2006 einem anderen übertragen (De Marchis 2005: 9). Berlusconis Position innerhalb der Forza Italia blieb zwar unangefochten, sodass er sich nach anfänglichem Lavieren erneut zum Spitzenkandidaten der Mitte-Rechts-Koalition ausrufen lassen konnte. Die Kritik an seiner Person und Führung sollte aber auch danach nicht verstummen.

6   Populistische politische Kommunikation als Surrogat für die „wahre Volksherrschaft"

Die Schwierigkeiten, denen sich die populistischen Parteien aufgrund ihrer Regierungsbeteiligung ausgesetzt sahen, versuchten sie, durch eine populistische Rhetorik der Wähleransprache zu kompensieren und zu überspielen. Die FPÖ scheiterte damit auf ganzer Linie. Nachdem sie während ihres Aufstiegs in den neunziger Jahren in klassisch-populistischer Manier jene Themen bedient und Agitationsmittel eingesetzt hatte, die ihr die Protestwähler zutreiben sollten – von Tabubrüchen in Fragen der NS-Vergangenheit über Ressentiments gegenüber Zuwanderern bis hin zur Radikalkritik des politischen Establishments –, gelang es ihr in der Regierungsrolle nicht mehr, ihre Anti-Positionen der Wählerschaft glaubhaft zu vermitteln. Der Widerspruch zwischen der Realpolitik auf Regierungsebene und den populistischen Forderungen von Seiten der Parteibasis barg eine so große Sprengkraft, dass es in der ersten Phase zum Rücktritt der Regierungsmannschaft und Bruch der Koalition (2002), in der zweiten Phase sogar zur Spaltung der Partei kam. Begleitet wurde dieser Prozess von einem massiven Absturz in der Wählergunst.

In Italien präsentierte sich die politische Kommunikation der beiden populistischen Parteiführer auf Grund der besonderen Informationsarchitektur des Landes in ganz anderem Licht. Berlusconi, der das TV-Medienduopol RAI (in seiner Funktion als Regierungschef) und Mediaset (als Unternehmer und Privatmann) beherrscht, praktizierte von Anfang an eine Art „Antipolitik von oben" (Fabbrini 2000, 12), die sich auf eine in Italien von jeher vorhandene „Antipolitik von unten" gut aufpfropfen ließ. Auf dieser Basis erfolgten die Appelle an das „Volk", an die „Bürger", an die „TV-Zuschauer", oder an die „Öffentlichkeit" insgesamt. Die Appelle basierten nicht auf politischen Programmen, sondern auf den Charakteristika des Leaders. Berlusconi ersetzte das Lob der Partei der Ersten Republik durch das Lob des Leaders der Zweiten Republik, er akzentuierte die Personalisierung der Politik, trieb den Kult der Persönlichkeit auf die Spitze und versprach ein „neues italienisches Wunder" (Amadori 2003). Außerdem vermittelte er den Eindruck, dass er durch ein direktes Volksvotum, also ohne Vermittlung durch die politischen Parteien, zum Ministerpräsidenten gewählt worden sei. Dadurch kam der Mailänder Unternehmer dem vielfachen Bedürfnis in der italienischen Gesellschaft nach einer direkten Beziehung zwischen Leader und Volk nach. Berlusconi präsentierte sich als „Gesalbter des

Herrn" (Battista 1994: 3), obgleich auch er den Regeln einer repräsentativen Demokratie unterworfen ist.

Die Antipolitik „von oben" verband er parallel dazu mit der „Antipolitik von unten". Einen Bodensatz antipolitischer Einstellungen und Ressentiments hatte es in Italien immer schon gegeben, der sich in der Abneigung der Bürger gegenüber dem Staat und seinen Regeln bemerkbar machte. Berlusconi nützte die latent vorhandene Stimmung; er wandte sich gegen die drückende Steuerbelastung, rief zur Steuerhinterziehung auf, wetterte gegen die politische Klasse und ließ immer wieder durchblicken, dass er im Grunde als Partisan in der Regierung gegen die „Hydra" Staat kämpfe (Pasquino 2004: 18 f.).

Um eine „wahre Volksherrschaft" herbeizuführen, ergänzte Berlusconi seine populistische Antipolitik durch permanente Attacken auf die vermeintlichen „Volksfeinde". Als Inbegriff des Feindbildes gelten ihm die „Kommunisten" oder „die Linke" insgesamt, gegen die die Freiheit verteidigt werden müsse, sowie die von diesen angeblich unterwanderten politischen Kräfte und Institutionen. Dies gilt für die Oppositionsparteien, die Richterschaft, die Gewerkschaften, den Staatspräsidenten, Journalisten und Intellektuelle, ja für alle Einrichtungen und Formen der Verhandlungsdemokratie, mitunter auch für den Industriellenverband oder die Europäische Union. All diese Gegner sorgten laut Berlusconi dafür, dass sein Regierungsprogramm nicht zügig verwirklicht werden könne, weil er für die Abwehr ihrer Angriffe mehr Zeit aufwenden müsse als für die Regierungsgeschäfte selbst und dass das „Unternehmen Italien" nicht so gut dastehen würde, wie es dastehen könnte, wenn man ihm – Berlusconi – nur freie Hand ließe. Dieser Vorwurf ergeht mitunter auch an die eigenen Koalitionspartner, wenn sie sich gegen die Vorstellungen des Leaders wenden.

Umberto Bossi hingegen reitet seine populistischen Attacken nicht nur gegen „die da oben", womit für die Lega vor allem die Steuereintreiber aus Rom und die EU-Bürokraten aus Brüssel gemeint sind, die den Norden Italiens angeblich ausbeuten, sondern auch gegen „die anderen", worunter in erster Linie die Ausländer, aber auch die vermeintlich arbeitsscheuen Süditaliener fallen. Ausländerfeindlichkeit, rassistische Auswüchse und die deftige Sprache haben Bossis Lega Nord von der Berlusconi-Partei Forza Italia von Beginn an unterschieden. Pflegt die FI einen opulenten Populismus verbunden mit einem weichen Führerkult, so halten die Leghisten bis heute an einer derben, ethnoproletarischen Spielart des Populismus fest, die eher an die extremistischen Vertreter in Frankreich und Belgien erinnert (siehe den Beitrag von Gilles Ivaldi und Marc Swyngedouw in diesem Band).

Die ständigen Angriffe gegen „die da oben" und gegen jene, die seine Politik aus purem Oppositionsgeist torpedierten, konnten aber über Berlusconis dürftige Regierungsbilanz letztlich nicht hinwegtäuschen. Die Kluft zwischen Anspruch und Wirklichkeit, zwischen Ankündigung und Realität ließ sich auf Dauer nicht übertünchen – wie professionell die Kommunikation auch betrieben wurde und wie sehr die Berichterstattung von Berlusconis Medien beeinflusst sein mochte. Am Ende der Regierungszeit gerieten Berlusconi und seine Koalition auch medial immer mehr in die Defensive, nachdem sich der „öffentliche Wind" gegen sie gedreht hatte.

7   Die Reaktion der elektoralen Arena

Mit Beginn der sogenannten „Zweiten Republik" kam es in Italien unter den Parteien des Mitte-Rechts-Bündnisses *Casa delle libertà* und des Mitte-Links-Bündnisse *l'Ulivo* (Olivenbaum) zum Wettbewerb um die Wähler der politischen Mitte. Gerade diese hatten dem Mitte-Rechts-Bündniss im allgemeinen sowie Forza Italia und Lega Nord im besonderen das Vertrauen ausgesprochen – nicht nur aus ideologischen Gründen, sondern auch, weil sie sich von deren Politik Verbesserungen und konkrete Vorteile versprachen. Entsprechend hoch waren die Erwartungen.

Berlusconi wollte Italien erneuern, modernisieren, gerechter und vor allem freier machen. Doch die institutionellen Zwänge, die koalitionsinternen Konflikte und der gescheiterte Versuch, über einen „intelligenten Haushalt" neuen finanziellen Spielraum zu gewinnen, führten zu einem rapiden Vertrauensschwund unter den eigenen Anhängern. Berlusconi versuchte dem entgegenzutreten, indem er die Verantwortung für die Fehlentwicklungen seinen Gegnern, den vermeintlichen „Feinden des Volks" zuschob. Die Wähler konnte das allerdings immer weniger beeindrucken.

Das Wahlverhalten der Italiener ist trotz einer weit verbreiteten gegenteiligen Meinung relativ stabil. Es hat zwar zwischen 1996 und 2001 etwas mehr Bewegung unter den Wählern gegeben, sowohl innerhalb der beiden großen Blöcke als auch zwischen diesen. Die Verschiebungen hatten aber keine wesentlichen Auswirkungen auf die Mehrheitsfähigkeit der Mitte-Rechts-Koalition. Auffällig war, dass die große Zustimmung zu Berlusconi nur zu einem kleineren Teil auf die persönlichen Eigenschaften des Leaders zurückgingen. Die Wahlen des Jahres 2001 waren kein Referendum pro oder contra Berlusconi. Dem Chef der Forza Italia war es aber gelungen, durch gezielte Wahlversprechen und den Verweis auf die eigene erfolgreiche Karriere als Unternehmer unter den Wählern Optimismus zu verbreiten, sodass der *Casa delle libertà* bei weitem mehr Lösungskompetenzen zugetraut wurden als dem Mitte-Links-Bündnis.

Dieses Vertrauen verflog aber bereits bei den Regionalrats-, Landtags- und Kommunalwahlen des Jahres 2003, bei denen die Regierungskoalition eine herbe Wahlniederlage einstecken musste (Legnante 2004). Der Abwärtstrend setzte sich bei den Wahlen zum Europäischen Parlament im Jahre 2004 fort. Forza

Italia büßte hier mit 21,0 Prozent im Vergleich zu den Parlamentswahlen 2001 mehr als ein Viertel der Stimmen ein (minus 8,4 Prozentpunkte), was durch die geringfügigen Zugewinne der Lega Nord (5,0 Prozent gegenüber 3,9 Prozent bei der Parlamentswahl) nicht annähernd ausgeglichen werden konnte.

Die schwerste Niederlage folgte dann bei den Regionalratswahlen im Frühjahr des Jahres 2005 – eine Niederlage (besonders der FI), die sich Berlusconi wider besseren Wissens selbst zuschrieb, weil er sich persönlich nicht in den Wahlkampf eingelassen habe. Im Jahre 2000 hatten die Regionalratswahlen noch zu einem Patt geführt. Jeder der beiden Blöcke hatte sieben Regionen gewonnen, der *Ulivo* allerdings im Vergleich zu 1999 vier verloren. 2005 gewann Berlusconis Koalition nurmehr in zwei Regionen (Lombardei und Veneto), während das Mitte-Links-Bündnis in 12 Regionen die Oberhand behielt. Die Niederlage löste innerhalb der Regierung ein politisches Erdbeben aus. Die nicht-populistischen Vertreter der Koalition forderten vehement einen Neuanfang und setzten Berlusconi unter Druck, den Rücktritt des Kabinetts einzureichen. Die daraufhin neu gebildete Regierung Berlusconi III trat im April 2005 ihr Amt an.

Noch dramatischer war / ist die Lage für die FPÖ nach den so erfolgreichen Nationalratswahlen von 1999. Die beiden österreichweiten Wahlen, die seitdem stattgefunden haben, die Nationalratswahlen 2002 (1999: 26,9 Prozent) und die Wahlen zum Europäischen Parlament 2004 (1999: 23,3 Prozent) bescherten ihr Verluste von jeweils 17 Prozentpunkten. Die Freiheitlichen hatten damit rund zwei Drittel ihrer vormaligen Wählerschaft eingebüßt! Bei den Landtagswahlen hielten sich die Verluste bis 2002 noch in Grenzen (Steiermark 2000: minus 4,8 Prozentpunkte, Burgenland 2000: minus 2,0 Prozentpunkte, Wien 2001: minus 7,8 Prozentpunkte), um danach ebenfalls katastrophale Ausmaße anzunehmen (Niederösterreich 2003: minus 11,6 Prozentpunkte, Oberösterreich 2003: minus 12,2 Prozentpunkte, Tirol 2003: minus 11,6 Prozentpunkte, Salzburg 2004: minus 10,9 Prozentpunkte, Vorarlberg 2004: minus 14,5 Prozentpunkte). Lediglich in Kärnten konnte die FPÖ 2004 unter Landeshauptmann Haider ihr vormaliges Ergebnis bestätigen; hier legte sie um 0,4 auf 42,5 Prozentpunkte sogar noch leicht zu.

8 Zum Scheitern verdammt?

Abgesehen vom Sonderfall Schweiz, wo bei den kommenden Nationalratswahlen aber durchaus Ähnliches eintreten könnte, ist allen rechtspopulistischen Parteien, die bisher an einer Regierung beteiligt waren oder noch sind, diese Regierungsbeteiligung nicht gut bekommen. Die Gründe dafür lassen sich wie folgt rekapitulieren. Zum einen zwingt eine Regierungskoalition zu Kompromissen, in diesem Fall zu Kompromissen der populistischen Parteien mit den (rechts)konservativen Koalitionspartnern, die sowohl innerhalb der Koalition als auch in der populistischen Partei selbst zu Auseinandersetzungen führen und Richtungskonflikte auslösen. Zweitens stoßen die rechtspopulistischen Parteien im Regierungsalltag auf dieselben Handlungsrestriktionen (allgemeiner und insbesondere finanzieller Art) wie ihre gemäßigteren Partner, die ihren politischen Spielraum einengen. Da sie aber dazu neigen, überzogene Versprechungen zu machen und häufig radikal-einfache Lösungen propagieren, trifft sie das Missverhältnis von Anspruch und Wirklichkeit des Regierens umso härter. Drittens schließlich müssen sich die populistischen Parteien auch den Zwängen und Ritualen des parlamentarischen Politikbetriebs unterwerfen; dadurch werden sie ihres plebiszitären Appeals schrittweise beraubt und geraten in Widerspruch zur eigenen Ideologie, in der die Verbindung zwischen Leader und Volk die Legitimationsgrundlage der „wahren" Volksherrschaft bildet.

All das zusammengenommen hat die Identität der (rechts)populistischen Parteien stark beeinflusst und Glaubwürdigkeitsverluste unter ihren Anhängern provoziert. Das trifft auf die FPÖ genauso zu wie auf die Partei Forza Italia, wenn auch in unterschiedlichem Ausmaß. Der Lega Nord ist es demgegenüber gelungen, ihre Rolle als Oppositionspartei ein Stückweit in die Regierungsverantwortung mitzunehmen und nach außen hin zu vermitteln. In dieser Hinsicht bestehen gewisse Ähnlichkeiten zwischen der Lega und der Schweizer SVP. In deren Fall sind es vor allem die Eigenarten des Schweizer Konkordanzsystems, die eine Integration von Regierungs- und Oppositionsfunktion ermöglicht haben.

Dass der zum Teil massive Wählerschwund, den die Rechtspopulisten infolge ihrer Regierungsbeteiligung zu verkraften hatten, nicht ohne Auswirkungen auf die Parteien selber bleiben würden, liegt auf der Hand. Am eklatantesten waren die Wirkungen in Österreich, wo die von Jörg Haider betriebene Rückwende zur Opposition massive Streitigkeiten und Abspaltungstendenzen hervorgerufen hat, die in der jüngst erfolgten Neugründung des BZÖ kulminiert sind. Anzeichen einer Delegitimierung des Leaders lassen sich auch im Falle der Forza Italia feststellen, wenngleich Berlusconis Stellung hier vorderhand noch unangetastet bleibt.

Der Vergleich der beiden Fälle Italien und Österreich zeigt also, dass die Frage, ob populistische Parteien an der Regierung zum Scheitern verurteilt sind, tendenziell mit Ja beantwortet werden muss. Der Populismus ist dem Wesen nach oppositionell (Decker 2004. 189 ff.). Die Anti-Positionen ihrer Ideologie in ein positives Reformprogramm zu übersetzen, erweist sich von daher für die meisten populistischen Vertreter als unlösbare Gratwanderung. Selbst wenn sie fundamentaloppositionellen Positionen abschwören, bleibt das Dilemma, dass die Reformziele, um innerhalb der Regierung durchsetzbar zu sein, auf ein Maß zurückgestuft werden müssen, welches sich mit der radikalen Tonart des Populismus schlecht verträgt. Populistische Parteien entwickeln sich unter diesen

Zwängen gerne zu einem janusköpfigen Gebilde. Sie versuchen „drinnen" und zugleich „draußen" zu sein, Bewegung zu bleiben und Partei zu werden, sich an ihre institutionelle Rolle anzupassen und gleichzeitig die „alten" Institutionen zu kritisieren, politische Verantwortung zu übernehmen und verbalradikal „Antipolitik" zu betreiben. Diese Widersprüchlichkeit führt dazu, dass solche Parteien von den einen als unzuverlässige Partner und von den anderen als Vertreter des überkommenen Establishments angesehen werden. Dadurch verliert die Partei ihre ursprüngliche Identität, ihre politische „Reinheit". Eine Ausnahme bildet hier allenfalls die Schweizer SVP, der es gelang, trotz ihrer Regierungsbeteiligung die Doppelrolle „drinnen" und „draußen" zu spielen und dadurch an Stimmen zuzulegen (Heinisch 2004: 258).

Der Befund, dass rechtspopulistische Parteien in Regierungen häufiger scheitern als reüssieren, bedarf allerdings in zweierlei Hinsicht der Einschränkung. Zum einen ist es durchaus möglich, dass dieselben Parteien auf substaatlicher Ebene, wo die Verhältnisse überschaubarer sind und sie über einen stärkeren elektoralen Rückhalt verfügen, erfolgreich auftreten. Kärnten oder die Lombardei drängen sich hier als naheliegende Beispiele auf. Diese Effekte bedürften einer gesonderten Untersuchung. Zum zweiten – und noch wichtiger – schließt das Scheitern nicht aus, dass die populistischen Parteien auf den Kurs der Regierungspolitik Einfluss nehmen und ihre politischen Forderungen zumindest teilweise umsetzen können. In Österreich zeigt sich die Handschrift der Rechtspopulisten z.B. in einer restriktiveren Einwanderungspolitik und in der gewachsenen Skepsis gegenüber der EU.

Dasselbe gilt für Italien. Im Run auf die Stimmen im Zentrum des politischen Spektrums, die für einen Wahlsieg ausschlaggebend sind, haben einige Parteien des Mitte-Links-Bündnisses wie etwa die *Margherita* oder die Partei *Unione Democratici per l'Europa – Alleanza Popolare* (UdEUR) Positionen der rechtspopulistischen Regierungsparteien ungeniert übernommen (insbesondere im Bereich der inneren Sicherheit und Einwanderungspolitik). Dass die Exponenten dieser Parteien, Clemente Mastella und Lamberto Dini, früher selbst zum Berlusconi-Lager gehört und in dessen erster Regierung als Minister gedient hatten, passt ins Bild.

Das Scheitern rechtspopulistischer Parteien in Regierungen kann aber auch mit der Entstehung einer populistisch-akzentuierten bürgerlichen Rechten korrespondieren, die immer mehr Politikfelder der populistischen Parteien besetzt (Heinisch 2004: 259). In diesem Zusammenhang erhebt sich z.B. die Frage, inwieweit die ÖVP in Österreich im Verlauf der vergangenen fünf Jahre nach rechts gerückt ist. Dass viele ehemalige FPÖ-Wähler im Jahre 2002 zur Volkspartei wechselten, legt eine solche Vermutung nahe. Auch die inhaltlichen Weichenstellungen der ÖVP geben Grund zu der Annahme, dass die Partei gezielt darauf hinarbeitet, der FPÖ ihre Themen zu entwinden.

So wie in Österreich haben auch in Italien die (rechts)konservativen Parteien immer mehr Positionen der populistischen Parteien mitgetragen und übernommen. Dies gilt etwa für die DC-Nachfolgepartei UDC und die Alleanza Nazionale, aber auch für die im Mitte-Rechts-Bündnis eingebundenen Reste der ehemaligen Sozialistischen Partei (PSI) oder der Republikanischen Partei (PRI). Am Ende dieser Entwicklung könnte eine Fusion der populistischen mit den (rechts)konservativen Vertretern zu einer Einheitspartei („partito unico") der Rechten stehen – eine Perspektive, die in Italien seit 2005 innerhalb des Mitte-Rechts-Lagers heftig und kontrovers diskutiert wird.

Ansätze zu einer solchen Diskussion hat es auch in Österreich gegeben, als der freiheitliche Finanzminister vor den Nationalratswahlen im Jahre 2002 zur ÖVP wechselte. In Österreich scheint jedoch eher eine andere Richtung angezeigt: keine Fusion, sondern ein Aufsaugen des rechtspopulistischen Wählerpotenzials durch die politische Eliminierung der FPÖ. Da es bei Parlamentswahlen eine Vier-Prozent Hürde zu überspringen gilt, könnte nach der Abspaltung des BZÖ der Fall eintreten, dass 2006 keine der beiden rechtspopulistischen Vertreter den Sprung in den Nationalrat schafft.

Literatur

Besonders wichtige Titel sind mit einem Sternchen gekennzeichnet.

Amadori, Alessandro (2003), Mi consenta. Metafore, messaggi e simboli. Come Silvio Berlusconi ha conquistato il consenso degli italiani, Mailand.

Bailer, Brigitte / Wolfgang Neugebauer (1993), Die FPÖ: Vom Liberalismus zum Rechtsextremismus, in: Dokumentationsarchiv des österreichischen Widerstandes (Hg.), Handbuch des österreichischen Rechtsextremismus, Wien, S. 327-428.

Bärenreuter, Christoph / Stephan D. Hofer / Andreas J. Obermaier (2004), Zur Außenwahrnehmung der FPÖ: Der Mediendiskurs in Frankreich, Israel und Schweden über die Nationalratswahlen und die Regierungsbildungen in den Jahren 1999 / 2000 und 2002 / 2003, in: Österreichische Zeitschrift für Politikwissenschaft 33 (3), S. 327-340.

Battista, Pierluigi (1994), „Sono come unto dal Signore", in: La Stampa vom 26. November 1994, S. 3.

Berselli, Edmondo (2005), La fiction è finita, in: L'espresso Nr.14 vom 14. März 2005, S. 52-57.

Betz, Hans-Georg (2002), Rechtspopulismus in Westeuropa. Aktuelle Entwicklungen und politische Bedeutung, in: Österreichische Zeitschrift für Politikwissenschaft 31 (3), S. 251-264.

Biorcio, Roberto (1991 / 92), The Rebirth of Populism in Italy and France, in: Telos 90 (Winter), S. 43-56.

Chiantera-Stutte, Patricia (2005), Leadership, Ideology, and Anti-European Politics in the Italian Lega Nord, in: Daniele Caramani / Yves Mény (Hg.), Challanges to Consensual Politics, Brüssel, S. 113-129.

D'Archais, Paolo Flores (1996), Il populismo italiano da Craxi a Berlusconi. Dieci anni di regime nelle analisi di „MicroMega", Rom.

De Marchis, Goffredo (2005), „Senza cambiare leader partiremmo già sconfitti", in: La Repubblica vom 10. April 2005, S. 9.

*Decker, Frank (2004), Der neue Rechtspopulismus, 2. Auflage, Opladen.

Donovan, Mark (2004), Il governo della coalizione di centro-destra, in: Vincent della Sala / Sergio Fabbrini (Hg.), Politica in Italia, Bologna, S. 101-123.

Fabbrini, Sergio (2000), Tra pressioni e veti. Il cambiamento politico in Italia, Rom / Bari.

Gärtner, Reinhold (1996), Die ordentlichen Rechten. Die „Aula", die Freiheitlichen und der Rechtsextremismus, Wien.

*Gärtner, Reinhold (2002a), FPOe: Foreigners and Racism in the Haider Era, in: Anton Pelinka / Ruth Wodak (Hg.), The Haider Phenomenon, New Brunswick / London, S. 17-31.

Gärtner, Reinhold (2002b): The Development of FPÖ from 1986 to 1996, in: Leslie C. Eliason / Lene Bogh Sorensen (Hg.), Fascism, Liberalism and Social Democracy in Central Europe, Aarhus, S. 83-94.

Gunther, Richard / Larry J. Diamond (2001), Types and Functions of Parties, in: dies. (Hg.), Political Parties and Democracy, Baltimore / London, S. 3-39.

Hainsworth, Paul, Hg. (2000), The Politics of the Extreme Right. From the Margins to the Mainstream, London / New York.

*Heinisch, Reinhard (2004), Die FPÖ – Ein Phänomen im Internationalen Vergleich. Erfolg und Misserfolg des identitären Rechtspopulismus, in: Österreichische Zeitschrift für Politikwissenschaft 33 (3), S. 247-261.

Lange, Peter (1977), La teoria degli incentivi e l'analisi dei partiti politici, in: Rassegna Italiana di Sociologia 18 (4), S. 501-526.

Legnante, Guido (2004), Le elezioni locali 2003 e la sconfitta (prima locale, poi nazionale) della Casa delle libertà, in: Vincent della Sala / Sergio Fabbrini (Hg.), Politica in Italia, Bologna, S. 81-100.

Massari, Oreste (2004), I partiti politici nelle democrazie contemporanee. Rom / Bari.

*Yves Mény / Yves Surel (2002), The Constitutive Ambiguity of Populism, in: dies. (Hg), Democracies and the Populist Challenge, New York, S. 1-21.

Merkel, Wolfgang (1999), Systemtransformation. Eine Einführung in die Theorie und Empirie der Transformationsforschung, Opladen.

Pallaver, Günther (1995), L'unto del signore. Berlusconi, Forza Italia und das Volk, in: Österreichische Zeitschrift für Politikwissenschaft 24 (3), S. 317-328

Pallaver, Günther (2005): The Südtiroler Volkspartei and Its Ethno-Populism, in: Daniele Caramani / Yves Mény (Hg.), Challanges to Consensual Politics, Brüssel, S. 187-208.

Panebianco, Angelo (1982), Modelli di partito, Bologna.

*Pasquino, Gianfranco (2004), L'antipolitica scende in campo, in: Comunicazione Politica 5 (1), S. 13-24.

*Pelinka, Anton (2002), Die FPÖ in der vergleichenden Parteienforschung. Zur typologischen Einordnung der Freiheitlichen Partei Österreichs, in: Österreichische Zeitschrift für Politikwissenschaft 31 (3), S. 281-290.

Poli, Emanuela (2001), Forza Italia. Strutture, leadership e radicamento territoriale, Bologna.

Ricolfi, Luca (2005), Dossier Italia. A che punto è il „Contratto con gli italiani", Bologna.

*Tarchi, Marco (2002), Populism Italian Style, in: Yves Mény / Yves Surel (Hg.), Democracies and the Populist Challange, New York, S. 120-138.

Werz, Nikolaus, Hg. (2003), Populismus. Populisten in Übersee und Europa, Opladen.

Gilles Ivaldi / Marc Swyngedouw

Rechtsextremismus in populistischer Gestalt: Front National und Vlaams Blok[*]

1   Einleitung

Das Wiedererstarken der extremen Rechten in Westeuropa hat große Aufmerksamkeit in der politikwissenschaftlichen Forschung auf sich gezogen. Inzwischen liegen zahlreiche Vergleichsstudien vor, die dem Phänomen mit zum Teil umfassenden Erklärungsmodellen auf den Grund gehen (vgl. z.b. Eatwell / Mudde 2004, Decker 2004, Schain / Zolberg / Hossay 2002, Gibson 2002, Hainsworth 2000, Betz / Immerfall 1998, Kitschelt 1995). In diesen Studien wurde zu Recht die Heterogenität der rechtsextremen Parteiengruppe im Hinblick auf ihre historischen Wurzeln und Einbettung in die jeweiligen nationalen Parteiensysteme hervorgehoben. Jenseits davon gibt es allerdings auch markante Parallelen und Übereinstimmungen. Vlaams Blok (im Folgenden: VB) in Flandern und der französische Front National (im Folgenden: FN) sind dafür ein gutes Beispiel. Beide Parteien gehören derselben Klasse von ‚rassistischen‘, populistischen und Anti-System-Parteien am äußersten rechten Rand des politischen Spektrums an, welche sich signifikant von anderen Typen ‚neo-populistischer‘ Parteien (wie z.b. den Fortschrittsparteien in Skandinavien, der österreichischen FPÖ, der ‚Liste Pim Fortuyn‘ in den Niederlanden oder der Lega Nord in Italien) oder eher traditionellen Akteuren wie dem neofaschistischen italienischen MSI (aus dem die heutige Alleanza Nazionale hervorgegangen ist) und der deutschen extremen Rechten unterscheiden (Mudde 2000, Taggart 1995). Der vorliegende Aufsatz rückt die ideologischen Inhalte des rechtsextremen Populismus in den Mittelpunkt der Betrachtung. Es geht also um den Widerstand gegen demokratische Institutionen, Ungleichheit als einen der Kernwerte, die Vorstellung vom moralischen Verfall, Unterwerfung der Individuen unter die Gemeinschaft und die Suche nach einem dritten Weg zwischen Kapitalismus und Kommunismus. Der Rechtsextremismus ist ideologisch rigider als die eher kontextabhängigen und ‚elastischen‘ Konzepte des Populismus oder Neo-Populismus (Abts 2004), deren grundlegenden Ideen von Volk, Demokratie oder nationaler Souveränität es an

---

[*] Übersetzung von Sandra Fischer.

inhaltlicher Substanz mangelt. Der Populismus bleibt in der Essenz ein Vehikel für die Massenmobilisierung schon existierender Anti-Parteien-Gefühle, das auf der Gegenüberstellung von einfachem Volk und politischer Elite beruht (siehe den Beitrag von Lars Rensmann in diesem Band).

Im folgenden gilt es die Situation des flämischen VB und des französischen FN seit Mitte der achtziger Jahre anhand einiger Schlüsselelemente der Partei-ideologie, des politischen Wettbewerbs und des Parteiensystemwandels zu betrachten. Die Analyse der Sichtweisen und ideologischen Grundüberzeugungen, welche einen Teil der von FN und VB erschaffenen Utopie einer ‚neuen Gesellschaft' ausmachen, weisen auf bedeutende Gemeinsamkeiten im Ideensystem der beiden Parteien hin. Dieses besteht aus ethnozentristischen, autoritären und anti-egalitären Komponenten, die den Grundprinzipien der liberalen Demokratie widerstreiten.

In den siebziger Jahren und zu Beginn der achtziger Jahre noch völlig erfolglos, konnten sich sowohl die flämischen als auch die französischen rechtsextremen Vertreter seit Mitte der achtziger Jahre als ernstzunehmende Konkurrenten der Mitte-Rechts-Parteien in ihren Ländern etablieren. Die zunehmende Wählerunterstützung hat aber nichts daran geändert, dass beide Parteien von einem Großteil der Wähler nach wie vor mit der extremen Rechten identifiziert werden. Anders als ihre populistischen Gegenstücke in Österreich, Italien und den Niederlanden, denen es sogar gelungen ist, in die nationalen Regierungen einzutreten, bleibt das Koalitionspotenzial der flämischen und französischen Rechtsextremisten so stark eingeschränkt, dass sie aus der Sphäre der „Mainstream-Politik" weiter ausgeschlossen sind.

2   Die Utopie der extremen Rechten in Belgien und Frankreich

Nach der Definition von Mannheim in *Ideologie und Utopie* (1929) kann die rechtsextreme Ideologie als ein ausgeklügeltes System von Ideen bezeichnet werden, deren utopischer Charakter darin besteht, dass sie den gesellschaftlichen und politischen Status quo zurückdrehen möchte. Hauptziel der rechtsextremen Utopie ist es, die bestehenden Machtverhältnisse und regulierenden Normen in der heutigen Gesellschaft zu verändern. Im Zentrum des Wahlaufrufs an die ‚einfachen Bürger' steht dabei das Verlangen nach einer radikalen Transformation des sozio-politischen Systems (Swyngedouw 2000, Hunter 1997). Die extreme Rechte postuliert eine gesellschaftliche Ordnung, die noch nie wirklich existiert hat, und in ihrer Frustration über die angebliche Unvollkommenheit der existierenden Verhältnisse droht sie damit, diese Utopie mit Gewalt wahr werden zu lassen (Merkl / Weinberg 1997).

Der Charakter dieser Utopie als ein fest strukturiertes System ideologischer Glaubenssätze ist ein Schlüsselfaktor, um den Aufstieg und die elektorale Stabilisierung des Rechtsextremismus nachvollziehen zu können. Trotz bedeutsamer Veränderungen im Parteienwettbewerb und den Koalitionsbeziehungen hat sich das ideologische Fundament beider Organisationen über die Jahre als außerordentlich beständig erwiesen. In den meisten Fällen blieben taktische Anpassungen darauf reduziert, den politischen Stil aufzupolieren und die radikalen Elemente der Ideologie zu glätten, um das Koalitionspotenzial der Partei zu erhöhen.

Von daher muss der Namenswechsel von *Vlaams Blok* in *Vlaams Belang* als ein Versuch gesehen werden, den sogenannten *cordon sanitaire* zu durchbrechen, der von den Mainstream-Parteien als Schutzwall gegen die extreme Rechte errichtet worden ist. In ideologischer Hinsicht stellt das Programm des neu gegründeten Vlaams Belang eine Fortführung dessen dar, was auch der Vlaams Blok vertreten hat, allerdings in einer sprachlich entschärften Version. Die Anpassung des Programms soll dazu dienen, den gegenüber der Partei erhobenen Rassismusvorwurf zu entkräften, um sie als Koalitionspartner für die Mitte-Rechts-Parteien in Flandern (Christdemokraten und Liberale) akzeptabel zu machen.[1]

Der 1999 erfolgte Bruch innerhalb des französischen FN, der zum Austritt Bruno Mégrets und zur Abspaltung des *Mouvement National Républicain* (MNR) vom FN führte, hatte ebenfalls keine primär ideologischen Gründe. Tatsächlich wiesen (und weisen) die politischen Manifeste der beiden rivalisierenden Parteien große Ähnlichkeiten auf. Dies ist auch nicht sonderlich überraschend, wenn man sich vergegenwärtigt, dass Mégret als ehemaliger Generaldelegierter des FN und früheres Mitglied des *Club de l'Horloge* an der Formulierung der ideologischen Grundlinien der Partei beteiligt war. Der Streit zwischen Le Pen und Mégret war kein Kampf um die ideologische Ausrichtung der Bewegung, sondern der Höhepunkt eines langen Machtkampfes in der Auseinandersetzung um die richtige Parteistrategie. Auf der einen Seite standen dabei die eher pragmatisch und themenorientierten Kräfte um Mégret, die den FN für ein Zusammengehen mit der bürgerlichen Rechten öffnen wollten, auf der anderen

---

[1] Am 9. November 2004 wurde der Vlaams Blok vom Obersten Berufungsgericht verurteilt, regelmäßig und systematisch rassistische Meinungen geäußert zu haben. Der Schuldspruch gab der Führung Gelegenheit, eine neue Partei unter dem Banner Vlaams Belang (Flämisches Interesse) zu lancieren. Den eigenen Anhängern gegenüber wurde die Neugründung als bloße Weiterführung des Vlaams Blok ausgegeben, zu der man gezwungen sei, um weiterhin öffentliche Subventionen zu erhalten. Trotz der Zusicherung des Parteivorsitzenden Van Hecke, dass die alten ‚Parteiprinzipien' ihre Gültigkeit behielten, entschloss man sich, eine kürzere und überarbeitete Version des Programms auf der Basis der alten ‚Prinzipien' vorzulegen, aus dem besonders kontroverse Passagen (wie z.B. die Unterstützung des vormaligen Apartheid-Regimes in Südafrika und offenkundige Verstöße gegen die Europäische Menschenrechtskonvention) getilgt wurden.

Seite die Vertreter der alten Orthodoxie um Le Pen, die ein solches Zusammengehen strikt ablehnten (Ivaldi 1999).

a) Neo-Rassismus

In der Ideologie des VB und des FN wird die Menschheit in Gruppen unterteilt,
genauer in sogenannte *in-* und *outgroups*. Aus dieser ethnozentrischen Sicht
bezieht sich der Begriff *ingroup* auf Gruppierungen, zu denen das Individuum
angeblich gehört, während mit *outgroup* all die Menschen gemeint sind, die als
anders wahrgenommen werden, sei es aufgrund ihrer ethnischen Abstammung,
ihrer Religion oder ihrer Kultur. Im Wesentlichen behaupten beide Parteien, dass
die Menschen nicht gleich seien und daher auch nicht als gleich(wertig) angesehen werden sollten. Angesichts der anti-rassistischen und anti-faschistischen
Tabus, welche in Folge des Zweiten Weltkrieges aufkamen, und aufgrund beste-
hender Anti-Rassismus-Gesetze in beiden Ländern, wurden offen rassistische
Anklänge, das heißt Aussagen, welche sich auf rein biologische (ethnische) und
genetische Unterschiede stützen, aus dem ideologischen Arsenal der extremen
Rechten entfernt. In den Positionen, die VB und FN in den Fragen der Einwanderung und (Ausländer)integration einnehmen, bleibt das rassistische Gedankengut aber weiterhin erkennbar.

    Der theoretische Rahmen des kulturellen Rassismus, in dem sich der FN bis
heute bewegt, wurde in den späten siebziger Jahren von der französischen Neuen
Rechten begründet. Der ‚egalitäre Neo-Rassismus' versuchte zunächst, die Betonung auf kulturelle und sittliche Differenzen zwischen Europäern und Nicht-
Europäern zu legen. Um dem Vorwurf des (offenen) Rassismus zu entgehen,
bediente man sich dazu des egalitären Repertoires der Linken. In den neunziger
Jahren tauchten allerdings im Umfeld der Einwanderungsdiskussion die biologis-
tischen Begründungen der Ungleichheit wieder auf (Ivaldi 2003). Die Unterscheidung, welcher der FN im Hinblick auf Franzosen und nicht-europäische
Ausländer macht, gründet danach nicht nur auf der traditionellen Entgegensetzung von ‚Zivilisation' und ‚Barbarei' (so Le Pen in *Le Monde*, 4. September
1993), sondern ausdrücklich auch auf den unterschiedlichen ‚Begabungen' und
‚Leistungen' von ‚Weißen' und ‚Schwarzen' (Le Pen in *Libération*, 31. August /
1. September 1996).

    In Belgien wagt sich die Spitze des VB selten, eine solche Unterscheidung
auf rein biologischer Basis vorzunehmen. Nichtsdestotrotz postuliert das Konzept der ‚fundamentalen natürlichen Ungleichheit zwischen den Gemeinschaften', das in den ‚Prinzipien' festgehalten ist, eine ethnische Hierarchie, in welcher die Flamen an der Spitze stehen, dicht gefolgt von den Niederländern und
den südafrikanischen Buren (Afrikaaner) als Mitglieder desselben ‚Volkes', die

eine gemeinsame Kultur und Sprache miteinander teilen. Auf der darunter liegenden Stufe der Hierarchie folgen die als mehr oder weniger gleichwertig angesehenen assimilierten (französisch sprechenden) Flamen in Brüssel, die französischsprachige Wallonie und das in Nordfrankreich gelegene französische Flandern, dessen Bevölkerung laut VB in ,besetztem Gebiet' lebe. Diesen sind wiederum die europäischen Ausländer untergeordnet, die zwar als Weiße die gleichen ethnischen Wurzeln wie die Flamen hätten und derselben abendländischen Zivilisation entstammten, deren kultureller Hintergrund aber aufgrund ihrer nationalen Zugehörigkeit verschieden sei. Am Ende der Gemeinschaftsskala stehen die nicht-europäischen Ausländer, welche weder Sprache und Kultur noch die ethnische und territoriale Herkunft mit der eingesessenen Bevölkerung teilten.

b) Volk und Führung

Innerhalb der *ingroup* nimmt die extreme Rechte eine Unterscheidung vor zwischen den Individuen, die national eingestellt seien und sich ethnisch „engagierten" und den anti-nationalen bzw. kosmopolitischen Kräften, die sich ihrer Ethnie nicht verpflichtet fühlten. Die Erstgenannten zeichneten sich durch höhere moralische Wertvorstellungen aus, die notwendig seien, um ein Gegengewicht zum menschlichen Egoismus zu schaffen, wie z.B. Verantwortungsbewusstsein, Opferbereitschaft, soziale Gerechtigkeit, Solidarität, Toleranz und Nächstenliebe. Ihre Lebenseinstellung fuße auf der ,notwendigen Solidarität aller mit allen in einer Gemeinschaft' (VB *Prinzipien*).

Die Individuen, die sich nationalen Prinzipien verpflichtet fühlten, bilden nach rechtsextremer Auffassung einen Teil jener Elite, die den Massen den richtigen Weg weisen, sie vor teuflischen Einflüssen schützen und ihnen die notwendige Selbstdisziplin eintrichtern müsse (Taguieff 1989). Die Unterscheidung zwischen Elite und Massen basiert auf der Annahme, dass die Menschheit im Wesentlichen schwach sei, obwohl sie durchaus in der Lage sein könne, „die moralische Bedrohung, welche auf ihrer Zukunft liegt, zu erspüren." Die aufgeklärte Elite, das heißt die rechtsextreme Partei, müsse daher die Führung übernehmen und „den Aufstand des Volkes leiten, welcher das Land von Dekadenz befreien wird" (Le Pen in *Libération*, 15. Juli 1996).

Das Prinzip der natürlichen Ungleichheit bezieht sich auch auf die Unterschiede, die zwischen den Individuen innerhalb einer bestimmten Gruppe bestehen. Gemäß der ,aristokratischen Idee' der Rechtsextremen ist es „unmöglich, die natürliche Ungleichheit und (individuelle) Variationsbreite eines Individuums zu ignorieren" (VB *Prinzipien*). Der Egalitarismus sei falsch, weil er den Regeln der Natur zuwiderlaufe und sich an den Fähigen versündige (Le Pen, zit. nach Taguieff 1989: 179). Ähnlich wichtig ist die Vorstellung einer ,arbeitenden

Menschheit'. Für die Rechtsextremen gibt es kein Recht auf Faulheit und keinen ,homo ludens'. Rechte können ihrer Ansicht nach nur durch produktive Arbeit erlangt werden, wobei diese Pflicht nicht auf den ökonomischen Sektor beschränkt ist. Frauen sollten z.B. vorzugsmäßig innerhalb der Familie arbeiten und dort die Kindererziehung übernehmen. Das Konzept schließt also auch die Ungleichheit zwischen den Geschlechtern mit ein, indem es die natürliche Rolle des Mannes der Produktionssphäre und die Rolle der Frau der Reproduktionssphäre zuordnet.

c) Gemeinschaft

Die Utopie, die FN und VB entwerfen, ist die einer gewachsenen, organischen Gemeinschaft, die in überlieferten Werten wurzelt. Im Falle des VB lässt sie sich direkt auf das Konzept von Tönnies zurückführen, der die natürliche Gemeinschaft seinerzeit mit der traditionellen Haushaltsökonomie verbunden hatte (Sywngedouw 1995a). Es ist eine Gesellschaft, in der es keinen Unfrieden gibt und die Unterschiede zwischen gut und böse klar erkennbar sind. Der FN definiert die Gemeinschafts-Utopie in den Begrifflichkeiten einer ,konservativen Revolution'. Das Konzept wurde Mitte der achtziger Jahre an die Partei herangetragen, als der FN im zersplitterten Lager des französischen Rechtsextremismus nach neuen Verbündeten suchte (Ivaldi 1998). Dem „Solidarismus" des VB ähnlich, legt es den Hauptakzent auf organische und hierarchische Werte; die Menschen werden angehalten, den natürlichen Gesetzen der Natur zu gehorchen.

Für beide Parteien stellt die Familie die Basiseinheit einer so strukturierten Gemeinschaft dar. Nach Le Pen ist die Familie „die äußerste Wahrheit und eine biologische Realität" (zit. nach Taguieff 1989: 215). Familien könnten nur aus verheirateten heterosexuellen Paaren bestehen, deren Pflicht es sei, Kinder zu bekommen, um die Gemeinschaft aufrechtzuerhalten und zu stärken. Teil der erzieherischen Aufgabe der Familie sei es, den Kindern nationales Pflichtgefühl und Engagement einzuflößen. Für den VB ist ein Durchschnitt von 2,1 Kindern pro Frau das absolute Minimum, um die Population konstant zu halten. Der FN spricht sich für eine effektive Familienpolitik mit höheren finanziellen Leistungen aus, um den Geburtenrückgang aufzuhalten, den Verhütung und Abtreibung verschuldet hätten. Beide Parteien lehnen eine Liberalisierung des Ehe- und Abtreibungsrechts strikt ab. Homosexualität, ethnische Vermischung, außerehelicher Sex, Abtreibungspille, die Verwendung von Kondomen zur Aids-Prävention und der Gebrauch weicher Drogen betrachten sie als Zeichen moralischen Verfalls, dem durch strengere Gesetze begegnet werden müsse.

Die Hauptverantwortung für die Wiederherstellung und Aufrechterhaltung der traditionellen Werte liegt nach rechtsextremer Auffassung beim Staat, der dazu aber längst nicht mehr über die notwendige Macht und Autorität verfüge. Um dies zu ändern, sollten laut VB Individuen ‚mit einem übertriebenen Sozialgewissen aus den Polizeikräften und dem Gerichtswesen aussortiert werden'. Die Bürger müssten auch über die soziale Ordnung und Disziplin wachen. Das Projekt einer Sechsten Republik des FN sieht ein repressiveres Strafrechtssystem vor, dessen zentrales Element die Wiedereinführung der Todesstrafe und das allgemeine Prinzip der „schnellen und sicheren Gefängnisverurteilung ohne jedwede Möglichkeit auf Bewährung" ist (*Für eine französische Zukunft*, 2002). Der Forderungskatalog des VB liest sich ähnlich; er enthält u.a. die Einführung von privaten Bürgerwehren, härtere Strafen für vermeintlich geringfügige Delikte, die Zulässigkeit illegal gesammelter Beweise vor Gericht, eine Verschärfung des Strafvollzugs und die dauerhafte Wegsperrung von Gewohnheitsverbrechern.

d) Wirtschafts- und Gesellschaftspolitik

Die gesellschafts- und wirtschaftspolitischen Vorstellungen des VB sind stark von den autoritären Theorien der dreißiger Jahre beeinflusst, die als ‚Solidarismus' bezeichnet werden. Diese Theorien zielten und zielen darauf ab, ein Gefühl von Solidarität zwischen Kapitalisten und Arbeitern herzustellen, um das gemeinsame Interesse des Volkes und des Staates zu befördern. Die flämische Variante des Solidarismus, die an Mussolinis Korporatismus erinnert, wurde in den dreißiger Jahren von Verdinaso (*het Verbond van Dietse Nationaalsolidaristen*) und dem VNV (*Vlaams-Nationalistisch Verbond*) entwickelt, die während des Zweiten Weltkrieges beide mit den Nazis zusammenarbeiteten. In den Prinzipien des Vlaams Belang von 2004 gibt es zwar keinen direkten Verweis mehr auf den Solidarismus, doch verraten die im Juni 2005 auf einer wirtschaftspolitischen Programmtagung der Partei formulierten Thesen nach wie vor dessen Handschrift. Der VB definiert den Solidarismus als einen Dritten Weg zwischen dem ausbeuterischen Kapitalismus der freien Marktwirtschaften und dem zwangausübenden kommunistischen System. Nach Parteichef Dewinter „verdankt der VB seinen Sieg der Tatsache, dass er einige neue Probleme vorbringt, die nicht in das ideologische Raster der traditionellen Parteien passen (...). Die alte Achse ‚Kapital versus Arbeit' wird langsam aber sicher durch eine neue ‚multikulturelle versus nationale Identität' ersetzt" (zit. nach Mudde 1996: 243).

Auch im FN konnte sich die *Solidariste* Bewegung an der Führungsspitze etablieren, und zwar durch Jean-Pierre Stirbois' *Union Solidariste*, die in den späten siebziger Jahren der Partei beitrat. Indem er seine Programmatik Mitte der achtziger Jahre durch neoliberale Ansätze anreicherte, stellte sich der FN zwar gegen die von Stirbois unterstützte Option eines ‚Dritten Weges'. Dennoch bedienten die 1993 veröffentlichten *300 Vorschläge für die Sozial- und Wirt-*

schaftspolitik das traditionelle korporatistische Thema der Solidarität. Analog zu den Vorstellungen des VB möchte die Partei danach neue Formen der Solidarität fördern, die nicht mehr auf sozialen Klassen, sondern auf einer pro-nationalen Gesinnung basierten, um darüber möglichst alle benachteiligten Gruppen in die Gemeinschaft zu integrieren (*Le Monde*, 18.-19. Februar 1996).

In der Wirtschaftspolitik favorisieren VB und FN neoliberale Prinzipien nur soweit, wie sie den Interessen der Volksgemeinschaft nicht schaden. Indem sie das Festhalten am freien Markt mit protektionistischen Forderungen und Wohlfahrtschauvinismus verbinden, gelingt es ihnen, elektorale Unterstützung sowohl aus der Arbeiterklasse als auch aus dem Kleinbürgertum zu gewinnen (Evans 2003, Betz / Immerfall 1998). War das wirtschaftspolitische Projekt, das der FN in den achtziger Jahren vertrat, noch weitgehend an das kleinbürgerliche Wählerpublikum adressiert, so kam es ab Mitte der neunziger Jahre zu einer deutlichen Akzentverlagerung der Parteiideologie in die anti-liberale Richtung, die einerseits durch das Erstarken des solidaristischen Flügels in der Parteiführung und andererseits durch den wachsenden Arbeiteranteil unter den FN-Wählern vorangetrieben wurde. Dies führte zu einer gemischten wirtschaftspolitischen Plattform, die liberale, protektionistische und sozialstaatliche Forderungen miteinander vereinte. Der FN machte sich nun vermehrt für die Rechte der Arbeiter und anderer sozial benachteiligten Personen stark; er stimmte in den anschwellenden Chor der Globalisierungskritiker mit ein und brandmarkte „den anonymen und vagabundierenden Kapitalismus der multinationalen Freimaurer-Unternehmen, welche die Welt beherrschen wollen" (Le Pen in *Le Monde*, 3. Mai 1996).

Hatte der FN die außenpolitischen Bindungen Frankreichs zur EU und NATO in den achtziger Jahren noch ausdrücklich gutgeheißen, so wurde diese Position in den neunziger Jahren durch eine konsequente Anti-Haltung ersetzt und die Integration in den europäischen Staatenverbund ebenso in Frage gestellt wie die Weltmachtrolle der USA. Im April 2000 sprach sich der Parteikongress dafür aus, aus der EU auszutreten und den Franc wiedereinzuführen. 2005 widersetzte sich die Partei dem EU-Verfassungsvertrag und rief die französischen Bürger auf, im Referendum mit Nein zu stimmen. Die anti-amerikanische Ausrichtung des FN wurde bereits in den frühen neunziger Jahren deutlich, als Le Pen gegen die von den USA entworfene „neue Weltordnung" polemisierte und im zweiten Golfkrieg offen die Partei Saddam Husseins ergriff (den er in Bagdad sogar besuchte). 2003 verurteilte Le Pen die US-Intervention im Irak nicht minder heftig als einen „Krieg der Arroganz und Räuberei".

Die Haltung des VB zum europäischen Integrationsprozess ist etwas nuancierter. Einerseits wünscht sich die Partei ein starkes und mächtiges Europa, das auf der internationalen Bühne als Einheit spricht und handelt. Charakteristisch für dieses Denken sind die Forderungen nach einem voll entwickelten europäischen Verteidigungssystem (nicht zuletzt, um der „islamischen Gefahr" entgegentreten zu können) und einer abgestimmten Einwanderungs- und Asylpolitik. Andererseits aber widerspricht der VB lauthals dem „erstickenden Zentralismus" Europas, der als Verstoß gegen das unveräußerliche Recht eines Volkes gesehen wird, sein eigenes Schicksal selbst zu bestimmen. Entsprechend heftig wird die Brüsseler „Eurokratie" gescholten und ein Rückzug der EU aus den Kernbereichen der nationalen Souveränität (Innere Sicherheit, Sozialpolitik, Bildung, Erziehung, Kunst) angemahnt (Swyngedouw / Abts / Van Craen 2005). Dieselbe Ambivalenz zeigt sich auf wirtschaftspolitischem Gebiet. Hier befürwortet der VB die Herstellung des freien Binnenmarktes im Inneren, um nach außen hin ebenso rigoros für protektionistische Maßnahmen einzutreten, die die EU vor Importen aus Nicht-Mitgliedsländern schützen sollen.

e) Parteien und politisches System

Ein Hauptmerkmal der rechtsextremen Strategie liegt im Aufbau eines populistischen Konzepts der ‚politischen Klasse' bzw. des ‚politischen Establishments', welches unterschiedslos alle anderen (etablierten) Parteien umfasst (Schedler 1996, Swyngedouw 1992). Anti-Parteien-Einstellungen und der Appell an ‚den Mann auf der Straße' sind in der rechtsextremen Agitation Seiten derselben Medaille. Gebetsmühlenhaft weisen FN und VB auf die angebliche Korruptheit und Unglaubwürdigkeit der (partei)politischen Klasse hin. Den Politikern wird nachgesagt, dass sie sich nur dafür interessierten, ‚die eigenen Taschen zu füllen' und ihre Parteigänger auf Kosten des einfachen Mannes zu privilegieren. So bekennt sich z.B. der FN zwar offiziell zu den Prinzipien der repräsentativen Demokratie. Die Art und Weise, wie er mit den von Le Pen als „Viererbande" beschimpften Vertretern der etablierten Parteien und dem Zustand der französischen Politik insgesamt ins Gericht geht, verrät aber offen anti-systemische Anklänge.

Im FN geht die Anti-Parteien-Gesinnung einher mit antisemitischen Vorurteilen und den für die extreme Rechte typischen Theorien der Verschwörung und Manipulation. Den etablierten Parteien wird vorgeworfen, dass sie sich unter dem Einfluss jüdischer oder freimaurerischer Organisationen befänden. Schon 1987 hatte Le Pen den Weg für den Revisionismus geebnet, als er den Völkermord an den Juden und die Existenz von Gaskammern als bloße ‚Details' der Geschichte des Zweiten Weltkrieges bezeichnete (*RTL*, 13. September 1987). 2004 sollte sein Stellvertreter und engster Gefolgsmann Bruno Gollnisch diese Äußerung in kaum abgemilderter Form wiederholen (*Libération*, 12. Oktober 2004). Ähnliche Charakteristika im Hinblick auf Anti-Parteien- und Anti-Establishment-Einstellungen können aus dem ideologischen Fundus der belgischen extremen Rechten hergeleitet werden. Der VB weist die Prinzipen der pluralistischen Demokratie nicht ausdrücklich zurück, setzt sich aber zugleich von den sogenannten „Farbenparteien" ab, denen vorgeworfen wird, dass sie sich in einer Sphäre der Kleingeistigkeit und Cliquenwirtschaft bewegten und ihre Perspektive immer nur auf die nächsten Wahlen richteten. Um den moralischen Verfall aufzuhalten und zu einer Politik im Interesse des Volkes zurückzukehren, gibt es nach Ansicht der Rechtsextremen nur drei Möglichkeiten: Erstens könne man als Oppositionspartei im Parlament Druck ausüben und die anderen Parteien darüber zwingen, ihre Positionen den eigenen anzupassen (z.B. in der Einwanderungspolitik und Kriminalitätsbekämpfung). Zweitens erwartet der VB von der neuen politischen Elite des Landes, dass sie sich für die Unabhängigkeit Flanderns einsetze, auch wenn dies gegen den mehrheitlichen Willen der flämischen Wähler geschehe. Und drittens schließlich müsse die Partei daran arbeiten, den linken Achtundsechzigern die ideologische und kulturelle Hegemonie in den Bereichen Erziehung, Bildung und Medien zu entreißen, um so die Voraussetzungen für einen politischen Wechsel zu schaffen (Spruyt 1995: 166).

f) Einwanderung

Der Aufstieg der rechtsextremen und -populistischen Parteien und Bewegungen in Westeuropa seit Mitte der achtziger Jahre ist eng mit dem Einwanderungsthema verbunden. Die neuen Herausforderer verdanken die Erfolge dabei einerseits ihrer Fähigkeit, das Thema zu politisieren und auf der Agenda der vordringlichen Probleme nach oben zu rücken; zum anderen ist es ihnen gelungen, die Einwanderer aus nicht-europäischen Herkunftsländern als akute und potenzielle Bedrohung der eigenen kulturellen Identität hinzustellen (Swyngedouw 1995b).

In der Propaganda des FN richtet sich der einwanderungspolitische Diskurs insbesondere auf die Ausländer aus den maghrebinischen Ländern Nordafrikas. So brandmarkte Le Pen beispielsweise die ‚unerwünschten Einwanderer‘, welche das französische Sozialsystem in den Bankrott treiben, welche unsere Städte und Dörfer kolonisieren, welche die Gefängnisse überbevölkern, welche vergewaltigen und morden‘ (*Le Monde*, 23.-24. Juni 1996). Für den Vorsitzenden des FN „schafft Einwanderung alle Voraussetzungen für soziale Desintegration" (*RMC-Info*, 25. April 2002). Stets wird betont, dass die Kultur und Religion der Einwanderer unvereinbar sei mit der europäischen Kultur, in der Frankreich einen herausgehobenen Platz einnehme. Der Islam wird dabei als Hauptgefahr für die einheimische Zivilisation angesehen, der in seinem Streben, eine religiöse und politische Theokratie zu errichten, über die normalen Ziele einer Religion weit hinausweise (*Für eine französische Zukunft*, 2002). In ähnlicher Weise wird die ‚massive‘ Präsenz von Ausländern in Flandern von der VB-Propaganda als wichtigste Quelle des moralischen Verfalls angesehen und für den Anstieg der Kriminalität und Arbeitslosigkeit im Lande verantwortlich gemacht (*70-Punkte-Programm*). Der VB vertritt die Ansicht, dass der Islam den Grundprinzipien westlicher Demokratie wie Menschenrechte, Meinungsfreiheit, Gleichstellung der Frau und Trennung von Kirche und Staat diametral entgegenstehe.

Die Integration der nicht-europäischen Ausländer wird von den rechtsextremen Parteien als unerreichbar und nicht gewünscht abgelehnt; stattdessen soll eine schrittweise Rückkehr der Einwanderer in ihre jeweiligen Herkunftsländer angestrebt werden. Im Kontext post-industrieller Gesellschaften, die mit steigenden Arbeitslosenraten, Wohnraumknappheit und der Krise des Wohlfahrtsstaates konfrontiert sind, wird die Notwendigkeit der Rückführung dabei nicht nur durch kulturelle, sondern auch durch ökonomische Argumente untermauert (Hargreaves / Leaman 1995). In beiden Fällen ist der „ausländerfeindliche Diskurs (...) ein Element in einem politischen Kampf um die Frage, wer das Recht verdient, vom Staat und der Gesellschaft versorgt zu werden: Ein Kampf um die kollektiven Güter des Staates" (Wimmer 1997: 32).

Das *70-Punkte-Programm* des VB führt eine Reihe von politischen Zielen auf, die unmittelbar auf Einwanderungsthemen abstellen. Interessanterweise wurde dieses Programm in weiten Teilen vom französischen FN übernommen und bildete die Grundlage von dessen 1995 und 2002 verabschiedeten Parteimanifesten. Um einer Verurteilung wegen rassistischer Positionen zu entgehen, sah sich der VB ab 2001 gezwungen, sein ausländerpolitisches Programm soweit zu entschärfen, dass es nicht mehr als offener Verstoß gegen die Europäische Menschenrechtskonvention betrachtet werden konnte. So wird z.B. die Möglichkeit einer vollständigen Assimilation als Alternative zum „Rückzug" nun stärker betont. An der grundsätzlichen Anti-Haltung hat die ideologische Mäßigung allerdings nichts geändert. Die konkreten ausländerpolitischen Forderungen des VB sehen z.B. vor, fundamentale Rechte wie Versammlungs- und Niederlassungsfreiheit, oder die Möglichkeit, Eigentum zu erwerben, für die Migranten einzuschränken. Dasselbe gilt für die staatlichen Leistungen im Erziehungs-, Bildungs- und Sozialversicherungssystem, die zunächst der einheimischen Bevölkerung zugute kommen sollen (Begrenzungen beim Arbeitslosen- und Kindergeld, Einführung einer Sondersteuer für Unternehmen, die „Fremdarbeiter" beschäftigen usw.).

Auch im Programm des FN heißt es, dass die Leistungen des Wohlfahrtsstaates in erster Linie den Franzosen vorbehalten sind. Das Prinzip der nationalen Präferenz erstreckt sich auf nahezu alle Bereiche der Sozialpolitik und Daseinsvorsorge – von der Vergabe von Arbeitsplätzen über die Nutzung öffentlicher Einrichtungen bis hin zum Bezug von Sozialleistungen und den gesetzlich garantierten Mindestlohn. Des weiteren sollen nach den Vorstellungen der Rechtsextremen das Recht auf Familienzusammenführung eingeschränkt, die

Aufenthaltsgenehmigungen begrenzt und straffällig gewordene Ausländer konsequent abgeschoben werden. Nur diejenigen Migranten sollten die französische Staatsbürgerschaft erlangen dürfen, die komplett in der nationalen Gemeinschaft aufgegangen seien und sich dieser ‚verpflichtet' fühlten. Der Beweis dessen sei in einer ‚langen Probezeit' zu erbringen, in der sich der Aspirant von jeglichen politischen Aktivitäten fernhalten müsse. Ähnlich streng lauten die Voraussetzungen, die der VB an den Erwerb der Staatsbürgerschaft knüpfen möchte. Ursprünglich war in den Programmen beider Parteien sogar die Forderung enthalten, die nach 1974 vorgenommenen Einbürgerungen einer nochmaligen Prüfung zu unterziehen, was später aufgegeben werden musste. Umso größeren Nachdruck legen VB und FN auf die Feststellung, dass der Erwerb der Staatsbürgerschaft nur bei einer vollständigen Assimilierung des Bewerbers in Betracht komme.

g) Nationalismus

Im Zentrum der rechtsextremen Ideologie steht eine holistische Gesellschaftskonzeption, in der die ethnische Gemeinschaft vor den Individuen absoluten Vorrang hat. Die Einzelnen besitzen danach keine von der Mitwelt unabhängige personale Existenz, aus der sie universelle Rechte ableiten könnten, sondern sind im Gegenteil mit ihrer jeweiligen Gemeinschaft durch die soziale Kerneinheit Familie untrennbar verwoben. Entscheidend für die ethnische Verpflichtung sei die natürliche angeborene Verbundenheit und nicht das freiwillige Engagement. Männer und Frauen sind laut FN Erben der Tradition, der Kultur und der Werte der Nation, der sie angehören. Ihre Pflicht sei es, dieses Erbe zu bewahren und weiterzugeben. Im Gegensatz dazu werden individualistische Prinzipien als rein theoretische Abstraktionen angesehen, welche der Realität, die den Einzelnen an seine Abstammung koppelt, entgegenstünden. So heißt es im Manifest von 2002, dass „die Nation nicht auf einem Gesellschaftsvertrag beruht, sondern die Frucht einer natürlichen Ordnung ist."

Individuelle Rechte dürfen nach Auffassung der extremen Rechten der Pflichterfüllung innerhalb der ethnischen Gemeinschaft nicht entgegenstehen. Sie finden in der Programmatik deshalb nur im Zusammenhang mit staatlichen Leistungen Erwähnung und werden dabei in der Regel negativ gefasst. So listet z.B. der VB eine Reihe von ‚Vergehen' auf, die dazu führen sollen, dass jemand seine Grundrechte oder seine Staatsangehörigkeit verwirkt, er also aus der gemeinschaftlichen Solidarität ausgeschlossen wird (Spruyt 1995: 100). Die Gemeinschaft ist für VB und FN gleichbedeutend mit der ethnischen Nation; sie wird als eine Einheit von Individuen gesehen, welche die gleiche Kultur, die gleiche Abstammung und ein klar abgegrenztes Territorium miteinander teilen

(Swyngedouw 1995a). Individuen oder Gruppen, die einen anderen kulturellen oder ethnischen Hintergrund aufweisen, können folglich nicht für sich beanspruchen, Mitglieder der bestehenden Gemeinschaft zu werden. Das Identitätskonzept des VB weist große Ähnlichkeiten mit der deutschen Vorstellung des ,Volksnationalismus' auf, der auf einer gemeinsam geteilten Sprache und Kultur basiert. Die Ideologie des FN ist demgegenüber stärker mit dem traditionellen Modell des französischen ,Staatsnationalismus' verbunden. Für den VB muss sich die Nation mit dem Staat decken, das heißt: die Staatsgrenzen sollten sich aus den bestehenden ethnischen und kulturellen Grenzen herleiten lassen. Aus diesem Grund habe der moderne belgische Föderalstaat ein unlösbares Problem, das nur durch die Schaffung eines unabhängigen Flanderns gelöst werden könne, das alle flämischen Gebiete (einschließlich der heute noch bilingualen Hauptstadt Brüssel) umfassen müsse. Die bestehende Grenze zu Frankreich wird akzeptiert, vorausgesetzt, dass der flämische Staat „alle notwendigen Schritte [unternehmen kann], um zu gewährleisten, dass sie [die ,Flamen' im französischen Flandern] im Einklang mit ihrer Natur leben können" (*Prinzipien*). Dasselbe gilt für die Grenze zu den Niederlanden, von der der VB aber hofft, dass sie durch die Bildung eines neuen (Flandern und die Niederlande umfassenden Föderalstaates) langfristig überwunden werden kann. Für Le Pen basiert „die französische Nation (...) hauptsächlich auf Blut, Erde und Erinnerung" (*Libération*, 14. Oktober 1996). Das Selbstverständnis Frankreichs als Staatsnation nimmt in der Konzeption des FN insofern eine einseitig ethnische Wendung, die mit dem Volksnationalismus des VB darin übereinstimmt, dass sie den Zugang zur Staatsbürgerschaft ausschließlich am Merkmal der Blutszugehörigkeit festmacht (*jus sanguinis*). Entsprechend werden Einbürgerungen auf der Basis des Territorialprinzips (wenn jemand im Lande selbst geboren ist) oder der Heirat mit einem Staatsbürger von beiden Parteien konsequent abgelehnt.

3 Wählerunterstützung und Auswirkungen auf das Parteisystem

Die vorstehende Analyse hat die Bedeutung eines kohärenten Systems von Glaubenssätzen mit starken utopischen und populistischen Komponenten für die Entstehung und dauerhafte Etablierung der extremen Rechten in Frankreich und Belgien deutlich gemacht. Die kontinuierlichen Wahlerfolge des Vlaams Blok und Front National liegen demnach nicht nur in ihrer Fähigkeit begründet, Groll und Feindseligkeit gegen die politische Klasse zu schüren und auf diese Weise Protestwähler zu mobilisieren (Betz / Immerfall 1998). Sie verdanken sich auch der Entwicklung einer in sich stimmigen ideologischen Konzeption, der Fähigkeit, scheinbar handfeste und konkrete Antworten auf politische Probleme bereitzuhalten, die zu lösen die etablieren Parteien nicht mehr imstande seien, und diese Antworten in die Wählerschaft hinein mit der gebotenen Überzeugungskraft zu vermitteln.[2]

a) Wählermobilisierung und die Entwicklung der Parteiorganisation

In Belgien hatte der VB seinen Durchbruch bei den Wahlen zum Europaparlament 1989 und den nationalen Parlamentswahlen 1991 erzielt (Ackaert / De Winter / Swyngedouw 1996). 1995 steigerte die damals noch von Karl Dillen geführte Partei ihren Stimmenanteil in Flandern auf 12,5 Prozent, nachdem sie in ihrer Hochburg Antwerpen bei den Kommunalwahlen im Jahr zuvor bereits 28,5 Prozent erzielt hatte. Bei den nationalen Parlamentswahlen kam der VB 1999 in Flandern auf 15,4 und 2003 auf 17,9 Prozent der Stimmen, was bezogen auf Gesamtbelgien einem Stimmenanteil von 9,9 bzw. 11,7 Prozent entsprach. Bei den ein Jahr später stattfindenden Regionalwahlen lag sein Ergebnis mit 24,2 Prozent nochmals deutlich darüber.

In Frankreich erreichten die beiden Kandidaten der extremen Rechten in der ersten Runde der Präsidentschaftswahlen 2002 zusammengenommen 19,2 Prozent der Stimmen. Le Pen schaffte dabei als Vertreter des Front National das Unvorstellbare, indem er mit 16,9 Prozent als Zweitplazierter in die Stichwahl gegen Präsident Chirac einzog, wo er seinen Stimmenanteil auf 17,9 Prozent nochmals leicht steigerte (Cautrès / Mayer 2004). Bei den anschließenden Wahlen zur Nationalversammlung ebbte die Unterstützung für die Rechtsextremen zwar auf 11 Prozent der Stimmen wieder ab, doch zeugten die Ergebnisse insgesamt von einer bemerkenswerten Konsolidierung der Position des FN im französischen Parteiensystem. Die Regional- und Kantonalwahlen im Jahre 2004 bestätigten diesen Trend und untermauerten zudem eindrucksvoll die Vorrangstellung des FN im rechtsextremen Lager. Nachdem sich Le Pens Generaldelegierter Bruno Mégret 1999 von seinem Ziehvater im Streit getrennt und eine eigene Partei, den später in

---

[2] Die Bedeutung der Angebotsseite wird auch durch das wesentlich schwächere Abschneiden des belgischen Front National unterstrichen, der zwar auf lokaler Ebene einige beachtliche Wahlergebnisse verbuchen konnte, dem es aber nicht gelungen ist, sich im französischsprachigen Teil Belgiens als ernst zu nehmender Herausforderer der etablierten Parteien zu positionieren. Die Gründe dafür liegen zum einen im Fehlen eines kohärenten programmatischen Angebots, das über die Adoption von Elementen der VB- und FN-Plattformen hinausreicht, zum anderen in internen Rivalitäten und Richtungsstreitigkeiten sowie der Unfähigkeit der Partei, die verschiedenen Strömungen des Rechtsextremismus in der Wallonie zu einer schlagkräftigen Organisation zusammenzubinden. Trotz dieser Schwierigkeiten hat der Front National bei den jüngsten Wahlen einen deutlichen Aufschwung genommen. So konnte er bei den Regionalwahlen 2004 seine Stimmenanteile in Brüssel (5,4 Prozent) und Wallonien (8,1 Prozent) im Vergleich zu 1999 nahezu verdoppeln, nachdem er bereits bei den nationalen Parlamentswahlen 2003 in beiden Regionen zugelegt hatte (3,5 bzw. 5,6 Prozent, entsprechend einem landesweiten Stimmenanteil von 2,0 Prozent).

Mouvement National Républicain (MNR) umbenannten *Mouvement National* (MN), aus der Taufe gehoben hatte, zu der mehr als die Hälfte der Funktionärselite und ein großer Teil der Parteibasis übertraten, war das keineswegs selbstverständlich. Das schwache Ergebnis des neuen Konkurrenten bei den Präsidentschafts- und Parlamentswahlen (2,3 bzw. 1,1 Prozent) machte deutlich, dass es Mégret nicht gelungen war, zwischen dem radikalen Anti-System-Populismus des FN und einem pragmatischen Politikansatz eine glaubwürdige Brücke zu schlagen.

Abbildung 1:   Wahlergebnisse der rechtsextremen Parteien in Frankreich und Belgien seit 1984. Soweit nicht anders vermerkt, handelt es sich um Resultate bei nationalen Parlamentswahlen.

	Frankreich		Belgien	
	FN	**MNR**	**FN**	**VB**
1984	11,0[1]			1,3[1]
1985				1,4
1986	9,8 9,6[2]			
1987			0,1	1,9
1988	9,7 14,4[3]			
1989	11,7[1]			4,1[1]
1991			1,1	6,6
1992	13,8[2]			
1993	12,7			
1994	10,5[1]		2,9[1]	7,8[1]
1995	15,3[3]		2,3 5,1[5]	7,8 12,3[6]
1997	14,9			
1998	15,0[2]			
1999	5,7[1]	3,3[1]	1,5 1,5[1] 4,0[5]	9,9 9,4[1] 15,5[6]
2002	11,3 16,9[3]	1,1 2,3[4]		
2003			2,0	11,7
2004	9,8[1] 16,6[2]	0,3[1] 1,2[2]	2,8[1] 8,1[5]	14,3[1] 24,2[6]

FN = Front National / MNR = Mouvement National Républicain / VB = Vlaams Blok
[1] Wahlen zum Europäischen Parlament / [2] Regionalwahlen / [3] Präsidentschaftswahl, Jean-Marie Le Pen /
[4] Präsidentschaftswahl, Bruno Mégret / [5] Regionalwahlen Wallonien / [6] Regionalwahlen Flandern

VB und FN müssen sich heute nicht mehr auf bloße Protestwähler verlassen, sondern können auf einen stabilen Pool konstanter Unterstützer zurückgreifen, der das Gros ihrer Wählerschaft ausmacht. Bei beiden Parteien ist die „Behaltequote" von Wahl zu Wahl gestiegen und liegt inzwischen bei rund 90 Prozent der Wähler – ein Wert, der von keiner anderen rechtspopulistischen Partei in Europa erreicht wird (Evans / Ivaldi 2005, Swyngedouw / Boy / Mayer 2000). Eindrucksvoll ist auch ein Blick auf die geografische Verteilung der Stimmen und die Wählerhochburgen. So hat der VB seine stärksten Bastionen bis heute in der Region Antwerpen, wo er seine Anti-Einwanderungskampagne auf einem Traditionsbestand radikaler nationalistischer „Grüppchen" (*groupuscules*) aufbauen konnte. In den neunziger Jahren ist es den Rechtsextremen dann gelungen, ihre Unterstützungsbasis auch auf die Gebiete um Kortrijk (West-Flandern), Gent (Ost-Flandern) und Beringen (Limburg) auszudehnen, in denen sie ebenfalls überdurchschnittlich viele Stimmen verbuchen (Van Craen / Swyngedouw 2002). Der französische FN hatte seine Hochburgen Mitte der achtziger Jahre in der Pariser Region, im Nord Pas-de-Calais, im Elsass, im Département Rhône-Alpes und in den südlichen, am Mittelmeer gelegenen Küstenregionen (Perrineau 2003). Die Parlamentswahlen von 2002 und die Kommunalwahlen von 2004 zeigten eine ähnliche Verteilung, wobei der FN seine besten Zahlen in den urbanen Regionen erreichte, die mit De-Industrialisierung, Arbeitslosigkeit, einem hohen Ausländeranteil und überdurchschnittlicher Kriminalität konfrontiert sind.

Im Hinblick auf die Parteiorganisation sind die Stärken der beiden Parteien offensichtlich. So führten in Belgien die Wahlerfolge und das 1989 in Kraft getretene neue Parteienfinanzierungsgesetz dazu, dass der VB seine finanziellen Ressourcen beträchtlich ausweiten konnte. Dadurch war es den Rechtsextremen möglich, eine Propagandamaschinerie aufzubauen, mit deren Hilfe die Parteiaktivisten ihre ideologischen Vorstellungen unters Volk brachten (Spruyt 1995). Gemessen an ihrer Wählerbasis sind die Zuwendungen, die der VB aus der staatlichen Parteienfinanzierung erhalten hat, überproportional angestiegen; im Jahre 2000 beliefen sich diese Mittel auf über 1,7 Millionen Euro. Über die Mitgliederzahlen gibt es keine verlässlichen Informationen. Die Partei selbst bezifferte sie im Jahr 2000 mit 17.170 Personen, wobei der höchste Organisationsgrad in der Provinz Antwerpen und der Brüsseler Hauptstadtregion erreicht wird (Van Craen / Swyngedouw 2002). Wie sein französisches Gegenstück unterhält der VB Verbindungen zu einer Reihe von ihm ideologisch nahestehenden Organisationen am rechtsextremen Rand des Systems, von denen die meisten aus dem Umfeld jener nationalistischen Gruppen hervorgegangen sind, die während des Zweiten Weltkrieges mit den Nazis paktiert hatten. Die 1986 gegründete Jugendorganisation des VB hat sich für die Rekrutierung und Mobilisierung neuer Anhänger als besonders wichtig erwiesen. Weniger erfolgreich waren demgegenüber bis zuletzt Dewinters Bemühungen, die Partei über ein Netz von Randorganisationen in die bürgerliche Mitte der Gesellschaft hinein auszubreiten. In Frankreich stieg die Mitgliederzahl des FN von geschätzten 15.000 Mitte der achtziger Jahre auf ungefähr 40.000 im Jahre 2002. Nach eigenen Angaben der Partei betrug sie 2004 sogar 60.000. In den neunziger Jahren wurden der Ausbau des Parteiapparates stetig vorangetrieben und Zweigstellen in allen 96 Départements eingerichtet. Die Verstärkung der autokratisch-zentralistischen Strukturen auf der Führungsebene ging dabei einher mit der Schaffung eines weit verzweigten Netzes von flankierenden Organisationen, publizistischen Zirkeln und Medien, mit deren Hilfe der FN Lobbyarbeit betreibt und seine Botschaften ins Land verbreitet. Das Gros der peripheren Organisationen besteht aus kleinen themenorientierten Gruppen, die aufgrund ihrer Abhängigkeit von einzelnen hingebungsvollen Aktivisten aber nicht mehr sind als leere „Muschelschalen" (Ivaldi 2005). So wie der VB in Belgien konnte auch der FN in der Vergangenheit in wachsendem Maße auf die staatliche Parteienfinanzierung zurückgreifen, aus deren Mitteln ihm zuletzt (2004) 4,6 Millionen Euro zugewendet wurden.

b) Stellung im Parteiensystem

Obwohl die rechtsextremen Parteien in Belgien und Frankreich ihre Stimmenanteile kontinuierlich ausweiten konnten und zu einem festen Bestandteil der nationalen, regionalen und lokalen Parteiensysteme geworden sind, bleiben sie in der Politik ihrer Länder bis heute marginalisiert. Auf die politische Agenda und das Verhalten der Mainstream-Parteien können sie nur mittelbar Einfluss nehmen, da ihnen der direkte Zugang zur Regierung weiterhin verwehrt wird.

Die Überführung des *Vlaams Blok* in den neu formierten *Vlaams Belang* soll dazu dienen, das Image der Partei in der Öffentlichkeit aufzubessern und ihr Koalitionspotenzial zu erhöhen. Indem sie sich einen gemäßigteren Anstrich geben, möchten die flämischen Rechtsextremisten aus der politischen Quarantäne heraustreten, die von den Mainstream-Parteien über sie verhängt worden ist *(cordon sanitaire)*. Wie weit der *cordon sanitaire* reicht, ist unter den etablierten Parteien aber durchaus umstritten. Das Spektrum reicht hier von absoluter Ablehnung jedweden Kontakts mit der extremen Rechten (dies ist z.B. der Standpunkt der Grünen Partei) bis hin zur Zurückweisung aller Koalitionen sowohl auf der lokalen wie auch auf der nationalen Ebene (dies ist die Position der anderen flämischen Parteien). Um der Stigmatisierung zu entrinnen, versucht der VB seit einiger Zeit verstärkt, sich für potenzielle Überläufer aus den Reihen der etablierten Parteien zu öffnen, denen dafür im Gegenzug lukrative Führungsposten versprochen werden. Bei den Parlamentswahlen 2003 und den im Jahr darauf stattgefundenen Regionalwahlen trug diese Strategie erste Früchte. Eine förmliche

Zusammenarbeit wird es aber auch bei den 2006 anstehenden Kommunalwahlen mit an Sicherheit grenzender Wahrscheinlichkeit nicht geben, nachdem die Parteien im wallonischen Landesteil (hier vor allem die Sozialisten) unmissverständlich deutlich gemacht haben, dass sie auf der nationalen Ebene mit keiner Partei koalieren werden, die durch eine Kooperation mit der extremen Rechten – und sei es auch nur auf der lokalen Ebene – kompromittiert sei.

Im Unterschied zu Belgien waren die Mainstream-Parteien in Frankreich zunächst durchaus bereit, formelle oder informelle Beziehungen zur extremen Rechten zu entwickeln. Nachdem sie erkennen mussten, dass der FN von dieser „Umarmungsstrategie" selbst am meisten profitierte, hatte die konziliante Phase aber spätestens zu Beginn der neunziger Jahre ihr Ende. Die bürgerlichen Parteien (Neogaullisten und UDF) sprachen sich nun dezidiert gegen eine direkte oder indirekte Einbeziehung des FN in das Mitte-Rechts-Lager aus; stattdessen bildeten sie mit den linken Parteien zusammen eine gemeinsame „republikanische Front" gegen die Rechtsextremen, wann immer sich deren Kandidaten anschickten, in die zweite Runde der Parlamentswahlen vorzudringen. (Im ersten Wahlgang müssen dazu 12,5 Prozent der Stimmen erreicht werden.) Insofern bleibt das Mehrheitswahlsystem in Frankreich ein entscheidender Faktor, wenn es darum geht, den Einfluss der extremen Rechten auf die Mainstream-Parteien zu begrenzen, da es den Kandidaten des FN so gut wie keine Chance lässt, aus eigener Kraft ins (nationale) Parlament zu gelangen (Ivaldi 2003).

Nachdem sich die gemäßigte Rechte einem wie immer gearteten Zusammengehen mit Le Pen kategorisch verweigerte, nahm der FN vom Ziel einer strategischen Öffnung ab Mitte der neunziger Jahre rasch Abstand. Stattdessen schlug die Partei einen verschärften Konfrontationskurs gegen die Mitte-Rechts-Parteien ein, wobei Le Pen seine Feindseligkeit jetzt vorrangig gegen den neu gewählten neogaullistischen Präsidenten Chirac richtete. Dass letzterer 1997 in eine Kohabitation mit dem sozialistischen Premierminister Jospin gezwungen wurde, erwies sich für die ‚weder rechts noch links'-Strategie Le Pens als zusätzlicher Glücksfall. Mit Hilfe dieser Strategie gelang es dem FN, seine elektorale Anziehungskraft auf desillusionierte Wähler in beiden politischen Lagern zu verstärken.

c) Öffentliche Wahrnehmung und Einfluss auf den politischen Prozess

In Frankreich wird der FN allgemein als eine extreme und anti-demokratische Organisation wahrgenommen: In der zweiten Runde der Präsidentschaftswahlen von 2002 waren die spektakulären Demonstrationen gegen Le Pen und den FN von Seiten aller linken Parteien, Vereinigungen, Kirchen und Gewerkschaften ein klares Anzeichen für die starke Ablehnung der extremen Rechten durch die überwältigende Mehrheit der Wähler. Meinungsumfragen zufolge haben 85 Prozent der Franzosen eine negative Meinung von Le Pens Partei; mehr als zwei Drittel (68 Prozent) halten sie sogar für eine Bedrohung für Frankreichs Demokratie (SOFRES-*Figaro Magazin* Umfrage, 23.-24. März 2005; SOFRES-*L'Express* Umfrage, 9.-10. April 2003).

Dennoch sind die Vorstellungen und Ideen des FN in die Sphäre der öffentlichen Debatte weit vorgestoßen und werden von Teilen der Wählerschaft in einem Maße geteilt, das über die tatsächliche elektorale Stärke des Rechtsextremismus hinausweist. Eine Trendanalyse von Meinungsumfragen in der Zeit von 1984 bis 2003 zeigt eine ziemlich stabile öffentliche Unterstützung für die Themen und Ideen des FN an, die zwischen 20 und 25 Prozent der gesamten Bevölkerung liegt (SOFRES-*Le Monde*-RTL, November 2003). Der Rechtsextremismus hat es also geschafft, in der Gesellschaft Wurzeln zu schlagen und die Überzeugungen eines beträchtlichen Teils der französischen Wählerschaft ideologisch zu infiltrieren. Darüber hinaus hat der FN handfeste politische Wirkungen erzeugt. Die kontroversen Themen, die von ihm öffentlich aufgebracht wurden, führten zu politischen Kursänderungen auf Seiten der gemäßigten Rechten. Deren Vertreter begegneten Le Pen zwar nach außen hin weiter mit Abscheu. In der Substanz näherten sie sich jedoch seinen Positionen an, indem sie für eine Verschärfung der Einwanderungsgesetze sorgten und zur multikulturellen Gesellschaft auf Distanz gingen. Den vorläufigen Höhepunkt erreichte die Kooptation im Wahljahr 2002, als die bürgerliche Rechte das Kriminalitätsthema zum Leitmotiv ihrer Kampagne machte (Perrineau 2003). Obwohl es ihr nicht gelang, dem FN damit elektoral das Wasser abzugraben, wurde der restriktive Kurs konsequent umgesetzt und nach 2002 sogar noch weiter verschärft. So machte sich Innenminister Sarkozy erst unlängst (im Juni 2005) – wenn auch in verklausulierter Form – für eine Einführung von Einwanderungsquoten und die Verstärkung der Polizeikontrollen an Frankreichs Grenzen stark, um die illegale Zuwanderung zurückzudrängen. Dabei verstieg er sich sogar zu der Feststellung, dass den Franzosen „Priorität bei der Stellenvermittlung gegeben werden müsse" – was inhaltlich und der Diktion nach genauso gut von einem Vertreter der extremen Rechten hätte geäußert werden können.

Obwohl die überwältigende Mehrheit der flämischen Wähler von sich behauptet, sie würde niemals für den *Vlaams Blok* stimmen, ist der Einfluss der extremen Rechten auf die Wahlplattformen anderer Parteien und deren ideologische Ausrichtung auch in Belgien mit Händen zu greifen: So lassen sich eindeutige Veränderungen der Mainstream-Politik im Hinblick auf ureigene Themen der Rechtsextremen wie z.B. Einwanderung, Asyl, Integration ethnischer Minoritäten oder Recht und Ordnung ausmachen. Wie im französischen Fall gibt es auch hier einen eindeutigen Trend hin zu restriktiveren Positionen – sowohl bei den Regierungs- als auch bei den Oppositionsparteien. So wurden z.B. Maßnah-

men ergriffen, die die Abschiebung abgelehnter Asylbewerber und die Rückführung illegaler Zuwanderer in ihre Herkunftsländer erleichtern sollen. Legale
Einwanderer müssen in Zukunft einen Integrationskurs besuchen und dort die
niederländische Sprache erlernen; verweigern sie sich der Teilnahme, droht ihnen die Streichung oder Kürzung sozialer Leistungen. Den nach dem VB rigoro-
sesten Standpunkt in Sachen Einwanderung und innere Sicherheit nehmen gegenwärtig die Flämischen Liberalen und Demokraten (VLD) des amtierenden
Premierministers Guy Verhofstadt ein. Deren ehemaliger Justizminister hat z.b.
öffentlich gefordert, dass wissenschaftliche Untersuchungen über den Zusammenhang von Kriminalität und Ethnizität durchgeführt werden sollten. Bezeichnend ist auch, dass die neue flämische Regierung lieber von „Einbürgerung" als
von „Integration" spricht, wenn es um die Aufnahme der Einwanderer in die
nationale Gemeinschaft geht. Zum assimilatorischen Konzept der extremen
Rechten gibt es hier kaum noch einen Unterschied.

4   Schlussbemerkung

Ungeachtet der jeweiligen kontextuellen, kulturellen und historischen Eigenarten
offenbart die vergleichende Analyse des flämischen VB und des französischen
FN eine Reihe von bemerkenswerten Gemeinsamkeiten. Beide Parteien haben
ihre Wählerschaft seit Mitte der achtziger Jahre kontinuierlich ausweiten bzw.
auf einem hohen Niveau stabilisieren können, beide verfügen über gut funktionierende und gesellschaftlich weit verzweigte Organisationen und beide haben
sich in den politischen Systemen ihrer Länder dauerhaft festgesetzt. Der wachsende Zuspruch für die extreme Rechte stellt für die etablierte Politik in Belgien
und Frankreich eine noch nie dagewesene Herausforderung dar, da er das Kräf-
teverhältnis zwischen den Parteien nachhaltig verändert hat. Auch wenn die
übergroße Mehrheit der Wähler den rechtsextremen Parteien ablehnend gegen-
übersteht und der Mainstream jede Zusammenarbeit mit ihnen verweigert, üben
sie dennoch großen Einfluss auf den öffentlichen Diskurs und die tatsächliche
Politikgestaltung (auf nationaler, regionaler wie kommunaler Ebene) aus. Indem
sie kontroverse Themen wie Einwanderung und Kriminalität auf die Tagesordnung setzten, konnten VB und FN die Mainstream-Parteien vor sich hertreiben,
sie zu einer Veränderung ihrer Politik veranlassen und damit zugleich ihrer eigenen Delegitimierung entgegenwirken. Parallel dazu ist es ihnen gelungen, ihre
ideologischen Positionen in weite Bereiche der Gesellschaft hinein zu verbreiten.
    Die vergleichende Analyse der gesellschaftlichen Utopien des FN und des
VB offenbart große ideologische Gemeinsamkeiten. Beide Parteien vertreten
eine kaum verborgene anti-demokratische Konzeption, die auf ethnozentrischen,
autoritären und anti-egalitären Werten basiert. Sie teilen dieselben Ansichten

über Einwanderer, Frauen und Familie, Parteien und politische Institutionen, Wirtschaft und Sozialstaat und die EU. Diese Übereinstimmungen deuten darauf hin, dass die anti-systemischen, populistischen und neo-rassistischen Grundpositionen innerhalb der Ideologie der extremen Rechten größere Bedeutung erlangen als der jeweilige nationale Kontext, in dem sie vertreten werden und in dem die rechtsextremen Parteien entstanden sind. So lässt sich z.b. auch erklären, warum die belgischen und französischen Rechtsextremisten trotz ihrer nationalen bzw. nationalistischen Ausrichtung im Europäischen Parlament anscheinend gut zusammenarbeiten (Abramowicz 1996).

Die Präsenz eines strukturierten ideologischen Glaubenssystems, das die soziale Realität abzubilden vorgibt, liefert eine Erklärung für den konstanten Erfolg des Rechtsextremismus in Belgien und Frankreich und unterscheidet dessen Vertreter zugleich von bloßen Protest- oder Einpunktparteien. Trotz Veränderungen in den Mustern des Parteienwettbewerbs, der versuchten strategischen Öffnung gegenüber dem Mainstream und einer Reihe von taktisch motivierten Anpassungen, hat sich das ideologische Gerüst beider Organisationen im Laufe der Jahre als äußerst beständig erwiesen.

Dass die Ideologie der extremen Rechten ihrem Wesen nach undemokratisch ist, bedarf nach dem Gesagten keiner nochmaligen Unterstreichung. Auch wenn sich VB und FN zu den Prinzipien der repräsentativen Demokratie vorderhand bekennen und behaupten, dass sie ihr faschistisches Erbe hinter sich gelassen hätten, stellen sie doch eine nicht zu unterschätzende Gefahr für die fundamentalen Rechte des Individuums dar, auf denen der freiheitliche Staat beruht. Letztlich zielen VB und FN darauf ab, dessen Grundwerte und damit den demokratischen und sozialstaatlichen Konsens der Nachkriegszeit in Frage zu stellen. Insofern unterscheiden sie sich nicht wesentlich von dem revolutionären Versuch des Faschismus, eine neue Ordnung auf den Ruinen der alten Gesellschaft zu errichten.

Literatur

Besonders wichtige Titel sind mit einem Sternchen gekennzeichnet.

Abramowicz, Manuel (1996), Les Rats Noirs de l'Extrême Droite en Belgique Francophone, Brüssel.
Abts, Koen (2004), Het populistisch appel. Voorbij de populaire communicatiestijl en ordinaire democratiekritiek, in: Tijdschrift voor Sociologie 25 (4), S. 451-476.
Ackaert, Johan / Lieven De Winter / Marc Swyngedouw (1996), Belgium: An Electorate on the Eve of Desintegration, in: Cees Van Der Eijk / Mark Franklin (Hg.), Choosing Europe ?, Ann Arbor, S. 59-77.

Betz, Hans-Georg / Stefan Immerfall, Hg. (1998), The New Politics of the Right. Neo-Populist Parties and Movements in Established Democracies, New York.
*Cautrès, Bruno / Nonna Mayer, Hg. (2004), Le nouveau désordre electoral. Les leçons du 21 avril 2002, Paris (Presses de Sciences Po / Collection Académique).
Decker, Frank (2004), Der neue Rechtspopulismus, 2. Aufl., Opladen.
Eatwell, Roger / Cas Mudde, Hg. (2004), Western Democracies and the New Extreme Right Challenge, London.
Evans, Jocelyn A.J. (2003), The Dynamics of Social Change in Radical Right-wing Populist Party Support, Paper prepared for the 14th Conference of the Council of European Studies, Chicago, 11 – 13 March.
*Evans, Jocelyn A.J. / Gilles Ivaldi (2005), An Extremist Autarky: the Systemic Separation of the French Extreme Right, in: Southern European Society and Politics (forthcoming).
Gibson, Rachel K. (2002), The Growth of Anti-Immigrant Parties in Western Europe, Lewiston.
Hainsworth, Paul, Hg. (2000), The Politics of the Extreme Right. From the Margins to the Mainstream, London / New York.
Hargreaves Alec G. / Jeremy Leaman, Hg. (1995), Racism, Ethnicity and Politics in Contemporary Europe, Aldershot u.a.
Hunter, Marc (1997), Un américain au Front, Enquête au sein du FN, Paris.
Ivaldi, Gilles (1998), The National Front: The Making of an Authoritarian Party, in: Piero Ignazi / Colette Ysmal (Hg.), The Organization of Political Parties in Southern Europe, Westport, S. 43-69.
Ivaldi, Gilles (1999), La scission du Front national, in: Regards sur l'actualité. Documentation Française No. 251 (Mai), S. 17-32.
*Ivaldi, Gilles (2003), The Front National Split: Party System Change and Electoral Prospects, in: Jocelyn A.J. Evans (Hg.), The French Party System, Manchester, S. 137-154.
*Ivaldi, Gilles (2005), Les formations d'extrême-droite: Front national et Mouvement national républicain, in: Pierre Bréchon (Hg.), Les partis politiques français, Paris, S. 15-44.
Kitschelt, Herbert (1995), The Radical Right in Western Europe: A Comparative Analysis, Ann Arbor.
Mannheim, Karl (1929), Ideologie und Utopie, Bonn.
Merkl, Peter H. / Leonard Weinberg, Hg. (1997), The Revival of Right-Wing Extremism in the Nineties, London.
Mudde, Cas (1996), The War of Words Defining the Extreme Right, in: West European Politics 19 (2), S. 225-248.
Mudde, Cas (2000), The Ideology of the Extreme-Right, Manchester.
*Perrineau, Pascal, Hg. (2003), Le vote de tous les refus, les élections présidentielles et législatives de 2002, Paris.
Schain, Martin / Aristide Zolberg / Patrick Hossay, Hg. (2002), Shadows over Europe: The Development and Impact of the Extreme Right in Western Europe, New York.
Schedler, Andreas (1996), Anti-Political-Establishment Parties, in: Party Politics 2 (3), S. 291-312.

Spruyt, Marc (1995), Grove Borstels. Stel dat het Vlaams Blok morgen zijn programma realiseert, hoe zou Vlaanderen er dan uitzien?, Löwen.

Swyngedouw, Marc (1992), National Elections in Belgium: The Breakthrough of Extreme Right in Flanders, in: Regional Politics and Policy 2 (3), S. 62-75.

Swyngedouw, Marc (1995a), Les nouveaux Clivages dans la Politique Belgo-Flamande, in: Revue Française de Science Politique 45, S. 775-790.

*Swyngedouw, Marc (1995b), The 'Threatening Immigrant' in Flanders 1930-1980: Redrawing the Social Space, in: Journal of Ethnic and Migration Studies 21 (3), S. 325-340.

*Swyngedouw, Marc (2000), Belgium: Explaining the Vlaams Blok – City of Antwerp Relationship, in: Paul Hainsworth (Hg.), The Politics of the Extreme Right, London / New York, S. 121-143.

Swyngedouw, Marc / Koen Abts / Maarten Van Craen, M. (2005), Our Own People First in a Europe of Peoples: The International Policy of the Vlaams Blok, in: Christina Liang (Hg.), Europe for the Europeans! The Foreign Policy of Neo-populist Parties, Ashgate (forthcoming).

Swyngedouw, Marc / Daniel Boy / Nonna Mayer (2000), Mesure de la volatilité électorale en France (1993-1997), in: Revue Française de Science Politique 50, S. 489-514.

Taggart, Paul (1995), New Populist Parties in Western Europe, in West European Politics 18 (1), S. 34-51.

*Taguieff, Pierre-André (1989), La métaphysique de Jean-Marie Le Pen / Un programme révolutionnaire?, in: Nonna Mayer / Pascal Perrineau (Hg.), Le Front national à découvert, Paris, S. 173-227.

Van Craen, Maarten / Marc Swyngedouw (2002), Het Vlaams Blok doorgelicht. 25 jaar extreem-rechts in Vlaanderen, Löwen (Institute of Social and Political Opinion Research).

*Wimmer, Andreas (1997), Explaining Xenophobia and Racism: A Critical Review of Current Research Approaches, in Ethnic and Racial Studies 20 (1), S. 17-41.

Susanne Frölich-Steffen

Rechtspopulistische Herausforderer in Konkordanzdemokratien. Erfahrungen aus Österreich, der Schweiz und den Niederlanden[*]

1 Einleitung

In den letzten zwei Jahrzehnten wurden zahlreiche westeuropäische Demokratien mit zunehmenden Wahlerfolgen rechtspopulistischer Akteure konfrontiert. Ihr Aufstieg wurde von der Frage begleitet, ob sie eine ernsthafte Bedrohung für die liberale repräsentative Demokratie darstellen, da sie die Mechanismen des Repräsentationsprinzips und des liberalen Konstitutionalismus in Frage stellen, oder ob sie als Korrektiv sogar zur Stabilisierung der demokratischen Systeme beitragen (Mény / Surel 2002). Unter den rechtspopulistischen Parteien waren die Freiheitliche Partei Österreichs (FPÖ), die 1999 zur zweitstärksten parlamentarischen Kraft avancierte, und die 2001 entstandene List Pim Fortuyn (LPF) besonders erfolgreich, da sie als Regierungsparteien unmittelbaren Einfluss auf die politische Agenda nehmen konnten. 1999 und 2003 vergrößerte auch die Schweizer Volkspartei (SVP) ihren Stimmenanteil erheblich und seit 2003 ist sie mit zwei der sieben Bundesratssitze an der Regierung beteiligt. Damit erzwang sie eine Änderung der so genannten „Zauberformel", die seit 1959 die parteipolitische Zusammensetzung der eidgenössischen Regierung festgeschrieben hatte. Die augenscheinlich sehr guten Mobilisierungsbedingungen, die Rechtspopulisten in den konkordanzdemokratischen Systemen Österreichs, der Schweiz und den Niederlanden vorgefunden haben, verleiteten Beobachter zu der Vermutung, dass diese neuen Akteure dort auch besonders gute Chancen für die Durchsetzung ihrer Reformanliegen vorfinden würden bzw. dass sie die etablierten Strukturen von rechts „unter Druck" setzen und damit unter Umständen auch eine Gefahr für das demokratische System darstellen könnten (Rosenberger 2005, Decker 2004, Müller 2002).

---

[*] Für wertvolle Hinweise und die kollegiale Zusammenarbeit bedanke ich mich bei Lars Rensmann.

Der vorliegende Beitrag versteht sich als eine vorläufige Prüfung dieser Überlegungen mit Blick auf Österreich, die Schweiz und die Niederlande[1], wenngleich die Erfahrungen dieser Länder mit rechtspopulistischen Mobilisierungserfolgen und Regierungsbeteiligungen angesichts der schmalen empirischen Basis nur eine erste, vorsichtige Einschätzung der Effekte zulassen, die rechtspopulistische Parteien in Konkordanzsystemen erzeugen. Dazu wird hier zunächst skizziert, warum und in welcher Form konkordanzdemokratisch verfasste Systeme den Aufstieg populistischer Parteien begünstigen können. Dabei wird zu zeigen sein, dass Rechtspopulisten auf Grund ihrer antielitären Stoßrichtung und ihrer Selbststilisierung als „Anti-Parteien-Parteien" (Mudde 1996) in konkordanten Systemen besonders günstige Mobilisierungsbedingungen vorfinden, insbesondere dann, wenn diese in die Krise geraten. Sodann wird an den Beispielen der FPÖ, LPF und SVP untersucht, inwieweit rechtspopulistische Parteien ihren Aufstieg tatsächlich konkordanzdemokratischen Strukturen verdanken und inwieweit sie in der Opposition und / oder an der Macht Einfluss auf das institutionelle Gefüge und die politische Kultur eines Konkordanzsystems haben.

2   Anti-Parteienstaats-Populismus in Konkordanzdemokratien

a) Die Angebotsseite: Anti-Establishment-Haltung und homogenes Identitätsverständnis des Populismus

Trotz intensiver wissenschaftlicher Debatten über das Phänomen des Rechtspopulismus gibt es bis heute in der politikwissenschaftlichen Forschung keine Einigkeit darüber, ob der Begriff „Rechtspopulismus" als Begriff zur Charakterisierung von Parteienfamilien überhaupt typologische Qualität besitzt. Insbesondere die ideologische Vielgestaltigkeit der als rechtspopulistisch bezeichneten Formationen erschwert ihre Typologisierung (Frölich-Steffen / Rensmann 2005). Die Apostrophierung als „rechtspopulistisch" erscheint jedoch möglich, wenn man die inhaltliche Mehrdeutigkeit solcher Parteien und Bewegungen als ein

---

[1] Auch Italiens Regierungssystem wies bis in die neunziger Jahre hinein quasi-konkordanzdemokratische Züge auf. Der Aufstieg der populistischen Forza Italia unter Silvio Berlusconi ist jedoch nur schwerlich mit der Entwicklung der FPÖ, der SVP und der LPF zu vergleichen und auch kaum mit der Konkordanz der Ersten italienischen Republik in direkten Zusammenhang zu bringen. Denn der Regierungswechsel und das Zustandekommen von Berlusconis Koalition („Casa della libertà") mit der regionalistischen Lega Nord und der Alleanza Nazionale verdankten sich hier in erster Linie den schwerwiegenden Korruptionsvorwürfen gegen die bis dahin herrschenden Parteien und dem 1993 / 94 erfolgten Totalzusammenbruch des Parteiensystems, dessen Geschäftsgrundlage durch den Umbruch in Osteuropa entfallen war (Grassi / Rensmann 2005).

Charakteristikum begreift und sich deshalb nur auf einige Gemeinsamkeiten der für sie typischen „dünnen Ideologie" (Mudde 2004: 544) konzentriert.

Im Kern der rechtspopulistischen Ideologie stehen exklusorische Abgrenzungen zwischen einer vorgestellten „Wir-Gruppe" und den als „die Anderen" definierten externen Gruppen. Auf der vertikalen oder politisch-institutionellen Ebene verstehen sich Rechtspopulisten als Fürsprecher des „einfachen Mannes", als Anti-Establishment- und als Anti-Parteien-Parteien. Sie zielen auf eine Frontstellung zwischen der (vermeintlich) „schweigenden Mehrheit", deren Stimme zu sein sie beanspruchen, und den jeweiligen Eliten. Ihre Kritik am bestehenden System richtet sich in der Regel gegen die scheinbar intransparenten Konfliktregelungsmechanismen der Regierung, gegen Fraktionszwang und -disziplin und gegen die angebliche oder tatsächliche Entfremdung der politischen Repräsentanten von ihren Wählern. Ihrer Meinung nach soll die vox populi (repräsentiert durch die Mehrheitsmeinung) vor allem mit den Mitteln der plebiszitären Demokratie umgesetzt werden; dafür ist man bereit, den Schutz von Minderheiten oder bestimmte Individualrechte einzuschränken. Diese Forderung beruht auf der illiberalen und antipluralistischen Annahme, dass das Volk quasi ohne institutionelle und konstitutionelle Beeinträchtigung herrschen soll. Der Aspekt der Volkssouveränität wird dem Aspekt der Verfassungssouveränität gegenübergestellt. Kommt es zu einer Realisierung dieser Umdeutung des modernen liberalen repräsentativen Demokratieverständnisses, so bedeutet dies eine Beeinträchtigung oder Gefährdung demokratischer Grundstrukturen.

Auf der horizontalen, politisch-kulturellen Ebene sind rechtspopulistische Parteien durch ein exklusives, protektionistisches Identitätsverständnis charakterisiert, das sich entweder gegen äußere Einflüsse oder aber gegen Minderheiten innerhalb des eigenen Staates richtet (Betz 2002). Rechtspopulisten vertreten den Anspruch, unausgesprochene Wertvorstellungen der eigenen Nation zu artikulieren und zu verteidigen. Sie setzten sich dafür ein, nationale Souveränitätsrechte nicht abzugeben bzw. zurück zu übertragen und diese über die Rechte anderer Nationen oder Volksgruppen zu stellen. Sie wollen die Zuwanderung begrenzen, und sie verwahren sich gegen Eingriffe und Vorwürfe von außerhalb. Das Thema „europäische Integration" ist für rechtspopulistische Mobilisierungen besonders prädestiniert, weil es vertikale Elemente des Anti-Elitismus und der politischen Systemkritik mit horizontalen Elementen der Abgrenzung der eigenen Nation von der EU verbindet (Decker 2004: 180). Auch die identitätspolitischen Annahmen rechtspopulistischer Parteien zielen grosso modo auf eine Homogenisierung des Volkes und eine Zurückdrängung des politischen und gesellschaftlichen Pluralismus. Damit widerstreiten sie dem liberalen und universalistischen Charakter der heutigen verfassungsstaatlichen Demokratien (siehe den Beitrag von Lars Rensmann in diesem Band).

Rechtspopulistische Parteien lassen sich darüber hinaus durch organisatorische und stilistische Gemeinsamkeiten kennzeichnen (Decker 2004: 14). Sie stellen sich ihrer anti-elitären Ideologie entsprechend als basisdemokratische Bewegungen dar. An ihrer Spitze stehen allerdings fast immer „charismatische" Führungspersönlichkeiten, die die Parteiorganisation autoritär von oben lenken und sich als „Volkes Stimme" agitatorisch betätigen. Ihr populistischer Politikstil gründet dabei auf rigiden Freund-Feind-Konzeptionen, die schwarz-weiß-malerisch zwischen Gut und Böse bzw. Richtig und Falsch unterscheiden (Reisigl 2005).

b) Die Nachfrageseite: Mobilisierungsbedingungen rechtspopulistischer
   Parteien in Konkordanzsystemen

Seit den späten siebziger Jahren zeichneten sich in den westeuropäischen Parteiensystemen zunehmend Krisenerscheinungen der Repräsentation ab. Den etablierten Parteien gelang es nicht mehr, die Wähler dauerhaft an sich zu binden und die Parteienverdrossenheit stellte zunächst für Protestparteien am linken politischen Rand, seit Mitte der achtziger Jahre auch für die populistischen Protestparteien mit rechter Orientierung einen guten Resonanzboden dar, um neue Wähler zu gewinnen (Pelinka 1987). Das populistische Modell schien immer dann bei Teilen der Wählerschaft besonders attraktiv, wenn der normative Anspruch demokratischer Souveränität in repräsentativen politischen Systemen nur unzureichend verwirklicht war. Rechtspopulistische Parteien griffen die wachsende Unzufriedenheit der Wähler mit den ihnen fremd gewordenen Politikern ebenso auf wie die zunehmende Undurchschaubarkeit des Regierens durch nicht formalisierte, jedoch verbindliche Konsultationsmechanismen in Koalitionen oder so genannte Paketlösungen zwischen widerstreitenden Interessengruppen auf nationaler oder europäischer Ebene (Papadopoulos 2002: 57). Sie kritisierten die elitären Strukturen des Parteienstaates und der „neokorporatistischen" Verbändeherrschaft und traten an, diese Strukturen zu verändern oder aufzulösen. Im Zuge des europäischen Einigungsprozesses wurde die Repräsentations- und Legitimationskrise etlicher westeuropäischer Demokratien abermals verschärft, da durch die EU-Mitgliedschaft bzw. durch die zunehmende Vergemeinschaftung der nationalen Politikfelder politische Verantwortlichkeiten nicht mehr klar lokalisierbar waren und das System der Repräsentation aus Sicht vieler Wähler überstrapaziert wurde.

Für die rechtspopulistische Kritik besonders anfällig waren westeuropäische Konkordanzdemokratien (Papadopoulos 2005).[2] Sie zeichnen sich dadurch aus, dass die wichtigsten Entscheidungsprozesse durch mehr oder weniger formalisierte Prozeduren außerparlamentarischer Verständigung unter Ausschaltung des Mehrheitsprinzips von der Maxime des gütlichen Einvernehmens charakterisiert sind. Dabei werden die wichtigsten politischen, religiösen bzw. ethnischen Volks- oder Sprachgruppen an der politischen Entscheidungsfindung beteiligt. Konkordanzdemokratien werden meist von großen oder übergroßen bis hin zu All-Parteien-Koalitionen regiert oder sehen zumindest für alle zahlenmäßig bedeutenden Minderheiten in politischen Fragen ein Vetorecht vor. In der Regel finden sich in solchen Systemen auch ausgeprägte korporatistische Elemente, also Mechanismen, die ein Zusammenwirken der unterschiedlichen Sozial- bzw. Tarifpartner in institutionalisierten Bahnen, zumeist unter Beteiligung der Regierung, vorsehen. Konkordanzdemokratische Strukturen sind dort sinnvoll, wo das Volk in politische und / oder konfessionelle Lager bzw. ethnische Volksgruppen gespalten ist. Denn eine Beteiligung der Vertreter aller Gruppen an den politischen Entscheidungsprozeduren reduziert die Gefahr von Lagerkämpfen oder Bürgerkriegen, wie sie der Herausbildung der Konkordanz in Österreich, der Schweiz und den Niederlanden voraus gegangen sind.

In den achtziger und neunziger Jahren geriet das System der Verständigung in einigen europäischen Ländern in die Krise. Im Zuge von Individualisierungsprozessen lösten sich die Lagerstrukturen immer mehr auf und auch religiöse Bindungen verloren an Bedeutung. Damit einher ging eine Abschmelzung der traditionellen Wählersegmente. Die Konkordanzsysteme trugen diesen Prozessen nur sehr allmählich Rechnung. Das Auftreten neuer Parteien zog in der Regel keine Anpassung der konkordanten Strukturen nach sich, sodass die neuen Herausforderer vom politischen Prozess ausgegrenzt blieben. Infolgedessen nahm auch die Parteien- bzw. Politikverdrossenheit weiter zu (Rose 2000, Müller / Plasser / Ulram 1999). Insbesondere Rechtspopulisten griffen mit ihrer Kritik am elitären „Parteienkartell" die Krisensymptome des „abgehobenen" Parteienstaa-

---

[2] Die Begriffe der Konsensus- bzw. Verhandlungsdemokratie, Proporzdemokratie oder Konkordanzdemokratie werden zum Teil äquivalent, zum Teil als unterschiedliche Spielarten eines auf Verhandlung basierenden Demokratietypus verstanden. Im vorliegenden Aufsatz werden die Begriffe in Anlehnung an Czada (2000) wie folgt verwendet: Der Begriff der Konsensdemokratie ist als Oberbegriff für Systemtypen zu verstehen, die auf Aushandlung zielende Mechanismen der Konfliktregelung enthalten. Diese finden sich einerseits im Bereich des Parlaments und der Regierung (Konkordanzdemokratie), andererseits in der institutionellen Konzertierung von Staat und Verbänden (Korporatismus) oder in beidem. Der Begriff der Proporzdemokratie akzentuiert vor allem die in Konkordanzdemokratien geltenden zumeist informellen Proporz- oder Paritätsregeln bei der Besetzung öffentlicher Ämter. Der Ausdruck „Verhandlungsdemokratie" zielt auf ein spezifisches Modell der Konfliktregulierung ab, in dem der Interessenausgleich über so genannte Paketlösungen, also durch politische Tauschgeschäfte, eine große Rolle spielt.

tes auf; sie schürten die Unzufriedenheit der Wähler, indem sie das System der repräsentativen Demokratie in Frage stellten und machten sich für eine Rückübertragung politischer Entscheidungsrechte an das Volk stark (Decker 2000: 318).

Das parallele Erstarken rechtspopulistischer Parteien ist im Zeitalter der europäischen Einigung und der Globalisierung auch auf soziokulturelle, ökonomische und politische Veränderungen zurückzuführen, von denen die Gesellschaften in vergleichbarer Weise betroffen sind. Diese transnationalen Prozesse gehen mit sozialen Verwerfungen und der Erschütterung vertrauter Identitäten einher sowie mit dem Verlust bzw. der Verlagerung von nationalen Steuerungsressourcen und einer beschleunigten sozioökonomischen, politischen und kulturellen Modernisierung (Ignazi 2003, Loch / Heitmeyer 2001). Insbesondere die Verlagerung von Steuerungsressourcen von der nationalen auf die supranationale Ebene wird als Bedrohung der nationalen Identität und Unabhängigkeit empfunden. Im Zuge dieser Entwicklung hat sich in Europa eine neue Konfliktlinie zwischen offenen, universalistischen und kosmopolitischen Positionen einerseits und geschlossenen, protektionistischen und zumeist euroskeptischen Einstellungen andererseits herausgebildet (Taggart 1998).

Die rechtspopulistischen Parteien reagieren auf die mit der Globalisierung und Modernisierung einhergehenden Veränderungen und die zunehmende Unzufriedenheit der Wähler mit einfachen Losungen (Kitschelt 2002). Ihre Forderungen zielen auf eine Verteidigung des materiellen Wohlstandes nach außen (Protektionismus), auf die Wiederherstellung tradierter Gemeinschaften (der Familie, Religion, Region oder Nation) sowie auf die Erneuerung des politischen Systems (Kritik des Parteienstaates und Befürwortung direktdemokratischer Beteiligungsformen).

3   Rechtspopulistische Akteure in Österreich, der Schweiz und den Niederlanden

a) Die FPÖ als Katalysator der Entaustrifizierung Österreichs?

Die FPÖ ist eine Traditionspartei, ihre historischen Wurzeln reichen in die Erste Republik der Zwischenkriegszeit zurück. 1949 wurde ihre direkte Vorläuferorganisation, der Verband der Unabhängigen, als Sammelbecken ehemaliger Nationalsozialisten und Deutschnationaler gegründet, bevor dieser 1956 in der FPÖ aufging. Bis in die achtziger Jahre blieb die FPÖ eine Außenseiterpartei, deren Stimmenanteile um die fünf Prozent lagen. Unter ihrem Vorsitzenden Norbert Steger nahm sie kurzeitig eine liberale Wendung, was ihr von 1983 bis 1986 eine Regierungsbeteiligung in einer Koalition mit der Sozialistischen Partei Öster reichs (SPÖ) ermöglichte. 1986 wurde Steger von Jörg Haider als Parteivorsitzender abgelöst, der bis ins Jahr 2000 die Geschicke der FPÖ leitete und neuerdings das im April 2005 aus der FPÖ hervorgegangene Bündnis Zukunft Österreich (BZÖ) anführt. Die Ablösung Stegers durch den radikaleren Haider führte zum Bruch der sozialliberalen Koalition und zu vorzeitigen Neuwahlen. Mit Haider an der Spitze gelang es der sich immer mehr zu einer rechtspopulistischen Partei wandelnden Bewegung, ihre Stimmenanteile kontinuierlich zu steigern. Ihren Höhepunkt erlebte die FPÖ 1999, als sie mit 26,9 Prozent der Wählerstimmen zweitstärkste parlamentarische Kraft wurde. Nachdem die Koalitionsverhandlungen zwischen der Österreichischen Volkspartei (ÖVP) und der SPÖ gescheitert waren, ging die ÖVP mit der FPÖ eine Regierungskoalition ein, die jedoch schon zwei Jahre später an heftigen Streitigkeiten innerhalb der FPÖ zerbrach. Bei den anschließenden Neuwahlen verlor die FPÖ mehr als die Hälfte ihrer Stimmen, blieb jedoch Juniorpartner einer Koalitionsregierung mit der ÖVP.

Der Aufstieg der FPÖ von einer eher unbedeutenden Außenseiter- zur Regierungspartei ist unter anderem auf ihre vehemente Kritik an der österreichischen Konkordanz- und Proporzdemokratie zurückzuführen. Jahrzehntelang war dieses System des Ausgleichs und Kompromisses für Österreich prägend und identitätsstiftend gewesen. Maßgebliche Protagonisten der Konkordanz waren die beiden großen Parteien sowie die Tarifpartner, die sich in der so genannten Sozialpartnerschaft auf einvernehmliche Problemlösungen verständigten. Bis in die achtziger Jahre hinein konnten SPÖ und ÖVP mehr als neunzig Prozent der Wähler an sich binden. Selbst in Phasen der konservativen bzw. sozialdemokratischen Alleinregierung bzw. sozialliberalen Koalition herrschte in nahezu allen politischen Fragen für den nicht an der Regierung beteiligten Konkurrenten ein Mitsprache- bzw. Einspruchsrecht. In der ersten Hälfte der achtziger Jahre büßten die großen Parteien jedoch an Legitimationskraft ein (Müller / Jenny 2000). Damit einher gingen ein starker Rückgang der Stammwählerschaften und eine Zunahme des Wechselwahlverhaltens (Pelinka 1995).[3] Das Ansehen der beiden Großparteien in der Bevölkerung verschlechterte sich zudem aufgrund zahlreicher Skandale, die von der FPÖ und Haider angeprangert wurden (Müller 2002: 165). Schließlich wirkte sich auch der Bedeutungsverlust der Kirche nachteilig auf die ÖVP aus, die ihre Unterstützung bis dato primär aus dem katholischen Milieu geschöpft hatte (Müller / Plasser / Ulram 1999).

Die Erosion der ÖVP- und SPÖ-Stammwählerschaft hatte jedoch kaum Einfluss auf die Strukturen der Macht. Denn obwohl SPÖ und ÖVP einen Teil ihrer

---

[3] Trotzdem blieb Österreich 1990 immer noch Spitzenreiter, was die Mitgliederdichte politischer Parteien betraf. In keinem anderen Land Europas waren bezogen auf die Bevölkerung so viele Menschen in einer Partei organisiert.

Wählerstimmen verloren hatten, kontrollierten sie durch die Große Koalition nahezu alle politischen Ämter (Heinisch 2002). Dieses Missverhältnis wurde seit den späten achtziger Jahren sowohl von den (seit 1987 im Parlament vertretenen) Grünen als auch von der FPÖ heftig kritisiert. Der Protest gegen die führenden Eliten und das diskreditierte System stellte laut Umfragen vor allem für die Wähler der FPÖ ein maßgebliches Motiv für ihre Wahlentscheidung dar (Müller 2002). Jörg Haider nutzte mit seiner Kritik am politischen System und der ausgeprägten Proporz- und Patronagepolitik ein weit geöffnetes „Gelegenheitsfenster". Die FPÖ profitierte von den Defiziten der Konkordanz sowie von der allmählichen Aufweichung der nach 1986 neu aufgelegten Großen Koalition, die eine allmähliche „Entaustrifizierung" der österreichischen Politik vollzog (Pelinka 1995). Ausgelöst hat die FPÖ den vorläufigen Abschied von der Konkordanz jedoch nicht. Ihre Kritik an der „Packelei" der Mächtigen wurde erst dann wirkungsvoll, als die Konkordanz bereits deutliche Krisensymptome aufwies. Der Übergang von einer Verhandlungs- zu einer Konfliktdemokratie deutete sich bereits während der Großen Koalition der neunziger Jahre an und wurde unter der ÖVP-FPÖ-Regierung lediglich weiter vorangetrieben (Müller / Jenny 2004). Dies lässt sich beispielsweise daran zeigen, dass keine der in dieser Zeit von der FPÖ unter dem Schlagwort der „Dritten Republik" (Haider 1993) geforderten Veränderungen, die auf eine Totalrevision des bestehenden repräsentativen Systems abzielten (massiver Ausbau von Plebisziten, personelle Verkleinerung der parlamentarischen Institutionen, Stärkung des Präsidentenamtes u.a.) in der Regierung verfolgt oder umgesetzt worden wären. Im Gegenteil, seit die FPÖ an der Regierung ist, nimmt ihre Bereitschaft, Veränderungen am repräsentativen System vorzunehmen, eher ab als zu. Seit dem Jahr 2000 war es vielmehr die oppositionelle SPÖ, die die Stimme des Volkes gegen die Regierung über direktdemokratische Verfahren in Stellung zu bringen versuchte (Luther 2003). Die neue Regierung machte auch nicht nennenswert weniger von Proporzregelungen Gebrauch als die Große Koalition vor ihr, vielmehr führte sie die tradierten Systeme klientelistischer Personalpolitik etwa im Bereich des staatlichen Rundfunks, der Kulturpolitik und des Korporatismus unter neuen Vorzeichen fort und passte sich bestehenden Regelungen an. Einschneidende Systemveränderungen blieben nicht zuletzt auch deshalb aus, weil schon die häufigere Nutzung direktdemokratischer Instrumente oder eine Öffnung des Regierungshandelns für das Parlament nur unter Einbeziehung des größere Koalitionspartners möglich wäre; noch weitergehende Verfassungsänderungen erfordern zudem eine Zweidrittelmehrheit im Parlament.

Der Aufstieg der Rechtspopulisten wurde auch durch eine verstärkte Mobilisierung auf der horizontalen, politisch-kulturellen Ebene begünstigt. Bis 1992 noch entschiedene Befürworterin einer österreichischen EG-Mitgliedschaft, begann die FPÖ ab 1993 gegen die EU massiv zu polemisieren (Heinisch 2002:

125). Auch in der Außen-, Ausländer-, Zuwanderungs- und Asylpolitik wurden nunmehr restriktive, anti-internationalistische, zum Teil ausländerfeindliche Töne angeschlagen (Betz 2001). Vor allem die Warnungen vor Vereinheitlichungs- und Nivellierungstendenzen sowie Souveränitäts- und Identitätsverlusten, die aus ihrer Sicht durch einen EU-Beitritt bzw. durch weitere Integrationsschritte innerhalb der EU zu erwarten waren, und ihr neuer Österreich-Patriotismus gaben der Partei zusätzlichen Auftrieb (Frölich-Steffen 2004). Während sich SPÖ und ÖVP für die europäische Einigung stark machten, trat die FPÖ als die „einzige österreichpatriotische" Partei auf. Allerdings gelang es ihr weder in der Opposition noch in der Regierung, den österreichischen Integrationskurs zu stoppen oder zu verlangsamen. Denn nur unter der Bedingung einer unveränderten Europapolitik war ÖVP-Chef Schüssel bereit, mit ihr zu koalieren. Abzuwarten bleibt, inwieweit die sich derzeit abzeichnende Legitimitätskrise der EU, die nach der Ablehnung des Verfassungsvertrages durch die französischen und niederländischen Wähler unübersehbar geworden ist, der FPÖ und auch anderen Rechtspopulisten in dieser Frage wieder einen größeren Aktionsradius eröffnen wird.

In der Ausländerpolitik dagegen behauptete sich die FPÖ vor dem Hintergrund der starken Zunahme von Asylbewerbern schon Anfang der neunziger Jahre als Oppositionspartei mit zahlreichen Gesetzesinitiativen, die auf Begrenzung und Rückführung der Zuwanderung zielten (so z.B. mit einem Gesetz, das die „Ausländerquote" von acht auf sechs Prozent verminderte, einer Revision des Staatsbürgerschaftsrechts sowie einer Verschärfung der Asylbestimmungen) (Heinisch 2004, Minkenberg 2001). In der Regierungskoalition knüpfte sie an diese Politik an. Über das Agenda-setting hinaus konnte die FPÖ auf die Ausländerpolitik jetzt auch gestalterisch einwirken, was im Oktober 2003 u.a. in eine weitere Asylgesetz-Novelle mündete. Schon heute lässt sich feststellen, dass die Verschärfung des Tons gegenüber Minderheiten und Ausländern zu einer Veränderung des gesellschaftlichen Klimas in Österreich geführt hat, die sich in der politischen Kultur des Landes zumindest mittelfristig bemerkbar machen wird.

Die Nachhaltigkeit der politisch-kulturellen Effekte des Rechtspopulismus dürften vor allem davon abhängen, ob es Jörg Haider mit dem neu lancierten Bündnis Zukunft Österreich (BZÖ) gelingt, politisches Profil zurückzugewinnen und seine angeschlagene Glaubwürdigkeit als „Anwalt des Volkes" wiederherzustellen. Denn der Ruf der FPÖ und ihrer Führungspersönlichkeiten hat unter den zahlreichen parteiinternen Querelen und Abspaltungsprozessen bzw. öffentlichen Personalrochaden in den Jahren 2000 bis 2005 großen Schaden genommen. Schon bald nach Angelobung der ersten schwarz-blauen Regierung kam es zu Streitigkeiten zwischen der Führung der Bundespartei und den Unterstützern Jörg Haiders, der Anfang 2000 überraschend vom Vorsitz zurückgetreten war. Haiders fortgesetzte Störmanöver führten dazu, dass die FPÖ-Minister im Herbst

2002 von ihren Partei- und Regierungsämtern geschlossen zurücktraten. Die daraufhin anberaumten Neuwahlen endeten für die Freiheitlichen in einem Desaster. Die FPÖ konnte ihre Regierungsbeteiligung trotz massiver Stimmeneinbußen retten, doch gelang es ihr auch im zweiten schwarz-blauen Kabinett nicht, sich auf einen einheitlichen Kurs festzulegen. Die fortgesetzten parteiinternen Streitigkeiten gipfelten 2005 in der Neugründung des BZÖ unter der Führung von Jörg Haider. Auch dort zeichnen sich nur wenige Wochen nach dem Start erste Richtungskonflikte ab. Obwohl sich das Bündnis als zukünftige Regierungspartei empfiehlt, vertritt es in seinem Programm antielitäre Positionen, wie sie sonst nur für rechtspopulistische Oppositionsparteien üblich sind. Die Gratwanderung zwischen dem Selbstverständnis einer Oppositions- oder Regierungspartei, an der die FPÖ letztlich scheiterte, setzt sich also in der neuen Gruppierung fort. Auch in der Frage der Europäischen Verfassung sind die Positionen im BZÖ gespalten. Während die von der Partei gestellten Nationalratsabgeordneten sämtlich für deren Ratifizierung gestimmt haben, verlangte Haider im Vorfeld der parlamentarischen Entscheidung, die Verfassung müsse dem Volk zur Abstimmung vorgelegt werden. Auf die Frage, ob er bei einer solchen Abstimmung auf ein Nein hoffe, erklärte er, dass wir „im Zweifelsfall für unsere Eigenstaatlichkeit und für unsere Souveränität eintreten". Die Brüsseler Bürokratie bezeichnete er als „undemokratisch".[4] Ebenso wenig erkennbar ist ein klarer Kurs im Bereich der Vergangenheitspolitik. Am 1. Juli 2005 sollte der ehemalige FPÖ-Abgeordnete Siegfried Kampl turnusmäßig den Vorsitz des österreichischen Bundesrates, der zweiten parlamentarischen Kammer, übernehmen. Kampl hatte sich im Vorfeld aber durch zweifelhafte Äußerungen über das Dritte Reich in Verruf gebracht. Um ihm den Vorsitz zu verweigern, änderte das Parlament im Juni mit den Stimmen des BZÖ die Verfassung, in der das Verfahren zur halbjährlich wechselnden Bundesratspräsidentschaft geregelt ist. Dies geschah, obwohl Haider für Kampls umstrittene Äußerungen im Vorfeld Verständnis gezeigt hatte, wodurch dieser erst ermutigt worden war, das Amt anzustreben.

Der Aufschwung der FPÖ wurde von der Krise der Konkordanzdemokratie und dem sich europaweit neu etablierenden Spannungsfeld zwischen protektionistisch-nationalistischen Positionen einerseits und universalistisch-proeuropäischen sowie globalisierungsbefürwortenden Positionen andererseits begünstigt. Doch weder für die Aufweichung der Konkordanz noch für den neuen gesellschaftlichen Konflikt zeichnet die FPÖ verantwortlich. Beide hat sie aufgegriffen, aber nicht ausgelöst. In gewisser Weise hat die FPÖ sogar zur Stabilisierung der Konkordanz mit beigetragen, da sie aufgrund ihrer nach dem Wechsel von Steger zu Haider verloren gegangenen Koalitionsfähigkeit die beiden großen Parteien zur Zusammenarbeit geradezu gezwungen hatte (Heinisch 2002, Pelinka

---

[4] Die Presse, 10.5.2005.

2002). So sehr es der Partei gelang, die Schwächen des Konkordanzsystem bloß-zulegen, war sie weder in der Opposition noch in der Regierung imstande, nen-nenswerte Reformen zu vollbringen. Ihrer Durchsetzungsfähigkeit waren einer-seits durch die vergleichsweise schwache Position eines Juniorpartners innerhalb der Regierung und andererseits durch eigenes Unvermögen Grenzen gesetzt.

Demokratiepolitisch problematische Implikationen hatte die Mobilisie-rungsfähigkeit der FPÖ indes in anderer Hinsicht. Gerade in der Ausländer- und Identitätspolitik gelang es ihr, die Politikfelder neu zu justieren und die österrei-chische politische Kultur zu verändern, indem sie die kulturelle Andersartigkeit der Zuwanderer betonte und damit das Fundament einer liberalen und pluralisti-schen Integrationspolitik untergrub (Luther 2003, Minkenberg 2001). Wie nach-haltig und dauerhaft diese Veränderungen die österreichische Politik beeinflus-sen, bleibt abzuwarten. Dabei wird es vor allem vom Verhalten der anderen Par-teien abhängen, wie gut das BZÖ diese Themen besetzen kann. Ungewiss ist auch, wie sich die gegenwärtige Krise der europäischen Einigung auf die Mobili-sierungskraft des neu formierten Bündnisses auswirkt. Bislang schien die öster-reichische Europapolitik immun gegen die populistische Kritik von rechts. Ob dies so bleibt, ist allerdings fraglich, da die Europaskepsis inzwischen auch in anderen Mitgliedsländern um sich greift und das bisherige Grundvertrauen in die elitenzentrierte Europapolitik nicht mehr besteht.

b) Immerwährende Konkordanz in der Schweiz?

Wie die FPÖ ist auch die Schweizerische Volkspartei eine Traditionspartei. Nach dem Ersten Weltkrieg als Abspaltung von der Freisinnig-demokratischen Partei (FdP) entstanden, etablierte sie sich neben dieser und der CVP als dritte Kraft im bürgerlichen Lager, wobei ihre Wählerbasis überwiegend aus Bauern, Handwer-kern und Kleingewerbetreibenden bestand. Erst unter der Führung ihres heutigen Frontmannes Christoph Blocher, der 1977 in Zürich den Vorsitz der Kantonal-partei übernommen hatte, vollzog die SVP eine populistische Wendung. Zwi-schen 1999 und 2003 gelang es ihr, ihren Stimmenanteil von 14,9 Prozent 1995 auf 22,5 Prozent 1999 und 26,7 Prozent im Jahr 2003 zu erhöhen. Dabei profi-tierte sie vor allem von der Schwäche der anderen Parteien, denen es nicht ge-lungen war, die seit langem aufgestauten Probleme des Landes zu lösen. Auch die zunehmende Komplexität politischer Prozesse und die immer geringer wer-denden politischen Verteilungsspielräume haben den Ausgleich unterschiedli-cher Interessen in der konsensorientierten Schweiz schwieriger werden lassen (Skenderovic 2000).

Grundsätzlich werden in der Schweizer Konkordanzdemokratie alle wesent-lichen politischen Gruppierungen bzw. Parteien, Religionsgemeinschaften und

Sprachgruppen an der nationalen Entscheidungsfindung beteiligt. Um dies sicherzustellen, wurde 1959 die „Zauberformel" fixiert, nach der sich die Schweizer Regierung, der Bundesrat, aus je zwei Mitgliedern der FdP, der Christlich-Demokratischen Partei (CVP), zwei Sozialdemokraten (SPS) und einem Vertreter der SVP zusammensetzt. Über die parteipolitische Repräsentation hinaus trägt die Zusammensetzung des Bundesrates auch regionalen, religiösen und sprachlichen Gesichtspunkten Rechnung. Daneben garantieren weitere vorparlamentarische wie parlamentarische Prozeduren die frühzeitige Einbindung wichtiger wirtschaftlicher, politischer oder religiöser Vetogruppen. Schließlich zielt auch die starke Ausprägung der direkten Demokratie auf eine Stabilisierung der Konkordanz, denn mit der Möglichkeit der Volksinitiative verfügen die Parteien und andere zentrale gesellschaftliche Gruppen über ein Droh- bzw. Korrekturinstrument, das Parlament und Regierung zwingt, sich frühzeitig auf Kompromisse zu verständigen. Dabei werden auch solche Gruppen in die Entscheidungsfindung einbezogen, die nicht an der Regierung beteiligt sind (Linder 1999).

Obwohl die SVP im Bundesrat zwischen 1959 und 2003 mit einem Sitz, danach sogar mit zwei Sitzen selbst vertreten war, äußerte Christoph Blocher seit den achtziger Jahren zunehmend Kritik an der Konkordanz. Das eidgenössische Regierungssystem charakterisierte er als Elitenherrschaft, die die Regierung vom Wähler systematisch abschirme. Das Volk gleiche einem Huhn, das von einer perversen Elite gerupft werde, die einerseits Steuern erhöhe, andererseits dem Wähler nur wenig politischen Einfluss garantiere (Church 2004). Langfristig könne dieser Mangel nur durch eine Direktwahl der Bundesräte behoben werden (Hennecke 2003: 153 f.). Dabei gelte es zunächst, die Zauberformel zu erneuern.

Nach ihren Wahlerfolgen bei den Parlamentswahlen 1999 forderte die SVP erstmals die Bildung einer Mitte-Rechts-Regierung und stellte damit wenn nicht das Konkordanzsystem als Ganzes, so doch zumindest dessen gängige Praxis in Frage. 2003 gelang es Christoph Blocher, in einer für die Schweiz ungewöhnlichen parlamentarischen Kampfabstimmung zu Lasten der CVP einen zweiten Bundesratssitz zu besetzen. Diesen Vorgang deuteten einige Analytiker bereits als Ende der Konkordanz (Church 2004). Denn die Wahl Blochers zum zweiten Bundesrat der SVP bedeutete zugleich die Abwahl eines amtierenden Bundesrats, was seit 131 Jahren aufgrund eines allgemeinen politischen Konsenses nicht mehr geschehen war. Es bleibt abzuwarten, ob die Neujustierung der Zauberformel nur die Ouvertüre zu einer sehr viel grundlegenderen Umgestaltung des Schweizer Regierungssystems war, bei der die Regierungen in Zukunft stärker nach majoritären Gesichtspunkten zusammengesetzt werden.

Auch Blochers Verhalten als Mitglied des Bundesrates widerspricht dem traditionellen Selbstverständnis der Schweizer Regierungspraxis. Der Bundesrat ist ein Kollegialorgan, das nach außen hin in der Regel geschlossen auftritt. So war es bis 2003 Usus, dass die Räte und ihre Parteien auch jene Entscheidungen, die nicht einstimmig beschlossen worden waren, förmlich mittrugen (Armingeon 2002: 103). Zwar hat Blocher an einigen Punkten sein Auftreten dem neuen Amt angepasst; nach der Wahl zum Bundesrat stellte er beispielsweise seine private Homepage ein und mit den allermeisten seiner Äußerungen als Regierungsmitglied bewegt er sich auf der Linie des Gremiums. Doch bisweilen wird das Kollegialitätsprinzip von der SVP missachtet. Vor allem bei Volksinitiativen und Referenden weicht sie nicht selten vom Kurs des Bundesrates ab, selbst wenn die Vorlagen dazu aus der Regierung kommen.

Diese parteipolitisch motivierte Nutzung direktdemokratischer Mechanismen, die die SVP über den ihr nahestehenden Interessenverband AUNS (Aktionsgemeinschaft für eine unabhängige und neutrale Schweiz) betreibt, könnte die Legitimation der Konkordanzdemokratie weiter untergraben. Denn obgleich direktdemokratische Beteiligungsrechte in konkordanten Systemen wie der Schweiz ein gewolltes und wichtiges Vetoinstrument darstellen (Czada 2000), ist ihre Nutzung durch die Regierungsparteien problematisch, da die aufwändigen vorparlamentarischen und regierungsinternen Prozeduren der Verständigung damit konterkariert werden. Sollte die SVP weiterhin eine Oppositionspolitik gegen die eigene Regierung verfolgen und hält sie an ihrem Ziel einer anders zusammengesetzten Regierung fest, könnte es langfristig zu einer dauerhaften und grundlegenden Veränderung der Schweizer Konkordanz kommen. Das populistische Demokratieverständnis der SVP bereitet einer Entwicklung den Weg, auf dem sich das System zu mehr Volks- bzw. Mehrheitssouveränität hin- und von dem Gedanken der Konsensdemokratie abwendet. Sicher ist heute schon, dass die SVP „Salz in die Wunden der Konkordanz" gestreut hat (Hennecke 2004). Dies war ihr deshalb möglich, weil sie infolge ihrer Regierungsbeteiligung paradoxerweise ungehindert und ungestraft Oppositionspolitik betreiben konnte.

Der Übergang zu einer Konkurrenzdemokratie würde jedoch auch für die SVP selbst ein nicht zu unterschätzendes Risiko darstellen, da sie dann vom Wähler voll in die politische Verantwortung genommen werden könnte. Die gleichzeitige Wahrnehmung der Regierungs- und Oppositionsrolle wäre dann kaum noch möglich. Zudem würde die Partei Gefahr laufen, ihre Allianzfähigkeit zu verlieren und als politische Kraft isoliert zu werden. Von daher erscheint es wenig wahrscheinlich, dass die Partei ihre Forderung nach einer Radikalreform des Konkordanzsystems aufrechterhält, von dem sie selbst zuletzt am meisten profitiert hat.

Jenseits ihres Anti-Elitismus machte die SVP vor allem wegen ihrer „Identitätspolitik" und der negativen Haltung zu Immigration, Asyl, EU-, NATO- und UNO-Mitgliedschaft von sich reden (Betz 2001, Lutz / Vatter 2000). Ihre ersten bemerkenswerten Erfolge erzielte sie bezeichnenderweise Ende der neunziger

Jahre, als die Schweiz international unter Druck geraten war, ihre Flüchtlingspolitik während des Zweiten Weltkriegs und den Umgang mit dem Vermögen von Holocaust-Opfern kritisch zu prüfen. Die SVP wehrte sich am vehementesten gegen die vom Ausland erhobenen Vorwürfe, sie übte harsche Kritik am Jüdischen Weltkongress und an den USA und stilisierte sich zur einzigen Verteidigerin der Schweizer Neutralität, Souveränität und Integrität. Darüber hinaus zog sie durch groß angelegte Kampagnen im Vorfeld der Volksentscheide über einen möglichen UNO- und EWR-Beitritt die Aufmerksamkeit des In- und Auslandes auf sich (Decker 2004: 92).

Weitere „Steckenpferde" der SVP sind Fragen der Einwanderungs- und Asylpolitik. Im Juli 2004 rief sie beispielsweise im Kanton Zürich dazu auf, eine Entscheidung der dortigen Regierung zu ignorieren, in der bestimmt worden war, dass Anträge auf Einbürgerung fortan nur noch begründet abgelehnt werden dürften. Die SVP forderte alle Gemeinden auf, ungeachtet diesen Beschlusses mit ihren Einbürgerungen weiterhin so zu verfahren wir bisher.[5] Und im Vorfeld zur Volksabstimmung über den Schengen-Beitritt im Juni 2005 bezog die SVP mit ihrem Votum „Sicherheit verlieren? Arbeitsplatz verlieren? Nein zu Schengen!" explizit Stellung gegen den Bundesrat, der sich für eine Annahme der Vorlage ausgesprochen hatte.

Wie sich an den negativen Abstimmungsergebnissen zum UNO- oder EWR-Beitritt gezeigt hat, ist es der SVP in den identitätspolitischen Fragen zumindest kurzfristig gelungen, einen fremdenfeindlicheren und protektionistischen Diskurs in der Schweiz zu etablieren, der vor allem auf der Ebene des Agenda-setting Wirkung erzeugte. Die tatsächlichen Veränderungen der Regierungspolitik sind jedoch weit hinter ihren Forderungen zurückblieben (Church 2004). Die Propaganda der Rechtspopulisten machte auf die Versäumnisse der politischen Akteure aufmerksam, die in Fragen der Zuwanderung sowie der Europa- und Außenpolitik auf die Bedenken innerhalb der Bevölkerung zu wenig Rücksicht genommen hatten. Doch scheint es, als habe die SVP ihren Zenit in dieser Hinsicht bereits überschritten. Sowohl in der Frage der UNO-Mitgliedschaft, als auch beim Schengen-Abkommen musste sie zuletzt empfindliche Niederlagen einstecken.

---

[5] „Das Volk muss das Heft in die Hand nehmen! (...) Immer mehr Ausländer werden eingebürgert, das Volk wird übergangen. (...) Diese Situation der Masseneinbürgerung ist unerträglich. (...) Mit seinem demokratiefeindlichen Entscheid macht der Regierungsrat Einbürgerungen zur Farce. Wer das Volk bei Einbürgerungen ausschalten will, der will mit dem Mittel der Masseneinbürgerungen das Ausländerproblem kaschieren." www.svp-zuerich.ch

c) Politisches Erdbeben in den Niederlanden

Im März 2002 erzielte der politische Außenseiter und Sonderling Pim Fortuyn als Spitzenkandidat der Partei „Lebenswerte Niederlande" (*Leefbar Nederland*) einen Überraschungserfolg bei den Gemeinderatswahlen von Rotterdam. Fortuyn entsprach nicht dem Bild traditioneller niederländischer Politik. Seine schillernde Persönlichkeit faszinierte und polarisierte. Schon kurz nach dem Wahlerfolg trennte sich die Partei von ihrem Spitzenmann, weil er ihr zu radikal auftrat. Für die folgenden Parlamentswahlen hob Fortuyn deshalb im Februar 2002 eine eigene Gruppierung, die Liste Pim Fortuyn (LPF), aus der Taufe, die ganz auf ihn zugeschnitten war. Sie hatte ein dünnes Programm, keine gefestigte Parteiorganisation und verließ sich einzig auf das Charisma Fortuyns (Cuperus 2004, Hoheneder 2002). Kurz vor den Parlamentswahlen wurde Pim Fortuyn erschossen. Neun Tage später gewann die LPF 17 Prozent der Wählerstimmen. Dieses Wahlergebnis war Ausdruck der Erschütterung, der Anteilnahme und der Missbilligung des politischen Mordes, es zeigte aber auch, dass die niederländischen Wähler mit der politischen Klasse ihres Landes unzufrieden waren und sich von ihr entfremdet hatten. Zu einer dauerhaften Etablierung der LPF in der Regierung mit dem Christlich-Demokratischen Appell (CDA) kam es nicht. Parteiinterne Streitigkeiten zogen die Regierungsarbeit so stark in Mitleidenschaft, dass Christdemokraten und Rechtsliberale die Koalition schon nach kurzer Zeit für beendet erklärten und es Anfang 2003 zu Neuwahlen kam (van Holsteyn / Irwin 2003). Die LPF spaltete sich in drei Gruppen, von denen nur einer, der Rest-LPF, mit 5,7 Prozent der Stimmen der Einzug ins Parlament gelang. Die CDA bildete unter Ministerpräsident Balkenende daraufhin ohne Beteiligung der LPF eine neue Regierung mit dem rechtsliberalen VVD.

Das politische Erdbeben im Frühjahr 2002 war nicht nur auf die Persönlichkeit Fortuyns zurückzuführen, sondern auch auf eine Legitimitätskrise der regierenden Parteien. Seit den zwanziger Jahren war das politische System der Niederlande durch konkordanzdemokratische und korporatistische Strukturen geprägt. Den historisch gewachsenen und voneinander abgeschirmten gesellschaftlichen Subkulturen (Katholiken, Protestanten, Liberale und Sozialdemokraten) wurde dadurch eine Teilhabe an den politischen und wirtschaftlichen Entscheidungsprozessen ermöglicht. Solange die Gesellschaft in mehr oder weniger feste gesellschaftliche Säulen segmentiert war (*verzuiling*), diente das aufwändige System konsensualer Regelungsmechanismen der inneren Befriedung des Landes (Wintle 2000). Seit den sechziger Jahren nahm jedoch die Identifikation der Niederländer mit den gesellschaftlichen Großgruppen und damit auch ihre Zufriedenheit mit der Konkordanz immer mehr ab (Wielenga / Taute 2004). Auf der Ebene des Parteiensystems hatte das zunächst noch keine Konsequenzen. Zu einer dramatischen Verschiebung kam es erst 1994, als Sozialdemokraten

(PvdA), Liberale (VVD) und die linksliberalen Demokraten 66 zum ersten Mal eine rein „säkulare" Regierungskoalition ohne Beteiligung der Christdemokraten bildeten, die bei den Parlamentswahlen starke Verluste hatten hinnehmen müssen. Auch diese neue Koalition unter Ministerpräsident Kok maß Kompromissen einen hohen Stellenwert bei und setzte die niederländische Konkordanz insbesondere im Bereich der Wirtschaftspolitik durch korporatistische Absprachen mit Gewerkschaften und Unternehmerverbänden fort („Polder-Modell"). Das führte dazu, dass politische Entscheidungen bald nur noch in „Hinterzimmern" unter der sprichwörtlichen „Haager Käseglocke" getroffen wurden.

Doch die Politik der „violetten" Koalition bescherte dem Land einen konjunkturellen Aufschwung, der eine weitgehende Rückführung der Arbeitslosigkeit und die Sanierung des Staatshaushaltes ermöglichte. Vor diesem Hintergrund war es nicht überraschend, dass die Regierungsparteien aus den Wahlen von 1998 als klarer Sieger hervorgingen. Obwohl die Entsäulung der niederländischen Gesellschaft inzwischen weit vorangeschritten war, blieb das Konsenssystem, das auf der liberalen politischen Kultur des Landes gründete, auch in der nachfolgenden Regierungsperiode vorderhand unangetastet. Allerdings stellte die Konkordanz, wie Andeweg (2000: 709) betont, ab diesem Zeitpunkt mehr und mehr ein politisches Pulverfass dar: „Wo sie ihre Funktion, soziale Spaltungen durch Kompromissbildung zu überwinden, nicht mehr erfüllt, läuft die Konsensregierung Gefahr, zu einem politischen Kartell zu degenerieren. (…) Der niederländischen Regierung ist dieses Schicksal bis jetzt vermutlich deshalb erspart geblieben, weil man die politische Klasse hier nicht mit Klientelismus oder Korruption assoziiert oder weil in Zeiten der wirtschaftlichen Prosperität die Politik generell als weniger wichtig erachtet wird. Dies muss aber nicht so bleiben."

Mit Fortuyns Erscheinen auf der politischen Bühne sollte sich diese Prognose bewahrheiten. Dessen Angriffe gegen den allzu sachlich daherkommenden, administrativ-technokratischen Regierungsstil der Koalition, die in eine allgemeine Kritik der politischen Elite eingebettet waren, zündeten, weil sich die Wähler von der violetten Regierung entfremdet hatten bzw. sich von deren Politik schlicht gelangweilt fühlten (Wielenga / Taute 2004, Cuperus 2003). Indem Fortuyn die Defizite des Konkordanzsystems schonungslos offenlegte und sie mit Kritik überzog, hatte er bei den Wahlen Erfolg. Tatsächliche Veränderungen oder Reformen gingen von seiner Partei nicht aus. Dazu war sie zum einen für zu kurze Zeit an der Regierung beteiligt, zum anderen zeigte sie sich von der Regierungsrolle überfordert, was angesichts der personellen Zusammensetzung ihrer Fraktionstruppe nicht verwunderlich war.

Seit 2003 werden von Regierung und Parlament zwar verschiedene Ansätze diskutiert, um das Regierungssystem zu verändern - etwa die verstärkte Einführung von direktdemokratischen Elementen. Dass es zu einem Wandel der niederländischen Demokratie hin zu einem reinen Majorzsystem kommen wird, ist jedoch unwahrscheinlich (Andeweg 2004). Nichtsdestotrotz hat sich das konsensuale Klima seit dem Regierungswechsel 2002 erkennbar abgeschwächt. So kam es beispielsweise als Folge der umfassenden Reform- und Sparpolitik der Regierung im Herbst 2004 erstmals seit langer Zeit zu öffentlichen Protesten der Gewerkschaften; überhaupt traten die Gegensätze im politischen Profil der Regierungs- und Oppositionsparteien nun deutlicher hervor.

Der Wahlerfolg der LPF war auch Folge einer nach dem 11. September 2001 um sich greifenden Angst vor dem internationalen Terrorismus. Pim Fortuyns Attacken richteten sich dezidiert gegen den Islam, und vor dem Hintergrund der Attentate in den USA erreichte er damit ein breites Bevölkerungsspektrum (Andeweg / Irwin 2002). Mit seinen islamophoben und vorurteilsbehafteten Parolen griff der Neupolitiker das niederländische Toleranzmodell frontal an, was vor dem Hintergrund der massiven Integrationsprobleme der vorwiegend muslimischen Einwanderer für große Teile der Bevölkerung wie ein Befreiungsschlag wirkte. Denn die violette Regierung hatte diese Probleme wie auch ihre Vorgängerinnen über Jahre hinweg verschwiegen (Decker 2004: 119). Anfang 2002 präsentierte sich Fortuyn nun als einer, der das Tabu endlich brach und die Toleranzfähigkeit der islamischen Kultur offen in Frage stellte. Bereits 1997 hatte der Soziologieprofessor in einem Buch vor der drohenden „Islamisierung unserer Gesellschaft" gewarnt, dessen Resonanz allerdings gering geblieben war (Fortuyn 2001). Nach dem 11. September 2001 und Fortuyns Einstieg in die Politik wurde die zweite Auflage zu einem Verkaufsschlager (Hoheneder 2002: 131). Fortuyns fremdenfeindliche Positionen spiegelten sich in seinen politischen Forderungen, zu denen u.a. ein sofortiger Einwanderungsstopp für Muslime, der Ausstieg aus dem Schengen-Abkommen, eine Verschärfung der Asylbestimmungen sowie die kulturelle Assimilation der Einwanderer an die niederländische Kultur und Identität gehörten. Die violette Regierung bezog zu diesen Fragen zunächst keine Stellung, schließlich waren Liberalität und Weltoffenheit zentrale Bestandteile der niederländischen politischen Kultur. Doch nach der Wahl im Mai 2002 wurde die Ausländerpolitik rasch zum Thema. Die Koalition von CDA und LPF einigte sich darauf, die Einreisebestimmungen strenger zu fassen und damit eine Begrenzung der Einwanderung herbeizuführen. Auch nach dem Ausscheiden der Rechtspopulisten aus der Regierung blieb die CDA diesem Kurs treu. Gegen starken öffentlichen Protest setzte sie im Februar 2004 das 2001 beschlossene, aber noch nicht vollzogene Einwanderungsgesetz um, das als das härteste in Europa gilt; auch das Asylrecht und die Abschiebepraxis wurden verschärft. Fortuyns Positionen wurden also in kurzer Zeit von anderen Parteien übernommen und der bis 2002 geltende Konsens, Fragen der Immigration und Integration nicht zum Gegenstand politischer Auseinandersetzungen zu machen, damit aufgegeben (Andeweg 2004: 570). Das niederländische Multikulturalismusmodell geriet mit und durch Fortuyn an sein Ende (Birschel 2004: 80).

4 Resümee

Die Antwort auf die Frage, ob Rechtspopulisten eine Gefahr oder ein nützliches Korrektiv für die repräsentativen Demokratien darstellen, kann vor dem Hintergrund eines ersten Vergleichs der Erfahrungen Österreichs, der Schweiz und der Niederlande nicht eindeutig ausfallen. Die populistischen Herausforderer können Legitimitäts- und Repräsentationskrisen des herrschenden Systems bloßlegen und dessen Wandel über die Veränderung des Parteiengefüges anstoßen bzw. begleiten. Sie sind dabei weniger Auslöser als Nutznießer der Krisen. Wo es an demokratischer Repräsentanz, Transparenz und Partizipation mangelt, haben sich die populistischen Parteien bislang vor allem als Mahner betätigt. Diese Rolle können sie allerdings nur solange erfolgreich spielen, wie sie als Protest- bzw. Oppositionspartei fungieren. Je näher die Populisten der Macht kommen, umso geringer wird ihr Anreiz, das System, dem sie den Aufstieg verdanken, tatsächlich zu verändern. Als Juniorpartner einer Koalition, die sie in der Regel sind, haben die Herausforderer zudem innerhalb der Regierung nur eine begrenzte Gestaltungsmacht. Schließlich leidet ihre Effizienz auch an der autoritären Struktur der Parteiorganisationen, die aufgrund ihrer Personenzentriertheit stark konfliktanfällig ist, sowie an der mangelnden Professionalität ihres Personals (Heinisch 2003).

Erfolgreicher sind Rechtspopulisten, wie am Beispiel Österreichs, der Schweiz und den Niederlanden gezeigt werden konnte, im identitätspolitischen Bereich. Hier waren FPÖ, SVP und LPF nicht nur als Mahner, sondern vor allem als Stichwortgeber und Agenda-setter, bisweilen auch als gestaltende politische Akteure einflussreich, wenn sie die Verschärfung der Zuwanderungs-, Minderheiten- und Asylpolitik und eine protektionistischere Ausrichtung der Außen-, Europa- und Identitätspolitik aktiv mitbetrieben. Dass auch das eine Gefahr für liberale Demokratien darstellen kann, ist evident, denn das homogene Identitätsverständnis der Rechtspopulisten widerstreitet ganz offensichtlich den Prinzipien der Pluralität, der kulturellen Differenz und des Minderheitenschutzes (Rosenberger 2005). Zwar werden die unmittelbaren und mittelbaren Effekte des so veränderten politischen Diskurses von den jeweiligen politischen Kulturen begrenzt. In der Schweiz beispielsweise gelang es der SVP nur dann, die Bevölkerung gegen die Regierung zu mobilisieren, wenn sie ein politisches Vorhaben als Bedrohung der nationalen Souveränität des Landes darstellen konnte. Wo ihre Initiativen auf bloße Abschottung zielten, scheiterten sie regelmäßig. Dennoch könnte von der Neuausrichtung der Außen-, Zuwanderungs- und Minderheitenpolitik ein schleichender Systemwandel ausgehen, der die Demokratie in ihrer Substanz verändert.

Literatur

Besonders wichtige Titel sind mit einem Sternchen gekennzeichnet.

Andeweg, Rudy B. (2000), From Dutch Disease to Dutch Model? Consensus Government in Practice, in: Parliamentary Affairs 53 (4), S. 697-709.

Andeweg, Rudy B. (2004), Parliamentary Democracy in the Netherlands, in: Parliamentary Affairs 57 (3), S. 568-580.

Andeweg, Rudy B. / Galen A. Irwin (2002), Governance and Politics of the Netherlands, Basingstoke.

Armingeon, Klaus (2002), Die Vier-Parteien-Koalition in der Schweiz: Gründe für extreme Regierungsstabilität, in: Sabine Kropp / Suzanne S. Schüttemeyer / Roland Sturm (Hg.), Koalitionen in West- und Osteuropa, Opladen, S. 89-106.

Betz, Hans-Georg (2001), Exclusionary Populism in Austria, Italy and Switzerland, in: International Journal 56, S. 393-420.

*Betz, Hans-Georg (2002), Rechtspopulismus in Westeuropa: Aktuelle Entwicklungen und politische Bedeutung, in: Österreichische Zeitschrift für Politikwissenschaft 33 (3), S. 251-264.

Birschel, Annette (2004), Eine verhängnisvolle Affäre. Die Medien und der Rechtspopulismus in den Niederlanden, in: Claudia Cippitelli / Axel Schwanebeck (Hg.), Rechtspopulismus und Rechtsextremismus in den Medien, München, S. 67-80.

Church, Clive H. (2004), The Swiss Elections of October 2003: Two Steps to System Change?, in: West European Politics 27 (3), S. 518-534.

Cuperus, René (2003), The Populist Deficiency of European Social Democracy, in: Internationale Politik und Gesellschaft H.3, S. 83-109.

*Cuperus, René (2004), Vom Poldermodell zum postmodernen Populismus. Die Fortuyn-Revolte in den Niederlanden, in: Zentrum für Niederlande-Studien (Hg.), Jahrbuch 14 (2003), S. 43-63.

Czada, Roland (2000), Dimensionen der Verhandlungsdemokratie. Konkordanz, Korporatismus, Politikverflechtung, in: Everhard Holtmann / Helmut Voelzkow (Hg.), Zwischen Wettbewerbs- und Verhandlungsdemokratie, Wiesbaden, S. 23-49.

Decker, Frank (2000), Parteien unter Druck. Der neue Rechtspopulismus in den westlichen Demokratien, Opladen.

*Decker, Frank (2004), Der neue Rechtspopulismus. 2. Auflage, Opladen.

Fortuyn, Pim (2001), De islamisering van onze cultuur. Nederlandse identiteit als fundament, Rotterdam.

Frölich-Steffen, Susanne (2004), Die Identitätspolitik der FPÖ: Vom Deutschnationalismus zum Österreich-Patriotismus, in: Österreichische Zeitschrift für Politikwissenschaft 33 (3), S. 279-293.

*Frölich-Steffen, Susanne / Lars Rensmann, Hg. (2005), Populisten an der Macht. Populistische Regierungsparteien in Ost- und Westeuropa, Wien.

Grassi, Mauro / Lars Rensmann (2005), Die Forza Italia: Erfolgsmodell einer populistischen Regierungspartei oder temporäres Phänomen des italienischen Parteiensystems, in: Susanne Frölich-Steffen / Lars Rensmann (Hg.), Populisten an der Macht, Wien, S. 123-150.

Haider, Jörg (1993), Die Freiheit, die ich meine, Wien.

Heinisch, Reinhard (2002), Populism, Proporz, Pariah. Austrian Political Change, Its Causes and Repercussions, New York.

*Heinisch, Reinhard (2003), Success in Opposition – Failure in Government. Explaining the Performance of Right-Wing Populist Parties in Public Office, in: West European Politics 26 (2), S. 91-130.

Heinisch, Reinhard (2004), Die FPÖ – Ein Phänomen im internationalen Vergleich, in: Österreichische Zeitschrift für Politikwissenschaft 33 (3), S. 247-262.

*Hennecke, Hans-Jörg (2003), Das Salz in den Wunden der Konkordanz. Christoph Blocher und die Schweizer Politik, in: Nikolaus Werz (Hg.), Populismus, Opladen, S. 145-162.

Hoheneder, Barbara (2002), Pim Fortuyn. Eine holländische Buhlschaft, in: Michael Jungwirth (Hg.), Haider, Le Pen und Co., Graz, S. 118-135.

Ignazi, Piero (2003), Extreme Right Parties in Western Europe, Oxford.

*Kitschelt, Herbert (2002), Popular Dissatisfaction with Democracy: Democracy and Party Systems, in: Yves Mény / Yves Surel (Hg.), Populism in Western Democracy, Oxford, S. 179-198.

Linder, Wolf (1999), Schweizerische Demokratie: Institutionen – Prozesse – Perspektiven, Bern.

Loch, Dietmar / Wilhelm Heitmeyer, Hg. (2001), Schattenseiten der Globalisierung. Rechtsradikalismus und separatistischer Regionalismus in westlichen Demokratien, Frankfurt a.M.

Luther, Kurt (2003), The Self-Destruction of a Right-Wing Populist Party? The Austrian Parliamentary Election of 2002, in: West European Politics 26 (2), S. 136-152.

Lutz, Georg / Adrian Vatter (2000), Abschied von der Konkordanz? Die Zukunft des Schweizer Politiksystems, in: Blätter für deutsche und internationale Politik 45 (1), S. 64-72.

*Mény, Yves / Yves Surel, Hg. (2002), Populism in Western Democracy, Oxford.

*Minkenberg, Michael (2001), The Radical Right in Public Office: Agenda-Setting and Policy Effects, in: West European Politics 24 (4), S. 1-21.

Mudde, Cas (1996), The Paradox of the Anti-Party, in: Party Politics 2 (2), S. 265-276.

Mudde, Cas (2004), The Populist Zeitgeist, in: Government and Opposition 39 (4), S. 541-563.

Müller, Wolfgang C. (2002), Evil or the „Engine of Democracy"? Populism and Party Competition in Austria, in: Yves Mény / Yves Surel (Hg.), Populism in Western Democracy, Oxford, S. 86-125.

Müller, Wolfgang C. / Marcelo Jenny (2000): Abgeordnete, Parteien und Koalitionspolitik: Individuelle Präferenzen und politisches Handeln im Nationalrat, in: Österreichische Zeitschrift für Politikwissenschaft 29 (2), S. 137-156.

*Müller, Wolfgang C. / Marcelo Jenny (2004), „Business as usual" mit getauschten Rollen oder Konflikt- statt Konsensdemokratie?, in: Österreichische Zeitschrift für Politikwissenschaft 33 (3), S. 309-326.

Müller, Wolfgang C. / Fritz Plasser / Peter Ulram (1999), Schwäche als Vorteil, Stärke als Nachteil. Die Reaktion der Parteien auf den Rückgang der Wählerbindungen in Österreich, in: Peter Mair / Wolfgang C. Müller / Fritz Plasser (Hg.), Parteien auf komplexen Wählermärkten, Wien, S. 200-245.

Papadopoulos, Yannis (2002), Populism, the Democratic Question, and Contemporary Governance, in: Yves Mény / Yves Surel (Hg.), Populism in Western Democracy, Oxford, S. 45-61.

Papadopoulos, Yannis (2005), Populism as the Other Side of Consociational Multi-Level Democracies, in: Daniele Caramani / Yves Mény (Hg.), Challenges to Consensual Politics, Brüssel u.a., S. 71-81.

Pelinka, Anton, Hg. (1987), Populismus in Österreich, Wien.

Pelinka, Anton (1995), Die Entaustrifizierung Österreichs. Zum Wandel des politischen Systems 1945-1995, in: Österreichische Zeitschrift für Politikwissenschaft 24 (1), S. 5-16.

Pelinka, Anton (2002), Koalitionen in Österreich: Keine westeuropäische Normalität, in: Sabine Kropp / Suzanne S. Schüttemeyer / Roland Sturm (Hg.), Koalitionen in West- und Osteuropa, Opladen, S. 69-88.

Reisigl, Martin (2005), Oppositioneller und regierender Rechtspopulismus: Rhetorische Strategien und diskursive Dynamiken in der Demokratie, in: Susanne Frölich-Steffen / Lars Rensmann (Hg.), Populisten an der Macht, Wien, S. 53-70.

Rose, Richard (2000), The End of Consensus in Austria and Switzerland, in: Journal of Democracy 11 (2), S. 26-41.

Rosenberger, Sieglinde K. (2005), Rechtspopulismus: Kurzfristige Mobilisierung der vox populi oder anhaltende Herausforderung der repräsentativen Demokratie?, in: Susanne Frölich-Steffen / Lars Rensmann (Hg.), Populisten an der Macht, Wien, S. 37-52.

Skenderovic, Damir (2000), The Swiss Case Revisited. The Normalization of the Radical Right in Switzerland, New York.

Taggart, Paul (1998), A Touchstone of Dissent: Euroscepticism in Contemporary Western European Party Systems, in: European Journal of Political Research 33, S. 363-388.

Van Holsteyn, Joop J. M. / Galen A. Irwin (2003), Never a Dull Moment. Pim Fortyun and the Dutch Parliamentary Election of 2002, in: West European Politics 26 (2), S. 41-66.

Wielenga, Friso / Ilona Taute (2004), Länderbericht Niederlande. Geschichte – Wirtschaft – Gesellschaft, Bonn.

Wintle, Michael (2000), Pillarisation, Consociation and Vertical Pluralism in the Netherlands Revisted: A European View, in: West European Politics 23 (3), S. 139-152.

Jens Rydgren

Vom Wohlfahrtschauvinismus zur ideologisch begründeten Fremdenfeindlichkeit. Rechtspopulismus in Schweden und Dänemark[*]

1 Einleitung

Während der letzten zwanzig Jahre konnten wir ein Wiederaufleben der radikalen Rechten in Westeuropa beobachten: Parteien wie z.b. die Dänische Volkspartei, der französische Front National, die italienische Lega Nord und die FPÖ erreichten hohe Stimmenwerte und wurden in einigen Fällen sogar Teil der Regierungskoalitionen. Diesen radikalen rechtspopulistischen Parteien ist ein grundlegender ideologischer Kern gemeinsam, der zum einen aus ethnisch-nationalistischer Fremdenfeindlichkeit und zum anderen aus einem gegen das politische Establishment gerichteten Populismus besteht. Dieser ideologische Kern ist in einen soziokulturellen Autoritarismus eingebettet, welcher Themen wie Recht und Ordnung sowie Familienwerte betont (Rydgren 2005).

Dem Aufkommen der neuen Rechten ging die Gründung von rechtspopulistischen Parteien in Dänemark und Norwegen in den frühen siebziger Jahren voraus. Diese Parteien mobilisierten vornehmlich gegen die wuchernde Bürokratie und die hohe Steuerbelastung, waren aber nicht ethnisch-nationalistisch eingestellt. Erst in den achtziger Jahren gelangte das Einwanderungsthema auf ihre Agenda. Obwohl sich die dänische Fortschrittspartei seit diesem Zeitpunkt eine Rhetorik zu eigen machte, welche dem Diskurs der radikalen Rechten in etwa entspricht (Kitschelt / McGann 1995: 121), hat Dänemark erst mit der Gründung der Dänischen Volkspartei 1995 eine wahre rechtspopulistische Kraft erhalten. Die Fortschrittspartei stellte zwar ebenfalls schwerpunktmäßig auf Anti-Migrations-Themen ab, ihr Parteiprogramm gründete aber nicht auf einer ethnonationalistischen bzw. -pluralistischen Ideologie – so wie es bei der Dänischen Volkspartei der Fall ist.

Die Abspaltung der Volkspartei von der Fortschrittspartei wurde hauptsächlich von Pia Kjærsgaard betrieben, die ihre Machtbasis in der Partei seit Mitte der achtziger Jahre kontinuierlich ausgebaut hatte. Als zeitweilige Vertretung für

---

[*] Übersetzung von Sandra Fischer.

den zu einer dreijährigen Gefängnisstrafe verurteilten Parteigründer Mogens Glistrup berufen, wollte Kjærsgaard ihre Führungsposition nach dessen Rückkehr 1987 nicht wieder abgeben. Allerdings musste sie weiter gegen Glistrups Schatten und auch gegen starke Faktionen innerhalb der Partei ankämpfen, welche sich eher mit dem anarchistischen, protestorientierten Profil der Fortschrittspartei der frühen Tage identifizierten. Mitte der neunziger Jahre verließ eine Gruppe unter der Leitung von Kjærsgaard die Partei und gründete die Dänische Volkspartei. 1998 erstmals angetreten, erreichte der Neuankömmling bei der nationalen Parlamentswahl 7,4 Prozent der Stimmen, 2001 erhöhte sich der Stimmenanteil auf 12 Prozent der Stimmen, um bei den Wahlen 2005 nochmals leicht auf 13,2 Prozent anzusteigen.

In Schweden war es dagegen keiner rechtsradikalen Partei vergönnt, mehr als anderthalb Prozent der Wählerstimmen für sich zu gewinnen. Ausnahme war die Wahl von 1991, als die neu gegründete Neue Demokratie 6,7 Prozent der Stimmen verbuchte – ein Wert, der bis heute nicht wieder erreicht wurde. Selbst wenn man das Ergebnis der Schwedischen Demokraten, der zur Zeit führenden Vertreterin im rechtsradikalen Lager, bei den Reichstagswahlen 2002 als relativen Erfolg wertet (1,4 Prozent), zeigt sich der Rechtspopulismus im größten skandinavischen Land verglichen mit anderen (west)europäischen Ländern weiterhin deutlich marginalisiert.

Da Dänemark und Schweden einige wichtige Eigenschaften gemeinsam haben – so z.B. den Wohlfahrtsstaat, die Säkularisierung, eine starke Stellung der Sozialdemokratie etc. – spricht die Tatsache, dass der radikale Rechtspopulismus in Dänemark höchst erfolgreich, in Schweden aber praktisch kaum vorhanden ist, gegen jedwede Intuition. Ziel der nachfolgenden Überlegungen ist es, mögliche Erklärungen für diese Diskrepanz zu liefern. Dabei werde ich auf vorhandene Ansätze in der vergleichenden Forschung zurückgreifen, die sich auch in anderen europäischen Ländern als erklärungsträchtig erwiesen haben. Erstens gilt es die Bedeutung des Faktors „Gelegenheitsstrukturen" zu erörtern. Zweitens möchte ich zeigen, auf welche Art und Weise Dänische Volkspartei und Schwedische Demokraten versucht haben, von den sich ihnen bietenden politischen Gelegenheiten zu profitieren.

2   Erosion und Neuausrichtung der Parteibindungen

Die Erosion und Neuausrichtung der Wählerbindungen an die Parteien schafft günstige politische Gelegenheiten für den Rechtspopulismus. Die heutigen westeuropäischen Demokratien zeichnen sich allesamt durch zwei Hauptkonfliktlinien (*cleavages*) aus: Erstens die ökonomische Konfliktlinie, bei der es um den Gegensatz zwischen Arbeit und Kapital und um die Frage nach dem Grad des

Engagements des Staates in der Wirtschaft geht. Zweitens die soziokulturelle Konfliktlinie, die wertebezogene Themen wie Einwanderung, Recht und Ordnung oder Abtreibung umfasst. Die Stärke und Ausprägung dieser Konfliktlinien beeinflusst die Chancen der rechtspopulistischen Akteure, die Wählerschaft für sich einzunehmen. Wie Kriesi u.a. (1995) hervorgehoben haben, können die alten Konfliktlinien einen Schutzschild gegen die Versuche von Newcomern bilden, neue Themen zu besetzen und damit einen neuen Referenzrahmen der Politik zu schaffen. Im Umkehrschluss heißt das, dass die Bedeutung der alten Konfliktlinie heruntergespielt werden muss, wenn man aus einem neuen Konflikt Nutzen ziehen will. Dieser kann erst vorherrschend werden, wenn der alte Konflikt ihm unterworfen oder verschleiert wird, oder wenn er nicht mehr imstande ist, die politischen Wettbewerber zu motivieren (Schattschneider 1975). Wie wir sehen werden, war dieses Schicksal der sozioökonomischen Konfliktlinie in Dänemark beschieden, nicht aber in Schweden.

a) Dänemark

Insbesondere während der neunziger Jahre entwickelten die rechtspopulistischen Parteien eine ausgesprochene Fähigkeit, die Arbeiterklasse zu mobilisieren (Mayer 1999). Die Dänische Volkspartei stellt hier keine Ausnahme dar. So betrug zum Beispiel der Anteil der Arbeiter unter den Wählern der Dänischen Volkspartei bei der Wahl 2001 56 Prozent (1998: 49 Prozent), verglichen mit einem Anteil von 43 Prozent bei den Wählern der Sozialdemokraten (Goul Andersen 2004: 25). Dies ist hauptsächlich eine Folge der verringerten Bedeutung der sozioökonomischen Konfliktlinie. Wie Lipset (1981) darlegt, stimmen Arbeiter traditionell nicht mit den Positionen linker Parteien in den sozialkulturellen Fragen überein, da sie im Durchschnitt um einiges autoritärer eingestellt sind. Dies hat jedoch praktisch keinen Effekt auf ihr Stimmverhalten, solange sie sich mit den wirtschaftlichen Positionen der linken Parteien identifizieren (das heißt: solange sie diese als Verteidiger ihrer Klasseninteressen ansehen). In einer solchen Situation werden die Arbeiter diesen Parteien weiter treu bleiben. Mit der schwindenden Relevanz der ökonomischen Konfliktlinie und dem gleichzeitigen Bedeutungsanstieg des kulturellen, wertebezogenen *cleavage*, ist freilich genau das immer weniger gewährleistet.

Die Neuausrichtung der Konfliktlinien lässt sich auch am Rückgang des klassengebundenen Wählens ablesen, das für die meisten westeuropäischen Länder nachweisbar ist; auch hier bildet Dänemark keine Ausnahme (Clark / Lipset 2001). Zwischen 1966 und 2001 sank die Unterstützung der Arbeiterklasse für die Linke in Dänemark dramatisch von 81 auf 41 Prozent (Goul Andersen 2004: 14). Dabei war der Verlust der Unterstützung besonders hoch in der Gruppe der jungen Arbeiter. In der Konsequenz hat die Sozialdemokratische Partei dadurch ihre Vormachtstellung verloren. Obwohl die dänische Sozialdemokratie niemals so stark war wie die schwedische, hatte sie in den sechziger Jahren stets um die 40 Prozent der Stimmen erzielt. Seit den frühen siebziger Jahren aber fiel diese Unterstützung sukzessive auf unter 30 Prozent, wodurch die nicht-sozialistischen Parteien immer häufiger an die Regierung gelangten. Dass die Bedeutung der sozioökonomischen Fragen abgenommen hat, hängt auch mit der Politisierung anderer Themen, wie z.b. Einwanderung, innere Sicherheit und europäische Integration zusammen (Blomqvist / Green-Pedersen 2002: 11). So nannten zum Beispiel 1998 nur neun Prozent der Befragten die „Wirtschaftspolitik" als aktuell wichtigstes Thema (Nielsen 1999: 21). Beim Thema „Wohlfahrt" lässt sich ein vergleichbarer Bedeutungsverlust nicht belegen, doch hat die Sozialdemokratische Partei ihre einstige Vorherrschaft auf diesem Gebiet klar eingebüßt (Goul Andersen 2003).

Die Sozialdemokratie verfiel infolge dieser Entwicklungen immer mehr in ideologische und strategische Orientierungslosigkeit. Angesichts der abnehmenden Bedeutung der Themen, welche sie traditionell besetzte, versuchte die Partei ihre Agenda zu ändern, wobei es ihr aber nicht gelang, die Parteiorganisation auf eine gemeinsame Linie in der Einwanderungspolitik oder der Haltung zur EU zu verpflichten. Für zusätzliche Frustration und Verwirrung sorgte die Entideologisierung der Wirtschaftspolitik, die sich nun zunehmend auf einem „dritten Weg" der Sozialdemokratie einpendelte, den Großbritanniens New Labour vorgegeben hatte (Green-Pedersen / van Kersbergen 2002). Ihre geschwächte Stellung machte die Partei unfähig und unwillig, überzeugende Rezepte für die Lösung der sozialen Probleme des Landes zu entwickeln. Stattdessen dominierten die Vorschläge der Dänischen Volkspartei zumindest seit Mitte der neunziger Jahre sowohl den politischen als auch den massenmedialen Diskurs. Die Probleme wurden nun mehr und mehr „ethnisiert" und als Folge moralischer Nachlässigkeit ausgelegt. Forderungen nach einer strengeren Einwanderungspolitik und einer besseren Kriminalitätsbekämpfung gelangten auf die Agenda, während die Probleme der wirtschaftlichen Marginalisierung allmählich in den Hintergrund traten.

Die Rechtspopulisten profitierten nicht nur davon, dass die Wechselbereitschaft der dänischen Wählerschaft seit den Erdrutschwahlen von 1973 generell zugenommen hatte; sie machten sich auch die latente Proteststimmung innerhalb der Bevölkerung zunutze. Dies ist insofern erstaunlich, als sich 1996 84 Prozent der dänischen Wähler ziemlich oder sogar sehr zufrieden mit der Art und Weise zeigten, wie die Demokratie im Land funktioniert – in keinem anderen europäischen Land lagen die Werte höher (Holmberg 1997: 338). Darüber hinaus belegen die Zahlen, dass das Vertrauen in die Politiker in Dänemark zwischen 1991 und 1998 keineswegs gesunken war (Nielsen 1999: 239).

b) Schweden

Politische Unzufriedenheit und Entfremdung können sowohl direkte als auch indirekte Auswirkungen haben: Einerseits bilden sie die Grundlage für politischen Protest und andererseits führen sie dazu, dass sich die Bindungen der Wähler zu den Mainstream-Parteien lockern – beides schafft Voraussetzungen für die Entstehung neuer Parteien.

Auch Schweden ist in dieser Hinsicht keine Ausnahme; tatsächlich ist hier im Vergleich zu anderen europäischen Staaten das Vertrauen in die politischen Institutionen seit Ende der sechziger Jahre am stärksten zurückgegangen – allerdings ausgehend von einem sehr hohen Niveau (Möller 2000: 52, Holmberg / Weibull 1997: 79). Heutzutage haben die schwedischen Wähler sehr wenig Respekt vor den politischen Institutionen. 2002 bekundeten bloß ein Prozent der Befragten volles Vertrauen in die politischen Parteien und 13 Prozent ziemliches Vertrauen. Dagegen gaben nicht weniger als 41 Prozent der Wähler an, wenig oder gar kein Vertrauen in die politischen Parteien zu besitzen (Holmberg / Weibull 2003: 44).

Im selben Zeitraum stieg allerdings der Anteil der Wähler, die sich mit der Funktionsweise der Demokratie in ihrem Land zufrieden zeigten. Mitte der neunziger Jahre hatten die Werte hier noch unterhalb des dänischen Nachbarn und auf ungefähr dem gleichen Niveau wie in Frankreich und Österreich gelegen (wo die Rechtspopulisten ebenfalls starken Zulauf erfuhren). Bis zum Jahre 2002 sollten sie auf europäisches Rekordniveau steigen. Ihre allgemeine Zufriedenheit mit der Demokratie hielt die Menschen aber nicht davon ab, beträchtliche Unzufriedenheit mit den etablierten Politikern und Parteien auszudrücken. So stieg z.B. die öffentliche Zustimmung zu der Aussage „Die Abgeordneten kümmern sich nicht allzu sehr darum, was die normalen Menschen denken" von 46 Prozent 1968 auf 60 Prozent 1982 und weiter auf 75 Prozent im Jahre 1998. Glaubten im Jahre 1991 nur 37 Prozent der Befragten, dass „die Parteien an den Stimmen der Wähler interessiert seien, nicht aber an deren Meinung", so waren es 1998 mit 75 Prozent mehr als doppelt so viele, die dieser Aussage zustimmten (Holmberg 2000: 34).

Von daher gab und gibt es durchaus genügend Spielraum für populistische Parteien, Protest zu mobilisieren, indem man die Unzufriedenheit mit dem politischen Establishment schürt. Dies gilt umso mehr, als auch in Schweden die Bindungen an die traditionellen Parteien schwächer geworden sind, sodass die Wähler von potenziellen Newcomern leichter erreicht werden können. Lag der Anteil der Wähler mit starker Parteiidentifikation 1960 bei 53 Prozent, so ist er bis Ende der neunziger Jahre auf unter 20 Prozent gesunken (Holmberg 2000: 41). Die Gruppe der Wechselwähler, die in den achtziger Jahren noch rund 20 Prozent der Wähler umfasste, ist inzwischen auf über 30 Prozent angewachsen.

Dasselbe gilt für den Anteil der unentschlossenen Wähler (die ihre Entscheidung nach eigenen Angaben erst in den letzten vier Wochen vor der Wahl treffen), der 1998 bei annähernd 60 Prozent lag.

Auch das klassengebundene Wählen hat in Schweden abgenommen, wobei die Klassenbindung im europaweiten Vergleich allerdings immer noch sehr hoch ist. So stimmten von den Industriearbeitern im Land 1998 75 Prozent entweder für die Sozialdemokraten oder für die Linkspartei. Bei den anderen Arbeitern waren es 63 Prozent (Holmberg 2000: 68). Dies ist wichtig, da wir aus anderen Studien wissen, dass Angehörige der Arbeiterklasse in der Gruppe der rechtspopulistischen Wähler deutlich überrepräsentiert sind, wie das Beispiel der Dänischen Volkspartei zeigt. Allerdings ist auch die Zahl der Wahlabstinenzler in dieser Gruppe beträchtlich: 26 Prozent der Industriearbeiter und 23 Prozent der anderen Arbeiter blieben der Wahl von 1998 fern, zusammen mit nicht weniger als 40 Prozent der Arbeitslosen. Auch unter den Jungwählern, einer anderen Gruppe, die in der rechtspopulistischen Wählerschaft überdurchschnittlich vertreten ist, lag die Wahlenthaltung mit 28 Prozent der unter 21-jährigen und 25 Prozent der 22- bis 30-jährigen Wahlberechtigten 1998 sehr hoch (Holmberg 2000: 82).

Entspricht Schweden im Hinblick auf Parteiidentifikation und Wahlbeteiligung dem in anderen europäischen Ländern zu beobachtenden Trend, so gewinnt der vergleichsweise hohe Anteil klassengebundener Wähler für die Erklärung der Mobilisierungsschwäche neuer Rechtsparteien umso größere Bedeutung. Nicht nur, dass der gewerkschaftliche Organisationsgrad größer ist als in jedem anderen europäischen Land (Ebbinghaus / Visser 2000); auch das Klassenbewusstsein hat sich in Schweden auf hohem Niveau gehalten. Dies bedeutet, dass „traditionell vorausgesetzte und anhaltende kollektive Identitäten" nicht in dem Ausmaß zerstört wurden, wie es z.B. Betz (1994: 29) behauptet; die schwedische Politik wird – mit anderen Worten – immer noch von der sozioökonomischen Konfliktlinie dominiert.

Letzteres bestätigt ein Blick auf die von der Bevölkerung als wichtig erachteten Themen. Wurde die politische Agenda Mitte der neunziger Jahre von der wirtschaftlichen Krise und dem Problem der Arbeitslosigkeit bestimmt, so rückten am Ende der neunziger Jahre die Bereiche Bildung und Gesundheit in den Vordergrund. All diese Themen lassen sich der sozioökonomischen Konfliktlinie zuordnen, deren bleibende Bedeutung für die schwedische Politik dadurch untermauert wird. Soziokulturelle Fragen wie Einwanderung und Kriminalität rangierten demgegenüber, ganz anders als im Nachbarland Dänemark, in der Prioritätenliste weit hinten und sollten erst im Vorfeld der Parlamentswahlen von 2002 wieder eine größere Rolle spielen.

3   Politisierung neuer Themen

Mit Budge und Farlie (1983) können wir annehmen, dass Parteien von denjenigen Wählern, die sich bei ihrer Entscheidung vorrangig an Sachthemen orientieren, nicht primär dadurch profitieren, dass sie ihre jeweiligen Positionen einan-
der gegenüber stellen. Vielmehr kommt es darauf an, die öffentliche (und Me-
dien-) Aufmerksamkeit von einem Sachthema auf ein anderes zu lenken. Agenda-Setting und Darstellungspolitik spielen insofern eine Schlüsselrolle im heutigen Parteienwettbewerb.

a) Dänemark

Wie gesehen, lag es insbesondere an der Politisierung der Einwanderungsfrage,
dass sozioökonomische Sachthemen seit Mitte der neunziger Jahre in der dänischen Politik an Bedeutung verloren. Obwohl fremdenfeindliche Ressentiments
in Dänemark auch schon vorher weit verbreitet waren, spielte die Einwanderung
bis Mitte der achtziger Jahre als Thema keine große Rolle (Bjørklund / Goul
Andersen 2002: 109). An die Spitze der politischen Prioritätenliste schaffte sie es
erst, als fremdenfeindliche Gefühle durch die Fortschrittspartei und ihr naheste-
hende Akteure artikuliert wurden. Die Anti-Migrations-Rhetorik fiel auf fruchtbaren Boden, da sie zum einen mit einer dramatischen Erhöhung der Anzahl der
Asylsuchenden korrespondierte; zum anderen verschoben sich die Gewichte von
der Arbeitsmigration zur Flüchtlingsmigration, wobei die weitaus meisten Zuwanderer aus nicht-europäischen Herkunftsländern stammten. Obwohl Dänemark zu denjenigen EU-Ländern zählte und zählt, deren Ausländeranteil an der
Bevölkerung am geringsten ist – in den späten achtziger Jahren waren weniger
als vier Prozent und 2001 ungefähr sieben Prozent im Ausland geboren, die Hälfte davon in nicht-europäischen Ländern (Goul Andersen 2003, Togeby 1998) –
sollte sich die Anzahl der Asylsuchenden von 800 im Jahre 1983 auf 8.700 im
Jahre 1985 mehr als verzehnfachen (Goul Andersen 2004: 3). Von daher war es
ein guter Zeitpunkt, das Einwanderungsthema zu politisieren. Die dänischen
Medien nahmen es sofort auf, und eine Inhaltsanalyse zeigt, dass Presse und
Fernsehen die Migration hauptsächlich als Problem darstellten und sich dabei
ethno-pluralistischer Kategorien bedienten (vgl z.B. Hussain 2000, Gaasholt /
Togeby 1995). Die kulturalistische Stoßrichtung der Darstellung hatte auch auf
der Wählerebene große Auswirkungen: Stimmten 1985 23 Prozent der Wähler
der Aussage „Einwanderung ist eine ernst zu nehmende Bedrohung für unseren
unverwechselbaren nationalen Charakter" zu, hatte sich der Anteil 1987 auf 47
Prozent mehr als verdoppelt (Andersen 1999a: 203). Dennoch sollte es bis Mitte
der neunziger Jahre dauern, bis das Migrationsthema das dominierende Thema

im öffentlichen politischen Diskurs und in den Medien wurde. In diesem Prozess spielte nicht nur die Dänische Volkspartei, sondern auch die „Dänische Vereinigung", ein weit rechts stehender Kreis von Intellektuellen, eine Schlüsselrolle. Zum 10. Jahrestag der Gründung der Dänischen Vereinigung bilanzierte deren Vorsitzender stolz, dass das Ziel, das Migrationsthema „als Kernproblem der dänischen Gesellschaft in die öffentliche und politische Debatte zu bringen", erreicht worden sei (Karpantschof 2002: 38). Dies geschah durch das Sammeln und Offenlegen von Informationen für die politischen Akteure und eine rege publizistische Tätigkeit. So war z.B. Søren Krarup, einer der Gründungsväter der Dänischen Vereinigung und späterer Parlamentsabgeordneter der Volkspartei, ein häufig gefragter Gesprächsgast, der für die Boulevardzeitung *Ekstrabladet*, eine der meistgelesenen Zeitungen in Dänemark, rund 200 Beiträge verfasste. Zahlreiche Artikel und Fernsehnachrichten, die sich mit Einwanderungsfragen beschäftigten, enthielten Aussagen und Kommentare von Vertretern der Dänischen Volkspartei. Dies ging soweit, dass in der zweiten Hälfte des Wahljahres 2001 deren Vorsitzende Pia Kjærsgaard zu diesem Thema in den Medien genauso häufig zitiert wurde wie der zuständige Minister für Einwanderungsfragen (Karpantschof 2002).

Die Dominanz des Einwanderungsthemas wurde dadurch verstärkt, dass sich einige der etablierten Parteien ebenfalls an dem Diskurs beteiligten. Dies machte den starken Einfluss der Dänischen Volkspartei deutlich und verlieh der bis dahin marginalisierten Partei Legitimität. So machte sich z.B. die Liberale Partei zwischen 1997 und 2001 gegen die Ausländerpolitik der regierenden Sozialdemokraten stark. 1998 schaltete sie in mehreren Zeitungen großflächige Anzeigen zur Flüchtlingspolitik. Nach Bjørklund und Goul Andersen (2002: 129) gingen diese Anzeigen „ungewöhnlich weit für eine etablierte Partei; sie ähnelten eigentlich den Forderungen der [rechten] populistischen Norwegischen Fortschrittspartei." In der Sozialdemokratie kam es unterdessen zu innerparteilichen Auseinandersetzungen über das weitere Vorgehen. Ursprünglich hatte die Partei als Verteidigerin von Flüchtlingsmigration und (einer gewissen Form von) Multikulturalismus gegolten. Als die Dänische Volkspartei in den Meinungsumfragen immer mehr an Boden gewann und die Sozialdemokraten auch von der Liberalen Partei wegen ihrer angeblich zu großzügigen Ausländerpolitik attackiert wurden, antwortete die sozialdemokratische Regierung „sowohl mit einer symbolischen als auch mit einer tatsächlichen Verschärfung der Flüchtlings- und Einwanderungspolitik" (Bjørklund / Goul Andersen 2002: 128). So wurde beispielsweise 1997 die sozialdemokratische Innenministerin Birte Weiss durch Torkild Simonsen abgelöst, der sich als Hardliner in Sachen Einwanderung und als Kritiker der Asylpolitik der Regierung einen Namen gemacht hatte. Die Schwäche der Sozialdemokratie und das Ausmaß ihrer Zerissenheit wurden noch deutlicher, als der frühere Parlamentsabgeordnete und Fraktionsvorsitzende der

Partei, Mogens Camre, in einer Fernsehshow im September 1998 die Rechtspopulisten in ihrer fremdenfeindlichen Diktion noch zu übertreffen suchte.[1] Obwohl nach diesem Vorfall Forderungen laut wurden, Camre aus der Partei auszuschließen, geschah dies nicht. Dies lag nicht nur am Widerstand einiger führenden sozialdemokratischen Bürgermeister, die sich für Camre verwendeten, sondern auch an dem Risiko, noch mehr Wählerstimmen zu verlieren. Als Camre die Sozialdemokraten 1999 schließlich selber verließ, um der Dänischen Volkspartei beizutreten, sah sich diese in der öffentlichen Gunst weiter aufgewertet.

Aufgrund der alles beherrschenden Stellung des Einwanderungsthemas im dänischen politischen und massenmedialen Diskurs stieg die Bedeutung des Themas für die Wahlentscheidung der Wähler dramatisch an. 2001 nannten 20 Prozent der Wähler „Einwanderung" als dasjenige Thema, mit dem sich die Politiker zuallererst beschäftigen sollten. 1990 waren es nur vier Prozent und 1998 14 Prozent gewesen (Goul Andersen 2004: 22). Der Anteil der Wähler mit fremdenfeindlichen Ressentiments blieb unterdessen auf hohem Niveau. 1998 stimmten 42 Prozent der Wähler der Aussage zu, dass „Einwanderung ... eine ernst zu nehmende Bedrohung für unseren einzigartigen nationalen Charakter / unsere einzigartige nationale Identität (ist)". Ähnlich bejahten 43 Prozent die Aussage, dass „langfristig die muslimischen Länder eine ernst zu nehmende Bedrohung für Dänemarks Sicherheit" darstellten und 50 Prozent waren damit einverstanden, dass „Flüchtlingen, denen eine Aufenthaltsgenehmigung hier in Dänemark gegeben wurde, so bald wie möglich wieder nach Hause geschickt werden (sollten)" (Andersen 1999b: 17).

Folglich gab es eine Nische von Wählern, welche für die fremdenfeindliche, ethnisch-nationalistische Botschaft der Dänischen Volkspartei empfänglich waren. Die Rechtspopulisten versuchten, in diese Nische zu springen. Dabei nutzten sie Darstellungsformen und Strategien, die sie sich – vermittelt durch die „Dänische Vereinigung" – vom französischen Front National abgeschaut hatten. Das fremdenfeindliche Profil spiegelte sich in den Einstellungen ihrer Wähler, von denen drei Viertel der oben genannten Aussage beipflichteten, dass Immigranten eine ernst zu nehmende Gefahr für die einzigartige dänische nationale Identität seien. Dies waren fast doppelt so viele wie in der Gesamtwählerschaft (Andersen 2000: 7).

---

[1] „Viele der Immigrantinnen werden falsch ernährt, weil ihre Männer ihren Reichtum und ihr Vermögen dadurch zeigen wollen, dass sie ihre Frauen dick und fett halten. Wenn ich Immigranten in ihren großen Autos herumfahren sehe, schwant mir, dass sie ihr Geld nicht auf eine anständige Art und Weise verdient haben. [...] Sie sind hochkriminell; sie fahren in großen Wagen herum; sie tragen zu teure Kleidung und ihre fetten Ehefrauen gebären eine Menge Kinder" (zit. bei Andersen 1999b: 5).

b) Schweden

Schweden war lange Zeit ein Netto-Einwanderungsland, in das mehr Menschen ein- als auswanderten. Die Einwanderung aus nicht-europäischen Herkunftsländern hat seit den siebziger Jahren stark zugenommen. Heute sind elf Prozent der schwedischen Bevölkerung im Ausland geboren, was europaweit einen Spitzenwert bedeutet. Zudem lag die durchschnittliche Zahl der Asylbewerber in den letzten zehn Jahren in Schweden mit 29 pro tausend Bürger deutlich höher als in Belgien (18), Österreich (16), Frankreich (5) oder Italien (1) (Rydgren / van Holsteyn 2004). Von daher kann die Einwanderung für sich genommen noch kein Grund sein, warum rechtspopulistische Parteien in einigen Ländern erfolgreich waren und in anderen Ländern nicht (Kitschelt / McGann 1995: 62).

In den neunziger Jahren befürwortete eine Mehrheit der schwedischen Wähler eine Reduzierung der Zahl der Asylsuchenden. Diese Meinung erreichte 1992 mit 65 Prozent ihren Höchststand, fiel dann aber von Jahr zu Jahr auf ein niedrigeres Niveau. Erst im Jahre 2002 sollte der Anteil der Wähler, die gegen Einwanderung eingestellt waren, von 44 Prozent auf 50 Prozent wieder ansteigen (Demker 2003: 85). Zahlen des „International Social Survey Program" belegen darüber hinaus, dass die schwedischen Wähler der Migration und den Migranten gegenüber ähnlich eingestellt waren wie die Wähler im restlichen Westeuropa. Sie waren sogar geneigter als der durchschnittliche Europäer, der Aussage zuzustimmen, dass „Einwanderung Verbrechen verursacht" und stimmten auch in der Meinung, wonach „Immigranten nichts zur Volkswirtschaft beitragen" mit den Wählern in den anderen europäischen Ländern weitgehend überein. Umfragen des in Wien ansässigen EUMC (European Monitoring Center on Racism and Xenophobia) zeigen, dass sich an diesem Zustand bis zum Jahr 2000 nichts Wesentliches geändert hat (EUMC 2001: 37 ff.).

Das Einwanderungsthema wurde in den achtziger und neunziger Jahren in den meisten westeuropäischen Staaten von den Wählern als zunehmend wichtig empfunden (Solomos / Wrench 1993: 4). In Schweden erreichte dieser Trend 1993 seinen Höchststand, als 25 Prozent der Wähler das Thema „Einwanderung" unter die ersten drei wichtigsten und dringlichsten Themen des Landes einstuften. Zu dieser Zeit befand sich die rechtspopulistische Neue Demokratie, die bei den Parlamentswahlen 1991 6,7 Prozent der Stimmen erzielt hatte, in ihrem politischen Zenit. Die Bedeutung des Einwanderungsthemas ging dann sukzessive zurück und nahm erst im Jahre 2002 wieder zu, als es mit einer Nennung von 19 Prozent zum viertwichtigsten politischen Thema avancierte.

Fremdenfeindliche Gesinnung allein reicht allerdings noch nicht aus, damit rechtspopulistische Parteien entstehen bzw. erstarken können. Auch genügt es nicht, dass das Einwanderungsthema als wichtig und prioritär erscheint; vielmehr muss es auch *politisch* als wichtiges Thema angesehen werden. Dies bedeutet, dass es zunächst in politische Begriffe „übersetzt", mithin „politisiert" werden muss, bevor es das Verhalten der parteipolitischen Akteure beeinflusst (Rydgren 2003b). Geht man von dieser Definition aus, dann war das Einwanderungsthema während der neunziger Jahre in Schweden nicht wirklich politisiert, denn mit Ausnahme der Wahl von 1991 hat es sich für die Wählerschaft nicht als besonders wichtig dargestellt (hinsichtlich der Wahl einer bestimmten Partei). Dieser Befund bestätigt Oscarssons (1998: 273 ff.) These, wonach die fremdenfeindliche Konfliktlinie in Schweden bislang wenig Wirkung entfaltet hat.

Dies verwundert insofern, als Schweden – wie gezeigt – nicht weniger fremdenfeindliche und einwanderungsskeptische Wähler pro Kopf der Bevölkerung hat als andere westeuropäische Länder. Rund die Hälfte der Wähler würde es gerne sehen, dass weniger Asylsuchende aufgenommen werden, und eine relativ große Anzahl der Wähler misst dem Thema Asyl und Einwanderung hohe Priorität bei. Wie Demker (2003: 89) nachgewiesen hat, ist der Anteil der Wähler, welche Anti-Einwanderungs-Ressentiments hegen, unter denjenigen besonders groß (60 Prozent), die Flüchtlings- und Migrationsthemen unter die wichtigsten drei sozialen Probleme des Landes einordnen. Nimmt man beide Befunde zusammen, heißt das, dass elf Prozent der schwedischen Wähler eine restriktivere Einwanderungs- und Asylpolitik wollen *und* dieses Thema zugleich als wichtiger betrachten als die meisten anderen Sachthemen. Genau unter diesen Wählern können die rechtspopulistischen Parteien darauf hoffen, Unterstützung zu mobilisieren. Es gibt also auch in Schweden eine relativ große Nische für eine Anti-Migrations-Partei, die aber bislang nur kurzzeitig, nämlich Anfang der neunziger Jahre, von einer rechtspopulistischen Gruppierung besetzt wurde. Der Erfolg der Neuen Demokratie hat dabei zugleich gezeigt, dass die Themen in ihrer Priorität erst dann richtig ansteigen, wenn sich eine solche Partei bereits etabliert hat (Rydgren 2003a).

4 Grad der Annäherung zwischen den etablierten Parteien

Auch der Grad der Annäherung der (etablierten) Parteien untereinander hat Auswirkungen auf die politischen Gelegenheitsstrukturen für etwaige Newcomer (Kitschelt / McGann 1995). Eine solche Annäherung kann politisches Misstrauen und Entfremdung schüren, indem sie das Gefühl vergrößert, dass keine signifikanten und relevanten Unterschiede zwischen den Parteien existieren. Dadurch entsteht eine Atmosphäre, in welcher politische Unzufriedenheit mobilisiert werden kann und mögliche Nischen im Themenwettbewerb entstehen. Die Annäherung kann auch zur Entpolitisierung einer vormals dominanten Konfliktlinie führen, wie es in Dänemark etwa bei der sozioökonomischen Konfliktlinie der Fall war (Rydgren 2005). An ihrer Stelle kann eine neue, alternative Konfliktlinie (wie z.B. die soziokulturelle) treten und das Aufsteigen einer neuen politischen Partei begünstigen.

a) Dänemark

Die Annäherung zwischen den etablierten Parteien, die ein wichtiger Faktor für die Entstehung der Fortschrittspartei in den frühen siebziger Jahren war, spielte beim Aufkommen der Dänischen Volkspartei in den neunziger Jahren nur eine indirekte Rolle. Diese indirekte Bedeutung lag darin begründet, dass die Annäherung, die insbesondere die Positionen der Liberalen und Sozialdemokraten zur Wirtschafts- und Wohlfahrtsstaatspolitik betraf, zu einer Entpolitisierung der sozioökonomischen Konfliktlinie beitrug. Während diese von der Wählerschaft als zunehmend irrelevant betrachtet wurde, öffnete sich im Gegenzug der Raum für die sozialkulturellen Themen, die die Volkspartei erfolgreich für sich reklamierte.

In der soziokulturellen Dimension zeigten sich die politischen Akteure stark polarisiert. Die Parteien links von der Sozialdemokratie tendierten in eine kulturliberale Richtung (nicht zuletzt in Bezug auf den Multikulturalismus), während die anderen Mainstream-Parteien eher autoritäre Positionen vertraten (insbesondere bei Themen wie Einwanderung und Recht und Ordnung). Daher war es den Rechtspopulisten möglich, Nischen in dieser Dimension zu besetzen, *obwohl* sie im Wettbewerb mit den Mainstream-Parteien standen. Indem sich die Volkspartei als einzige Partei mit ‚unbeschmutzter Weste' ausgab, die für die mehr oder weniger großzügigen Einwanderungs- und Asylgesetze des Landes keine Verantwortung trug, konnte sie die Mainstream-Parteien an Radikalität leicht überbieten. Ihre Positionen gewannen dabei in dem Maße an Legitimität, wie sie auf die etablierten Parteien ausstrahlten und von diesen übernommen wurden.

b) Schweden

Anders als in Dänemark lässt sich in Schweden keine größere programmatische Annäherung der etablierten Parteien untereinander feststellen. Als die Wähler gebeten wurden, die Parteien auf einer Rechts-Links-Skala einzuordnen (bei der 0 die extreme Linke und 10 die extreme Rechte repräsentiert), schwankten die Zuordnungen für die Konservative Partei im Zeitraum 1979 bis 1998 nur minimal zwischen 8,7 und 9,0 Punkten; die Linkspartei erhielt im Gegenzug Werte zwischen 0,9 und 1,4. Die Sozialdemokraten sind seit Mitte der achtziger Jahre stärker nach rechts gewandert und wurden zwischen 1994 und 1998 von 3,2 auf 3,8 umgestuft (Holmberg 2000: 124). Die Zahlen sind allerdings mit Vorsicht zu

genießen, da sie nichts darüber aussagen, wie die Wähler die Begriffe „links"
und „rechts" interpretieren. Es steht zu vermuten, dass sie sich dabei in erster
Linie an der sozioökonomischen Konfliktlinie orientieren. Wenn es stimmt, dass
für das Aufkommen des Rechtspopulismus die soziokulturelle Dimension bedeutsamer ist (die Themen wie Nationalität und Nationalismus, Einwanderung,
Abtreibung, innere Sicherheit usw. einschließt), könnte das im Umkehrschluss
darauf hindeuten, dass sich die Parteien in diesem Bereich stärker aufeinander
zubewegt haben.

Zumindest für die Wahl 1998 gibt es Hinweise, dass dies tatsächlich der
Fall war. Als die Wähler gefragt wurden, ihre Einstellung zur „multikulturellen
Gesellschaft" auf einer Skala von 0 (starke Missbilligung) bis 100 (starke Zustimmung) einzuordnen, erzielten die Wähler der Konservativen Partei durch-
schnittlich 58 Punkte, die Wähler der Zentrumspartei 59 Punkte, die sozialdemokratischen Wähler 60 Punkte, die christdemokratischen Wähler 61 Punkte, die
Wähler der Linkspartei 65 Punkte, die Wähler der Grünen Partei 71 Punkte und
die Wähler der Liberalen Partei 73 Punkte (Holmberg 2000: 134). Diese Zahlen
lassen vermuten, dass eine Nische für Wähler, die jeglicher Form des Multikulturalismus widerstreiten, auch in Schweden besteht. Allerdings muss berücksichtigt werden, dass der soziokulturellen Konfliktlinie im schwedischen Parteiensystem insgesamt nur eine untergeordnete Bedeutung für die Wahlentscheidung
zukommt (Oscarsson 1998).

5   Auswirkungen der Annäherung auf die Mobilisierungschancen der Rechtspopulisten

Die Entscheidung einer oder mehrerer Mainstream-Parteien, mit den auftauchen-
den rechtspopulistischen Parteien zusammenzuarbeiten, dürfte sich auf deren
Wahlchancen in zweierlei Hinsicht positiv auswirken. Zum einen verleiht eine
solche Zusammenarbeit der rechtspopulistischen Partei in den Augen der Wähler
Legitimität (was gerade für extremistische Vertreter wichtig ist, um der Marginalisierung zu entgehen). Dies gilt zumal, wenn sich die Mainstream-Verteter den
Newcomern in Form und Inhalt anpassen. Zum anderen führt sie zu einer erhöh-
ten Präsenz der Herausforderer in Medien und Öffentlichkeit (Rydgren 2003a).

Allerdings können auch gegenläufige Effekte eintreten. Wenn die etablierten Parteien mit den Rechtspopulisten zusammenarbeiten, führt das wahrscheinlich dazu, dass sich deren politische Gelegenheiten verschlechtern. Die Möglichkeiten, eine Anti-Establishment-Strategie zu fahren und sich gegen die politische
Klasse als einzig wahre Opposition glaubwürdig zu profilieren, werden dann
ebenso reduziert wie der Hang zur inhaltlichen oder verbalen Radikalität. Die
positiven und negativen Effekte der Zusammenarbeit müssen daher aus Sicht der

rechtspopulistischen Parteien sorgfältig gegeneinander abgewogen werden. Es könnte sein, dass eine funktionierende Partnerschaft mit den etablierten Parteien günstige Gelegenheitsstrukturen für eine neu aufkommende rechtspopulistische Partei gerade zu Beginn eines Mobilisierungsprozesses schafft (das heißt: bevor die Partei ihren elektoralen Durchbruch auf der nationalen Ebene erreicht) und dass sie denjenigen rechtspopulistischen Parteien besonders nutzt, welche ihre Wurzeln im Extremismus haben. In solchen Fällen dürfte es wichtiger sein, der Stigmatisierung auszuweichen, als die Gelegenheiten einer oppositionellen Partei komplett zu nutzen. Prekärer stellt sich die Lage für die populistischen Parteien dar, die bereits etabliert sind und / oder ihre Wurzeln in einer Protestbewegung haben; diese würden bei einer zu engen Anlehnung an die etablierten Parteien Gefahr laufen, ihre elektorale Zugkraft einzubüßen.

a) Dänemark

Nach den Parlamentswahlen von 2001 gelangte die Dänische Volkspartei in eine politische Schlüsselstellung, als sich die neue liberal-konservative Minderheitsregierung von ihr tolerieren ließ. Als Hauptkoalitionspartner der Regierung im tagespolitischen Geschäft erhielt sie fünf Vorsitze und sechs stellvertretende Vorsitze in den parlamentarischen Ausschüssen. Die Volkspartei nahm großen Einfluss auf die Reformpakete, die zu einer Verschärfung der Einwanderungsgesetze führten (Goul Andersen 2004). Die Liberale Partei sollte ihr dabei weit entgegenkommen. Deren Vorsitzender, der heutige Ministerpräsident Anders Fogh Rasmussen, hatte schon 1999 einen Artikel im *Dansk Folkeblad*, der Zeitschrift der Volkspartei, veröffentlicht, in welchem er andeutete, dass er sich eine Kooperation mit den Rechtspopulisten gut vorstellen könne, um das von ihm angestrebte Ziel einer „Systemveränderung" zu erreichen (Fogh Rasmussen 1999). Dass die Dänische Volkspartei diese Position gewann, ohne ihre fremdenfeindliche, neo-rassistische Rhetorik abzulegen, wertete sie nicht nur als Partei legitimatorisch auf, sondern machte auch die Agitationsformen salonfähig, die sie bei der Wähleransprache einsetzte.

Hinzu kam, dass sich – zumindest seit 1997 – einige der Mainstream-Parteien der Position der Dänischen Volkspartei in der Einwanderungsfrage deutlich annäherten und auch in den Darstellungsformen Anleihen bei den Rechtspopulisten machten. Selbst die Gewerkschaften verbündeten sich von Zeit zu Zeit mit der Volkspartei, um für sie nachteilige Gesetzesvorhaben abzuwenden, was in der letzten Zeit jedoch aufgehört zu haben scheint. Schließlich bekundeten nicht wenige der meinungsbildenden Zeitungen Sympathie mit dem Rechtspopulismus, indem sie über dessen Lieblingsthemen berichteten. In den Worten des *cordon sanitaire* gesprochen, hat die politische Umwelt der Dänischen Volkspartei also praktisch keine Grenzen gesetzt, sondern sie als eine ganz normale Partei angesehen, deren Mitwirkung im Regierungsprozess legitim sei.

Die Aufwertung wurde dadurch begünstigt, dass die Dänische Volkspartei aus einer populistischen Bewegung hervorgetreten war und nicht einer offen rechtsextremen Tradition entsprang, wie es z.b. bei den Schwedischen Demokraten der Fall war. Obwohl diese Parteien sich heute programmatisch und in ihrer politischen Rhetorik sehr ähneln, werden sie wegen ihres unterschiedlichen Entstehungshintergrundes von der Umgebung verschieden wahrgenommen. So wird zum Beispiel der Begriff „extremistisch" in Dänemark so gut wie nie auf die Volkspartei angewandt, während er für die Schwedischen Demokraten üblich ist. Die Dänische Volkspartei trug also zu keinem Zeitpunkt ein Stigma, was sich im politischen Wettbewerb als großer Vorteil erweisen sollte.

b) Schweden

Anders als in den meisten anderen westeuropäischen Ländern (einschließlich Dänemarks), haben es die Mainstream-Parteien in Schweden geschafft, einen wirksamen *cordon sanitaire* gegen die Schwedischen Demokraten aufzubauen, indem sie jede Art von Zusammenarbeit mit den Extremisten verweigerten; auch haben sie nicht explizit versucht, sich dem politischen Programm der Rechtspopulisten anzunähern oder dessen Rhetorik nachzueifern.

Dies bedeutet allerdings nicht, dass die Mainstream-Parteien von der Herausforderung durch die Rechtsaußenparteien gänzlich unbeeindruckt geblieben wären. So ging z.B. die sozialdemokratische Regierung nach den Parlamentswahlen von 1994 zu einer strengeren Einwanderungspolitik über, indem sie das Asylrecht verschärfte und die Kategorie des de facto-Flüchtlings abschaffte. Diese Politik wurde von den anderen Parteien heftig kritisiert, insbesondere von der Linkspartei, den Grünen und den Liberalen, die den Sozialdemokraten vorhielten, dass sie damit den Forderungen der rechtspopulistischen Neuen Demokratie nachgegeben hätten (Widfeldt 2004). So berechtigt dieser Vorwurf war, konnten die Sozialdemokraten allerdings reklamieren, die Erfolgschancen der Rechtspopulisten durch den Übergang zu einer restriktiveren Einwanderungspolitik vermindert zu haben, auch wenn sie das Programm der Neuen Demokratie damit nachträglich legitimierten. Da diese 1994 aber bereits auf dem absteigenden Ast war, gab es niemanden mehr, der von der Legitimierung hätte profitieren können. Darüber hinaus gelang es den Sozialdemokraten zumindest zeitweise, ihren faktischen Kurswechsel in der Migrationsfrage durch das verbale Bekenntnis zur multikulturellen Gesellschaft zu verschleiern.

Ungeachtet dieser Tatsachen halten die Parteien aber weiterhin strikt daran fest, jedwede Zusammenarbeit mit den Schwedischen Demokraten zu vermeiden.

Der cordon sanitaire reicht dabei wie in Belgien bis hinunter auf die kommunale Ebene, wo es für die ein oder andere Partei durchaus überlegenswert sein könnte, sich mit den Lokalpolitikern der Extremisten gelegentlich zu verbünden. Dieser Versuchung haben die etablierten Parteien in Schweden bis zuletzt konsequent widerstanden.

6   Ideologie und Rhetorik der rechtspopulistischen Akteure

a) Die Dänische Volkspartei

Wie bei anderen rechtspopulistischen Parteien besteht die Kernideologie der Dänischen Volkspartei aus ethnisch-nationalistischer Fremdenfeindlichkeit. Die Partei vertritt die Ansicht, dass Dänemark und die dänische Kultur durch Einwanderung und den Supranationalismus der Europäischen Union gefährdet seien. Im Parteiprogramm der Dänischen Volkspartei heißt es dazu:

> „Dänemark ist kein Einwanderungsland und ist es auch nie gewesen. Wir können daher eine multiethnische Transformation unseres Landes nicht akzeptieren. Dänemark ist das Land der Dänen, und seinen Einwohnern sollte die Möglichkeit garantiert werden, in einer sicheren Gemeinschaft zu leben, die auf den Gesetzen beruht, welche Hand in Hand mit der dänischen Kultur entstanden sind. [...] Die Dänische Volkspartei ist für die kulturelle Zusammenarbeit mit anderen Ländern, aber wir sind dagegen, anderen Kulturen, welche auf komplett anderen Werten und Normen basieren, Einfluss in Dänemark zu geben. Der Lebensstil, den wir in Dänemark gewählt haben, ist hervorragend. Er ist durch unsere Kultur konditioniert und in einem kleinen Land wie dem unseren kann er nicht überleben, wenn wir die massenhafte Zuwanderung von Menschen fremder Kultur und Religionszugehörigkeit erlauben. Die multikulturelle Gesellschaft ist eine Gesellschaft ohne Zusammenhalt und Einheit, und daher sind die schon bestehenden multikulturellen Gesellschaften auf der ganzen Welt durch fehlende Solidarität und oft auch offenen Konflikt charakterisiert. Es gibt keinen Grund anzunehmen, dass Dänemark dem Schicksal anderer multikultureller Gesellschaften entgehen würde, wenn wir uns fremden Kulturen unterwerfen" (Dansk Folkeparti 2002).

Im Unterschied zum französischen Front National möchte die Volkspartei die Einwanderer, die schon die dänische Staatsbürgerschaft erlangt haben, in ihre Heimatländer zwar nicht zurückschicken; sie tritt aber für eine Politik ein, die das Tor für neue Einwanderer praktisch zumachen würde. Ginge es nach den Rechtspopulisten, würden so gut wie keine Asylsuchenden und Flüchtlinge mehr aufgenommen, damit diese, wie es im Parteiprogramm heißt, „sich nicht zu Einwanderern entwickeln." Flüchtlingen würde nur für ein Jahr eine Aufenthaltserlaubnis erteilt, um sie anschließend so bald wie möglich wieder nach Hause zu schicken. Wie der Front National ist die Dänische Volkspartei gegen die, wie sie es nennt, „Entsakrilisierung" der Staatsbürgerschaft. Bevor die Einbürgerung erfolgt, sollten ihrer Meinung nach eine Reihe von Vorbedingungen erfüllt sein: Die Bewerber sollten mindestens für zehn Jahre eine Aufenthaltsgenehmigung gehabt haben; sie dürfen nicht straffällig geworden sein; sie müssen durch ihre Arbeit der dänischen Gesellschaft einen positiven Dienst erwiesen haben; sie müssen eine Sprachprüfung ablegen und ihre Kenntnisse der dänischen Kultur, Gesellschaft und Geschichte in einem schriftlichen Test nachweisen, und sie müssen einen Eid ablegen, dass sie sich dem dänischen Recht unterwerfen.

Die Dänische Volkspartei zeigt sich nicht nur besorgt über den Zustrom von Migranten, sondern auch über die hohen Geburtenraten derjenigen Einwanderer, die schon im Land leben (und über die niedrigen Geburtenraten der einheimischen Bevölkerung). Insbesondere Muslime werden als Bedrohung für die dänische Kultur angesehen. „Dänemark multiethnisch zu machen würde bedeuten, dass reaktionäre Kulturen, die evolutionsfeindlich sind, unsere bislang stabile und homogene Gesellschaft zum Zusammenbrechen bringen", heißt es im Programm der Volkspartei (Dansk Folkeparti 2001). Noch deutlicher drückt Mogens Camre (2000), der für die Volkspartei im Europäischen Parlament sitzt, die Haltung der Rechtspopulisten zu den Muslimen aus:

> „Es ist ... naiv zu denken, dass man Muslime in die dänische Gesellschaft integrieren könne. [...] Nur wenige von ihnen sind hierher gekommen, um sich zu integrieren. Die meisten sind nach Dänemark gekommen, um eine muslimische Gesellschaft aufzubauen. ... [Der Islam] ist nicht nur eine Religion, sondern auch eine faschistische politische Ideologie, die mit einem religiösen Fanatismus mittelalterlichen Ursprungs einhergeht. Er ist ein Affront gegen die Menschenrechte und die anderen Voraussetzungen, die notwendig sind, um eine zivilisierte Gesellschaft zu schaffen. Wir können den muslimischen Ländern keine andere Kultur aufzwingen, wir können sie nicht daran hindern, ihre eigenen Gesellschaften zu ruinieren, aber wir müssen unsere eigene Gesellschaft schützen. Menschen, die einen Heiligen Krieg kämpfen wollen, gehören nicht nach Dänemark."

Wie andere rechtspopulistische Parteien stellt die Dänische Volkspartei Einwanderer aus muslimischen Ländern mit islamischen Fundamentalisten gleich. Dass die meisten Einwanderer aus muslimischen Ländern die „Beschneidung junger Frauen" und „Gehirnwäsche von Schulkindern" gerade nicht unterstützen, die laut Partei charakteristisch für den Islam sind, wird dabei geflissentlich übersehen.

Im Einklang mit der Rhetorik rechtspopulistischer Parteien gibt die Volkspartei ihrer neo-rassistischen Ideologie einen verschwörungstheoretischen Unterton. So heißt es bei Camre (2001): „Für die muslimische politisch-religiöse Be-

wegung geht es nur um die Weltherrschaft, so wie es auch für andere fanatische
Ideologien im Laufe der Geschichte nur darum ging. Da sie die Weltherrschaft
nicht militärisch erlangen können, versuchen sie es, indem sie die Welt mit Menschen überfluten. Alle westlichen Länder sind von Muslimen infiltriert. [...] Der
Feind ist unter uns, und er lauert überall in der muslimischen Welt."

Des weiteren glaubt man, dass Einwanderer der Hauptgrund von Kriminalität seien. Die Themen Zuwanderung und innere Sicherheit sind im rechtspopulistischen Diskurs eng miteinander verwoben. So rief die Partei z.B. im Jahre 1997
eine Kampagne „Sicherheit jetzt – die Gewalt aus Dänemark heraus" ins Leben,
die beides in Zusammenhang brachte (Karpantschof 2002: 47). In einer 2001
erschienenen Schrift listete die Dänische Volkspartei seitenlang von Ausländern
gegen Dänen begangene Straftaten auf. Die Botschaft ist klar und wird in dem
Text unverblümt ausgesprochen: Einwanderer sind nicht bloß kriminell, sondern
verfolgen mit ihren Übergriffen auch rassistische Motive (das heißt: sie verscho-
nen ihre eigenen Landsleute). Der uninformierte Leser soll glauben gemacht
werden, dass es ohne die Migranten in der Gesellschaft wesentlich friedlicher
zugehe.

Ein anderes wichtiges Element der rechtspopulistischen Anti-Einwande-
rungs-Rhetorik ist der Wohlfahrtschauvinismus. Einwanderer, so heißt es, nehmen dem Wohlfahrtsstaat Ressourcen weg, die andernfalls für die Alten und
Kranken (will sagen: die gebürtigen Dänen) zur Verfügung stehen würden. So ist
z.B. Camre (2001) der Überzeugung, dass der Zustrom von Ausländern den
Wohlfahrtsstaat zerstöre. Dänemark sei zu einer Versicherungsgesellschaft geworden, aus der alle Leistungen erhielten, ohne jemals eingezahlt zu haben. Eine
solche Versicherungsgesellschaft müsse zugrunde gehen. Die Vorsitzende
Kjærsgaard schlägt in dieselbe Kerbe: „Der Premierminister steht auf dem Kopf,
um all die notwendigen Behausungen zu schaffen, wenn Bürger fremder Länder
an unsere Tür klopfen. Keine Ausgaben wurden gescheut. An den anderen Ob-
dachlosen ist die Regierung völlig desinteressiert. Man weiß, dass mehrere tausend Dänen ohne Dach über dem Kopf leben. Wer wird für sie Asylstädte bau-
en?" (zit. bei Karpantschof 2002: 54 f.)

Dass die wohlfahrtschauvinistische Rhetorik auf fruchtbaren Boden fällt, ist
nicht verwunderlich, wenn man die Präferenzen innerhalb der Wählerschaft
betrachtet. So ordneten sich 1998 31 Prozent der dänischen Wähler gleichzeitig
auf der sozioökonomischen Konfliktskala eher links und auf der soziokulturellen
Skala eher rechts von der Mitte ein (Green-Pedersen / van Kersbergen 2002:
510). Die Kombination von Anti-Migrations-Rhetorik und Sozialpopulismus
erweist sich vor diesem Hintergrund als erfolgversprechende elektorale Formel,
die sich in der sozialstrukturellen Zusammensetzung der rechtspopulistischen
Wählerschaft widerspiegelt.

Last but not least ist unter den rhetorischen Stilmitteln der Volkspartei die Anti-Establishment-Strategie zu nennen. Obwohl die Angriffe auf die politische Klasse seit der Wahl 2001 nachgelassen haben, als die Partei selbst zum de facto-Koalitionspartner der nicht-sozialistischen Regierung wurde, stilisieren sich die Rechtspopulisten weiterhin als politische Außenseiter (Goul Andersen 2004). Ihre Agitation richtet sich dabei hauptsächlich gegen die Sozialdemokraten, mit denen die Volkspartei um die Stimmen der Arbeiterschaft konkurriert. So warf z.B. Pia Kjærsgaard den Sozialdemokraten 1998 in einem Wahlkampffilm vor, dass sie „von einer Gruppe akademischer Theoretiker angeführt (würden), die nicht verstünden und auch gar nicht versuchten zu verstehen, was die Ängste der einfachen Leute sind." Parteien und Personen, die für eine weniger restriktive Einwanderungspolitik stehen, werden von der Volkspartei für gewöhnlich als „Gutmenschen" oder „Moralisierer" abgestempelt. Zum typischen Arsenal rechtspopulistischer Forderungen gehört schließlich auch, dass die Volkspartei sich für die vermehrte Nutzung von Referenden und anderen Mitteln der direkten Demokratie ausspricht.

Gleichzeitig ist die Dänische Volkspartei darum bemüht, antidemokratische und offen (biologisch) rassistische Gruppen und Organisationen auf Distanz zu halten. So schloss sie 1999 z.B. 19 Mitglieder der rassistischen Organisation „Dänisches Forum" aus der Partei aus (Bjørklund / Goul Andersen 2002: 119). Dies änderte allerdings nichts daran, dass die Grenzen zur offen rassistischen Agitation auch in den eigenen Reihen gelegentlich überschritten wurden. Die Vorsitzende Kjærsgaard musste sich z.B. in einem Rechtsstreit bescheinigen lassen, dass der ihr gegenüber erhobene Vorwurf des Rassismus nicht ganz unberechtigt sei. Trotz dieser Ausfälle gelang es der Volkspartei aber relativ gut, sich die unerwünschten Elemente vom Leib zu halten. Weil sie selbst keinem rechtsextremen Milieu entstammte, sondern aus einer populistischen Protestpartei hervorgegangen war, konnte sie den Abgrenzungskurs vor der Wählerschaft einigermaßen glaubwürdig vertreten.

b) Die Schwedischen Demokraten

Die Schwedischen Demokraten gingen 1988 als direkte Nachfolger aus der Schwedischen Partei hervor, welche wiederum 1986 aus einer Fusion der Schwedischen Fortschrittspartei mit der BBS („Haltet Schweden schwedisch") entstanden war (Larsson / Ekman 2001, Lodenius / Wikström 1997). Die extremistische Partei hat ihre Wurzeln im schwedischen Faschismus, und insbesondere Ende der achtziger Jahre und in der ersten Hälfte der neunziger Jahre traten die Überlappungen zwischen ihnen und den offen anti-demokratisch eingestellten nazistischen und faschistischen Gruppierungen deutlich zutage. Ab Mitte der neunziger Jahre entschloss man sich, eine respektablere Fassade aufzubauen. So verfügte z.B. der neue Parteiführer Mikael Jansson (der vorher in der Zentrumspartei aktiv gewesen war) ein Uniformierungsverbot und einige der provokanten Abschnitte im Parteimanifest wurden abgemildert oder ganz herausgenommen (insbesondere diejenigen, welche sich auf die Todesstrafe, das Abtreibungsverbot und das Verbot der Adoption von Kindern aus nicht-europäischen Herkunftsländern bezogen). 1999 sollten sich die Schwedischen Demokraten vom Nazismus schließlich endgültig lossagen. Obwohl das Parteimanifest in der Substanz unangetastet blieb, führte das weichere Profil zu heftigen innerparteilichen Auseinandersetzungen, die in der Abspaltung der „traditionellen" Faktion unter Anders Steen und Tor Paulsson und ihrer Überführung in die neue Partei der Nationalen Demokraten endeten.

Liest man das Manifest der Schwedischen Demokraten und wirft man einen Blick auf die veränderte politische Rhetorik der Partei, ist die Beeinflussung durch das Auftreten anderer rechtspopulistischer Parteien in Europa unübersehbar. Hatten sich die Extremisten in den achtziger Jahren noch stark an der British National Front orientiert, so übernahm in den neunziger Jahren der französische Front National die Vorbildrolle für die nun einzuschlagende ideologische und strategische Richtung. Weitere Impulse gingen von der österreichischen FPÖ, der Dänischen Volkspartei, den deutschen Republikanern und Italiens Alleanza Nazionale aus. So trat z.B. Republikaner-Chef Franz Schönhuber als Gastredner auf einer Kundgebung der Schwedischen Demokraten auf, während der französische Front National sich an der Finanzierung der Wahlkampagne von 1998 beteiligte. Angesichts der großen Wahlerfolge dieser Parteien in ihren Ländern war es für die Schwedischen Demokraten ein naheliegender Wunsch, mit Europas Rechtspopulisten verstärkt zusammenzuarbeiten.

Wie die meisten dieser Parteien sind die Schwedischen Demokraten eine ausgesprochen kulturalistische Partei, deren Programm auf Ethno-Nationalismus und Fremdenfeindlichkeit gründet. Parallelen zu anderen rechtspopulistischen Vertretern zeigen sich darüber hinaus in der Art der Wähleransprache und der Kritik am politischen Establishment. Laut Parteimanifest von 2002 ist es das primäre politische Ziel der Schwedischen Demokraten, die schwedische nationale Identität zu verteidigen (Sverigedemokraterna 2002). Im Hintergrund stehen dabei die begriffliche Gleichsetzung von „Volk" und „Kultur" bzw. „Nation" und „Ethnie" und der nostalgische Glaube an den „Mythos einer goldenen Vergangenheit", in dem sich die Sehnsucht nach einer harmonischen, konfliktfreien Gemeinschaft widerspiegelt. Das Parteimanifest formuliert das ethno-pluralistische Credo wie folgt:

„Die kritische Zutat einer sicheren, harmonischen, soliden und solidarischen Gesellschaft ist die gemeinsame Identität, die einen hohen Grad an ethnischer und kultureller Einheitlichkeit unter den Menschen erfordert. Daraus folgt, dass das nationale Prinzip absolut fundamental für die politischen Werte der Schwedischen Demokraten ist. Das nationale Prinzip basiert auf dem Konzept eines Nationalstaates, dessen territoriale Grenzen mit den demographischen Grenzen zusammenfallen. In ihrer idealen Form ist eine solche Gesellschaft ethnisch homogen. [...] Länder, in denen mehrere relativ starke Kulturen zusammenleben, tendieren dazu, die unterschiedlichen ethnischen Zugehörigkeiten abzuschwächen und ihre eigene Identität auszulöschen. Wir, die Schwedischen Demokraten, glauben, dass die Vielfalt der Kulturen am besten geschützt werden kann (wobei wir die Achtung der Menschenrechte mit einschließen), wenn wir unser Handeln so weit wie möglich unter das Paradigma des Nationalstaates stellen" (Sverigedemokraterna 2003).

In Konsequenz ihrer ethno-pluralistischen Ideologie befürworten die Schwedischen Demokraten wie andere rechtspopulistische Parteien auch eine restriktive Immigrationspolitik, die praktisch allen Nicht-Europäern den Zutritt verwehren möchte und als Bedingung für das Erlangen der Staatsbürgerschaft einen zehnjährigen Aufenthalt im Land und Kenntnisse der schwedischen Sprache und Geschichte verlangt. Die Partei glaubt, dass die „schwedische Staatsbürgerschaft ein Privileg für Schweden" sein sollte und dass nicht einmal Einwanderer, welche sie erlangt haben, „richtige" Schweden seien, da es „mehrere Generationen brauche", um „vollständig Teil einer Nation zu werden" (Sverigedemokraterna 2003). Die offizielle Linie weicht davon bezeichnenderweise etwas ab; sie lautet, dass Zuwanderer, welche schon die Staatsbürgerschaft erlangt haben, assimiliert werden sollen (das heißt: sie sollen ihre „alten" Gebräuche komplett ablegen – einschließlich der religiösen Überzeugungen). Die Forderung nach einer rückwirkenden Repatriierung von Zuwanderern, die noch im alten Parteiprogramm gestanden hatte, wurde 1999 zwar zurückgenommen; allerdings hofft die Partei immer noch, naturalisierte Schweden mit Migrationshintergrund zur freiwilligen Rückkehr in ihre Herkunftsländer bewegen zu können.

Anderen rechtspopulistischen Parteien vergleichbar, lässt sich der einwanderungspolitische Diskurs der Schwedischen Demokraten in vier verschiedene Bereiche bzw. Themen unterteilen. Erstens wird – wie gesehen – Immigration als Gefahr für die schwedische Kultur und nationale Identität betrachtet. Zweitens wähnt man sie als Ursache von Verbrechen, wobei sexuelle und Gewaltdelikte besonders prominent herausgestellt werden. Dass man den Fremden dabei in der Regel rassistische Motive unterstellt, hilft den Extremisten auch, sich selbst vom Rassismusvorwurf zu entlasten.[2] Drittens wird Einwanderung als Grund für Ar-

---

[2] Hier handelt es sich um ein gutes Beispiel für die von den Rechtspopulisten praktizierte Umwertung politischer Begriffe. Ein anderes Beispiel, das zugleich zeigt, welche Blüten die *political correctness* in Schweden getrieben hat, ist die von den Herausforderern dankbar aufgegriffene Bezeichnung der Zuwanderer als „Kulturberikare", was sich als „kulturelle Bereicherer" nur schwer ins Deutsche

beitslosigkeit und die Probleme des Wohlfahrtsstaates hingestellt. Einwanderer gelten als illegitime Konkurrenten um die knapper werdenden Ressourcen des Landes, welche nach Ansicht der Extremisten den „ethnischen Schweden" vorbehalten bleiben sollten. Wie der französische Front National beschwören die Schwedischen Demokraten das Prinzip der „nationalen Präferenz", das besagt, dass die einheimischen Schweden beim Zugang zu Kinderbetreuungseinrichtungen, Arbeit und Gesundheitsversorgung Vorrang genießen. Die Migranten werden dabei häufig gegen andere vermeintlich benachteiligte Gruppen wie z.b. die Rentner ausgespielt, indem man die Begrenzung oder Kürzung staatlicher Leistungen mit der Zuwanderung unmittelbar in Zusammenhang bringt. Viertens schließlich nehmen die Schwedischen Demokraten auch in Wert- und Lebensstilfragen autoritäre Positionen ein, so etwa in der Familienpolitik oder in Fragen der inneren Sicherheit. Wie andere rechtspopulistische Parteien betrachten sie die Familie als neben der Nation wichtigsten Garanten des gesellschaftlichen Zusammenhalts und beklagen die „moralische Desintegration", die sich in hohen Scheidungs- und Abtreibungszahlen ausdrücke. Seit Verabschiedung des ersten Parteimanifests haben die Schwedischen Demokraten ihre Positionen auf diesem Gebiet aber deutlich entschärft, um sich von den Wählerbedürfnissen nicht zu weit zu entfernen. Diese Kursänderung war in den eigenen Reihen stark umkämpft und ist auch heute noch Gegenstand hitziger Auseinandersetzungen.

Ein letzter Blick gilt der von den Schwedischen Demokraten eingesetzten Anti-Establishment-Strategie. Auch hier lassen sich alle bekannten Versatzstücke (rechts)populistischer Agitation nachweisen. Die anderen politischen Parteien werden als „liberal-marxistisches" Establishment in einen Topf geworfen, da sie alle derselben geschlechtslosen, egalitären und multikulturellen Utopie anhingen (vgl. z.B. Windeskog 1999: 8 f.). Wie Frankreichs Frontisten brüsten sich die Schwedischen Demokraten damit, dass sie sich nicht um die Gebote der politischen Korrektheit scheren, sondern laut aussprechen, was die einfachen Leute denken (Larsson / Ekman 2001: 277). Als „wahre Stimme des Volkes" schwingt sich die Partei zur eigentlichen Verteidigerin der Demokratie auf, die gegen die Meinungsdiktatur der „international anerkannten Politiker" und ihre Medienmacht einen gerechten Kampf führe (Sverigedemokraterna 2002).

Trotz ihrer Bemühungen, sich ideologisch und programmatisch einen gemäßigteren Anstrich zu geben, fällt es den Schwedischen Demokraten schwer, ihrer Stigmatisierung als extremistischer Anti-System-Partei zu entrinnen. Es bleibt das Hauptproblem der Partei, dass sie ihre Wurzeln in der außerparlamentarischen extremen Rechten nicht verleugnen kann. Die Schwedischen Demokraten mögen sich zwar von der oberflächlichen Symbolik des Extremismus befreit

---

übersetzen lässt (Benford / Snow 2000). Ein solcher Begriff drängt geradezu danach, ironisiert zu werden (Anmerkung des Herausgebers).

haben; der Verdacht lässt sich jedoch nicht von der Hand weisen, dass sie dies in erster Linie aus taktischen Gründen tun, um ihr öffentliches Image aufzupolieren. Obwohl die gestiegene Unterstützung für die Schwedischen Demokraten in den letzten Jahren gewiss auch auf ihr verändertes Erscheinungsbild zurückzuführen ist, spricht vieles dafür, dass die Partei unter der Bürde des Extremismus weiter zu leiden haben wird. Ein Großteil der Wähler nimmt ihr die ideologische Kehrtwende zu Recht nicht ab und kann sich in dieser Auffassung durch die heftige Opposition bestätigt fühlen, auf die der Mäßigungskurs bei namhaften Funktionären und an der Parteibasis gestoßen ist.

7 Schlussbemerkung

Die Darstellung hat gezeigt, dass Dänemark und Schweden mit Blick auf die politischen Gelegenheitsstrukturen vieles gemeinsam haben, was das Aufkommen einer rechtspopulistischen Partei begünstigen müsste. Dies gilt insbesondere für die Einwanderungspolitik und die generelle Entfremdung der Bevölkerung von den Institutionen und der politischen Klasse. Nicht minder markant sind allerdings die Unterschiede. Während die sozioökonomische Konfliktlinie in Dänemark an Relevanz stark eingebüßt hat, bleibt sie in der schwedischen Politik von großer Bedeutung. Umgekehrt verhält es sich mit der soziokulturellen Dimension und hier vor allem mit der Einwanderungsfrage. Dieses Thema wurde in Dänemark viel stärker politisiert als in Schweden, wo die sozial- und wirtschaftspolitischen Fragen auf der Agenda weiter oben rangierten. Genauso gravierend sind die Unterschiede auf der politischen Anbieterseite. Dänische Volkspartei und Schwedische Demokraten stimmen zwar in ihrer ideologischen Kernbotschaft eines ethnisch homogenen Nationverständnisses weitgehend überein und weisen auch in ihren populistischen Agitationsformen verblüffende Ähnlichkeiten auf. Die Schwedischen Demokraten tragen jedoch aufgrund ihrer faschistischen Herkunft und ihren bleibenden Verbindungen zu neonazistischen Organisationen in der Öffentlichkeit nach wie vor ein Stigma, das sie daran hindert, ihre extremistischen Wurzeln abzuschneiden und eine respektable Fassade aufzubauen. Die anderen Parteien verfolgen ihnen gegenüber konsequenterweise einen strikten Abgrenzungskurs (nach dem Vorbild des belgischen *cordon sanitaire*). Die Dänische Volkspartei, die aus der nicht-extremistischen Fortschrittspartei hervorgegangen ist, hat solche Sorgen nicht. Sie wurde von den etablierten Parteien und Medien des Landes von Beginn an als legitimer Bestandteil des Parteiensystems anerkannt und ab 2001 indirekt sogar in die Regierungsverantwortung mit einbezogen. Die Respektabilität führte dazu, dass die Rechtspopulisten ihre politischen Vorstellungen aktiv betreiben und in zentralen Bereichen der Innen- und Gesellschaftspolitik die Meinungsführerschaft an sich reißen konnten.

Literatur

Besonders wichtige Titel sind mit einem Sternchen gekennzeichnet.

Andersen, Johannes, (1999), De fremmede som 'skjult' dagsorden, in: John Andersen / Ole Borre / Jørgen Goul Andersen u.a. (Hg.), Vælgere med omtanke – an analyse af Folketingsvalget 1998, Århus.

Andersen, Johannes (1999b), Højrefløjen og kritikken af de fremmede i Danmark, Working Paper 1999/10, Department of Economics and Politics, University of Aalborg.

Andersen, Johannes (2000), Dansk Folkeparti, demokratiet og de fremmede, Working paper 2000: 6, Department of Economics and Politics, University of Aalborg.

Benford, Robert D. / David A. Snow (2000), Framing Processes and Social Movements: An Overview and Assessment, in: Annual Review of Sociology 26, S. 611-639.

Betz, Hans-Georg (1994), Radical Right-Wing Populism in Western Europe, London.

*Bjørklund, Tor / Jørgen Goul Andersen (2002), Anti-Immigration Parties in Denmark and Norway: The Progress Parties and the Danish People's Party, in: Martin Schain / Aristide Zolberg / Patrick Hossay (Hg.), Shadows Over Europe: The Development and Impact of the Extreme Right in Western Europe, New York, S. 107-136.

Blomqvist, Paula / Chistoffer Green-Pedersen (2002), Defeat at Home? Issue-ownership and Social Democratic Support in Scandinavia, Paper presented at the annual meeting of the American Political Science Association in Boston, August 29–September 1, 2002.

Budge, Ian / Dennis J. Farlie (1983), Party Competition – Selective Emphasis or Direct Confrontation? An Alternative, in: Hans Daalder / Peter Mair (Hg.), Western European Party Systems, London, S. 267-306.

Camre, Mogens (2000), Islam kan ikke integreres, www.danskfolkeparti.dk.

Can, Mustafer (2002), I Sveriges namn, in: Dagens Nyheter vom 28. September 2002.

Clark, Terry N. / Seymour Martin Lipset, Hg. (2001), The Breakdown of Class Politics. A Debate on Post-Industrial Stratification, Baltimore.

Dansk Folkeparti (2001), Arbejdsprogram, www.danskfolkeparti.dk.

Dansk Folkeparti (2002), Principprogram, www.danskfolkeparti.dk.

Demker, Marie (2003), Trendbrott i flyktingfrågan – och polariseringen har ökat, in: Sören Holmberg / Lennart Weibull (Hg.), Fåfängans marknad: SOM-undersökningen 2002. Gothenburg: SOM-institutet.

Ebbinghaus, Bernhard / Jelle Visser (2000), A Comparative Profile, in: dies. (Hg.), The Societies of Europe. Trade Unions in Western Europe since 1945, London, S. 33-74.

EUMC [European Union Monitory Centre] (2001), Attitudes towards Minority Groups in the European Union. A Special Analysis of the Eurobarameter 2000 Survey, Wien.

Fogh Rasmussen, Anders (1999), Er DF parat?, in: Dansk Folkeblad 3 (2), S. 10-11.

Gaasholt, Øystein / Lise Togeby (1995), I syv sind: danskernes holdninger til flygtninge og invandrere, Århus.

Goul Andersen, Jørgen (2003), The General Election in Denmark, November 2001, in: Electoral Studies 22, S. 153-193.

Goul Andersen, Jørgen (2004), Dansk Folkeparti och nya konfliktdimensioner i dansk politik, in: Jens Rydgren / AndersWidfeldt (Hg.), Från Le Pen till Pim Fortuyn: Populism och parlamentarisk högerextremism i dagens Europa, Malmö, S. 147-170.

Green-Pedersen, Christoffer / Kees van Kersbergen (2002), The Politics of the 'Third Way'. The Transformation of Social Democracy in Denmark and the Netherlands, in: Party Politics, 8 (5), S. 507-524.

Holmberg, Sören (1997), Svenska folket är si så där nöjda med hur demokratin fungerar i Sverige, in: Sören Holmberg / Lennart Weibull (Hg.), Ett missnöjt folk? SOM-undersökningen 1996, Göteburg.

Holmberg, Sören (2000), Välja parti, Stockholm.

Holmberg, Sören / Lennart Weibull (2003), Förgängligt förtroende, in: dies. (Hg.), Fåfängans marknad: SOM-undersökningen 2002, Göteburg.

Hussain, Mustafa (2000), Islam, media and minorities in Denmark, in: Current Sociology 48 (4), S. 95-116.

Karpantschof, René (2002), Populism and Right Wing Extremism in Denmark 1980–2001, Sociologisk Rapportserie 4/2002, Department of Sociology, University of Copenhagen.

*Kitschelt, Herbert / Antony McGann (1995), The Radical Right in Western Europe. A Comparative Analysis, Ann Arbor.

Kriesi, Hanspeter / Ruud Koopmans / Jan W. Duyvendak u.a. (1995), New Social Movements in Western Europe. A Comparative Analysis, Minneapolis.

Larsson, Stieg / Mikael Ekman (2001), Sverigedemokraterna. Den nationella rörelsen, Stockholm.

Lipset, Seymour Martin (1981), Political Man. The Social Bases of Politics, Baltimore.

Lodenius, Anna-Lena / Per Wikström (1997), Vit makt och blågula drömmar. Rasism och nazism i dagens Sverige, Stockholm.

Mayer, Nonna (1999), Ces Français qui votent FN, Paris.

Möller, Tommy (2000), Politikens meningslöshet. Om misstro, cynism och utanförskap, Malmö.

Nielsen, Hans Jørgen (1999), Tilliden til politikerne, in: Johannes Andersen u.a. (Hg.), Vælgere med omtanke – an analyse af Folketingsvalget 1998, Århus.

Oscarsson, Henrik (1998), Den svenska partirymden. Väljarnas uppfattning av konfliksstrukturen i partisystemet, Universität Göteburg (Gothenburg Studies in Politics 54).

Rydgren, Jens (2003a), Mesolevel Reasons for Racism and Xenophobia: Some Converging and Diverging Effects of Radical Right Populism in France and Sweden, in: European Journal of Social Theory 6 (1), S. 45-68.

Rydgren, Jens (2003b), The Populist Challenge: Political Protest and Ethno-nationalist Mobilization in France, New York.

Rydgren, Jens (2005), Is Extreme Right-wing Populism Contagious? Explaining the E-
mergence of a New Party Family, in: European Journal of Political Research, 44 (3),
S. 1-25.
Rydgren, Jens / Joop van Holsteyn (2004), Holland and Pim Fortuyn: A Deviant Case or
the Beginning of Something New?, in: Jens Rydgren (Hg.), Movements of Exclusi-
on: Radical Right-wing Populism in the Western World, New York, S. 41-64.
Schattschneider, Elmer E. (1975), The Semisovereign People: A Realist's View of De-
mocracy in America, London.
Solomos, John / John Wrench (1993), Race and Racism in Contemporary Europe, in: dies.
(Hg.), Racism and Migration in Western Europe, Oxford.
Sverigedemokraterna (2002), Partiprogram 1999 med justeringar,
www.sverigedemokraterna.se.
Sverigedemokraterna (2003), Sverigedemokraternas principprogram, in:
www.sverigedemokraterna.se.
Togeby, Lise (1998), Prejudice and Tolerance in a Period of Increased Ethnic Diversity
and Growing Unemployment: Denmark since 1970, in: Ethnic and Racial Studies 21
(6), S. 1137-1154.
*Widfeldt, Anders (2004), The Diversified Approach: Sweden, in: Roger Eatwell / Cas
Mudde (Hg.), Western Democracies and the New Extreme Right Challenge, London.
Windeskog, Jimmy (1999), Politik är inte att vilja, SD-Kuriren 35/1999.

Frank Decker / Florian Hartleb

Populismus auf schwierigem Terrain. Die rechten und linken Herausfordererparteien in der Bundesrepublik

1 Einleitung

Den europaweiten Erfolg der neuen rechtspopulistischen Parteien belegen die Wahlergebnisse in einzelnen Ländern. Sie zeigen nur zu deutlich, dass der neue Rechtspopulismus mittlerweile über eine solide Erfolgsgrundlage verfügt, mit deren Verschwinden in absehbarer Zukunft nicht zu rechnen ist (Decker 2004: 12 f.). In der Bundesrepublik Deutschland weist der parteiförmig organisierte Rechtspopulismus hingegen eine zwiespältige und – im europaweiten Vergleich – bescheidene Erfolgsbilanz auf (Betz 1998: 11). Nicht nur, dass die populistischen Parteien hierzulande recht spät in Erscheinung getreten sind; achtbare Wahlresultate erzielten sie erst gegen Ende der achtziger Jahre. Ihre Erfolge blieben dabei auf die kommunale und Länderebene beschränkt und waren auch dort zumeist nur von kurzer Dauer. Lediglich in Baden-Württemberg ist es den Republikanern (REP) 1996 gelungen, ihr Wahlergebnis von 1992 annähernd zu bekräftigen (9,1 gegenüber 10,9 Prozent). In den übrigen Ländern konnte sich die Partei ebenso wenig etablieren wie die rechtsextreme Konkurrenz von NPD und DVU[1] oder andere Neugründungen, die eine gemäßigtere Version des Populismus bevorzugten (Statt-Partei und Bund Freier Bürger). Die Bundesrepublik schien gegen das Phänomen offenbar immun.

Mit dem Sensationserfolg der nicht-extremistischen Schill-Partei bei der Hamburger Bürgerschaftswahl am 23. September 2001 drohte diese Gewissheit auf einmal zu schwinden. Noch nie zuvor war es einer Partei geglückt, bei einer Landtagswahl aus dem Stand ein so hohes Ergebnis zu erzielen (19,4 Prozent).

---

[1] Als modernisierte Neuauflagen des alten Rechtsextremismus, die in mehr oder weniger großer Nähe zu nationalsozialistischem Gedankengut stehen, fallen NPD und DVU aus der rechtspopulistischen Parteienfamilie heraus, weshalb sie im folgenden nur am Rande betrachtet werden. Die Notwendigkeit, sie nicht ganz außer acht zu lassen, ergibt sich aus ihrem Konkurrenzverhältnis zu den Republikanern und anderen nicht-extremistischen Neugründungen im rechten Lager. Auch wenn zwischen den Rechtsaußenparteien ideologisch und organisatorisch deutliche Unterschiede bestehen, stellen sie aus der Sicht des Wählers weitgehend austauschbare Protestäquivalente dar, wie sich beim sensationellen Einzug der NPD in den sächsischen Landtag im Jahre 2004 erneut gezeigt hat (Decker / Miliopoulos 2005).

Die Schill-Partei war eindeutig „populistisch": Sie stilisierte sich mittels einer charismatischen Führungsfigur medienkompatibel und polarisierend als die gegen die etablierten Parteien gerichtete Stimme des einfachen „Volkes" (Hartleb 2004a: 68 f.). Gleichwohl ist die ad-hoc-Partei auch durch die Eskapaden ihres „Kopfes" Ronald Barnabas Schill längst entzaubert und in der Versenkung verschwunden. Somit bleibt es bei der Tatsache, dass den Durchbruch in der Bundesrepublik bisher noch keine Rechtsaußenpartei geschafft hat. Auch der vermeintliche Versuch des FDP-Politikers Jürgen W. Möllemann, die FDP im Bundestagswahlkampf 2002 auf einen rechtspopulistischen Kurs zu führen, scheiterte bzw. blieb nur von kurzer Dauer.

Mehr Erfolg hatte nach der Deutschen Einheit eine andere Spielart des Populismus, der in der Forschung bislang weitgehend unberücksichtigte Linkspopulismus (Hartleb 2004a). Die Kombination von linkem und regionalistischem Populismus sicherte der PDS in den neuen Ländern Stimmenanteile, von denen ihre rechtspopulistischen Konkurrenten im Westen nur träumen konnten. Nach dem Misserfolg bei der Bundestagswahl 2002 erfuhr die Partei im Jahre 2005 durch das Bündnis mit der westdeutschen SPD-Abspaltung „Wahlalternative Arbeit und Soziale Gerechtigkeit" (WASG) eine unerwartete populistische Renaissance, die sie auch in den alten Bundesländern salonfähig machte. Mit Gregor Gysi und dem langjährigen SPD-Parteivorsitzenden Oskar Lafontaine verfügt die neu entstandene „Linkspartei" über zwei profilierte Führungspersönlichkeiten, die für die vorgezogene Bundestagswahl 2005 die notwendige Medienaufmerksamkeit garantieren. So ist der Begriff des Linkspopulismus in aller Munde, wie Gerhard Schröders Rede am 1. Juli 2005 zur Begründung der Vertrauensfrage exemplarisch belegt: „Diese Debatte [um die Arbeitsmarktreformen] hat so weit geführt, dass SPD-Mitglieder damit drohten, sich einer rückwärts gewandten, linkspopulistischen Partei anzuschließen, die vor Fremdenfeindlichkeit nicht zurückschreckt."[2]

Der Beitrag hat das Ziel, den parteiförmigen Populismus in Deutschland in seiner ganzen Breite zu erfassen. Er will daher zum einen das Augenmerk auf den Rechtspopulismus richten, die bislang erfolgten Parteigründungen und die Gründe für deren Scheitern. Neben der Schill-Partei sind hier die Republikaner, die Statt-Partei und der Bund Freier Bürger anzusprechen. Es stellt sich die Frage, ob diese wirklich die Kriterien einer rechtspopulistischen Partei erfüllen. Zum anderen rückt die PDS als Vertreterin eines linken Populismus in den Mittelpunkt, wobei die Entwicklungen um das Linksbündnis besonderer Erwähnung bedürfen. Zusätzlich wird der Frage nachzugehen sein, ob das von der FDP im Bundestagswahlkampf 2002 ventilierte „Projekt 18" beabsichtigte, aus der „Mitte" des politischen Spektrums heraus eine neue (rechts)populistische Partei zu

---

[2] Deutscher Bundestag: Stenografischer Bericht. 185. Sitzung, Berlin, 1.Juli 2005.

lancieren. Abschließend soll mit Blick auf das 2005 geschmiedete Bündnis von PDS und WASG erörtert werden, ob eine linkspopulistische Gruppierung hierzulande womöglich bessere Erfolgsaussichten hat als eine rechtspopulistische.

2 Eine Geschichte der Erfolglosigkeit: Republikaner, Statt-Partei, Bund Freier Bürger

Die bis zum Auftreten Ronald B. Schills erfolgreichste unter den erfolglosen rechtspopulistischen Parteien in der Bundesrepublik waren die Republikaner (REP). Gegründet wurden die REP im November 1983 von den beiden CSU-Bundestagsabgeordneten Franz Handlos und Ekkehard Voigt, die ihrer Partei aus Verärgerung über einen von Franz Josef Strauß vermittelten Milliardenkredit an die DDR und den damit verbundenen Kurswechsel in der Ost- und Deutschlandpolitik den Rücken gekehrt hatten. Drittes Gründungsmitglied war der Fernsehjournalist Franz Schönhuber. Die Entstehung der Partei kam überraschend, da Strauß und die Union es bis dahin stets verstanden hatten, den rechten Rand in das demokratische Spektrum zu integrieren. Von ihrem Vorsitzenden Handlos als rechts-konservative Partei betrachtet, gelang es der Neugründung, sich im bürgerlichen Lager eine gewisse Reputation zu verschaffen. Die Partei entwickelte aber zugleich eine gehörige Anziehungskraft auf Vertreter des rechtsextremen Lagers. Dies führte zum Erstarken des rechten Parteiflügels unter Schönhuber, der Handlos 1985 schließlich entmachten konnte.

Schönhubers Autorität als Identifikationsfigur der Partei resultierte aus seinem persönlichen Auftreten, seiner volkstümlichen Rhetorik und seinem Gestus als Tabubrecher, die ihm die Befähigung zum populistischen Volkstribun verliehen. Eine innerparteiliche Willensbildung war kaum entwickelt; Schönhuber bestritt Wahlkämpfe und Parteiveranstaltungen nahezu allein. Sein Diskurs akzentuierte soziale Ängste und Egoismen und appellierte an fremden- und minderheitenfeindliche Ressentiments (Lüdecke 1993). So nimmt es nicht Wunder, dass die Partei unter Schönhuber die Brücken zum organisierten Rechtsextremismus verstärkte. Elektoral schadete ihr das zunächst nicht, im Gegenteil: Die REP zogen 1989 mit 7,5 Prozent der Stimmen in das Berliner Abgeordnetenhaus ein und erreichten bei den Wahlen zum Europäischen Parlament wenige Monate später 7,1 Prozent – bis heute das beste Ergebnis einer Rechtsaußenpartei bei einer nationalen Wahl überhaupt. In Baden-Württemberg gelang ihnen 1992 mit 10,9 Prozent der Sprung in den Landtag. Die Hoffnung, der zwischenzeitliche elektorale Durchbruch würde zur inneren Stabilisierung der Partei beitragen, erfüllte sich gleichwohl nicht. Der Unmut der Basis entlud sich auf den Parteivorsitzenden und dessen autoritären Führungsstil. Schönhuber (2002: 168 f.) selbst räumte Jahre später ein, dass „Eitelkeit zu meiner Achillesferse gehört."

Die Ära Schönhuber war geprägt von heftigen innerparteilichen Auseinandersetzungen und Abspaltungen, die den Abgrenzungskurs zu Parteien aus dem rechtsextremen Spektrum, insbesondere zur DVU betrafen. Nachdem sich Schönhuber zuvor vehement gegen eine Zusammenarbeit mit der DVU ausgesprochen hatte, kam es 1994 zu einem überraschenden Treffen mit deren Vorsitzenden Gerhard Frey. Auslöser war das Ergebnis der Hamburger Bürgerschaftswahlen von 1993, bei der beide Parteien getrennt voneinander angetreten waren und sich die Stimmen dadurch wechselseitig weggenommen hatten (mit der Folge, dass es für keine von ihnen zum Einzug in das Landesparlament reichte). Frey schloss daraufhin Wahlabsprachen mit den Republikanern nicht mehr aus. In der Folge wurde Schönhuber kurzfristig seiner Ämter enthoben, er trat enttäuscht nicht mehr zur Wahl an und sollte den Republikanern später ganz den Rücken kehren.[3] Unter dem neuen Bundesvorsitzenden Rolf Schlierer geriet die Partei in ein ruhigeres Fahrwasser, was sich jedoch nicht auszahlte. Der Populismus der REP rückte in den Hintergrund, nachdem Schlierer im Unterschied zu seinem Vorgänger keinerlei charismatische Ausstrahlung entwickeln konnte (Obszerninks 1999: 90). Die Partei fixierte sich nun ganz auf das Ausländerthema, was sie in der Öffentlichkeit weiter Ansehen kostete. Die elektorale Misere beleuchtet das strategische Dilemma der Partei: Einerseits ist Schlierer darauf bedacht, die REP als demokratische Alternative zu präsentieren, andererseits verweigert sich die Partei einem strikten Abgrenzungskurs zu anderen rechtsextremen Vertretern. Die Zukunftsperspektiven der Republikaner sind düster, da sie im Unterschied zu NPD und DVU in keinem Landtag mehr vertreten sind und dadurch zunehmend in Bedeutungslosigkeit zu fallen drohen (Decker / Miliopoulos 2005: 127 ff.).

Im Unterschied zu den Republikanern verstand sich die Statt-Partei als bürgerliche Protestpartei der Mitte. Ihre Gründung wurde möglich, nachdem das Hamburgische Verfassungsgericht im Mai 1993 die Bürgerschaftswahlen von 1991 aufgrund schwerwiegender Demokratieverstöße beim Kandidatenaufstellungsverfahren der CDU für ungültig erklärt und eine Wiederholung der Wahl angeordnet hatte. Im Vorfeld dieses Urnengangs konstituierte sich die Statt-Partei als lokale Wählervereinigung. Treibende Kraft in diesem Prozess war der Hamburger Kleinverleger Markus E. Wegner, vormaliges CDU-Mitglied.

Wegner verkörperte zunächst glaubhaft die Rolle des Politrebellen, der als David gegen die etablieren großen Parteien kämpft (Wegner 1994). Die Bezeichnung „Statt-Partei" und der Status als Wählervereinigung erwiesen sich dabei als äußerst geschickt gewählt, brachten sie doch zum Ausdruck, dass man

---

[3] Inzwischen schreibt Schönhuber regelmäßig für das NPD-Organ „Deutsche Stimme" und fungiert als medienpolitischer Berater der NPD-Fraktion im Sächsischen Landtag. Bei der Bundestagswahl 2005 trat er als Direktkandidat der NPD im Wahlkreis Dresden I an.

sich als Gegenbild zu den herkömmlichen Parteien verstand (Decker 1994: 256). Die Statt-Partei, ein Unikum in der deutschen Parteiengeschichte, weigerte sich größtenteils, sachpolitische Aussagen zu machen und äußerte sich zu den wichtigsten Politikfeldern nur kryptisch. Die Kritik am „Parteienstaat" stand bei der „One-issue-Partei" im Mittelpunkt und definierte ihr Selbstverständnis. Die Partei transportierte im Unterschied zu den Republikanern keine genuin rechten Positionen – Themenfelder wie EU, Innere Sicherheit oder Immigration wurden nur gestreift. Insofern lässt sie sich nicht durchweg als „*rechts*populistisch" charakterisieren.

Wegners Strategie war kurzzeitig von Erfolg gekrönt: Am 19. September 1993 erhielt die Statt-Partei bei der Hamburger Bürgerschaftswahl aus dem Stand 5,6 Prozent der Stimmen. Die SPD musste damit die absolute Mehrheit abgeben. Als Ergebnis der Sondierungsgespräche ergab sich eine Kooperation der SPD mit der Statt-Partei (den Begriff Koalition lehnte die Wählervereinigung ab). Die erstmals ins Parlament eingezogene Partei übernahm somit Mitverantwortung an der Regierung (die Statt-Partei nominierte keine eigenen, sondern zwei parteiungebundene Senatoren). Problematisch war aber bereits dieser Schritt. Die Basis der Partei erzürnte sich daran, dass Stand und Positionen in den Kooperationsverhandlungen mit der SPD, die Wegner entscheidend mitbestimmte, geheim gehalten wurden, womit die Wählervereinigung ihre hehren Transparenz- und Demokratieprinzipien Lügen strafte.

Am 22. Januar 1994, nur ein gutes halbes Jahr nach der Gründung, fasste die Statt-Partei den Beschluss, sich als Bundespartei zu konstituieren. Damit stand sie vor einer schweren Zerreißprobe. Aus Protest gegen die Abkehr vom Modell einer lokalen Wählervereinigung traten eine Reihe von Gründungsmitgliedern wieder aus. Die Hamburger Führungsspitze um Wegner erkannte den niedersächsischen Landesverband nicht an. Zudem stand bei einigen Landesverbänden der Verdacht der rechtsextremen Unterwanderung im Raum. Politisches Chaos mit einer Serie juristisch ausgefochtener Streitigkeiten folgte. Wahlmisserfolge wie bei der Bundestagswahl im gleichen Jahr (0,1 Prozent) taten ihr übriges. Im November 1994 verließ Parteigründer Wegner die Partei, nachdem er schon vorher den Posten als Fraktionschef räumen musste. Bei der Bürgerschaftswahl 1997 verpasste die Statt-Partei unter ihrem neuen Spitzenkandidaten Jürgen Hunke den Wiedereinzug ins Parlament (3,8 Prozent), bei der Wahl 2001 kam sie im Schatten der Schill-Partei auf nur noch 0,4 Prozent.

Im gleichen Jahr wie die Statt-Partei (1993) wurde der Bund Freier Bürger (BFB) ins Leben gerufen. Maßgeblicher Initiator war Manfred Brunner, früherer bayerischer FDP-Vorsitzender, der im September 1992 wegen politischer Differenzen über den Maastrichter Vertrag als EG-Beamter entlassen worden war. Brunner trug den von der Bundesregierung unterstützten Maastricht-Prozess zur Einführung einer gemeinsamen Währung nicht mit. Er zog vor das Bundesverfassungsgericht, errang einen Teilerfolg und kündigte die Gründung einer neuen Partei an, um den Widerstand gegen die Währungsunion auf politischem Gebiet fortzusetzen. Die Partei konzentrierte sich auf die Wahlen zum Europäischen Parlament am 12. Juni 1994, wo sie allerdings bei 1,1 Prozent der Stimmen stehen blieb. Auch bei den Wahlen auf Landes- und kommunaler Ebene blieb sie durchweg erfolglos (Schulze 2004: 201 ff.).

Dem Bund Freier Bürger gelang es zwar, seine Kritik an der europäischen Einheitswährung in ein weiter gefasstes rechtspopulistisches Konzept einzubetten, das auch Themen wie Kriminalitätsbekämpfung und Zuwanderung ansprach. Die elitäre Ausrichtung der Partei, die sich im hohen Professorenanteil unter den Vorstandsmitgliedern ausdrückte, führte aber dazu, dass der BFB über den Status eines exklusiven politischen Clubs nicht hinauskam. Der Schulterschluss des wenig charismatischen Brunner mit Jörg Haider, den er für gemeinsame Wahlkampfauftritte (teilweise unter Polizeischutz) gewinnen konnte, erwies sich zudem als kontraproduktiv und sorgte für parteiinternen Unmut. Manfred Brunner sah sich Vorwürfen ausgesetzt, bei der Abgrenzung nach rechtsaußen zu lasch zu verfahren. Das öffentliche Image, soweit die Partei überhaupt Beachtung fand, verschlechterte sich dadurch zusehends.

Durch die ernüchternden Wahlergebnisse sah sich die Partei zum Handeln gezwungen und „fusionierte" mit der „Offensive für Deutschland" des hessischen Landtagsabgeordneten Heiner Kappel. Dieser entstammte – ähnlich wie Brunner – dem rechten Flügel der FDP und hatte seine Partei im Unfrieden verlassen. An der elektoralen Misere änderte das freilich nichts: Bei der Bundestagswahl 1998 scheiterte der BFB mit 0,2 Prozent kläglich. Schnell kam es zwischen Brunner und Kappel zu erbitterten Auseinandersetzungen über das Verhältnis zur rechtsextremen Konkurrenz: Brunner setzte auf Abgrenzung, Kappel auf eine stärkere Öffnung. Brunner verließ im Februar 1999 frustriert die Partei, die sich im Sommer 2000 schließlich endgültig auflöste.

3   Die Schill-Partei – ein kurzer Höhenflug des Rechtspopulismus

Die Erfolglosigkeit des parteiförmig organisierten Rechtspopulismus in Deutschland ist kein ungeschriebenes Gesetz. Das bewies die Schill-Partei eindrucksvoll. Bereits 14 Monate nach ihrer Gründung konnte sie im September 2001 bei den Hamburger Bürgerschaftswahlen 19,4 Prozent der Wählerstimmen auf sich vereinen. Nie zuvor hatte in der Geschichte der Bundesrepublik eine gerade erst entstandene Partei ein derart gutes Ergebnis erzielt. Aufstieg und Fall der „Partei Rechtsstaatlicher Offensive" sind mit der Person ihres Gründers Ronald B. Schill aufs engste verbunden (Baumann 2002). Drakonische Urteile hatten den Strafrichter am Hamburger Amtsgericht in der Öffentlichkeit ausgangs der neunziger

Jahre bekannt gemacht. Schill weckte die Aufmerksamkeit der Medien, die ihm rasch den zweifelhaften Titel eines „Richter Gnadenlos" verpassten. Immer mehr ins Rampenlicht rückend, wagte der Amtsrichter den Einstieg in die Politik und hob im Juli 2000 eine eigene Partei aus der Taufe – die Partei Rechtsstaatlicher Offensive, die in der Öffentlichkeit bald nur noch unter dem einprägsamen Kürzel „Schill-Partei" firmieren sollte.

Ronald B. Schill erzeugte Glaubwürdigkeit, indem er vorgab, als „Law-and-order"-Amtsrichter den Rechtsstaat zu vertreten und zu verteidigen. Im Hamburger Bürgerschaftswahlkampf 2001 schuf sich der bekennende Anti-68er ein überzeugendes Image als Fachmann für innere Sicherheit, nachdem er die von ihm und seiner Partei propagierte Politik der „Zero Tolerance" während seiner früheren Tätigkeit als Strafrichter bereits konsequent praktiziert hatte. Bewusst Ängste schürend und an das subjektive Sicherheitsgefühl appellierend, erklärte Schill Hamburg zur Hauptstadt des Verbrechens. Er heizte das Betroffenheitsthema emotional auf, gebrauchte griffige Äußerungen, die er permanent repetierte. Seine Wahlkampfveranstaltungen beendete er mit dem Satz: „Kommen Sie gut nach Hause und lassen Sie sich nicht überfallen!" (Hartleb 2004b: 217 ff.)

Der Wahlerfolg verdankte sich im wesentlichen einer Kombination von drei Faktoren. Erstens gab es für die Schill-Partei in der Hansestadt durch das Kriminalitätsthema eine optimale politische Gelegenheitsstruktur, der die anderen Parteien – und hier vor allem die regierende SPD – nichts entgegenzusetzen hatten. Zweitens war Schill aufgrund seiner Herkunft und beruflichen Vita im bürgerlichen Lager salonfähig, was ihm unter anderem die Unterstützung der in Hamburg besonders einflussreichen Springer-Zeitungen eintrug. Er konnte also nicht ohne weiteres als Rechtsextremist abgestempelt werden. Und drittens verfügte der Parteigründer über genügend Ausstrahlungskraft und populistische Begabung, um die Nähe zum Volk herzustellen (Decker 2003, Faas / Wüst 2002).

Nach dem Hamburger Sensationsergebnis war vorgezeichnet, dass Erwartungen an eine Ausbreitung der Partei auch in anderen Bundesländern entstehen würden. Selbst wenn er gewollt hätte, wäre es für Schill kaum möglich gewesen, sich der Dynamik dieses Prozesses zu entziehen. Ihre hochfliegenden Hoffnungen auf eine Bundesausdehnung musste die Partei Rechtsstaatlicher Offensive jedoch bald begraben. Bei der Landtagswahl in Sachsen-Anhalt im Mai 2002 scheiterte sie an der Fünf-Prozent-Hürde und verpasste so den für eine erfolgreiche Bundestagswahlkampagne dringend benötigten Wiederholungserfolg (Carini / Speit 2002: 167 ff.). Vor diesem Hintergrund erwies sich die Entscheidung, bei der Bundestagswahl im September anzutreten, als fatal. Sie erfolgte gegen den Rat von Schill, dessen Warnungen an der Basis allerdings kein Gehör fanden. Dies sollte Schill nicht daran hindern, die Flucht nach vorne anzutreten und die Kandidatur anschließend umso vehementer zu verfechten. Seine öffentlich

verkündete Prognose, die PRO werde 8 Prozent der Stimmen erreichen und anschließend im Bund mitregieren, wirkte angesichts der wenigen versprengten
Zuhörer, die zu den Kundgebungen kamen, grotesk (Jesse 2003: 164 f.). Das
schwache Wahlergebnis gab den Befürchtungen Schills Recht: Die PRO fiel mit
0,8 Prozent der Zweitstimmen auf das Niveau einer Splitterpartei zurück. Schill
verlor daraufhin das Interesse an einer weiteren Expansion. Um seine angekratzte Position in Hamburg nicht noch weiter zu beschädigen, zog er sich ganz auf
die Landespolitik zurück, wo er nach der gewonnenen Bürgerschaftswahl das
Amt des Innensenators übernommen hatte. Die zwischenzeitlich gegründeten
Landesverbände dümpelten in der Folge ebenso perspektivlos vor sich hin wie
die Bundespartei. Diese bestimmte im Februar 2003 ausgerechnet Schills Hamburger Stellvertreter Mario Mettbach zu ihrem Vorsitzenden, der sich als ehemals führendes Mitglied der Statt-Partei mit gescheiterten Neugründungen gut
auskannte.

Dabei hätte gerade das Schicksal der Statt-Partei Schill eine Warnung sein
müssen. Auch sie hatte die Bundesausdehnung im Überschwang ihres Hamburger Wahlerfolgs viel zu eilig in Angriff genommen und sich damit die Probleme
aufgeladen, unter denen jetzt auch die Schill-Partei litt: Trittbrettfahrer aus dem
rechtsextremen Lager, mangelnde Professionalität in der politischen Arbeit und
innerparteiliche Streitigkeiten. Letzteres ging soweit, dass sich Schill bemüßigt
fühlte, der eigenen Partei in aller Öffentlichkeit ein „Querulantenproblem" zu
attestieren, um sie von falschen Entscheidungen abzuhalten – wie sich zeigte
vergebens. Das öffentliche Bild der neuen Gruppierung verschlechterte sich
dadurch rapide.

Dasselbe gilt für die Wahrnehmung der Regierungsrolle. Die Entzauberung
des Politikers Schills setzte bereits bei den Koalitionsverhandlungen ein, als der
frühere Amtsrichter ein ums andere Wahlversprechen zurücknehmen musste.
Der Innensenator und zweite Bürgermeister der Hansestadt stolperte über die
Fehleinschätzung seiner eigenen Bedeutung, enttäuschte Medien und Wähler
gleichermaßen. Wie ein Popstar legte sich Schill Autogrammkarten zu, die er
neben seiner zum Selbstschutz angeschafften Pistole bei sich führte. Sein Wahlversprechen, innerhalb von hundert Tagen die Verbrechensrate um die Hälfte zu
senken, korrigierte Schill mit der Aussage, er habe ja nicht gesagt, in welchen
hundert Tagen. Neben der Seriosität schien er nun auch die Bodenhaftung zu
verlieren. Nicht nur, dass es der frisch gebackene Innensenator versäumte, seine
Partei jenseits ihres Spezialthemas innere Sicherheit zu profilieren. Durch seine
Amtsführung häufte er gleich zu Beginn auch zahlreiche Pannen und Affären an
– von Filzvorwürfen in der Personalpolitik bis hin zu ihm unterstellten Kontakten ins halbseidene Milieu –, die sein Image als Saubermann gerade unter den
bürgerlichen Wählern erschüttern mussten (Carini / Speit 2002: 118 ff.). Die

Folge war, dass die eben erst gegründete Partei ihren öffentlichen Kredit in Re-
kordzeit verspielte (Raschke / Tils 2002: 50 f.).

Selbst wenn sie ihre Regierungsrolle in der Hansestadt besser ausgefüllt und
die organisatorischen Probleme bei der Ausweitung halbwegs in den Griff bekommen hätte, wäre ein bundespolitischer Durchbruch der Schill-Partei im Jahre
2002 einer Sensation gleichgekommen. Der Erfolg in Hamburg verdankte sich
einer spezifischen örtlichen Situation, die auf andere Länder und den Bund nicht
ohne weiteres übertragbar war. Für die monothematische Ausrichtung des Wahl-
kampfs spielte es gewiss eine Rolle, dass hinter dem Kriminalitätsproblem ein
tiefer verwurzeltes Unsicherheits- und Entfremdungsgefühl stand, das die Wähler für die Parolen der Schill-Partei empfänglich machte. Schills Populismus war
insofern durchaus anschlussfähig. Um über Hamburg hinaus erfolgreich zu sein,
hätte ihn die Partei aber auf eine breitere Grundlage stellen müssen. Dem standen
zwei wesentliche Hemmnisse entgegen. Zum einen sorgte die Regierungskons-
tellation im Bund dafür, dass potenzielle Mobilisierungsthemen wie Arbeitslosigkeit und Zuwanderung in den Händen der regulären Opposition gut aufgehoben waren. Für die rechte Konkurrenz standen sie damit nur begrenzt zur Verfügung. Zum anderen mangelte es dem Herausforderer an einem ideologischen
Fundus, auf dem ein Themenwahlkampf programmatisch hätte aufbauen können.
Anders als etwa Pim Fortuyn in den Niederlanden hatte Schill nicht das intellektuelle Format, um die Partei als ernstzunehmende Alternative auf Bundesebene
in Stellung zu bringen. Die politische Phantasie des „Politikers wider Willen"
(Schill über Schill) reichte über die Grenzen seiner Heimatstadt kaum hinaus.
Des weiteren war es Schill nicht gelungen, prominente Überläufer aus anderen
Parteien zu rekrutieren, was von den Wählern als politischer Fingerzeig hätte
verstanden werden können.

Im August 2003 kam es dann in der Hansestadt zum endgültigen Eklat.
Nachdem Schill Bürgermeister Ole von Beust gedroht hatte, dessen angeblich
homosexuelles Verhältnis mit Justizsenator Roger Kusch publik zu machen,
wurde er aus dem Amt des Innensenators entlassen. Paradoxerweise lobte von
Beust in seiner Erklärung zur Auflösung der Koalition die Erfolge und gute Zusammenarbeit mit der Schill-Partei; Grund für den Bruch sei allein das „unwür-
dige politische Kasperletheater mit zum Teil psychopathischen Zügen" seines
ehemaligen Innensenators. Um die Teilnahme an der Koalition nicht zu gefähr-
den, ging die Schill-Partei jetzt zu ihrer einstigen Galionsfigur auf Abstand.
Schills Machtbasis war zwar noch stark genug, dass er auf dem Landesparteitag
– wenn auch unter deutlichen Stimmeneinbußen – als Parteivorsitzender bestätigt
wurde. Als er aber entgegen seiner Zusicherung nicht davon abließ, die Arbeit
der eigenen Partei in der Regierungskoalition zu torpedieren, sagte sich diese
endgültig von ihm los.

Die Spaltung der Schill-Fraktion in der Bürgerschaft veranlasste Bürger-meister von Beust, vorzeitige Neuwahlen auszuschreiben, aus denen die Union im Februar 2004 als triumphaler Sieger hervorging.[4] Die Rechtspopulisten erleb-ten unterdessen einen noch tieferen Abstieg als seinerzeit die Statt-Partei: Wäh-rend die Partei Rechtsstaatlicher Offensive ohne ihr Aushängeschild bei 0,9 Prozent der Stimmen stehen blieb, kam die Pro-DM-Partei[5], der sich Schill nach seiner Verbannung aus der PRO angeschlossen hatte, immerhin noch auf 3,1 Prozent, die aber ebenfalls das parlamentarische Aus bedeuteten. Der frühere Amtsrichter erklärte daraufhin seinen Rückzug aus der Politik und kündigte an, ausgerechnet nach Lateinamerika auswandern zu wollen – eine Weltregion also, in der Populisten traditionell einen starken Stand haben. So wie die PRO bewegt sich heute auch die nach ihrer Fusion mit der Pro-DM-Partei in „Offensive D" umbenannte Schill-Partei am Rande der Bedeutungslosigkeit. Für die geplante Teilnahme an den Wahlen zum Europäischen Parlament im Juni 2004 gelang es ihr noch nicht einmal, die nötige Zahl von Unterschriften beizubringen.

4   Gründe für das Scheitern der rechten Herausfordererparteien in Deutschland

Das Scheitern des Rechtspopulismus in Deutschland wirkt erstaunlich, wenn man ihm die Erfolgsbilanz der neuen Rechtsparteien in anderen europäischen Ländern gegenüber stellt. Wie lässt sich diese relative Schwäche erklären? Rich-ten wir dazu den Blick zuerst auf die Nachfrageseite des Wählers und den gesell-

---

[4] Wie in anderen Ländern (Österreich, Niederlande) zeigt sich auch hier, dass die Vertreter des bür-gerlichen Mainstreams die Hauptprofiteure der Regierungsbeteiligung rechtspopulistischer Parteien sind. Einerseits gewinnen sie durch diese die Möglichkeit, ihre Mehrheitsfähigkeit gegenüber der Linken zu behaupten bzw. zurückzugewinnen. Zum anderen verbessern sie ihre Wettbewerbsposition im eigenen Lager. Während die Populisten am Widerspruch von prinzipieller Oppositionshaltung und selbstauferlegter Regierungsrolle mit hoher Wahrscheinlichkeit scheitern, können sich die Mitte-Rechts-Parteien als konstruktiver Teil der Regierung von der Amateurhaftigkeit ihrer Partner vorteil-haft abheben und auf diese Weise das rechtspopulistische Wählerpotenzial mittelfristig reintegrieren (Decker 2004: 253 ff.).
[5] Die vom Düsseldorfer Multimillionär Bolko Hoffmann 1998 aus Protest gegen die Einführung des Euro gegründete Pro-DM-Partei trat bei den Bundestagswahlen im selben Jahr zum ersten Mal an und erzielte 0,9 Prozent der Stimmen. An ihr respektables Ergebnis bei der Landtagswahl in Sachsen 1999 (2,1 Prozent) konnte die Partei 2001 in Hamburg nicht mehr anknüpfen (0,2 Prozent). Bei den Bundestagswahlen 2002 verzichtete sie auf eine Kandidatur. Öffentliche Aufmerksamkeit erreichte die Pro-DM-Partei mit großflächigen Anzeigen, die Bolko Hoffmann in den wichtigsten Tageszei-tungen schalten ließ. Nach der Einführung des Euros änderte die Partei ihren Namen in „Pro Deut-sche Mitte". Für Schill ergab sich durch die Fusion die Möglichkeit, den Parteiapparat und die Fi-nanzmittel von Pro-DM zu nutzen, während Hoffmann im Gegenzug auf die Bekanntheit und popu-listische Zugkraft des früheren Innensenators setzte.

schaftlichen Entstehungshintergrund des Populismus. Die Politikwissenschaft geht heute übereinstimmend davon aus, dass die neuen Parteien Ausdruck einer tief greifenden Vertrauens- oder Repräsentationskrise der demokratischen Politik sind, die auf die desintegrativen Wirkungen der heutigen Modernisierungsprozesse zurückgeführt werden kann. Schenkt man den Analysen Glauben, finden die Populisten vor allem bei jenen Zuspruch, die das Gefühl haben, zu den benachteiligten und abstiegsbedrohten Gruppen der Gesellschaft zu gehören. Es handelt sich also um ein Protestphänomen, das mit den Folgen der Individualisierung zu tun hat und von dem Bedürfnis nach Identität kündet. Ins Zentrum der populistischen Aversionen rücken dabei die Fremden (Decker 2004: 195 ff., Betz 2002: 252 ff.).

Ist diese Diagnose richtig, so trifft sie auf die Bundesrepublik sicher nicht weniger zu als auf andere westliche Länder, die unter den Folgen der Modernisierungsprozesse leiden. In der ostdeutschen Teilgesellschaft, wo durch die Umstände und das Tempo des Systemwechsels ganze Bevölkerungsschichten in Anomie gefallen sind, dürfte das Potenzial für eine Partei oder Bewegung von rechts sogar überdurchschnittlich groß sein. Die Virulenz der gesellschaftlichen Faktoren wird auch durch das Ausmaß der rechtsextremen Gewalt belegt, das in Deutschland höher ist als in anderen Ländern. Anders als in Frankreich oder Dänemark verfügen die fremdenfeindlichen Positionen hierzulande über keine offizielle Stimme, die zur Enttabuisierung der öffentlichen Debatte beitragen könnte. Deshalb werden sie unter der Decke gehalten und gerade so in die dumpferen Kanäle der Gewalt und des Sektierertums abgedrängt (Koopmans 1995: 95 ff.). Das eigentliche Problem liegt in der politischen Kultur. Weil der Populismus hierzulande in einem historisch vorbelasteten Umfeld agieren muss, entwickeln die Medien ihm gegenüber Berührungsängste, die einen unbefangenen Umgang verbieten und die Rechtsparteien der ständigen Gefahr aussetzen, in die Nähe zum Nationalsozialismus gerückt zu werden (Decker 2005). Diese Versuchung dürfte auch mit wachsendem zeitlichem Abstand zur Vergangenheit erhalten bleiben.

Ein zweites entscheidendes Erfolgshindernis hängt mit der Stigmatisierung zusammen: die Unfähigkeit der Parteien, sich als politische Kraft zu etablieren. Bezeichnend für die Durchsetzungsschwäche des neuen Populismus ist seine organisatorische Zersplitterung. Während es in anderen Ländern gelungen ist, verschiedene Stränge des populistischen Protests zu einer gemeinsamen Organisation zusammenzuführen, verlaufen diese Stränge in der Bundesrepublik in Gestalt mehrerer Parteien nebeneinander, die sich ihre Stimmen dadurch gegenseitig wegnehmen. Die Uneinigkeit hat sowohl zufällige als auch strukturelle Ursachen. Zu den zufälligen Faktoren gehört das Fehlen einer überzeugenden Führerfigur. Ein Blick auf die Nachbarstaaten zeigt, dass sich Entstehung und Durchbruch des neuen Rechtspopulismus ausnahmslos mit der Leistung einzelner Führungspersönlichkeiten – Bossi, Berlusconi, Le Pen, Haider – verbinden, deren charismatische Eigenschaften ihren deutschen Gegenstücken offenbar abgehen. Allein der frühere Republikaner-Chef Schönhuber ist mit seinen Qualitäten der Vorstellung eines charismatischen Führers nahe gekommen. Dies machte sich in der Erfolgsbilanz der Partei bis 1994 positiv bemerkbar, konnte Schönhuber selbst vor dem Scheitern allerdings nicht bewahren.

Der Polit-Parvenü Schill wiederum war kein verlängerter Arm des „kleinen Mannes", gleichwohl aber Lautsprecher des rechtschaffenen Bürgers. An seiner Person lässt sich rückblickend beinahe idealtypisch festmachen, wie schnell der Glanz einer charismatischen Führungspersönlichkeit durch Fehlverhalten verblassen kann. Misserfolg gefährdet die Gefolgschaft, der Nimbus Schills hielt nicht einmal eine Wahlperiode lang. Im Nachhinein wird deutlich, dass das Phänomen „Schill" in hohem Maße medial konstruiert war. Als man dem Neuankömmling die öffentliche Gunst entzog, traten seine Persönlichkeitsdefizite und die Amateurhaftigkeit seiner Truppe umso geballter hervor. Die selbstauferlegte Regierungsverantwortung nötigte die Schill-Partei zu Lernprozessen, doch konnte die allmähliche Gewöhnung an den parlamentarischen Politikbetrieb nicht verhindern, dass sie ihre eigenen Unzulänglichkeiten ein ums andere Mal bloßlegte. Die überstürzt in Angriff genommene Bundesausweitung tat ein übriges. Mit ihr lud sich die Partei Probleme auf, die ihre begrenzten Ressourcen zwangsläufig überfordern mussten.

Letzteres verweist auf den anderen, strukturellen Faktor: das Funktionieren der Organisation. Wie das Beispiel des französischen Front National gezeigt hat, können selbst erfolgreiche Parteien an Rivalitäten und Richtungskämpfen zerbrechen, wenn die Voraussetzungen eines geregelten Konfliktaustrags nicht mehr gegeben sind. Durch ihre undemokratischen Strukturen, die sie ganz von der Autorität des Anführers abhängig machen, stehen sich die rechtspopulistischen Parteien hier bisweilen selbst im Wege. Bei den bundesdeutschen Vertretern kommt erschwerend hinzu, dass sie eine unwiderstehliche Sogwirkung auf Gruppierungen und subkulturelle Milieus im rechtsextremen Lager ausüben. Selbst gemäßigte Vertreter des Rechtspopulismus sind nicht davor gefeit, durch rechtsextreme Personen und Gruppen unterwandert zu werden, die auf diese Weise aus der politischen Isolierung hinaustreten wollen. Wie bei Statt-Partei und BFB vor ihr hat das auch bei der Schill-Partei zu Auseinandersetzungen über den angemessenen Umgang mit den Trittbrettfahrern geführt, die dem eigenen Ansehen schadeten.

5   Das „Projekt 18" der FDP: Versuch eines rechtspopulistischen Kurswechsels?

Die „Schatten der Vergangenheit" spielen gelegentlich auch innerhalb der etablierten Parteien eine Rolle. In besonderer Weise kam dies im Bundestagswahlkampf 2002 zum Ausdruck, als der FDP unterstellt wurde, sie hätte ihre politische Achse nach rechts verschoben (Funke / Rensmann 2002: 822 ff.). Befanden sich die Liberalen auf dem Weg zu einer rechtspopulistischen Partei westeuropäischen Zuschnitts? Grundlage für solche Vermutungen waren die enttäuschenden Wahlergebnisse, die die FDP seit 1998 erzielt hatte. Zwar konnte sie als Oppositionspartei in der Wählergunst wieder zulegen, doch verdankte sich das in erster Linie einer durch die Parteispendenaffäre ins Straucheln geratenen Union und nicht eigenem Zutun. Die Schwäche der FDP wurde auch im Vergleich zu den meisten europäischen Nachbarländern offenbar, wo ihre (rechts)liberalen Schwestern das Ghetto der Einstelligkeit längst verlassen hatten (Belgien, Niederlande, Dänemark). Vor diesem Hintergrund erhielten diejenigen in der Partei Auftrieb, die der FDP empfahlen, sich durch eine strategische Neupositionierung verstärkt für neue Wählerschichten zu öffnen. Am lautesten vertreten wurde diese Position von Jürgen W. Möllemann, der als Chef des mitgliederstärksten Landesverbandes zugleich stellvertretender Bundesvorsitzender war. Mit einem konsequent geführten Medienwahlkampf hatte Möllemann bei der nordrhein-westfälischen Landtagswahl im Mai 2000 für seine Partei ein unerwartet gutes Ergebnis eingefahren (Lütjen / Walter 2002). Mit diesem Erfolg im Rücken konnte er die Ablösung des ungeliebten Bundesvorsitzenden Gerhardt betreiben und den neuen Parteichef Guido Westerwelle auf das von ihm konzipierte „Projekt 18" verpflichten, das aus der FDP eine liberale Volkspartei machen sollte.

Möllemanns Strategie wurde von Westerwelle unterstützt und durch öffentlichkeitswirksame Symbolmaßnahmen sogar noch übersteigert. Seinen eigenen Machtanspruch untermauerte der Vorsitzende dadurch, dass er sich als Kanzlerkandidat inthronisieren ließ. Unklar blieb freilich, mit welcher inhaltlichen Substanz das „Projekt 18" verbunden war. Nicht nur, dass rechtspopulistische Mobilisierungsthemen wie Immigration, Law and order oder die Kritik an der EU darin gänzlich fehlten. Auch die von Westerwelle und Möllemann betriebene Popularisierung der Wähleransprache war weit entfernt von der Anti-Establishment-Haltung des Populismus und den damit verbundenen typischen Agitationsformen. Letzteres sollte sich freilich ändern.

Die Hauptrolle in dem nun folgenden Stück übernahm Möllemann selbst. Indem er das Mitglied des Zentralrats der Juden, Michel Friedman, scharf angriff, erweckte der FDP-Politiker den Eindruck, er würde mit antisemitischen Klischees spielen. Entzündet hatte sich die „Affäre Möllemann" schon vorher anlässlich des Übertritts des grünen Landtagsabgeordneten Jamal Karsli in die nordrhein-westfälische FDP-Fraktion. Dieser war wegen seines Vergleichs des israelischen Vorgehens gegen die Palästinenser mit „Nazi-Methoden" und der Äußerung, in Deutschland verhindere der „Einfluss der zionistischen Lobby" jegliche Kritik an Israel, zu einer Belastung für die Liberalen geworden. Mölle-mann verteidigte Karslis umstrittene FDP-Mitgliedschaft öffentlich und bezich-tigte Michel Friedman, durch seine „intolerante und gehässige Art" mitverant-wortlich für den Antisemitismus in Deutschland zu sein. Die als antisemitisch kritisierten Provokationen, mit denen Möllemann die Öffentlichkeit mehrere Wochen in Atem hielt, wurden von Beobachtern als gezielter Versuch gewertet, die FDP nach dem Vorbild der österreichischen FPÖ auf einen rechtspopulisti-schen Kurs zu führen. Dafür schien auch die Person von Möllemanns Wahl-kampfberater, Fritz Goergen, zu sprechen, der aus Österreich stammte und die Bedingungen von Haiders Aufstieg vor Ort gründlich studiert hatte. Obgleich Möllemann seine verbalen Entgleisungen Ende Mai öffentlich bedauerte, legte er in der Endphase des Bundestagswahlkampfs noch einmal nach und ließ in Nord-rhein-Westfalen eine Postwurfsendung verteilen, in der er seine Angriffe aus dem „Antisemitismus-Streit" erneuerte.

Nach dem enttäuschenden Abschneiden (7,4 Prozent) der FDP bei der Bun-destagswahl am 22. September 2002 wurde Möllemann wegen der umstrittenen Flugblattaktion, die er ohne jede Absprache mit der Parteiführung im Alleingang veranlasst hatte, auch aus den Reihen der eigenen Partei heftig kritisiert und für das schlechte Wahlergebnis verantwortlich gemacht (Vorländer 2004: 167). Er selbst kehrte auf Listenplatz zwei der NRW-Landesliste in den Bundestag zu-rück, musste aber auf Druck der Parteiführung noch im September 2002 den stellvertretenden Vorsitz der Bundes-FDP niederlegen und nach Bekanntwerden von illegalen Parteispenden an den nordrhein-westfälisches Landesverband auch vom Landesvorsitz zurücktreten. Parallel zu den juristischen Ermittlungen wegen Verstößen gegen das Parteiengesetz und Steuerhinterziehung verliefen die partei-internen Strategiedebatten um die zukünftigen politischen Ziele der Liberalen.

Sein Rauswurf aus der Bundestagsfraktion veranlasste Möllemann im März 2003, aus der FDP auszutreten, womit er nach Bekunden von FDP-Chef Wes-terwelle einem Parteiausschluss zuvorkam. In seinem bereits vor dem Erscheinen stark diskutierten Buch „Klartext. Für Deutschland", das vor allem wegen der scharfen Angriffe des Autors auf frühere Mitstreiter in der FDP für Aufsehen sorgte, fanden sich zwar keine konkreten Anhaltspunkte für die Gründung einer neuen Partei, wohl aber manche Äußerungen, die den Rechtspopulismusverdacht weiter nährten.[6] Die Frage, ob Möllemann außerhalb der FDP Aussicht auf ein

---

[6] „Die Politiker, Journalisten, Funktionäre und Wissenschaftler, die immer ganz schnell mit dem Knüppel Rechtspopulismus winken, gehen mit der real existierenden Politik in der Regel sehr milde um. [...] Die gängige politische Praxis [...] ermittelt mithilfe der Demoskopie, was das Volk meint,

neuerliches Comeback gehabt hätte, bleibt durch sein tragisches Ende Spekulation: Kurz nach der Aufhebung der Immunität durch den Bundestag und dem Beginn der Durchsuchungen seiner Büros und Wohnungen sprang der Politiker am 5. Juni 2003 mit dem Fallschirm in den Tod.

Aus der nüchternen Sicht des Parteienforschers lässt sich die These, Möllemann habe mit seinem Projekt 18 eine Rechtswende der FDP im Sinn gehabt, nicht erhärten. Dies zeigt bereits die Vorgeschichte der als antisemitisch gebrandmarkten Interviewäußerungen, denen eine massive Kritik Möllemanns an der israelischen Besatzungspolitik in Palästina vorausgegangen war, auf die sich die Reaktion Friedmans bezog. Möllemann war in dieser Angelegenheit ein „Überzeugungstäter", der aus seinem pro-arabischen Standpunkt in der Nahostfrage nie einen Hehl gemacht hatte. Die Attacken auf Michel Friedman entsprangen insofern nicht einer langfristig vorgeplanten politischen Strategie, sondern trugen eher spontane Züge und waren ein Produkt von Möllemanns impulsivem Charakter. Im übrigen stellt sich die Frage nach den mit den inkriminierten Aussagen angeblich verbundenen Absichten. Wenn Möllemann tatsächlich eine rechtspopulistische Kursänderung der FDP verfolgt hätte, war der Antisemitismus dafür das denkbar ungeeignetste Thema. Populisten müssen, wenn sie in der Bundesrepublik Erfolg haben wollen, einer Stigmatisierung als rechtsextrem unter allen Umständen entgehen! Weil Ronald Schill diese Lektion in Hamburg beherzigte, konnte er seine politischen Gegner offensiv angehen. Möllemann hatte sich durch die unbedachten Äußerungen demgegenüber ohne Not in die Defensive gebracht und dadurch das Fundament seines eigenen „Projekts 18" untergraben. Bis heute gibt es Rätsel auf, wie ein so erfahrener Politiker die Gebote der politischen Korrektheit so leichtfertig übertreten konnte.

Eine erfolgversprechende rechtspopulistische Strategie hätte neben einer konsequenten Anti-Establishment-Orientierung vor allem die Thematisierung des Zuwanderungsproblems erfordert, das in anderen Ländern längst zum wichtigsten Mobilisierungsissue der Rechtsaußenparteien avanciert ist. Für beides waren die Chancen in der FDP von Anfang an gering. Eine Anti-Establishment-Orientierung würde die notorische Regierungspartei FDP ihrem Wählerpublikum glaubwürdig nicht vermitteln können. Und für eine restriktive Politik in Sachen Einwanderung und Multikulturalismus gibt es innerhalb der Liberalen keine ideologische Basis mehr, nachdem die Partei ihre nationalen Traditionen, die in den fünfziger Jahren noch eine wichtige Rolle spielten, weitgehend abgeschüttelt hat. Das ruhmlose Ende des „Projekts 18" hat gezeigt, dass es in einer durch und durch bürgerlichen Partei wie der FDP, die zum Teil immer noch Züge einer

---

und redet ihm nach dem Mund. Da Politiker, Journalisten, Funktionäre und Wissenschaftler aber verlernt – oder besser: vergessen – haben, dem Volk aufs Maul zu schauen, drücken sie sich so aus, dass das Volk sie nicht versteht" (Möllemann 2003: 220).

Honoratiorenpartei trägt (Lösche / Walter 1996), nicht einmal möglich war, die Basis für eine gebremste populistische Strategie der Wähleransprache zu erwärmen. Insofern kam es für die Parteiführung um Guido Westerwelle gewiss nicht ungelegen, dass sie die Schuld am schwachen Bundestagswahlergebnis ganz auf Jürgen Möllemann abladen konnte.

Wenn dieser seine vagen Andeutungen wahrgemacht und nach seinem erzwungenen Austritt aus der FDP eine neue Partei ins Leben gerufen hätte, so wäre diese mit denselben organisatorischen Problemen konfrontiert gewesen wie alle Neugründungsversuche vor ihr. Was die Fähigkeit zur populistischen Wähleransprache angeht, war Möllemann der Konkurrenz hierzulande zweifellos weit voraus. Eine neue Partei hätte es ihm zudem erleichtert, eine Anti-Establishment-Strategie zu verfolgen, was in der bürgerlichen FDP – wie gesehen – nicht gelingen konnte (und darum auch nicht ernsthaft versucht wurde). Ob darüber hinaus thematische Gelegenheiten für eine ‚Möllemann-Partei' entstanden wären, bleibt allerdings die Frage. Eine weitere liberale Partei neben der FDP macht wenig Sinn und würde diese wohl kaum verdrängen können. Eine rechtspopulistisch ausgerichtete Gruppierung nach dem Vorbild der FPÖ stünde wiederum vor dem Problem, dass sie ihre restriktiven Positionen in Konkurrenz zu den Unionsparteien vertreten müsste, die bisher noch alle Übergriffe von rechts erfolgreich abgewehrt haben. Dies gilt gerade in der Zuwanderungsfrage, wo CDU und CSU erst in jüngster Zeit von der Strategie abgerückt sind, die Notwendigkeit einer nicht-assimilatorischen Integrationspolitik in Frage zu stellen bzw. zu tabuisieren.

6   PDS und neue Linkspartei – mit linkem Populismus auf dem Weg zum Erfolg?

Nach dem Hinzutreten der Grünen in den achtziger Jahren konnte sich im Zuge der deutschen Einheit eine weitere Partei auf der Bundesebene etablieren: die aus der DDR-Staatspartei hervorgegangene „Partei des Demokratischen Sozialismus" (PDS). Die bescheidenen Wahlergebnisse der SED / PDS in der unmittelbaren Nachwendezeit ließen vermuten, dass die Postkommunisten über kurz oder lang aus dem Parteiensystem ganz verschwinden würden, was sich aber nicht bewahrheitete. Im Gegenteil: Die PDS eilte in den neuen Bundesländern von Erfolg zu Erfolg und baute ihre Wählerbasis kontinuierlich aus. Heute hat sie sich in der früheren DDR den Status einer Volkspartei erworben und liegt in ihren Stimmenanteilen in etwa gleichauf mit Union und SPD.

Anders als die rechtspopulistischen und -extremen Herausforderer hat die PDS im öffentlichen Meinungsbild ab Mitte der neunziger Jahre rasch an Akzeptanz gewonnen, was angesichts ihrer kommunistischen Vergangenheit erstaunlich ist (Gerth 2003: 36). Sie musste nicht mit Ignoranz, Totschweigen und konsequenter Ausgrenzung kämpfen und konnte im Unterschied zu den rechtspopulistischen Parteien zu gesellschaftlichen Persönlichkeiten Kontakte knüpfen. Gleichwohl versucht die Partei, sich als Opfer einer medialen Kampagne zu stilisieren. Viele Außenstehende identifizieren die PDS heute nach wie vor mit der Person Gregor Gysi, dem langjährigen Partei- und Fraktionsvorsitzenden. Wenn die PDS in den Medien Präsenz zeigte, dann war dies weitgehend sein Verdienst. Die „Lichtgestalt" hatte viele Gesichter: Er verkörperte den Mann aus dem „Volk", den Intellektuellen, das Opfer, den Rächer, den Underdog (Gysi 2003).

Ein flottes und progressives Image half, die Probleme der Partei zu kaschieren, die aus den rivalisierenden Strömungen im Innern, einer überalterten Mitgliedschaft und der ideologischen Überladung der Außendarstellung rührten. „Die PDS präsentiert sich de facto als eine ‚Fernseh- und Medienpartei', als symbolische Vermittlungsagentur, die latente Protesthaltungen, Ressentiments und tief sitzende Verärgerungen gezielt in Gestalt einer medien- und kameragerechten Führungspersönlichkeit zu bündeln versucht. Der Erfolg der PDS ist untrennbar mit der politischen Kommunikationsleistung, der populistischen Selbstinszenierung und rhetorischen Stärke ihres Spitzenkandidaten Gregor Gysi verbunden" (Moreau / Lang 1996: 72).

Gleichwohl zielt die PDS nicht auf „Anti-Parteien-Affekte" der Bevölkerung; sie beabsichtigt keineswegs, Parteien im populistischen Sinne als antiquierte Organisationen zu brandmarken. Ihr geht es nicht darum, Vorurteile des „Volkes" gegenüber den politischen Parteien zu schüren. Die PDS definiert sich eindeutig als Partei, nicht als dynamische Bewegung mit Betonung des Offenen und Spontanen. Um als Oppositionspartei im linken Parteienspektrum wahrgenommen zu werden, will und muss sie mehr verkörpern als eine bloße Protest- oder „Neinsagerpartei". Als sozialistische Partei erhebt sie einen weltanschaulichen Gestaltungsanspruch.

Eine treffsichere Kategorisierung der nach eigenem Verständnis einzigen Linkspartei scheint aufgrund ihrer Herkunft, ihrer innerparteilichen Heterogenität und ihrer ambivalenten Haltung zum „System" kaum möglich. Die PDS verfügt jedenfalls über die chamäleonartige Fähigkeit, das eigene Profil der politischen Umgebung anzupassen (Gapper 2003: 66 f.). Hans-Georg Betz und Helga A. Welsh (1995: 92 ff.) betrachten sie als eine beinahe linkslibertäre Partei, die an die frühe Zeit der westdeutschen Grünen erinnere. Dieser Vergleich geht in die Irre, verkörpert die SED-Nachfolgepartei doch weder einen neuen Aufbruch noch eine neue soziokulturelle Strömung wie die „Grünen". Sie lebt im Kern nach wie vor nicht aus der Gegenwart des vereinigten Deutschlands, sondern aus ihrer DDR-Vergangenheit heraus und flüchtet sich dabei bisweilen in einen „ressentimentale[n] Anachronismus" (Neugebauer / Stöss 1996: 70).

Die PDS geriert sich als „Anwältin des kleinen Mannes" und Interessenvertretung des ostdeutschen „Volkes". Brücken zu den Lebensläufen der frühren DDR-Bürger schlagend, vermarktet sie sozialpolitische Politikfelder mit engem Bezug zu den Alltagsbedürfnissen. Als ostdeutsche Regionalpartei, eine Art „Lega Ost" (Schmidt 1998: 39), unterstellt sie dabei sogar kolonialistische Absichten und wartet mit dem Vorwurf auf, die „Wir-Gruppe" der ostdeutschen Bürger werde durch westdeutsche Institutionen, Eliten und Parteien bevormundet: „Die Stilisierung der PDS als die ‚einzig wahre' ostdeutsche Interessenvertretung ist als Abgrenzungssyndrom durchaus vergleichbar mit rechtspopulistischen Parteien. [...] Die PDS versucht sich als Sprachrohr all derjenigen auszugeben, die sich als Menschen zweiter Klasse empfinden und nostalgisch auf die gesicherten Verhältnisse in der ehemaligen DDR zurückblicken" (Neu 2003: 268).

Mit Gapper (2003: 66 ff.) lässt sich die Entwicklung der PDS zu einer ostdeutschen Regionalpartei rückblickend in drei Phasen unterteilen:

- *1990 bis 1992: Partei des alten Regimes / der DDR.* In dieser Phase repräsentierte die PDS überwiegend die vormals privilegierten Gruppen der DDR, die eine starke politische und psychologische Beziehung zum untergegangenen Regime aufwiesen. Eine Anti-Wiedervereinigungskampagne sollte der Mobilisierung der ostdeutschen Wähler dienen. Die PDS kämpfte für einen langsameren Vereinigungsprozess und die Übernahme von vermeintlichen „Errungenschaften" des alten Regimes in die neue Ordnung.
- *1992 bis 1994: Partei des problematischen Übergangs.* In dieser Phase kanalisierte die Partei die Furcht, Frustration, Enttäuschung und Orientierungslosigkeit vieler Ostdeutscher als Resultat angeblich fehlender sozialer Sicherheiten im neuen System. Sie wollte Heimat sowohl für die frühere DDR-Elite als auch für die wirtschaftlichen Verlierer des Vereinigungsprozesses sein. Die PDS profitierte somit unmittelbar von den Verwerfungen, die der Übergang zum marktwirtschaftlichen System mit sich brachte.
- *1994 bis 2005: Partei der „neuen Länder" / für die „neuen Länder".* Die PDS artikuliert und verteidigt die Interessen aller sozialen Gruppen in den „neuen Ländern". Sie verbreitet (n)ostalgische Gefühle und fördert die Existenz einer ostdeutschen Identität. Als Regierungspartei übernimmt sie selbst politische Verantwortung.

Das Jahr 2005 könnte eine weitere Zäsur in der Entwicklung der Partei bedeuten. Durch das Bündnis mit der neu gegründeten „Wahlalternative Arbeit und Soziale Gerechtigkeit" (WASG), einer stark gewerkschaftlich geprägten Linksabspaltung von der SPD in den alten Bundesländern, schicken sich die Postkommunisten an, ihre bisherige Stigmatisierung im Westen der Republik zu überwinden, wo sie trotz verschiedener Bemühungen eineinhalb Jahrzehnte lang über den Status einer Splitterpartei nicht hinausgekommen waren. Die WASG hatte sich als Protestpartei gegen die Sozial- und Arbeitsmarktreformen der Bundesregierung (Hartz IV / Agenda 2010) formiert, war aber ohne prominente Überläufer und eine überzeugende Figur an der Spitze bei ihrer Landtagswahlpremiere in Nordrhein-Westfalen über 2,2 Prozent der Stimmen nicht hinausgekommen. Vor diesem Hintergrund entpuppte sich das – wahlrechtlich nicht ganz unproblematische – Zusammengehen vor der Bundestagswahl als klassische „win-win"-Situation.[7] Für die PDS war das neue Linksbündnis nicht nur eine de facto-Garantie für den Wiedereinzug in den Bundestag; es bedeutete auch, dass sie ihrem lang ersehnten Ziel näher rückte, endlich „im Westen anzukommen". Die WASG konnte wiederum hoffen, von der im Osten fest etablierten PDS „Huckepack" in den Bundestag getragen zu werden, was sie im Alleingang nur schwer geschafft hätte.

Wenn Bundeskanzler Schröder und SPD-Parteichef Müntefering von ihrem Neuwahl-Coup erhofft hatten, die Entstehung einer Linkspartei in der kurzen Wahlvorlaufzeit zu vereiteln, so lagen sie gründlich daneben. Die Neuwahlankündigung bewirkte das glatte Gegenteil. Sie führte zum einen dazu, dass die WASG – mit einer realen Machtperspektive vor Augen – den denkbar zugkräftigsten Exponenten des Anti-Hartz-Protestes als Galionsfigur und Frontmann rekrutieren konnte: den früheren SPD-Vorsitzenden Oskar Lafontaine, der den Zusammenschluss mit der PDS zur ausdrücklichen Vorbedingung seiner Spitzenkandidatur gemacht hatte. Zum anderen stärkte das Bündnis den Reformflügel innerhalb der PDS um Lothar Bisky und Gregor Gysi, was dem gesundheitlich angeschlagenen Gysi die Entscheidung zweifellos erleichterte, sich ebenfalls als Spitzenkandidat zur Verfügung zu stellen.

Dass Gysi sich von seinem Amt als Berliner Wirtschaftssenator im Juli 2002 auf ähnlich unrühmliche Weise zurückgezogen hatte wie Lafontaine von dem des Bundesfinanzministers drei Jahre zuvor, ist für den populistischen Charakter der neu entstandenen Gruppierung bezeichnend. Die anderen Parteien können sich damit freilich nicht trösten, da Gysi und Lafontaine in ihrer Fähigkeit zur populistischen Wähleransprache derzeit von keinem anderen bundesdeutschen Politiker übertroffen werden dürften. Auch ohne charismatische Führerfiguren an der Spitze verfügt das Linksbündnis über beste Erfolgschancen, da durch die vermeintliche Wende der SPD zum Neoliberalismus ein Vakuum im Parteiensystem entstanden ist, das danach drängte, ausgefüllt zu werden (Dürr 2005).

Der linke Populismus von PDS und Linkspartei weist nicht nur mit Blick auf Agitationsformen und Stilmittel, sondern auch in programmatisch-ideolo-

---

[7] Bei der Bundestagswahl am 18. September 2005 kam die Linkspartei auf 8,7 Prozent der Stimmen.

gischer Hinsicht verblüffende Ähnlichkeiten mit seinen rechten Gegenstücken auf. Antielitärer Protestgestus, Medienwirksamkeit durch charismatische Führung und Sozialprotektionismus sind seine wichtigsten Versatzstücke. Als Besitzstandswahrer und Lautsprecher des „kleinen Mannes" beherrscht Lafontaine (mehr noch als Gysi) die Rolle des populistischen Agitators meisterhaft, wenn er gegen die Reichen oder die abgehobenen „Hartz IV-Parteien" wettert, denen das einfache Volk gleichgültig sei (Lafontaine 2005). Dabei greift er bewusst auch auf die identitätspolitischen Themen der Rechten zurück (etwa in der Einwanderungsfrage). Elektoral ist das konsequent, weil die von der Linkspartei umworbenen Protestwähler überwiegend zu jener Gruppe der „Modernisierungsverlierer" gehören, aus der auch die rechten Vertreter ihre Unterstützung schöpfen.

Bleibt die Frage, welche Chancen der Linkspopulismus hat, sich jenseits der ostdeutschen Regionalpartei PDS im nationalen Parteiensystem auf Dauer festzusetzen. Gewiss könnte sich die Linkspartei selber ein Bein stellen, wenn es ihr nicht gelingt, eine tragfähige Organisation aufzubauen und die für ein erfolgreiches Auftreten nötige Geschlossenheit nach außen zu vermitteln. Der sozialkulturelle Graben, der sich zwischen den im Osten fest etablierten Postkommunisten und der stark idealistisch gesinnten Neugründung im Westen auftut, ist beträchtlich. So wie die WASG befürchten muss, durch den größeren Bruder „untergebuttert" zu werden, so könnte sich in der PDS das Gefühl breit machen, dass man durch die Westausdehnung jene Ost-Identität preisgibt, die für den anhaltenden Erfolg in den neuen Bundesländern maßgeblich war und ist. Dies würde die Partei bei ihren Aktivisten und Stammwählern wahrscheinlich Sympathien kosten.

Aber auch innerhalb der beiden Vertreter rivalisieren unterschiedliche Gruppen und Strömungen miteinander. So steht in der PDS der doktrinäre Flügel der DDR-Nostalgiker, der die ideologische Reinheit der Partei bewahren möchte, gegen den reformorientierten Kurs eines Bisky oder Gysi, denen eine Fusion mit der WASG gut ins Konzept passen würde. Letztere leidet wiederum unter dem für populistische Protestparteien typischen Problem, dass sie eine natürliche Sogwirkung auf Renegaten und Sektierer ausübt. Unabhängig von der Herausforderung, die der Zusammenschluss allein organisatorisch birgt, dürfte es nicht leicht werden, all diese Kräfte unter einen Hut zu bringen.

Dennoch spricht vieles dafür, dass eine neue Linkspartei in der Bundesrepublik mehr als nur kurzfristigen Erfolg haben könnte. Ein europaweiter Vergleich zeigt, dass dort, wo es neben der Sozialdemokratie eine zweite linke – sei es sozialistische oder kommunistische – Partei gibt (Finnland, Schweden, Irland, Griechenland, Portugal, Spanien), diese bei den vergangenen Wahlen zum Teil deutlich zugelegt haben (Perger 2005). In den genannten Ländern fehlt bezeichnenderweise eine starke rechtspopulistische oder -extremistische Kraft, wie sie z.B. in Dänemark, Frankreich und Italien neben den Linksaußenparteien existiert. Nur in wenigen Fällen (z.B. Österreich und Belgien) konnten die Rechtspopulisten ihre Monopolstellung als Nutznießer des Sozialprotestes verteidigen.

In der Bundesrepublik sind die Erfolgschancen rechtspopulistischer oder -extremistischer Parteien – wie gezeigt – aus einer Reihe von Gründen begrenzt, von denen der wichtigste im nachwirkenden Erbe der nationalsozialistischen Vergangenheit zu suchen ist. Von daher liegt natürlich die Frage nahe, ob die Populisten nicht besser beraten wären, ihr Heil in der Bundesrepublik auf der Linken zu suchen. Wie so etwas funktioniert, hat die PDS in den neuen Ländern seit der Wende erfolgreich demonstriert. Zwar ist es ihr nicht gelungen, das Aufkommen einer Protestkonkurrenz von rechts flächendeckend zu verhindern. Gerade mit Blick auf das hohe Niveau fremdenfeindlich motivierter Gewalt in Ostdeutschland scheint es aber plausibel anzunehmen, dass der Stimmenanteil der Rechtsextremisten deutlich höher liegen würde, wenn nicht mit der PDS eine andere, genuin ostdeutsche Protestalternative bereitstünde.

Haben die PDS-Oberen der Versuchung, das ganze Spektrum extremistischer Ansichten zu bedienen, bisher noch stets widerstanden, so scheint Oskar Lafontaine keine Skrupel zu kennen, das Versäumte jetzt nachzuholen. Indem er die elektorale Erfolgsformel des Rechtspopulismus von links buchstabiert, kann der neue Frontmann der WASG im Revier der Rechten wildern, ohne Gefahr zu laufen, wie weiland Jürgen Möllemann als Unperson abgestempelt zu werden. Dass er diesen Vorteil zu nutzen gedenkt, haben Lafontaines Einlassungen zur Zuwanderungspolitik gezeigt, die genauso gut von Jörg Haider oder Franz Schönhuber hätten stammen können. Und tatsächlich dürfte der frühere SPD-Chef nicht falsch liegen, wenn er glaubt, dass die Erfolgsformel eines kulturalistisch unterfütterten Sozialprotests keineswegs nur den rechtspopulistischen Vertretern vorbehalten sein muss.

7 Perspektiven des Rechts- und Linkspopulismus in Deutschland

In Zeiten hoher Arbeitslosigkeit, struktureller Krisen, der Zukunftsangst und des allgemeinen Pessimismus entsteht der Nährboden, auf dem rechts- und linkspopulistische Formationen gedeihen können. Dies gilt auch in Deutschland, wo sich das Parteiensystem bislang durch eine vergleichsweise hohe Stabilität ausgezeichnet hat. Manche Autoren führen den fehlenden Erfolg (rechts)populistischer Parteien in der Bundesrepublik darauf zurück, dass der Populismus hierzulande sowohl in den etablierten Parteien als auch im Mediensystem (BILD-Zeitung) eine feste Größe sei (siehe die Beiträge von Thomas Meyer und Uwe Jun in diesem Band). Tatsächlich verleitete das Suchen nach Sündenböcken für die schlechte Wirtschaftslage im Jahr 2005 nicht nur die Linkspartei um Gregor Gysi und Oskar Lafontaine, sondern auch Politiker der Mainstream-Parteien dazu, sich in populistischer Stimmungsmache zu üben. Beispiele sind Edmund Stoibers Vorwurf, Gerhard Schröder und die SPD seien aufgrund der von ihnen zu verantwortenden Massenarbeitslosigkeit Schuld an den Wahlerfolgen der NPD oder Franz Münteferings „Heuschreckenkampagne" gegen den internationalen Kapitalismus.

In der Bundesrepublik mangelt es keineswegs an der Mobilisierbarkeit für die typischen rechtspopulistischen Themen – von der Einwanderungspolitik über die Kriminalitätsbekämpfung bis hin zur Kritik an der Europäischen Union. Diese wurden von den Mainstream-Parteien in der Vergangenheit aber soweit neutralisiert oder durch eigene Positionen abgedeckt, dass für die potenziellen Herausforderer wenig Raum blieb. Ausnahmen bestätigen die Regel: So verbuchten die Republikaner ihre größten Wahlerfolge Anfang der neunziger Jahre im Umfeld der ungelösten Asylfrage, während die Schill-Partei in Hamburg 2001 von der sträflichen Vernachlässigung des Kriminalitätsproblems durch die regierenden Sozialdemokraten profitierte. Dauerhafte Gelegenheiten sind den Populisten durch diese Themen aber nicht entstanden.

Darüber hinaus waren und sind die rechtspopulistischen Herausforderer in der Bundesrepublik mit zwei weiteren Hemmnissen konfrontiert. Zum einen agieren sie in einem aufgrund der nationalsozialistischen Vergangenheit höchst empfindlichen öffentlichen und medialen Umfeld, in dem sie leicht stigmatisiert werden können. Zum anderen haben sie mit gravierenden organisatorischen Problemen zu kämpfen, die durch das Vorhandensein einer charismatischen Führerfigur allenfalls kurzzeitig überwunden werden können. Auch an einer solchen Führerfigur hat es in der Bundesrepublik bezeichnenderweise bis zuletzt gefehlt. Handelt es sich hierbei um einen Zufall, so könnte dieses Manko in Zukunft aber durchaus beseitigt werden.

Rosiger stellen sich im Vergleich dazu die Perspektiven des Linkspopulismus dar. Das Bündnis zwischen PDS und WASG mag zwar für beide Partner eine organisatorische Gratwanderung darstellen und manche Sollbruchstellen aufweisen; die Aussicht, sich als linksoppositionelle Kraft auf der Bundesebene langfristig etablieren zu können, dürfte aber lukrativ genug sein, um die zu erwartenden Streitigkeiten einigermaßen schiedlich auszutragen. Der linke hat dem rechten Populismus in der Bundesrepublik heute mindestens dreierlei voraus. Erstens verfügt er durch die in Ostdeutschland gesellschaftlich fest verankerte und organisatorisch bestens vernetzte PDS über einen tragfähigen Unterbau und genügend Ressourcen, um im Wettbewerb mit den anderen Parteien zu bestehen. Zweitens leidet er nicht im selben Maße unter dem Problem der Stigmatisierung. DDR-Vergangenheit und Extremismusverdacht lasten zwar bis heute auf der PDS, sind aber nicht (mehr) imstande, die Partei, die in Ostdeutschland fast ein Drittel der Wähler erreicht, auf Dauer zu delegitimieren. Dies gilt umso mehr, als sich die PDS in ihrer ideologischen Gegnerschaft zum Rechtsextremismus scheinbar von niemandem überbieten lässt. Gerade weil sie über den Faschismusverdacht in jeder Hinsicht erhaben ist, kann es sich die Linkspartei relativ gefahrlos leisten, mit Themen und Methoden auf Stimmenfang zu gehen, die man normalerweise dem Rechtspopulismus zuschreibt.

Drittens profitiert das neue Bündnis von den charismatischen Eigenschaften und der immensen populistischen Begabung seiner beiden Hauptmatadore Gysi und Lafontaine. Dass die Menschen durch deren Parolen verführbar sind, ist angesichts der herrschenden politischen Malaise nicht verwunderlich: „Wenn die inspirationslosen Generalsekretäre des Klein-Klein ratlos auf der Stelle treten, wenn Bürokraten hilflos verwalten, dann wird der Raum frei für die bilderreichen Visionäre und wortmächtigen Tribune der Politik" (Walter 2005: 56 f.). Was den Populisten Zuspruch einträgt, macht sie freilich zugleich anfällig für Misserfolge. Enttäuscht der Charismatiker die Gefolgschaft, die das Engagement für die „kleinen Leute" verlangt, so könnte es mit seinem Führungsanspruch schon bald dahin sein. „Weit kommt man mit dem charismatischen Auftritt auf dem Terrain komplexer Verhandlungsdemokratien in der Regel nicht. [...] Die Aura des Charismatikers schwindet, seine Ausstrahlung verblasst, sein Nimbus zerfällt schließlich. [...] In den Details der praktischen Politik richten sie häufig Unordnung an. Auf den kurzen Frühling der Charismatiker folgt daher ein langer Herbst der disziplinierten Organisatoren. Und das muss wohl so sein" (ebd.).

Auch das neue Linksbündnis wird einem solchen Realitätstest früher oder später ausgesetzt werden (wenn auch vermutlich nicht mehr mit Gysi und Lafontaine an der Spitze, die ihre diesbezügliche Ungeeignetheit schon bewiesen haben). Wie die PDS in den ostdeutschen Ländern gezeigt hat, ist ein pragmatischer Kurs der Machtbeteiligung durchaus möglich, ohne dass die populistische Zugkraft deshalb schwinden muss. Ob es auch auf der Bundesebene irgendwann dazu kommt, lässt sich heute noch nicht mit Gewissheit sagen. Für die SPD dürfte es jedenfalls schwierig werden, die Mehrheitsfähigkeit gegenüber dem bürgerlichen Lager zurückzugewinnen, wenn sie die linke Konkurrenz in ihre Bündnisüberlegungen nicht irgendwann mit einbezieht. Die Alternative wäre eine auf Dauer gestellte Große Koalition, was nach den österreichischen Erfahrungen niemand wollen kann.

Die Vorstellung, dass sich die Bundesrepublik auf zentristische Koalitionen oder vielleicht sogar Minderheitsregierungen zubewegt, erscheint manchen Politologen heute noch unerträglich. Tatsächlich würde sie der starken Stabilitäts- und Mehrheitsfixierung unserer parlamentarischen Kultur widersprechen, die als gangbare Alternative zu einer Mehrheitsregierung nach dem vertrauten Muster bislang nur die Große Koalition zugelassen hat. Erzwingt ein fragmentiertes Parteiensystem neue und flexiblere Koalitionskonstellationen, mag das die Stabilität der Regierungsverhältnisse vordergründig beeinträchtigen. Dem würde jedoch auf der Habenseite der Übergang zu einem stärker konsensorientierten

Parlamentarismus gegenüberstehen, der den gegnerschaftlichen Parteienwettbewerb zurückdrängt und damit auch dessen populistische Tendenzen begrenzt.

Literatur

Besonders wichtige Titel sind mit einem Sternchen gekennzeichnet.

Baumann, Birgit (2002), Ronald B. Schill. Ein gnadenloser Scharfmacher, in: Michael
    Jungwirth (Hg.), Haider, Le Pen & Co. Europas Rechtspopulisten, Graz, S. 62-73.
Betz, Hans-Georg (1998), Rechtspopulismus: Ein internationaler Trend?, in: Aus Politik
    und Zeitgeschichte, B 9-10, S. 3-12.
Betz, Hans-Georg (2002), Rechtspopulismus in Westeuropa. Aktuelle Entwicklungen und
    politische Bedeutung, in: Österreichische Zeitschrift für Politikwissenschaft 31 (3),
    S. 251-264.
Betz, Hans-Georg / Helga A. Welsh (1995), The PDS in the New German Party System,
    in: German Politics 4 (3), S. 92-111.
Carini, Marco / Andreas Speit (2002), Ronald Schill. Der Rechtssprecher, Hamburg.
Decker, Frank (1994), Die Hamburger Statt Partei. Ursprünge und Entwicklung einer
    bürgerlichen Wählerbewegung, in: Jahrbuch für Politik 4, S. 249-294.
*Decker, Frank (2003), Rechtspopulismus in der Bundesrepublik Deutschland. Die Schill-
    Partei, in: Nikolaus Werz (Hg.), Populismus, Opladen, S. 223-242.
*Decker, Frank (2004), Der neue Rechtspopulismus, 2. Auflage, Opladen.
Decker, Frank (2005), In Hitlers Schatten, in: Die Zeit Nr. 9 vom 24. Februar, S. 6.
*Decker, Frank / Lazaros Miliopoulos (2005), Rechtsextremismus und Rechtspopulismus
    in der Bundesrepublik. Eine Bestandsaufnahme, in: Jahrbuch Öffentliche Sicherheit
    2004 / 2005, hgg. von Martin H. W. Möllers und Robert Chr. van Ooyen, Frankfurt
    a.M., S. 117-155.
Dürr, Tobias (2005), Bewegung und Beharrung: Das künftige Parteiensystem, in: Aus
    Politik und Zeitgeschichte, B 32-33, S. 31-38.
Faas, Thorsten / Andreas Wüst (2002), The Schill Factor in the Hamburg State Election
    2001, in: German Politics 11 (2), S. 1-20.
Funke, Hajo / Lars Rensmann (2002), Wir sind so frei. Zum rechtspopulistischen Kurs-
    wechsel der FDP, in: Blätter für deutsche und internationale Politik 47 (7), S. 822-
    828.
*Gapper, Stuart (2003), The Rise and Fall of Germany's Party of Democratic Socialism,
    in: German Politics 12 (2), S. 65-85.
Gerth, Michael (2003), Die PDS und die ostdeutsche Gesellschaft im Transformations-
    prozess. Wahlerfolg und politisch-kulturelle Kontinuitäten, Hamburg.
Gysi, Gregor (2003), Was nun? Über Deutschlands Zustand und meinen eigenen, Ham-
    burg.
*Hartleb, Florian (2004a), Rechts- und Linkspopulismus. Eine Fallstudie anhand von
    Schill-Partei und PDS, Wiesbaden.

Hartleb, Florian (2004b), Auf- und Abstieg der Hamburger Schill-Partei, in: Hans Zehetmair (Hg.), Das deutsche Parteiensystem, Wiesbaden, S. 213-227.

Jesse, Eckhard (2003), Die Rechts(außen)parteien: Keine ersichtlichen Erfolge, keine Erfolge in Sicht, in: Oskar Niedermayer (Hg.), Die Parteien nach der Bundestagswahl 2002, Opladen, S. 159-177.

Lafontaine, Oskar (2005), Politik für alle. Streitschrift für eine bessere Gesellschaft, Berlin.

Lösche, Peter / Franz Walter (1996), Die FDP. Richtungsstreit und Zukunftszweifel, Darmstadt.

Lüdecke, Bernd (1993), Rechtspopulismus am Beispiel der „Republikaner", Diss., Hannover.

Lütjen, Torben / Franz Walter (2002), Der wahre Möllemann, in: Berliner Republik 4 (1), S. 44-51.

Koopmans, Ruud (1995), A Burning Question. Explaining the Rise of Racist and Extreme Right Violence in Western Europe (Wissenschaftszentrum Berlin, FS III 95-101).

Möllemann, Jürgen W. (2003), Klartext. Für Deutschland, München.

Moreau, Patrick / Jürgen Lang (1996), Linksextremismus. Eine unterschätzte Gefahr, Bonn.

*Neu, Viola (2003), Die PDS: Eine populistische Partei?, in: Nikolaus Werz (Hg.), Populismus, Opladen, S. 263-277.

Neugebauer, Gero / Richard Stöss (1996), Die PDS. Geschichte, Organisation, Wähler, Konkurrenten; Opladen.

Obszerninks, Britta (1999), Nachbarn am rechten Rand. Republikaner und Freiheitliche Partei Österreichs im Vergleich. Eine handlungsorientierte Analyse, Münster.

Perger, Werner A. (2005), Kommunisten, die selbst Berlusconi mag, in: Die Zeit Nr. 25 vom 16. Juni, S. 4.

Raschke, Joachim / Ralf Tils (2002), CSU des Nordens. Profil und bundespolitische Perspektiven der Schill-Partei, in: Blätter für deutsche und internationale Politik 47 (1), S. 49-58.

Schönhuber, Franz (2002), Welche Chance hat die Rechte? Lehren aus Aufstieg und Niedergang der Republikaner, Coburg.

Schmidt, Ute (1998), Sieben Jahre nach der Einheit. Die ostdeutsche Parteienlandschaft im Vorfeld der Bundestagswahl 1998, in: Aus Politik und Zeitgeschichte B 1-2, S. 37-53.

Schulze, Andreas (2004), Kleinparteien in Deutschland. Aufstieg und Fall nicht-etablierter politischer Vereinigungen, Wiesbaden.

Vorländer, Hans (2004), Die Schattenpartei. Mit Erfolg aus dem Scheinwerferlicht verschwunden: Die FDP, in: Hans Zehetmair (Hg.), Das deutsche Parteiensystem, Wiesbaden, S. 159-171.

Walter, Franz (2005), Die Stunde des Trüffelschweins, in: Internationale Politik, 60 (6), S. 56 f.

Wegner, Markus E. (1994), Für eine offene Demokratie. Ein Mann kämpft gegen die „Polit-Mafia" und für die Erneuerung des Gemeinwesens, München / Leipzig.

Klaus Bachmann

Populistische Parteien und Bewegungen in Mittelosteuropa

1 Einleitung

Nur wenige Autoren haben sich in den letzten Jahren bemüht, bei länderübergreifenden Studien und Vergleichen populistischer Parteien die ehemalige Grenze des Kalten Krieges zu überschreiten. Populistische Parteien, so lautete offenbar der Ausgangspunkt vieler Studien, sind in Westeuropa vor einem ganz anderen Hintergrund als in Mittelosteuropa entstanden, also müssen sie sich zwischen Ost und West auch so dramatisch unterscheiden, dass Vergleiche sinnlos oder zumindest problematisch sind (vgl. z.b. Decker 2004: 15). Westeuropa hat in der Nachkriegszeit tatsächlich eine starke Industrialisierung und Individualisierung und seit den siebziger Jahren auch einen beschleunigten Wertewandel durchlaufen; es hatte aber weder die Kollektivierung der Landwirtschaft noch die Planwirtschaft und den „demokratischen Zentralismus" der politischen Systeme zu verkraften, dem die kommunistischen Staaten Mittelosteuropas ausgesetzt waren. Populismus als Protest gegen in Machtkartellen erstarrte Konsensdemokratien kommt für Mittelosteuropa, wo man frühestens seit 1989 von demokratischen Verhältnissen sprechen kann, als Analysekategorie folglich nicht in Frage. Ganz gleich, ob man Populismus als individualistischen Protest gegen einen – in der Perzeption der Wähler populistischer Parteien – immer umfassender werdenden Eingriff des Staates oder als Reaktion auf Individualisierung und das Umsichgreifen postmaterieller Wertvorstellungen ansieht – beides scheint auf die Verhältnisse in Mittelosteuropa kaum anwendbar (Skolkay 2000). Die Erfolge populistischer Parteien und Bewegungen fallen dort zusammen mit einem Rückgang des Staatseinflusses nach dem Zusammenbruch des Kommunismus 1989, weshalb von einer Reaktion auf die Hegemonie postmaterieller Wertvorstellungen und Individualisierung nicht die Rede sein kann – beide Prozesse beginnen sich in den neuen Demokratien gerade erst rudimentär zu entfalten (Markowski 2004: 11 ff.).

Trotzdem haben populistische Parteien, Bewegungen und Politiker in Mittelosteuropa nach 1989 zum Teil beachtliche Erfolge verbuchen können. 1990 kam in Polen der bis zum Wahlkampf völlig unbekannte peruanisch-kanadische Kleinunternehmer Stan Tyminski, der polnischer Abstammung ist, auf Anhieb in die zweite Runde der Präsidentschaftswahlen, wo er von Lech Wałesa, dem früheren Vorsitzenden der oppositionellen Gewerkschaftsbewegung „Solidarność", geschlagen wurde. Tyminski gründete daraufhin die „X Partei", der es gelang, auf der Basis des Kleinparteien begünstigenden Verhältniswahlrechts einige Abgeordnete ins Parlament zu schicken (Bachmann 2001: 35). Die Partei versank danach in der Bedeutungslosigkeit. Tyminski verschwand wieder nach Kanada und kehrte erst zu den Präsidentschaftswahlen 2005 in sein Heimatland zurück, bei der er aber keine Rolle mehr spielte. Manche Autoren betrachten auch Tyminskis damaligen Gegenkandidaten Lech Wałesa als populistischen Politiker, womit der erste demokratische Präsidentschaftswahlkampf in Polen nach der Wende 1989 eine Auseinandersetzung zwischen zwei Populisten gewesen wäre. Diese Annahme ist allerdings zweifelhaft.

In die direkte Nachwendezeit mit ihren Verwerfungen fallen auch die spektakulären Erfolge von Vladimír Mečiar in der Slowakei, dessen Parteienkoalition HZDS-RSS 1994 15 Prozent und 1998 sogar 27 Prozent der Wählerstimmen gewann (entsprechend einem Drittel der Parlamentsmandate). Demgegenüber verschwand in Ungarn die „Kleine Landwirte-Partei" (FKGP) bereits in der zweiten Hälfte der neunziger Jahre aus dem Parlament, während die nationalistisch-populistische MIÉP erst 2002 knapp an der Fünfprozenthürde scheiterte (Bozóki 2005: 17 ff.).

Trotz der Tatsache, dass die soziale, wirtschaftliche und politische Entwicklung in Ost- und Westeuropa so unterschiedlich verlaufen ist, haben wir es dennoch im gleichen Zeitraum in beiden Teilen des Kontinents mit starken populistischen Tendenzen, Bewegungen und Parteien zu tun. Den Anfang machten in Westeuropa Mitte der achtziger Jahre die Wahlerfolge der österreichischen FPÖ und des französischen Front National, es folgten der „schwarze Sonntag" 1991 in Belgien und die Erfolge von Lega Nord und Berlusconis Machtkartell in Italien in den neunziger Jahren. In Polen, der Slowakei und in Ungarn konnten populistische Politiker und Parteien schon unmittelbar nach dem Systemumbruch Erfolge verbuchen. Steckt dahinter zufällige Koinzidenz, oder gibt es Möglichkeiten, das Zusammenfallen mit Entwicklungsmustern in diesen Ländern zu erklären und sie in eine Beziehung zu den Hintergründen und möglichen Ursachen populistischer Tendenzen in Westeuropa zu setzen?

Um darauf antworten zu können, muss man zunächst die Frage stellen, wie ähnlich bzw. unterschiedlich populistische Parteien in West- und Mittelosteuropa sind. Um den Umfang des Artikels nicht zu sprengen, habe ich mich dabei für Westeuropa auf Frankreich, Belgien, die Niederlande und Österreich und für Mittelosteuropa auf Polen, Ungarn und die Slowakei konzentriert. Die erstgenannten sind Länder, in denen populistische Parteien relativ früh Erfolge erzielen konnten, während es sich bei den mittel- und osteuropäischen Ländern um Staaten der so genannten ersten EU-Beitrittswelle handelt. Dies ist insofern von Be-

deutung, als hier auch der Frage nachgegangen werden soll, inwieweit die europäische Integration als Anti-Thema für die Entwicklung populistischer Parteien
von Bedeutung war (Taggart / Szczerbiak 2001).

2 Populistische Parteien im Vergleich: West- und osteuropäische Perspektiven

Viele Autoren haben darauf hingewiesen, dass schon die Bezeichnung Populismus für analytische Zwecke Probleme aufwirft: Der Begriff ist in der politischen
Auseinandersetzung negativ besetzt und wird selbst in der sozialwissenschaftlichen Diskussion, wo man ihn der Regel wertfrei verwendet, mit unterschiedlichen Definitionen unterlegt (Decker 2004). Einen gewissen Konsens scheint es
jedoch über die folgenden Merkmale zu geben, die populistischen Parteien zuzu-
schreiben sind: Als populistisch soll eine Partei gelten, die organisatorisch auf
einen charismatischen Führer hin ausgerichtet ist – so sind z.B. der Front National, der Vlaams Blok (seit 2005 Vlaams Belang) und die FPÖ mit den Personen
ihrer Gründer bzw. Anführer (Le Pen, Dewinter und Haider) aufs engste verbunden. Auf der Ebene der Wähleransprache legt eine populistische Partei großen
Wert auf Forderungen nach direkter Demokratie, sie konstruiert in ihrem Auftreten und in ihrem Programm einen klaren Gegensatz zwischen den „einfachen
Leuten" und „denen da oben", zwischen Herrschenden und Beherrschten, wobei
sie sich selbst als Sprachrohr des „Mannes auf der Straße" oder (wäre der Ausdruck im Deutschen nicht so diskreditiert) des „gesunden Volksempfindens"
geriert. Eine Partei darf als populistisch gelten, wenn sie eine ähnliche Dichotomie zwischen der (meist unter ethnischen Gesichtspunkten definierten) „einheimischen Bevölkerung" und den „Fremden" herstellt, womit nicht gesagt werden
soll, dass diese Fremden auch tatsächlich existent sind, in bedeutender Zahl vor-
kommen oder eine echte, auch von Unbeteiligten nachvollziehbare Bedrohung
wären; die Partei versucht lediglich, die Lage so darzustellen. Für die Lösung
komplizierter sozialstaatlicher, innenpolitischer und wirtschaftspolitischer Probleme bietet eine populistische Partei in der Regel einfache, meist auf Repression
gründende Lösungen an: Die Arbeitslosigkeit wäre danach geringer, wenn auf
dem Arbeitsmarkt eine „nationale Präferenz" für Einheimische gelten würde, die
Kriminalitätsrate würde sinken, wenn man härtere Strafen verhängte und die
Zahl der Asylbewerber ginge zurück, wenn man diesen ihre soziale Vergünsti-
gungen nehmen oder sie – noch besser – gleich in ihre Herkunftsländer zurückschicken würde. In der Regel geben sich populistische Parteien globalisierungs-
kritisch, was auch in ihrer ablehnenden bis skeptischen Haltung zur europäischen
Integration zum Ausdruck kommt: Sie fordern protektionistische Maßnahmen
gegen ausländische Konkurrenz, stehen dem Freihandel reserviert gegenüber und

betrachten das Zusammenwachsen Europas als Bedrohung ihrer nationalen Identität; die Europäische Union wird als Einfallstor für die Gefahren des Globalismus betrachtet und nicht als Abhilfe gegen diese. In der Wählerschaft solcher Parteien dominieren meist Menschen mit geringer Bildung und abstiegsbedrohte Angehörige der Arbeiterschaft und Mittelschicht. Männer sind unter den Wählern deutlich überrepräsentiert, was manche Autoren zu der These verleitet hat, die Stimmabgabe für solche Parteien sei auch eine Reaktion auf die Frauenemanzipation.

Etwas aus diesem Rahmen fällt die niederländische „Liste Pim Fortuyn", die in der Literatur ebenfalls unter „populistisch" geführt wird. Einige der oben erwähnten Merkmale treffen tatsächlich auf sie zu: Im Laufe ihrer kurzen und wechselhaften Karriere seit 2001 hat die LPF auf die typischen Agitationsmuster des Populismus zurückgegriffen, indem sie den Gegensatz zwischen der vermeintlich abgehobenen politischen Klasse und der niederländischen Durchschnittsbevölkerung beschwor; hier machte sie sich die realen Funktionsschwächen des niederländischen Konkordanzsystems geschickt zunutze (siehe den Beitrag von Susanne Frölich-Steffen in diesem Band). Die Struktur der Partei war dermaßen auf ihren Parteichef und Gründer Pim Fortuyn zugeschnitten, dass sie nach dessen Ermordung prompt in mehrere Fraktionen zerfiel, von denen sich keine dauerhaft etablieren konnte. So gesehen war die LPF am Anfang ihres Bestehens mehr eine Bewegung als eine Partei. Trotzdem fällt die LPF zu einem großen Teil aus dem klassischen Populismus-Raster heraus: Anders als der Front National, der Vlaams Blok und auch die österreichischen Freiheitlichen verklärte Fortuyn die Vergangenheit keineswegs. Er definierte die „Einheimischen", die es vor fremden Einflüssen zu schützen galt, auch nicht ethnisch, sondern kulturell, indem er sich auf die liberalen Werte der westlichen politischen Kultur berief. Die Niederlande mussten nach seiner Auffassung vor Immigranten aus islamischen Ländern geschützt werden, weil diese die Gleichstellung von Frauen sowie die Rechte von Homosexuellen und anderen Minderheiten nicht anerkannten. Während Le Pen, Haider, Berlusconi oder Dewinter bemüht sind, als „ganze Männer" zu erscheinen und in Fragen der Sexualmoral wertkonservative Auffassungen vertreten, stellte Fortuyn seinen promiskuitiven Lebensstil ostentativ heraus, ohne dass ihm das im Wahlkampf erkennbar geschadet hätte. Auch in der Wirtschaftspolitik vertrat die LPF – anders als Vlaams Blok oder Front National – keine protektionistischen Positionen; Kritik an der Europäischen Union spielte in ihrer Programmatik nur eine untergeordnete Rolle.

Das „abweichende" Beispiel Fortuyns zeigt, dass die Inhalte, die eine populistische Partei vertritt, stark von der politischen Kultur des jeweiligen Landes abhängen, in dem sie aktiv wird. Der Vergleich populistischer Programmatik über Ländergrenzen hinweg wird dadurch erschwert. Wenn es keine klar umrissene Ideologie des Populismus gibt, schrumpft dieser weitgehend auf eine Organisationsform und die Beschreibung des Verhältnisses zwischen Parteiführer und Partei (siehe den Beitrag von Lars Rensmann in diesem Band). So weit gefasst würde z.b. auch eine Formation wie die „Union für die präsidentielle Mehrheit" (UMP), die 2001 anlässlich der französischen Präsidentschaftswahlen gegründet wurde, zur populistischen Parteienfamilie gehören.

Ein Ausweg bietet sich an, wenn man die Erklärungsraster der in den siebziger Jahren entwickelten Postmaterialismustheorie von Ronald Inglehart auf die populistischen Parteien anwendet. Dieser Ansatz erscheint auch für die mittel- und osteuropäischen Länder fruchtbar. Inglehart (1977) zufolge entwickeln sich Wertevorstellungen in Gesellschaften in Abhängigkeit von der Wirtschaftsent- wicklung und davon, ob in einer Gesellschaft die Grundbedürfnisse gedeckt sind: Im Westeuropa der Nachkriegszeit dominierte so ein materialistisch geprägter Wertekanon, der auch die „Bereitschaft zur Unterordnung", „Fleiß", „Opferbe- reitschaft" und „Familienbindung" einschloss. In den siebziger Jahren wurden diese Werte durch einen auf die postindustriellen Bedürfnisse und die Individua- lisierung vermeintlich besser zugeschnittenen „postmaterialistischen" Kanon ersetzt, der Werte wie „Selbstverwirklichung", „Kreativität" und „Partizipation" favorisierte. Damit einher ging ein Bedeutungsverlust von Patriotismus, nationa- lem Denken und Ethnizismus, die durch staatsbürgerliche und zivilgesellschaftli- che Tugenden verdrängt wurden. Dass die Niederlande – nach den Maßstäben Ingleharts – in der Bildung einer solchen postnationalen und -materialistischen Gesellschaft am weitesten fortgeschritten sind, hat zum Erfolg der von Fortuyn repräsentierten libertären Variante des Rechtspopulismus sicher mit beigetragen. Die Vertreter des rechtspopulistischen Mainstreams in Westeuropa stehen dem- gegenüber für einen „anti-modernen" Gegenentwurf zum Postmaterialismus, der gesellschaftspolitisch autoritär ausgerichtet ist und an einem ethnisch fundierten Nationsbegriff festhält. Ihr Ziel ist es, die traditionelle Ordnung wiederherzustel- len bzw. sie gegen die zersetzenden Einflüsse des postmateriellen Liberalismus zu verteidigen.

Anders gelagert ist die Situation in Mittelosteuropa. Hier hat es einen post- materiellen Wertewandel, auf den eine Gegenreaktion erfolgen könnte, erst gar nicht gegeben. Die kommunistischen Systeme waren in ihrem Gesellschafts- und Politikverständnis äußerst materialistisch ausgerichtet, was sich durch erzwun- genen Konsumverzicht und Mangelwirtschaft auch im Alltagsleben bitter nieder- schlug (auch wenn die Befriedigung der notwendigsten Grundbedürfnisse gesi- chert war). Folgt man Ingleharts Hypothese, wonach der Mensch seine prägen- den Einflüsse im Kindes- und Jugendalter erwirbt, müssten die materialistischen Einstellungen bei den heute über 30-Jährigen fortwirken und gerade unter den Wählern der populistischen Parteien nachweisbar sein.

3 Populistische Parteien in Polen

a) Die „Liga der polnischen Familien"

Es ist schwierig, in Polen zur Zeit einen Vertreter zu finden, der allen Anforderungen an eine westeuropäische populistische Partei genügt. Drei Parteien – die „Liga der polnischen Familien", die „Bauernselbstverteidigung" und „Recht und Gerechtigkeit" – dürften den Kriterien zumindest teilweise entsprechen.

Die aus der Christnationalen Allianz der zweiten Hälfte der neunziger Jahre hervorgegangene „Liga der polnischen Familien" (*Liga Polskich Rodzin*) war an der Regierung der „Wahlaktion Solidarność" von 1997 bis 2001 zeitweise beteiligt. Mit Roman Giertych verfügt sie über einen charismatischen Parteichef. Programmatisch befürwortet die Liga die direkte Demokratie und propagiert sie die für Populisten typische Entgegensetzung von (ethnisch definiertem) „Volk" und „Establishment". Giertych selbst entstammt einer zutiefst nationaldemokratisch geprägten Familie. Sein Vater, der für die Liga im Europaparlament sitzt, ist in der Vergangenheit durch nationalistische und antisemitische Äußerungen bekannt geworden. Die Partei gebärdet sich sowohl antideutsch wie auch antieuropäisch (sie rief im Referendum über den Beitritt zur EU zur Ablehnung auf), Politiker der Partei und Vertreter ihrer Jugendorganisation verbreiten häufig antisemitische Inhalte. Die Partei ist protektionistisch, steht für einen privatisierungsfeindlichen ökonomischen Staatsinterventionismus und vertritt äußerst restriktive Haltungen in Fragen der Sexualmoral und der Gleichberechtigung von Frauen. Sie verfügt über eine radikale Jugendorganisation, die sich zum Teil aus dem gewaltbereiten Skinhead-Milieu rekrutiert.

Die Liga ist radikal antikommunistisch und befindet sich – sowohl was Programmatik, als auch was das Selbstverständnis ihrer Aktivisten und Wähler angeht – auf dem äußersten rechten Rand des politischen Spektrums. Sie progagiert einen archaischen Patriotismus, der auf traditionellen kleinbürgerlichen Tugenden beruht, den Wert von Gruppenzugehörigkeiten (zu Familie, Volk, Nation und Kirche) herausstreicht und sich selbst in direkter Kontinuität zu den prorussischen, aber antideutschen Nationaldemokraten der Zwischenkriegsrepublik sieht, die für eine Zwangsassimilation slawischer Minderheiten (Weißrussen, Ukrainer) und eine Diskriminierung der vermeintlich nicht-assimilierbaren Minderheiten (Deutsche, Juden) eintraten. Dementsprechend sind die „Fremden", gegen die die Partei agitiert, ethnische und nationale Minderheiten, Juden, ausländische, besonders deutsche Investoren, weniger dagegen Immigranten. In den letzten Jahren hat sich die Liga auch als „law-and-order"-Partei darzustellen versucht, die für mehr Repression in der Strafverfolgung eintritt. Ihr Vorsitzender profilierte sich – mit wechselndem Erfolg – als Vorsitzender eines parlamentarischen Sonderausschusses zur Korruptionsbekämpfung.

b) Die „Bauernselbstverteidigung"

Die „Bauernselbstverteidigung" (*Samoobrona Rzeczypospolitej Polskiej*) besteht seit Anfang der neunziger Jahre in zweierlei Gestalt: als Gewerkschaft verschuldeter Privatbauern und als Partei. Beide Organisationen treten unter der gleichen Bezeichnung auf. Sie sind eng miteinander verflochten und in Struktur und Funktion ganz auf die Person des Vorsitzenden, Andrzej Lepper, zugeschnitten (Bachmann 2002). Lepper, zu Beginn der neunziger Jahre selbst ein hoch verschuldeter Privatbauer, gelang es, mit spektakulären Straßenblockaden Überreaktionen der staatlichen Organe zu provozieren, was ihm die Aufmerksamkeit der Medien verschaffte. Dennoch blieb die Selbstverteidigung auf der politischen Bühne lange ein Außenseiter. Das änderte sich erst nach dem Zusammenbruch des für Polen sehr wichtigen Schweineexportmarktes in Russland infolge der dramatischen Rubelentwertung 1998 und 1999. In einer großangelegten Blockadeaktion im ganzen Land versuchte die Selbstverteidigung, bei der Regierung höhere Aufkaufpreise für Schweinefleisch durchzusetzen. Blockiert wurden die Straßen zumeist von Kleinbauern, während die Lobby der Großbauern im Hintergrund blieb und die Streikenden finanziell unterstützte. Dabei wurde erstmals der doppelgesichtige Charakter der Bewegung deutlich: Lepper und seine Anhänger stellen sich als arme, benachteiligte Opfer eines Komplotts aus Banken, ausländischer Konkurrenz und Regierung dar, während sie tatsächlich zu einem großen Teil die Interessen polnischer Großbauern und Agrarkombinate vertreten. Polens Kleinbauern droht nämlich kaum Konkurrenz aus dem Ausland, da sie für den Weltmarkt in der Regel nicht produzieren. Ihre Interessen werden eher von der Polnischen Bauernpartei vertreten, die dadurch den Charakter einer Klassenpartei bekam, was es ihr unmöglich machte, ihre Wählerbasis über die arme Landbevölkerung hinaus auszudehnen. Lepper dagegen „fischt" inzwischen im Reservoir aller deklassierten oder vom sozialen Abstieg bedrohten Wähler, er bekommt seine Unterstützung auch von Stadtbewohnern, Kleinunternehmern und Einzelhändlern (Marks 2002).

Wie es sich für eine populistische Partei gehört, konstruiert auch die Bauernselbstverteidigung einen Gegensatz zwischen dem „einfachen" (ethnisch definierten) Volk und den Regierungseliten, die das Volk anonymen, bedrohlichen Mächten ausliefern wollen und längst den Kontakt mit dem normalen Bürger verloren haben. Dies geht einher mit einer Brachialrhetorik gegen „Verräter", „Verkäufer des Vaterlandes", einer radikalen Gleichheits- und Umverteilungspropaganda, wobei das Landleben und die Figur des Bauern idealisiert und als Quelle der wahren polnischen Werte dargestellt werden. Damit korrespondieren wiederum Ausverkaufs- und Bedrohungsszenarien, die gemeinsam haben, dass vor allem ausländische Kapitalisten als jene „Fremde" auftreten, vor denen es das wahre, ehrliche, traditionelle Polen zu beschützen gelte. Lepper und seine

Mitstreiter vertreten daher auch protektionistische, staatsinterventionistische Standpunkte und haben vor dem EU-Beitrittsreferendum heftig gegen die EU polemisiert (das Verbrennen von EU-Flaggen eingeschlossen), sich aber dann nicht zu einer eindeutigen Wahlempfehlung während der Referendumkampagne aufraffen können; ihre Wahlspots endeten mit der Aufforderung „entscheidet selbst." Im Stile einer „catch all"-Partei, die breite Bevölkerungsschichten und nicht nur Interessengruppen bzw. bestimmte Schichten oder Klassen ansprechen möchte, hat die Partei es (anders als die „Liga der polnischen Familien") bewusst unterlassen, sich in Fragen der privaten Moral zu profilieren. Die Abtreibungsproblematik spielt in ihrer Programmatik und Propaganda ebensowenig eine Rolle wie der Streit um die Gleichstellung von Homosexuellen oder die Frauenemanzipation. Von ihrem Erscheinungsbild her muss die Selbstverteidigung dennoch als – ziemlich archaische – Männerpartei gelten, was sich auch in ihrer Wählerbasis widerspiegelt. In Sachen Korruptionsbekämpfung, innere Sicherheit und Repression konnte sich Lepper demgegenüber nur schwer profilieren, nachdem er selbst mehrfach im Gefängnis gesessen hatte und nicht wenige Abgeordnete der Partei über lange Vorstrafenregister verfügten.

c) Die Partei „Recht und Gerechtigkeit"

Im Sommer des Jahres 2000, als die Koalition zwischen der „Wahlaktion Solidarność" und der liberalen „Freiheitsunion" zerbrach, holte der damalige Premierminister Jerzy Buzek den früheren Wałesa-Berater Lech Kaczyński als Justizminister in sein Kabinett. Kaczyński war bis dahin vor allem als strammer Antikommunist und Befürworter einer möglichst umfangreichen Offenlegung der polnischen Geheimdienstarchive bekannt. Innerhalb weniger Monate gelang es ihm, zum bekanntesten Minister der Minderheitsregierung Buzek zu werden – mit einer Anti-Korruptionskampagne, die im wesentlichen aus alarmistischen Reden, radikalen Äußerungen in den Medien und öffentlichem Maßregeln von Staatsanwälten und Richtern bestand, die nach Kaczyńskis Auffassung nicht hart genug gegen Verdächtige bzw. überführte Straftäter vorgegangen waren. Mehrfach löste Kaczyński auch heftige Debatten über symbolische Themen wie die Wiedereinführung der Todesstrafe, die Verabschiedung einer neuen Verfassung und eine „moralische Revolution" aus – alles Forderungen, die aufgrund der herrschenden Mehrheitsverhältnisse von Anfang an keinerlei Aussicht auf Erfolg hatten, die aber dazu dienen konnten, die Regierung vor sich herzutreiben und öffentliche Aufmerksamkeit zu erringen. Dies gelang so gut, dass Kaczyński, der sich seit 1989 bereits an der Gründung mehrerer Parteien beteiligt hatte, mit seiner neu lancierten Gruppierung „Recht und Gerechtigkeit" (*Prawo i Sprawiedliwość*) 2001 auf Anhieb den Einzug ins Parlament schaffte und er selbst zum Bürgermeister von Warschau gewählt wurde. Im Jahre 2005 war Kaczyński der erste, der seine Kandidatur für das Präsidentenamt anmeldete. Der anschließend gestartete aufwändige Wahlkampf ließ ihn schon nach kurzer Zeit zum Favoriten in den Umfragen werden.

Lech Kaczyński und sein Zwillingsbruder Jaroslaw (der das Amt des Vorsitzenden bekleidet) haben fast ihre gesamte Karriere nach 1989 auf die Dichotomie zwischen „einfachem Volk" und „kosmopolitischen, potenziell landesverräterischen Eliten" abgestellt. Anfangs projizierten sie ihr Feindbild vor allem auf das postkommunistische Establishment der unmittelbaren Nachwendezeit und die angeblichen Verschwörungen von ehemaligen Geheimdienstangehörigen. Diese stecken nach Auffassung der Partei auch heute hinter den meisten Korruptionsaffären des Landes und zögen insgeheim die Fäden der Regierungspolitik. Die These, wonach Polen sich nicht im Übergangsstadium von Diktatur und Planwirtschaft zu einer liberalen, marktwirtschaftlichen Demokratie, sondern in einer „postkommunistischen" Fassadendemokratie befinde, die in Wirklichkeit von dunklen Mächten aus korrupten Exkommunisten, Geheimagenten, liberalen Eliten und neureichen Krisengewinnlern regiert werde, ist seit Ende der neunziger Jahre in Polen so populär geworden, dass sie sogar eine umfangreiche soziologische Literatur hervorgebracht hat, die die populistischen Thesen der Gebrüder Kaczyński wissenschaftlich zu stützen versucht. Im angeblichen Kampf zwischen den dunklen Mächten der Vergangenheit und den Interessen der einfachen Bürger steht „Recht und Gerechtigkeit" selbstverständlich auf Seiten letzterer, sie bedient sich der Sprache des Volkes und vertritt ebenso einfache wie verständliche, autoritäre und repressive Lösungen. Die Rolle der „Fremden" nehmen dabei die EU, Deutschland, Russland und in geringerem Maße nationale und ethnische Minderheiten ein, weniger die Immigranten und Juden. In der politischen Praxis schwankt die Partei zwischen liberalen und staatsinterventionistischen Konzepten, sie gibt sich betont national und patriotisch, wobei das vor fremden Einflüssen, Ausverkauf und Auslieferung an die kosmopolitischen Eliten der Linken und Liberalen zu beschützende Volk ethnisch-kulturell definiert wird. In Angelegenheiten privater Moral nimmt „Recht und Gerechtigkeit" einen ähnlichen Standpunkt ein wie die „Liga der polnischen Familien": Im Sommer 2005 versuchte Bürgermeister Kaczyński einen Marsch von Homosexuellen und Lesben in Warschau zu verhindern. „Recht und Gerechtigkeit" ist gegen die Einführung einer sozialen Indikation bei Schwangerschaftsabbrüchen und stimmte gegen ein Antidiskriminierungsgesetz, das die ungleiche Behandlung von Männern und Frauen auf dem Arbeitsmarkt verbieten sollte. Unter der Wählern dominieren Männer ebenso wie in den Führungsgremien. Außenpolitisch fährt „Recht und Gerechtigkeit" einen isolationistischen, vorsichtig proamerikanischen Kurs, dessen Ausgestaltung von innenpolitischen Erwägungen bestimmt ist. Vor dem EU-Beitrittsreferendum erklärte die Partei, sie sei für einen Beitritt, werde aber im Fall eines nichtverbindlichen Ausgangs des Referendums im Parlament so abstimmen wie die Mehrheit der Wähler. Diese Haltung hätte – wäre die Beteiligung am Referendum unter 50 Prozent geblieben – dazu führen können, dass die Partei zunächst zur Stimmabgabe für einen Beitritt aufgerufen, im Parlament dann aber dagegen gestimmt hätte. „Recht und Gerechtigkeit" rekrutiert seine Wähler vorwiegend aus den Städten; was die Bildung der Wähler angeht, bestehen kaum Unterschiede zur Durchschnittsbevölkerung.

Tabelle 1:   Ergebnisse populistischer Parteien und Kandidaten bei den nationalen Parlaments- und Präsidentschaftswahlen in Polen 1990 bis 2001

Partei / Kandidat	1990*	1991	1993	1997	2001	2005
Tyminski	25,7					
Wałesa	74,3					
Partei X		0,5				
KPN**			5,8			
ROP***				5,6		
Recht und Gerechtigkeit					9,5	26,8
Selbstverteidigung					10,2	11,7
Liga der polnischen Familien					7,9	7,9

*) Die Zahlen beziehen sich auf die zweite Runde der Präsidentschaftswahlen.
**) KPN = *Konfederacja Polski Niepodleglej* (Konföderation Unabhängiges Polen): Kleine nationale Partei, die zum Teil die Kriterien für eine populistische Partei erfüllt, hier aber unberücksichtigt bleibt, weil sie nur in der ersten Hälfte der neunziger Jahre kurzzeitig eine Rolle spielte.
***) ROP = *Ruch Odbudowy Polski* (Bewegung zum Wiederaufbau Polens): Partei des erfolglosen Präsidentschaftskandidaten und Ex-Premierministers Jan Olszewski, für die das gleiche gilt wie für die KPN.

4   Populistische Parteien in Ungarn

Die ungarische Demokratie ist in einem Konsolidierungsprozess begriffen, doch das ändert nichts daran, dass auch das ungarische Parteiensystem in den neunziger Jahren sehr instabil war. Auch für die Parteien, die wir hier betrachten, ist das nicht ohne Folgen geblieben (Bayer 2002). Die „Partei der kleinen Landwirte" (*Független Kisgazda Földmunkás és Polgári Párt*, FKGP), deren Wurzeln bis in die Vorkriegszeit reichen, hat sich nach dem Systemwechsel wiedergegründet und spielte in den neunziger Jahren eine bescheidene Rolle im Parlament und als Koalitionspartner, bis sie bei den Wahlen von 2002 an der Fünfprozenthürde scheiterte. Die Partei pflegte zwar einen populistischen, gegen das politische Establishment der Nachwendezeit gerichteten, oft sogar nationalistischen

und antisemitischen Diskurs, doch war sie nicht eindeutig als „Führerpartei"
konzipiert. Sie definierte das Volk, das sie vor Fremdem schützen wollte, ebenfalls ethnisch-kulturell, doch gelang es ihr aufgrund ihrer eigenen Verwicklung
in diverse Korruptionsaffären nicht, sich als glaubwürdige „law-and-order"-
Partei darzustellen.

Zum Teil hat die „Partei der ungarischen Wahrheit und des Lebens" (*Magy-
ar Igazság és Élet Pártja,* MIÉP) von István Csurka ihre programmatische Nach-
folge angetreten: Auch sie ist nationalistisch, antisemitisch und fremdenfeindlich. Csurka selbst, zu kommunistischen Zeiten ein bekannter Schriftsteller, war
bis 1993 einer der stellvertretenden Vorsitzenden des Ungarischen Demokratischen Forums, bis er wegen seiner antisemitischen Entgleisungen aus der Partei
ausgeschlossen wurde und eine eigene Organisation gründete. Csurka erfüllt die
Kriterien des „Volkstribuns" und unumschränkten Herrschers in der Partei besser, als es der Neugründer der Kleine Landwirte-Partei, Jószef Torgyán, in seiner Partei konnte. Die Fremden, die MIÉP von Ungarn fernhalten will, sind
ebenso chimärisch wie zahlreich. Im Diskurs der Partei werden Kommunisten
und Kapitalisten gleichermaßen als jüdische Verschwörer dargestellt, weshalb
MIÉP gegen die angebliche Abhängigkeit Ungarns vom Internationalen Wäh-
rungsfonds, aber auch gegen seine Mitgliedschaft in der NATO und der EU
polemisiert. Im Ausland erregten vor allem Forderungen nach Abschiebung der
ungarischen Roma Aufsehen, damit einher gehen expansionistische Bestrebun-
gen wie die Forderung nach einer Grenzänderung in Serbien, geäußert während
der NATO-Intervention in Serbien 1999, als Csurka verlangte, die von einer
starken ungarischen Minderheit bewohnte Voivodina an Ungarn anzuschließen.
Die MIÉP ist antiliberal und globalisierungsfeindlich, sie rief vor dem EU-
Beitrittsreferendum dazu auf, gegen den Beitritt zu stimmen und wandte sich –
ähnlich wie zuvor die „Partei der kleinen Landwirte" – gegen eine Liberalisierung des Grunderwerbs in Ungarn infolge der Übernahme europäischen Rechts.
Obwohl es der Partei gelang, ihre Wählerbasis, die hauptsächlich aus Modernisierungsverlierern besteht, auch auf die Mittelschicht und Erstwähler auszudehnen, scheiterte sie 2002 an der Fünfprozenthürde.

Tabelle 2: Ergebnisse populistischer Parteien bei den nationalen
Parlamentswahlen in Ungarn 1990 bis 2002

Partei	1990	1994	1998	2002
FKGP	11,7	8,8	13,2	0,8
MIÉP		1,6	5,5	4,4

5 Populistische Parteien in der Slowakei

Während in Westeuropa populistische Parteien meist Unbehagen gegen erstarrte (oder als erstarrt wahrgenommene) Verhältnisse einer Konsensdemokratie und damit gegen das traditionelle politische Establishment artikulieren, haben wir es in Mittelosteuropa mit einem vielschichtigeren Bild zu tun: „Recht und Gerechtigkeit" entstand aus der Regierungsbeteiligung von Lech Kaczyński heraus, die „Bauernselbstverteidigung" als radikale außerparlamentarische Opposition und Protestbewegung für bestimmte Interessengruppen, die Politiker der „Liga der polnischen Familien" fungierten mal als Teil der Regierung (unter den Premierministern Suchocka und Buzek), mal agierten sie als als religiös-national eingestellte Opposition (seit 2001). Die ungarische „Partei der kleinen Landwirte" entstand als antikommunistische Oppositionspartei, beteiligte sich in den neunziger Jahren aber an der Regierung. Selbst die nationalistische MIÉP nahm Einfluss auf die Regierungspolitik, wenn auch nicht in Form einer Koalitionsbeteiligung, sondern durch die Entsendung von Vertretern in den ungarischen Rundfunk- und Fernsehrat.

Noch undurchsichtiger ist die Lage in der Slowakei, wo die populistische Partei des langjährigen „starken Mannes" des Landes, Premierminister Vladimír Mečiar, die „Bewegung für eine demokratische Slowakei" (*Hnutie za demokratické Slovensko*, HZDS) seit der slowakischen Unabhängigkeit stets zweistellige Wahlergebnisse erzielen konnte und mehrfach die Regierung bildete. Für Mečiar, den ehemaligen Boxer, der sich stets als bodenständiger Mann aus dem Volk präsentiert, war Populismus dabei immer eine Methode, verlorene Macht wiederzuerlangen (Thanei 2002). Er versuchte damit, jene Unterstützung bei den Wählern zu mobilisieren, die ihm in Parlament und Regierung versagt geblieben oder entzogen worden war. So gesehen handelt es sich also auch bei Mečiars HZDS um einen gegen das politische Establishment gerichteten Vertreter, dessen Populismus aber zurückgedrängt wurde, wenn sich die Partei selber in der Regierung befand.

Neben der HZDS spielen in der Slowakei auch noch andere Parteien eine Rolle, die gelegentlich populistisch genannt werden: Die nationalistische „Slowakische Nationale Partei (*Slovenská Národná Strana*, SNS), aus der nach mehreren Abspaltungen inzwischen eine weitere Gruppierung unter dem Namen „Wahre Slowakische Nationale Partei" (*Pravá Slovenská Národná Strana*, PSNS) entstanden ist, die „Richtungspartei" (*Smer*) sowie die „Allianz des neuen Bürgers" (*Aliancia nového občana*, ANO). Die genannten Parteien sind nicht nur deutlich schwächer als die HZDS, organisatorisch passen sie auch weniger in das Populismus-Raster. Jan Slota, der die SNS selbst nicht gegründet hat, sondern erst später zum Vorsitzenden gewählt wurde, spielt für die Partei nicht annähernd die Rolle, die Mečiar für die HZDS gespielt hat. Anders dagegen die Lage bei Robert Fico, einem ehemaligen Linken, der seine politischen Ressourcen zunächst nutzte, um die eigene Position innerhalb der sozialdemokratischen SDZ zu verstärken, bevor er 1999 eine neue Partei gründete, die dann 2002 ins Parlament einzog. Smer ist eine ganz auf ihren Anführer ausgerichtete Partei, die sich bemüht, Anti-Establishment-Gefühle zu wecken, einen Gegensatz zwischen Regierenden und einfachem Volk zu konstruieren, an law- and order-Gefühle appelliert, sich national und euroskeptisch gibt, sich andererseits in jüngster Zeit aber auch bemüht, vom Image einer pragmatisch-unideologischen „Partei des dritten Wegs" wegzukommen und sich ein sozialdemokratisches Outfit zulegt (Učeň 2004). ANO entspricht dagegen mehr dem Bild einer rechtspopulistischen Partei, ist jedoch im Gegensatz zu den anderen hier behandelten Parteien stärker wirtschaftsliberal orientiert. 2001 von Pavol Rusko, dem Besitzer des größten privaten Fernsehkanals des Landes, gegründet, kann die „Allianz der neuen Bürger" ebenfalls als „one leader party" gelten. Slowakische Autoren bezeichnen sie gerne als Protestpartei der Mittelklasse.

Gemeinsam ist allen genannten Vertretern der Hang, Bedrohungsängste gegenüber „Fremden" zu schüren und dabei eine Dichotomie nicht nur zwischen Regierenden und Regierten, sondern auch zwischen Einheimischen und Fremden herzustellen, wobei die Grenzziehung streng ethnisch verläuft und sich vor allem auf die Ausgrenzung der nationalen und ethnischen Minderheiten (Roma und ungarische Minderheit) bzw. den Staat Ungarn richtet. Dabei spielt die ungarische Minderheit für die HZDS, die als eher romafreundlich gilt und sich bei Wahlen einer gewissen Unterstützung seitens der Roma erfreut, eine größere Rolle als für SNS, Smer und ANO; diese betrachten vor allem die Roma als Außenseiter.

Das Erstaunliche an der slowakischen Situation ist, dass alle Parteien, die auch nur andeutungsweise die Kriterien für Populismus erfüllen, beim EU-Beitrittsreferendum unmissverständlich für ein „Ja" eintraten. Das ist umso überraschender, als der Wahlsieg von Mečiars HZDS bei den Parlamentswahlen 2002 von der EU-Kommission und zahlreichen Mitgliedsstaaten als ausdrückliches Hindernis für einen EU-Beitritt der Slowakei angesehen wurde. Dass sich Mečiar, dessen Politik als Regierungschef des öfteren in Widerspruch zu den Kopenhagener Kriterien der EU geriet, sich zu einem klaren Bekenntnis zur europäischen Perspektive des Landes durchrang, ist wohl am ehesten mit dem internationalen Druck auf ihn zu erklären. Noch erstaunlicher ist allerdings, dass auch die SNS zur Zustimmung beim EU-Referendum aufrief. Andrey Skolkay (2005) spricht in diesem Zusammenhang sogar von einer neuen Form des „proeuropäischen Populismus".

Tabelle 3: Ergebnisse populistischer Parteien bei den nationalen
Parlamentswahlen in der Slowakei 1992 bis 2002

Partei	1992	1994	1998	2002
HZDS	37,3	35,0	27,0	19,5
SNS	7,9	5,4	9,1	3,3
Smer				13,5
ANO				8,0
PSNS				3,7

6   Schlussbetrachtung: Materialistischer Agrarpopulismus in Mittelosteuropa?

Betrachtet man Parteien wie „Recht und Gerechtigkeit", „die Liga der polnischen Familien", die „Bauernselbstverteidigung" sowie MIÉP und HZDS genauer, so lassen sie sich im Postmaterialismus-Modell Ingleharts durchweg auf der materialistischen Seite verorten. Alle diese Vertreter bauen ihre Organisationen auf dem Gehorsam gegenüber einem charismatischen Führer auf, der die Partei beherrscht und auf den allein die Wahlkämpfe ausgerichtet sind. Des weiteren handelt es sich ohne Ausnahme um „Männerparteien", die überdurchschnittlich von Männern gewählt werden und an deren Spitze bzw. in deren Führungsgremien ausschließlich Männer das Sagen haben. Dem entspricht, dass die Parteien ein traditionalistisches Bild der Geschlechterrollen, unter starker Betonung der Familie, pflegen, wobei sie sich sich aus Fragen der privaten Moral (betreffend Abtreibung, Frauenrechte und Homosexualität) entweder heraushalten oder auch hier eine dezidiert konservative Haltung einnehmen. Lediglich die slowakischen Vertreter Smer und ANO fallen hier mit ihren eher permissiven Positionen etwas aus dem Rahmen.

Wo die Parteien an der Macht sind, regieren sie mit autoritären Zügen und harter Hand, was sich insbesondere in der Justizpolitik bemerkbar macht. Die populistischen Parteien polarisieren zwischen „dem einfachen Volk" und dem „Establishment" auf der einen, sowie zwischen den nach ethnischen bzw. ethnisch-kulturellen Merkmalen definierten „Einheimischen" und „den Fremden" (Minderheiten, Nachbarn) auf der anderen Seite. Im Gegensatz zu den westeuropäischen populistischen Parteien sind es nicht in erster Linie die ohnehin zahlenmäßig nur schwach vertretenen Migranten, die als bedrohliche Fremde dargestellt werden, sondern ausländische Kapitalisten und Investoren, insbesondere dann, wenn diese Grund und Boden bzw. Immobilien kaufen wollen. Die Konstruktion der eigenen Gruppe („die Einheimischen") ruht somit auf zwei Pfeilern: dem ethnischen Nationsbegriff und der Herrschaft über Grund und Boden.

Beides ist mit dem westeuropäischen Populismus nur bedingt vergleichbar. Während die Souveränität über Grund und Boden bei den populistischen Parteien in Westeuropa nur eine marginale Rolle spielt, unterscheiden sich West- und Mittelosteuropa auch in ihrem ethnisch-kulturellen Nationsverständnis deutlich voneinander. In Westeuropa ist das Nationsdenken heute weitgehend „europäisiert"; Identität wird hier in erster Linie an der Zugehörigkeit zum westlichen (abendländischen) Kulturkreis und in ausdrücklicher Entgegensetzung zum Islam festgemacht. Vlaams Blok, Front National und FPÖ meinen, wenn sie von den Fremden sprechen, die ausgegrenzt werden sollen, also „lediglich" die Einwanderer aus den Nicht-Mitgliedsstaaten der EU oder aus den Staaten, die im Zuge der Osterweiterung gerade erst beigetreten sind, nicht aber Migranten, Arbeitnehmer oder Investoren aus dem Europa der 15. In Mittelosteuropa richtet sich die Agitation populistischer Parteien dagegen eher gegen Ausländer an sich oder gegen historisch eingesessene nationale oder ethnische Minderheiten wie Ungarn, Deutsche, Juden, Ukrainer oder Roma.

Dieser immer noch stark agrarisch geprägte Populismus kann nicht verwundern, berücksichtigt man, dass der Anteil der Landbevölkerung und der Bauern in Polen, der Slowakei und Ungarn bis heute deutlich über dem der meisten westeuropäischen Staaten liegt. Die Tatsache, dass die agrarpopulistischen Parteien auch in den Städten Fuß fassen konnten, lässt sich mit den großen Industrialisierungs- und Urbanisierungsprozessen erklären, die in der kommunistischen Zeit stattfanden. (In den westeuropäischen Ländern setzten sie im Schnitt sehr viel früher ein.) Hinzu kommen im Fall von Polen – dem Land mit dem derzeit stärksten populistischen Potenzial und den am stärksten agrarisch geprägten populistischen Parteien – die Konsequenzen der kriegsbedingten Umsiedlungen bzw. Vertreibungen, die noch zusätzlich Landbevölkerung in die Städte trieben.

Fragt man generell nach der Zukunft populistischer Strömungen und Parteien in Mittelosteuropa, so erscheinen diese – ganz ähnlich wie in Westeuropa – nicht als Eintagsfliegen, die zusammen mit den Transformationsfolgen seit 1989 wieder verschwinden, sondern als dauerhafte Begleiter der Demokratie. Es wäre auch ein Fehler, allein Euroskepsis als Ursache für die populistischen Erfolge der letzten Jahre anzusehen. Zum einen datieren die Wahlerfolge populistischer Parteien und Politiker in der Slowakei und Ungarn schon lange vor der EU-Integration dieser Länder, zum anderen zeigt das Beispiel Polen, dass Euroskepsis ein leicht ersetzbares Element der Wähleransprache ist. Denn die „Fremden", gegen die sich die Ausgrenzungsrhetorik der Populisten richtet, sind fast beliebig definierbar: Ende der achtziger und Anfang der neunziger Jahre waren es (real so gut wie nicht im Land vorhandene) Juden, heute sind es ausländische Kapitalisten, anonyme Beamte und Institutionen in Brüssel oder einfach die angeblich korrupte, kosmopolitische politische Klasse im eigenen Land. Die wichtigsten Faktoren, die den Erfolg populistischer Parteien begünstigen, sind dabei:

- ein im internationalen Vergleich sehr niedriges Vertrauen in Institutionen, wodurch populistischen Parteien das Aufbauen einer Dichotomie zwischen Regierten und Regierenden leicht gemacht wird.

- die Tatsache, dass sich die in Westeuropa etablierten Sozialstrukturen erst langsam herausbilden und das damit einhergehende volatile Wählerverhalten populistischen „Catch-all-Parteien" die Arbeit erleichtert. Ihr Wählerpotenzial ist so viel größer als bei westeuropäischen populistischen Parteien und bei Parteien, die sich auf eine relativ feste, sozial definierte Stammwählerschaft stützen.

- die Dominanz von materialistischen Wertevorstellungen in den Gesellschaften. Während sich materialistisch orientierte Populisten in Westeuropa nur auf die in einer Abwehr postmaterieller Strömungen befangenen Wählergruppen konzentrieren können, haben mittelosteuropäische Populisten die Chance, eine Bevölkerungsmehrheit zu erreichen.

Alle diese Faktoren werden sich in den kommenden Jahren kaum verändern, sodass auch mit einem Verschwinden des Populismus nicht zu rechnen ist. Der Vormarsch postmaterieller Wertevorstellungen, der in Mittelosteuropa langsam einsetzt, dürfte den Populismus ebenfalls nicht zum Verschwinden bringen, sondern allenfalls dazu führen, dass dieser sich ähnlich anpasst wie in den Niederlanden, wo die Lijst Pim Fortuyn ihre Wahlkämpfe als Verteidigerin postmaterieller Tendenzen gegen einen von islamischen Einwanderern kommenden materialistischen „Backlash" zu führen versuchte. In Mittelosteuropa sind die populistischen Parteien in der Regel damit beschäftigt, ihre Gesellschaften gegen vermeintliche postmaterielle Bedrohungen zu verteidigen.

Literatur

Besonders wichtige Titel sind mit einem Sternchen gekennzeichnet.

*Bachmann, Klaus (2001), Polens Uhren gehen anders. Warschau vor der Osterweiterung der EU, Stuttgart.
Bachmann, Klaus (2002), Andrzej Lepper. Das blau geschlagene Auge der Demokratie, in: Michael Jungwirth (Hg.), Haider, Le Pen und Co., Graz, S. 238-257.
*Bayer, Joszef (2002), Rechtspopulismus und Rechtsextremismus in Ostmitteleuropa, in: Österreichische Zeitschrift für Politikwissenschaft 31 (2), S. 265-280.

*Bozóki, András (2004), Consolidation or Second Revolution? The Politics of the New Right in Hungary, in: Slovak Foreign Policy Affairs 4 (1), S. 17-27.

Decker, Frank (2004), Der neue Rechtspopulismus, 2. Auflage, Opladen.

Inglehart, Ronald (1977), The Silent Revolution. Changing Values and Political Styles Among Western Publics, Princeton.

Markowski, Radoslaw, Hg. (2004), Populizm a demokracja, Warschau.

Marks, Bartlomej (2002), Trzy wymiary Samoobrony – zwiazek zawodowy, partia polityczna – ruch spoleczny, Universität Warschau (unveröffentlichte Magisterarbeit).

*Ociepka, Beata, Hg. (2005), Populism and Media Democracy, Wrocław.

*Skolkay, Andrej (2000), Populism in Central Eastern Europe, Wien (IWM Working Paper No. 1).

Skolkay, Andrej (2005), Populist Parties and Campaigns before the EU Referendum in Slovakia. In: Beata Ociepka (Hg.), Populism and Media Democracy, Wrocław 2005, S. 181-206.

Taggart, Paul / Aleks Szczerbiak (2001), Parties, Positions and Europe: Euroscepticism in the EU Candidate States of Central and Eastern Europe (Sussex European Institute Working Paper No. 46).

Thanei, Christoph (2002), Vladimír Mečiar. Ein Mythos polarisiert, in: Michael Jungwirth (Hg.), Haider, Le Pen und Co., Graz, S. 218-237.

*Učeň, Peter (2004), Centrist Populism as a New Competitive and Mobilization Strategy in Slovak Politics, in: Olga Gyárfášová / Grigorij Mesežnikov (Hg.), Party Government in Slovakia, Bratislava, S. 45-73.

Uwe Jun

Populismus als Regierungsstil in westeuropäischen Parteiendemokratien: Deutschland, Frankreich und Großbritannien

1 Einleitung

Der Populismus ist ein facettenreiches, flüchtiges und schillerndes Phänomen, das sich einer wissenschaftlich exakten Bestimmung entzieht. In den Medien und seitens der Politik dient er in der Regel als Kampfbegriff, mit dem politische Richtungen oder Konkurrenten gebrandmarkt werden sollen, die nicht um der Sache willen den politischen Prozess mitbestimmen wollen, sondern um die vordergründige Gunst öffentlicher Zustimmung zu erlangen. Einzelne Autoren behaupten daher, dass der Begriff besser keinen Eingang in wissenschaftliche Diskussionen finden sollte (Taggart 2000: 2 ff.). Dennoch soll hier der Versuch unternommen werden, den Populismus im Kontext von Regierungsstilen in westeuropäischen Demokratien näher zu bestimmen und als empirisches Phänomen anhand einzelner Beispiele der Alltagspraxis des Regierens in Deutschland, Frankreich und Großbritannien zu erläutern. Populismus erscheint in diesem Kontext nicht als programmatische Bewegung oder Organisation, wie er etwa in rechts- oder linkspopulistischen Parteien seinen Ausdruck findet, sondern als Instrument oder Stil des Regierens, das sich in einzelnen Versatzstücken, Strategien oder Vermittlungstechniken wiederfindet und im Regierungsalltag zur Anwendung kommt. Von den „Doppelgesichtern des Populismus" ist also die „plebiszitäre Überformung der elektoralen Politik" angesprochen, nicht das „Protestphänomen" (Decker 2004: 277).

Politische Führung in modernen repräsentativen Parteiendemokratien kann auf ein bestimmtes Maß an Populismus zur Herstellung von Legitimation ebenso wenig verzichten wie eine politische Partei im Wettbewerb um die Gunst der Wählerschaft. Insofern ist es richtig zu sagen, dass dort, „wo Demokratie ist, (...) immer auch Populismus (ist)" (ebd.: 271). Der Appell an das Wahlvolk und die Berufung auf dessen (vermeintlichen) Willen sind unzweifelhaft Stilelemente, die zum Populismus gehören, wie auch personalisierte Führung oder medienwirksame Symbolik zur Außendarstellung der Einheit von Regierenden und Regierten. Nimmt man allein diese Aspekte, so kann man davon sprechen, dass

Populismus als Politik- und Regierungsstil in modernen Demokratien weit verbreitet ist, ohne ihn gleich zum „dominanten Politikstil der Epoche" (Hartleb
2004: 43) zu erheben. Zu klären sein wird, welche prägenden Elemente des Populismus sich in den Regierungsstilen westeuropäischer Parteiendemokratien
finden und wie sie dort zur Anwendung kommen. Mit populistischen Versatzstücken versuchen Regierungen Legitimitätssicherung und öffentliche Akzeptanz
herzustellen, um darüber – so meine These – *erstens* den Erosionsprozessen der
Parteiendemokratien entgegenzuwirken und *zweitens* die gestiegenen Anforderungen des Regierens durch Vereinfachungen zu überspielen. Während nämlich
die Entscheidungsprozesse durch zunehmende Komplexität und Informalität –
auch im Zuge der steigenden Internationalisierung der Politik – für die Wahlbür-
ger immer undurchschaubarer werden, soll mit populistischen Elementen der
Eindruck entstehen, die Regierung handele im Auftrag von und im Einverständ-
nis mit der Wählerschaft; dieser soll also das Gefühl gegeben werden, sie habe
einen direkten Einfluss auf das Regierungsgeschehen.

2   Erosion der Parteiendemokratie

Politische Parteien können als machtvolle Akteure in politischen Willensbil-
dungs- und Entscheidungsprozessen moderner Demokratien charakterisiert werden, die in der überwiegenden Zahl der westlichen Demokratien im Zentrum des
Entscheidungsprozesses stehen (Jun 2005). Ihre Funktionen und Handlungsräume sind vielfältig: Sie stellen Kandidaten für öffentliche Ämter in Parlament und
Regierung auf, sie organisieren Wahlkämpfe und mobilisieren ihre Sympathisanten, in ihrem Streben nach öffentlicher Unterstützung ermöglichen sie die Rück-
bindung und Kommunikation zwischen politischen Eliten und den Wählern bzw.
Bürgern. Sie behandeln Themen und Anliegen der politischen Öffentlichkeit in
den Staatsorganen weiter, sie sollen die Verbindung des staatlichen und gesellschaftlichen Willensbildungsprozesses aufrecht erhalten und diesen stets aufs
Neue aktualisieren. Sie sollen durch Wahlen dem politischen System die notwendige Legitimation beschaffen. Im Gegensatz zu Interessengruppen oder anderen intermediären Organisationen haben die Parteien durch ihre Repräsentanten in öffentlichen Ämtern direkten Einfluss auf politische Entscheidungen und
können ihren Handlungskontext selbst bestimmen, was ihnen eine privilegierte
Position verleiht. Aufgrund der Schlüsselrolle, die die Parteien bei der Organisation und Ausübung politischer Herrschaft spielen, kann mit Blick auf westeuropäische Demokratien von Parteiendemokratien gesprochen werden (Wiesendahl
2003). Obwohl häufig kritisiert und nicht selten sogar gescholten, haben sich
politische Parteien damit bisher als unentbehrlich und alternativlos für die Funktionsfähigkeit von Demokratien erwiesen, insbesondere der parlamentarischen

Demokratien. Als Mittel und Mittler politischer Herrschaft und als Generatoren von überschaubaren Alternativen, die den Wählern eine personelle und inhaltliche Selektion ermöglichen, wird den Parteien aus diesen Gründen auch in Zukunft eine wesentliche Bedeutung in repräsentativen Demokratien zukommen.

Jedoch wird in jüngerer Zeit ein Bedeutungsrückgang der Parteien auf der gesellschaftlichen Ebene konstatiert, hervorgerufen in erster Linie durch gesellschaftliche Wandlungsprozesse, die eine gravierende Auszehrung ihrer sozialmoralischen Großmilieus bewirkt haben. Einhergehend mit der Erosion der gesellschaftlichen Basis verlieren Parteien an Attraktivität als politischer Partizipationsraum, was sich in einem Verlust an Stammwählern und insbesondere Mitgliedern äußert. Dies hat wiederum langfristige Rückwirkungen auf die Loyalität gegenüber politischen Parteien, auf ihr öffentliches Ansehen innerhalb der Wählerschaft und damit letztlich auf ihre Legitimationsgrundlage. Parteien verlieren an Bindungskraft und büßen ihre Integrationsfähigkeit ein.

Der Mitgliederrückgang hat sich seit den neunziger Jahren deutlich beschleunigt. Insbesondere in den jüngeren Generationen lässt sich eine überproportionale Abwendung von den Parteien feststellen, nicht wenige Beobachter sprechen von einem „Entfremdungsprozess" der jüngeren Generationen gegenüber den politischen Parteien (von Alemann 2000: 185). Dies wiederum hat eine Überalterung der Mitgliedschaft zur Folge: bei manchen Parteien sind heute schon mehr als die Hälfte ihrer Mitglieder älter als 50 Jahre. Parteien leiden somit wie viele kollektive Vertretungsinstitutionen darunter, dass sich im Zuge der Individualisierung immer weniger Menschen von Großorganisationen angesprochen und repräsentiert fühlen. Trotz einzelner innerparteilicher Reformen ist es ihnen bisher nicht gelungen, Anreize zu bilden, um diese Distanz zu überbrücken.

Eine deutlich zurückgehende Parteiidentifikation lässt sich auch auf der Wählerebene ausmachen. Die Zahl der Stammwähler nimmt sukzessive ab und liegt in vielen politischen Systemen bei mittlerweile deutlich unter 50 Prozent. Erhebliche Teile der neuen Mittelschichten und der jüngeren Generationen sind parteipolitisch nicht festgelegt, sondern entscheiden nach Lage ihrer Präferenzen, Wahrnehmungen und Stimmungen von Wahl zu Wahl unterschiedlich. Während bei politikinteressierten Wechselwählern Images und Kompetenzwahrnehmungen von Kandidaten und Themen eine zentrale Rolle einnehmen, lassen sich die wenig interessierten Wähler stärker von subjektiven Stimmungen und situativen Einschätzungen bei ihrer Wahlentscheidung leiten. Die fragmentierte, instrumentell motivierte und stimmungsorientierte Wählerschaft lässt den Wählermarkt für die Parteien unübersichtlicher erscheinen und ihre Zukunft unsicherer werden. Strategische Mehrheitsbildung wird vor diesem Hintergrund unerlässlich. Dies gilt umso mehr, als sich die Parteien heute auch ihrer Stammwähler keineswegs mehr sicher sein können, diese also ebenfalls zum Urnengang motiviert werden müssen. Wie volatil der Wählermarkt geworden ist, lässt sich besonders gut an den sogenannten „Nebenwahlen" ablesen (auf europäischer, regionaler oder lokaler Ebene), bei denen die nationalen Regierungsparteien in den letzten Jahren immer härter abgestraft wurden und deutliche Stimmeneinbußen hinnehmen mussten.

Parallel zum Bedeutungsverlust der direkten, interpersonalen Kommunikation zwischen Parteien und Bürgern ist die Bedeutung der medialen Kommunikationsformen stark angestiegen. Die mit Einführung des privaten Fernsehens einsetzende Kommerzialisierung der Medienlandschaft hat dabei nicht nur eine quantitative Seite, indem sie zu einer Vervielfältigung der Programmangebote geführt hat, sondern auch eine qualitative: neue Formate prägen das Bild der Medien. Die Orientierung an Werbemarkt- und Publikumsinteressen bedingt den vermehrten Einsatz von visualisierenden und unterhaltenden Elementen der Massenkommunikation. An die Stelle der Information treten Infotainment und Boulevardisierung (siehe den Beitrag von Thomas Meyer in diesem Band). Folge für die Parteien ist eine Abnahme der Kontroll- und Einflusschancen, obwohl sie für den „Transport" ihrer Themen und Kandidaten mehr denn je auf die Medien angewiesen sind, um auf dem unübersichtlichen Wählermarkt erfolgreich agieren zu können (Bukow / Rammelt 2003).

Damit einher geht ein Vertrauensverlust in die Problemlösungsfähigkeit politischer Parteien, der sich in zunehmender Parteienverdrossenheit ausdrückt. Die Ursachen dafür liegen in der „objektiven" Komplexität der politischen Probleme im ausgebauten Wohlfahrtsstaat, im Fehlen langfristiger inhaltlicher Konzepte und Lösungsentwürfe, in den von den Parteien selbst aufgebauten zu hohen Erwartungen und in der Verstärkerwirkung einer negativen Medienberichterstattung. Auf der einen Seite verstehen sich die Parteien als Leistungserbringer und Problemlöser, erwecken sie den Eindruck, quasi allzuständig und omnipotent zu sein, auf der anderen Seite kommen sie in der Praxis nicht umhin zuzugeben, dass die Probleme kaum lösbar sind und sich nicht auf wenige griffige Formeln reduzieren lassen. Dieser Gegensatz ruft bei Teilen der Wählerschaft Apathie oder Zynismus hervor, der durch die Skandalberichterstattung und den Negativismus der Medien zusätzliche Nahrung erhält. Folge des Vertrauens- und Kompetenzverlustes sind sinkende Wahlbeteiligungen, insbesondere bei den von den Bürgern als weniger bedeutsam empfundenen Wahlen auf lokaler, regionaler oder europäischer Ebene, und das Erstarken von populistischen und / oder extremen Protest- bzw. Anti-System-Parteien.

3   Veränderungen der Ausgangsbedingungen des Regierens: Zunahme von Informalität und Komplexität

Regieren gestaltet sich äußerst facettenreich, und der Regierungsprozess selbst unterliegt vielfältigen Einfluss- und Kontextfaktoren. Da sind zunächst formale institutionelle und strukturelle Faktoren, etwa die Konfiguration aus verfassungsrechtlich vorgeschriebenen Institutionen und Verfahren und solchen, die aus den Geschäftsordnungen einzelner Verfassungsorgane (Regierung, Parlament) resultieren. Diese formalen Faktoren wirken jedoch nicht unmittelbar; vielmehr bilden sie Handlungsfelder aus, innerhalb derer politische Akteure über ein bestimmtes Maß an Autonomie und Handlungsräume verfügen. Diese Räume werden durch informales Handeln gefüllt, das im Rahmen der formalen Strukturen abläuft, die dadurch ergänzt, modifiziert und gegebenenfalls verdrängt werden. Indem sie für die Funktionsfähigkeit des Verfassungsrechts und der Institutionen sorgen, gehören die informalen Regeln zu den relevanten Aspekten der Politik, insbesondere der politischen Kultur eines Landes; funktional sind sie als ebenso wichtiges Standbein des Staates wie die formalen Regeln zu betrachten.

Diese Feststellung hat unter den Bedingungen einer beschleunigten Globalisierung an Gewicht noch gewonnen. Die nachhaltig gewandelten, komplexeren Herausforderungen der Politik durch innenpolitische, gesellschaftliche, mediale und internationale Entwicklungen überfordern die formalen Strukturen zusehends: „Wenn Politik überhaupt noch zur Lösung innergesellschaftlicher und globaler Probleme beitragen kann, dann kaum noch durch souveräne Entscheidungen, sondern vor allem durch die Mitwirkung in pluralistischen, korporatistischen und intergouvernementalen Verhandlungssystemen, in transnationalen Regimes und internationalen Organisationen" (Scharpf 1993: 165).

Daneben existieren zahlreiche Gremien aus Sachverständigen, wissenschaftlichen Experten und Interessenvertretern, die – von den Regierungen eingesetzt und in deren Auftrag handelnd – offiziell nur beratend wirken sollen, tatsächlich aber mitunter erheblichen Einfluss auf die Entscheidungsvorbereitung der zuständigen Organe ausüben können. Einbezogen werden müssen des weiteren alle jene Gremien, in denen die Regierungen mit Verbänden, NGOs, Nicht-Regierungsparteien oder Experten gemeinsam handeln; hier werden politische Beschlüsse gefasst, welche dann auch für Nicht-Beteiligte gelten können. Schließlich neigen Regierungen dazu, auch innerhalb ihrer Organisation und Strukturen Informalität auszubilden. Besonders augenfällig wird diese Art der Entscheidungsfindung in Koalitionsregierungen, die etwa in den politischen Systemen Deutschlands und Frankreichs der Regelfall sind.

Die Regierungen stehen vor einem doppelten Dilemma: Die Globalisierung der Finanz- und Kapitalmärkte sowie der Handelsströme mit ihren vielfältigen ökonomischen und politischen Auswirkungen haben zu gestiegenen Anforderungen an die Politikgestaltung geführt, während die Spielräume des nationalstaatlichen Handelns gleichzeitig immer geringer geworden sind. Nicht selten können nationalstaatliche Regierungen nur noch nachvollziehen, was an anderen Orten, etwa auf supra- oder transnationaler Ebene, an Entscheidungen bereits getroffen worden ist. Die „Politik der materiellen Interessenbefriedigung" (Decker 2005: 114), die lange Zeit die Anbindung wichtiger Wählergruppen an die Parteien mit gewährleistete, stößt angesichts leerer Haushaltskassen und des Zwangs der zumindest partiellen Anpassung an die Bedingungen weltwirtschaftlichen Wettbewerbs an objektive Grenzen. Die Wettbewerbslogik der Parteiendemokratien lässt eine für erhebliche Teile der Bevölkerung mit materiellen Einschnitten verbundene Reformpolitik für die jeweils handelnden Regierungsparteien freilich als wenig attraktiv erscheinen, da diese mit einer „Abstrafung" seitens der betroffenen Wähler rechnen müssen. Bisher lassen sich jedenfalls weder in der Bundesrepublik, noch in Frankreich oder Großbritannien Anhaltspunkte finden, dass die nämlichen Wählergruppen zu Beeinträchtigungen ihrer materiellen Lebenslage eine positive Einstellung finden und einer Regierung, die vorgibt, zugunsten des allgemeinen Wohls Einkommens- oder Leistungskürzungen vornehmen zu müssen, ihr Vertrauen schenken. Sowohl die von der SPD geführte Bundesregierung wie die von der bürgerlichen UMP getragene französische Regierung sahen und sehen sich im Gegenteil deutlicher Kritik an ihren sozialstaatlichen Reformmaßnahmen ausgesetzt. Auch von der britischen Labour Party wird weithin erwartet, dass sie die Lebensbedingungen der Bevölkerung verbessert, hier insbesondere in den defizitären Bereichen Gesundheit, öffentliche Infrastruktur und Bildungswesen.

4 Der strategische Einsatz populistischer Elemente und Versatzstücke als Regierungsstil

Welche Bezüge lassen sich nun von der Erosion der Parteiendemokratie und der Zunahme von Informalität und Komplexität des Regierens zu Elementen des Populismus als Regierungsstil herstellen? Vier mit dem Phänomen des Populismus im Zusammenhang stehende Eigenschaften des Regierens sind hauptsächlich zu benennen, die sowohl die Erosion der Parteiendemokratie begrenzen wie die Komplexität des Regierens überspielen sollen:

- eine stärkere *direkte* Hinwendung der Regierungen zu den Meinungen, Interessen und Stimmungen der Wähler mit der Vorgabe, diese in den Mittelpunkt der Regierungspolitik zu stellen, was zumindest rhetorisch eine partielle Abkehr von den intermediären Organisationen bedeutet;

- ein Agieren der Regierungen als *überparteiliche Organisationen*, abgekoppelt von den Programmen der Regierungsparteien und den spezifischen Interessen ihrer Mitglieder;
- eine stärker *personenzentrierte* Außendarstellung des Regierens mit gleichzeitigem Machtgewinn des Regierungschefs in der Entscheidungs- und Darstellungspolitik, und
- der Versuch einer wählerwirksamen Organisation des Regierens, die den Regierungsprozess als *permanente Kampagne* medial inszeniert und sich dabei modernster Techniken bedient.

Diese vier miteinander verbundenen Aspekte des modernen Regierens weisen eine mehr oder weniger starke Affinität zum Populismus auf. Damit soll nicht gesagt werden, dass bestimmte populistische Tendenzen des Regierens in den westlichen Demokratien wesentlich zugenommen oder gar die Oberhand gewonnen hätten. Es lässt sich aber konstatieren, dass unter den heutigen Bedingungen der ökonomischen, sozialen und politischen Globalisierung, des partiellen Einflussverlustes des Nationalstaats, der Medialisierung der Politik und der Erosion der Parteiendemokratie „klassische populistische Schlachtrufe und Topoi (...) sichtbar einflussreicher geworden sind" (Puhle 2003: 38). Dies findet auch in veränderten Regierungsstilen seinen Ausdruck, wie im folgenden anhand der oben benannten Tendenzen des Regierens näher ausgeführt werden soll.

a) Direkte Hinwendung zu den Wählern

Demokratie als Herrschaft des Volkes trägt in sich schon populistischen Charakter, da die Politik stets auf die Mehrheitsverhältnisse in der Wahlbevölkerung verwiesen wird und diese bei ihren Entscheidungen berücksichtigen muss. Die Wiederwahl einer Regierung hängt schließlich auch davon ab, inwieweit die Wähler ihre Meinungen und Interessen durch deren Handeln verwirklicht sehen. Der direkte Appell an das Volk, hier zunächst verstanden als die Gesamtheit aller Wähler, kann als wesentliches Charakteristikum des Populismus gelten. Populisten beanspruchen Legitimität für sich und ihr Handeln, indem sie auf den vermeintlichen Volkswillen verweisen, den zu vertreten sie vorgeben (Canovan 2002). Dabei richten sie ihre Ansprache entweder schichtenübergreifend an alle Mitglieder einer politischen Gemeinschaft oder aber an eine abgegrenzte Gruppe, zumeist die sogenannten „rechtschaffenen kleinen Leute", welche die „eigentliche Mehrheitsmeinung" der Bevölkerung vertreten, die aus Sicht der Populisten von den herrschenden Eliten nicht angemessen berücksichtigt wird. Dieser antielitäre Zug des Populismus richtet sich insbesondere gegen die vorherrschende Institutionenordnung, der vorgeworfen wird, dass sie einseitig im Interesse der

Eliten ausgestaltet sei und die Mehrheitsmeinung unterdrücke. Repräsentative Institutionen, insbesondere Parlamente, werden entsprechend kritisch betrachtet, da sie den propagierten Volkswillen nicht ausreichend zum Ausdruck brächten. In der populistischen Sichtweise überlagert die ständig von taktischen Gesichtspunkten geprägte Kompromiss- und Konsenssuche der Vertreter von Einzelinteressen die Mehrheitsmeinung. Gegenüber intermediären Organisationen äußern Populisten folgerichtig nicht selten unverhohlene Missbilligung, da sie im Dienste von spezifischen Interessen stünden. Stattdessen favorisieren sie ein plebiszitäres Demokratieverständnis, in dem der Volkswille direkt zum Ausdruck gebracht werde (Decker 2004: 273 ff.).

In der V. Republik Frankreichs ist der populistisch-plebiszitäre Regierungsstil der direkten Hinwendung an das Volk von jeher stark ausgeprägt: alle Staatspräsidenten seit de Gaulle haben davon Gebrauch gemacht und bei ihren Entscheidungen stets hervorgehoben, dass sie im besonderen die Interessen des Volkes vertreten sowie ihre herausragende Stellung im Regierungssystem ihrer Legitimation durch das Volk verdanken. Ganz im Sinne der rousseauistischen Tradition Frankreichs soll der Präsident den allgemeinen Willen der Bevölkerung verkörpern, der über den partikularen Interessen steht. Die V. Republik hat allein durch die Direktwahl des Präsidenten und dessen Stellung als oberster Repräsentant aller Franzosen eine populistische Note bekommen, was im Bild des „republikanischen Monarchen" symbolhaft seinen Ausdruck findet. Die Macht des Präsidenten gründet unmittelbar auf der Volkssouveränität: „Zwischen dem Volk und dem Präsidenten, dem das Volk seine souveräne Macht leiht, steht niemand. Abgeordnete und Kammern werden an die Seite gedrängt" (Wickert 1994: 107). Der jetzige Staatspräsident Chirac hat die direkte Beziehung zu seinen Wählern sowohl in seinen Wahlkämpfen stets aufs Neue beschworen und den Wählern vergegenwärtigt: „Wenn ich in den beiden letzten Jahren dem Glitzer der Republik entsagt habe, wenn ich das Risiko einer gewissen Vereinsamung in Kauf genommen habe, dann deshalb, weil ich mich den Franzosen zuwenden wollte, und nicht der Macht" (zit. nach Surel 2002: 150). Es mag ironisch klingen, dass ausgerechnet der machtvollste Repräsentant der politischen Elite Frankreichs gelegentlich anmerkt, es klaffe eine Lücke zwischen dem Volk und seinen Vertretern, aber Chirac hat dieses rhetorische Mittel des öfteren angewandt, um die unmittelbare Verbindung zwischen Staatspräsident und Bevölkerung zum Ausdruck zu bringen.

Französische Staatspräsidenten haben diese direkte Linie auch dadurch deutlich gemacht, dass sie eine Reihe von zentralen Entscheidungen, insbesondere solche, die eine hohe Mobilisierungswirkung versprachen, in Referenden und nicht durch parlamentarische Beschlüsse haben treffen lassen. Surel (ebd.: 141) hebt hervor, dass zumindest im Falle de Gaulles neben taktischen Erwägungen auch die persönliche Überzeugung eine Rolle gespielt hat, dass das souveräne

Volk in letzter Instanz entscheiden solle. De Gaulle ist konsequenterweise nach einer Niederlage bei einem eigens von ihm einberufenen Referendum im Jahre 1969 zurückgetreten, während Jacques Chirac als einer seiner neo-gaullistischen Nachfolger keine Veranlassung sah, das Nein Frankreichs zum EU-Verfassungs-entwurf als persönliche Niederlage anzusehen und sein Amt niederzulegen, obwohl er zuvor heftig für ein Ja geworben hatte. Dennoch zeigt schon die Ansetzung des Referendums, dass auch Chirac die plebiszitäre Komponente der französischen Politik eingesetzt hat, um für diese zentrale europapolitische Weichenstellung eine höhere Legitimation zu gewährleisten. Während der Referendumskampagne hob der Präsident entsprechend hervor, dass die Bürger Frankreichs im Mittelpunkt seiner Politik stünden und dass er die Probleme der Franzosen, die zu den sozialen Randgruppen zählen und dem Vertrag in großer Zahl ablehnend gegenüberstanden, kenne und ernst nehme (Le Figaro vom 23. April 2005). Offenkundig hat er damit der Proteststimmung in der französischen Bevölkerung nicht entscheidend entgegen wirken können.

Auch die britischen Premierminister nutzen häufig die Möglichkeit der direkten Hinwendung zu den Wählern, um ihre unmittelbare Verbundenheit mit der Bevölkerung auszudrücken, ihre Regierungspolitik in Einklang mit der Mehrheit zu präsentieren und ihre Reformpolitik zu legitimieren. So stellt z.B. der jetzige Amtsinhaber Tony Blair in seinen Reden und Statements immer wieder heraus, dass er sich auf der Seite der Mehrheit der britischen Bevölkerung wähnt und er nur deren Interessen und nicht die von partikularen Interessenorganisationen vertritt und durchsetzt: „Auf unserer Seite stehen die Kräfte der Modernität und Gerechtigkeit. Diejenigen, die an ein Großbritannien des ganzen Volkes glauben" (zit. nach Finlayson 2003: 81). Entsprechend hat der britische Premierminister die ehemals engen Bande der Labour Party zu den Gewerkschaften so weit gelockert, dass diese keinen großen Einfluss auf den Kurs der Partei mehr ausüben können. Damit knüpfte Blair an die gleichlautende Politik seiner Vorvorgängerin Margaret Thatcher an, die den starken Gewerkschaftseinfluss mitverantwortlich für die „britische Malaise" der siebziger Jahre gemacht hatte. Die Eiserne Lady verstand es zu Beginn ihrer Amtszeit hervorragend, sich zur Sprecherin der Mehrheit der britischen Bevölkerung zu machen und mit ihrem „autoritären Populismus" die Kritiker des Wohlfahrtsstaates hinter sich zu vereinen (Döring 1991, Hall 1986). Auf das vermeintliche Volksinteresse Bezug nehmend, diskreditierte Thatcher in ihren Reden sowohl die Interessenorganisationen wie die ihrer Auffassung zu liberalen Eliten, welche die schweigende Mehrheit missachte. Thatcher ergriff damit eine von Populisten gern bemühte Formel, „dass die Politik sich der Kontrolle durch das Volk entzogen hat" (Canovan 2002: 27). Auch in der Abgrenzung vom Establishment knüpft Blair an Thatchers populistische Rhetorik an, nur dass das Establishment bei ihm nicht liberal, sondern konservativ und anti-modernistisch daher kommt: „Die überkommene Ordnung, die konservativen Kräfte, haben das Volk niedergehalten" – rief der Premier auf dem Labour-Parteitag 1999 den Delegierten zu (zit. nach Finlayson 2003: 80). Blairs Fähigkeit, seine politischen Programme immer wieder der öffentlichen Meinung anzupassen und diese gleichzeitig durch den strategischen Einsatz von sehr allgemein gehaltenen Positionen mitzubestimmen, haben bis zur Haltung im Irakkrieg wesentlich seinen Regierungsstil bestimmt (Foley 2004: 304).

Befördert wird diese Form des Populismus durch den zunehmenden Einfluss der Meinungsforschung auf die Regierungsgeschäfte. Die Regierenden informieren sich permanent über die Stimmungen, Meinungen und Interessen in der Bevölkerung, die mit Hilfe quantitativer und qualitativer Methoden erhoben und ausgewertet werden. Hauptobjekt der Begierde der politischen Akteure ist der Wechselwähler, dessen Haltungen und Stimmungen durch Befragungen und Fokus-Gruppen besonders intensiv erforscht werden. Auch in dieser Beziehung hat sich die Blair-Regierung als europäischer Trendsetter erwiesen, der in der gezielten Nutzbarmachung des demoskopischen Sachverstandes allenfalls noch von Silvio Berlusconis Forza Italia übertroffen wird. Blair verweist dabei immer wieder auf die Bedeutung der Mehrheit der öffentlichen Meinung für seine Regierung.

b) Agieren als überparteiliche Organisationen

Mit der Gegnerschaft zum Establishment einher geht der Anti-Parteien-Affekt des Populismus. Die Parteien gelten den Populisten als wesentlicher Teil der politischen Klasse, als Interessenorganisation primär in eigener Angelegenheit, als erstarrte, verstaatlichte Gebilde, die ein Kartell formten, um ihre Machtansprüche abzusichern. So weit reichen die Anti-Parteien-Affekte bei den etablierten Vertretern selbstverständlich nicht; doch lässt sich auch hier eine Abgrenzung der Regierungen, insbesondere des Regierungschefs bzw. Staatsoberhauptes von der eigenen Partei beobachten, die organisatorisch und inhaltlich festgemacht werden kann. Nicht das Interesse der Mitglieder der Regierungspartei(en) oder deren Programmatik bestimmen demnach die Regierungspolitik, sondern allgemeinere Interessen, etwa der Nation, der Öffentlichkeit bzw. tatsächliche oder vermeintliche ökonomische Notwendigkeiten. Demnach ist ein Element populistischen Regierungsstils darin zu finden, dass Regierungshandeln ohne expliziten Verweis auf Parteien erfolgt. „Die Regierung fungiert als Dienstleister, der anhand objektiver Kriterien die jeweils bestmögliche Lösung sucht, und damit die parteilichen Annahmen zurückdrängt, die in der herkömmlichen Form der Parteiendemokratie normalerweise vorherrschen" (Mair 2002: 89). Die Regierungen erscheinen primär als Manager eines politischen Gemeinwesens, die nicht mehr bestimmte Einzelinteressen repräsentieren, sondern überparteilich moderieren und von möglichst allen getragene technokratisch-pragmatische Problemlösungen anstreben. Kennzeichnend für den populistischen Regierungsstil ist laut Peter Mair die Verlagerung der politischen Entscheidungsprozesse von den Parteien hin zu Kommissionen und Expertenausschüssen, die Betonung des Konsenses und die geringe Berücksichtigung bis hin zu offener Ablehnung von Parteiinteressen durch Regierung bzw. Regierungschef: „Die neue Strategie zielt nicht mehr darauf ab, die Parteienregierung zu fördern, sondern sie möchte diese im Gegenteil eliminieren, um eine parteienlose, depolitisierte Form der Demokratie zu schaffen" (Mair 2000: 22).

Als Musterbeispiel dafür sieht Mair die Blair-Regierung in Großbritannien an, die weitgehend an den Interessen der Parteibasis und auch der (entmachteten) Parlamentsfraktion vorbei agiere und die ihre Politik heute nahezu allein aus der Regierungszentrale heraus dirigiere. Die Programmatik des sogenannten „Dritten Weges", die wesentlich von dem Londoner Soziologen und Blair-Berater Anthony Giddens (2000) geprägt wurde, steht dabei symptomatisch für die überparteiliche Regierungsarbeit: Mit dem „Dritten Weg" sollen sowohl die Ideen des etatistisch-neokorporatistischen Ansatzes der traditionellen Sozialdemokratie als auch die des marktfundamentalistischen Neoliberalismus insbesondere in den Bereichen der Wirtschafts- und Sozialpolitik überwunden werden. Die Modernisierer innerhalb der Labour Party verfolgten damit auch das Ziel, die Partei als hegemoniale Regierungspartei für einen längeren Zeitraum zu etablieren, was ihnen spätestens mit dem Wahlsieg im Frühjahr 2005 gelungen sein dürfte. Die Konservativen wussten dem überparteilichen Politikentwurf von Labour bislang keine erfolgsträchtige und glaubwürdige Alternative entgegenzusetzen.

Ähnliche Beobachtungen lassen sich in Bezug auf den Regierungsstil des deutschen Bundeskanzlers Gerhard Schröder machen: Die offensichtliche Distanz des Regierungschefs zur SPD, die in Schröders Rücktritt vom Parteivorsitz im Frühjahr 2004 kulminierte, das Regieren mit parteiunabhängigen Kommissionen, das manchen sogar als „das zentrale Kennzeichen politischer Führung nach 1998" erscheint (Helms 2005: 88), schließlich die Vorbereitung der großen Gesetzesvorhaben in einem informellen Beraterkreis aus der Regierungszentrale heraus, die bei der Erarbeitung der „Agenda 2010" besonders augenfällig wurde, sowie der implizite oder explizite Einbezug der parlamentarischen Opposition in die Regierungspolitik, mit dem Schröder auch das Ziel verfolgte, die eigene Partei(basis) zu beschwichtigen. Schröder hat in vielen Äußerungen und Handlungen deutlich zu erkennen gegeben, dass er sich nicht primär als parteipolitischer, sondern als überparteilicher Bundeskanzler sieht. So antwortete Schröder in einem Interview mit der Frankfurter Allgemeinen Zeitung (23. September 2004, S. 3) auf eine Frage nach dem Ab- oder Umbau der sozialen Sicherungssysteme: „Wenn die Veränderungen als notwendig begriffen werden und die

Bereitschaft, sie zu akzeptieren, wächst, wird auch die Bereitschaft der Parteien wachsen, sich dem zu stellen und nicht auszuweichen. Allesamt müssen wir ein Interesse daran haben, *die Volksparteien beisammenzuhalten, egal wer gerade regiert*" (Hervorhebung durch den Verfasser).

Schröders Verweise auf die Reformnotwendigkeiten in Deutschland, die von allen Parteien getragen werden sollten, und seine Erinnerung an die Machbarkeit politischer Vorhaben sind als Leitmerkmal rot-grüner Regierungspolitik bedeutsamer gewesen als programmatische Grundsätze. Ein perspektivisch angelegter Gestaltungswille zur Durchsetzung genuin sozialdemokratischer Werte und Steuerungsinteressen standen zu keiner Zeit im Vordergrund des Schröderschen Regierungshandelns. „Führung und Konsens", das Leitmotiv der Regierungspolitik in der ersten Amtszeit Schröders bis 2002 hieß nicht in erster Linie, die Meinungsführerschaft für ein perspektivisch angelegtes politisches Projekt zu beanspruchen, sondern vielmehr sich argumentativ entlang weniger Grundideen an die Spitze der Mehrheit zu stellen und überparteilich bei denjenigen Rückhalt zu gewinnen, die diese Mehrheit konstituieren.

Dass französische Staatspräsidenten ebenfalls ein überparteiliches Regierungsverständnis entwickeln, ist ihnen bereits durch ihr Amt in die Wiege gelegt und muss deshalb nicht eigens hervorgehoben werden. Die populistisch-plebiszitäre Prägung der Präsidentschaft geht auf den ersten Amtsinhaber Charles de Gaulle zurück, der laut eigenem Bekunden „nicht mit irgendeiner Partei in Zusammenhang gebracht werden wollte" (zit. nach Surel 2002: 140). Für de Gaulle spielte sich der Parteienwettbewerb auf einer niederen Ebene des Politischen ab, von der grundsätzliche Fragen der Nation und des Staates ausgenommen waren. Auch die späteren Präsidenten haben sich bewusst über die Parteien hinweggesetzt und nach außen ihre Ungebundenheit deutlich gemacht. Der Unterschied zwischen de Gaulle und seinen Nachfolgern besteht darin, dass dieser jeglicher Form von Parteienregierung ablehnend gegenüberstand, während Pompidou, Giscard, vor allem aber Mitterrand und Chirac gegenüber ihren Parteien zwar durchaus eine dominante und relativ unabhängige Position eingenommen haben, sie jedoch zugleich stärker in den Parteien verankert waren, sodass es im Regierungsalltag zu einer wechselseitigen Anpassung und Kongruenz von Partei und Staatsoberhaupt gekommen ist.

Bei präsidentiellen Mehrheiten sind Regierungsparteien und -fraktionen gehalten, der Marschroute des Präsidenten zu folgen, indem sie dessen Vorgaben unter Hinzufügung eigener Akzente umsetzen; autonom entscheiden können sie nur dort, wo der Präsident einen entsprechenden Spielraum offen lässt, der freilich auch hier in erster Linie von den Regierungsakteuren (Premierminister und ranghohe Kabinettsmitglieder) ausgefüllt wird – und nicht von den Parlamentsfraktionen. Diesen bleibt nur die Aufgabe, die Regierungspolitik loyal zu unterstützen. Dies galt sowohl für die Sozialistische Partei in der Ära Mitterrand

(Gaffney 2003: 694) wie es für die Neogaullisten (RPR bzw. UMP) in der Ära Chirac gilt. Weil die aktive Mitgestaltung von Parteien und Fraktionen im informellen Zusammenwirken von Präsident, Regierung, Partei- und Fraktionsspitzen erfolgt, ist das Ausmaß ihres Einflusses nicht eindeutig bestimmbar, es liegt aber nach bisherigen Erkenntnissen unter denen vergleichbarer Parteiregierungen wie etwa in Italien, Deutschland oder auch Großbritannien (Jun 2000).

Die überparteiliche Rolle des Staatspräsidenten kam in der Vergangenheit noch ausgeprägter in den Phasen der sogenannten Kohabitation zum Ausdruck, in denen parlamentarische Mehrheit und Regierung von der Partei / den Parteien des gegnerischen Lagers gestellt werden. In einer solchen Situation bleibt dem Präsidenten mangels effektiver politischer Durchsetzungsmacht nur die Wahl, sich in die Rolle eines überparteilichen Schiedsrichters zu begeben, der über das Funktionieren der politischen Institutionen wacht. Am Ende der bisher längsten Kohabitation in der Geschichte der V. Republik, als sich Chirac die Regierungsmacht mit dem sozialistischen Premierminister Jospin (1997 – 2002) teilen musste, bekundete der neogaullistische Präsident im Wahlkampf 2002, es sei Zeit für eine Politik für alle Franzosen, die sich von Ideologien und Parteiengeist lösen und stattdessen den wahren Nöten der Bevölkerung ins Auge schauen müsse. Folgt man Surel (2002), dann haben die populistischen Elemente der Selbstdarstellung zu Chiracs Erfolgen bei den Präsidentschaftswahlen maßgeblich beigetragen.

c) Personenzentrierte Außendarstellung des Regierens

Weitere zentrale Erscheinungsform des Populismus sind eine führungszentrierte Politik, Tendenzen zu Bonapartismus und präsidialen Zügen und die Dominanz der persönlichen Handschrift der Spitzenpolitiker (Puhle 2003: 42). Die charismatische Führung entspricht der populistischen Prädisposition für politisch-institutionelle Simplizität und Direktheit (Taggart 2000: 102). In die Technik eines Regierungsstil übersetzt, bedeutet dies eine stärkere Zuschneidung des Regierungshandelns auf den Regierungschef bzw. das Staatsoberhaupt, sowohl in der Darstellungs-, wie in der Entscheidungspolitik. Machtzentralisierung und Chefsachen-Mythos erscheinen als adäquate Instrumente des Regierens (Korte 2003: 218 f.). Bezieht sich der Begriff der Entscheidungspolitik auf die Erarbeitung politischer Programme und Inhalte und das tatsächliche Zustandekommen der Entscheidungen, so geht es bei der Darstellungspolitik um die Produktion von Nachrichten, um mediengerechte Vermittlung und um die Außenwirkung von Politik. Auf beiden Ebenen lässt sich innerhalb der verschiedenen westeuropäischen Regierungssysteme in den letzten beiden Jahrzehnten ein Zugewinn an Ressourcen und Autonomie der jeweiligen Regierungschefs konstatieren: Dieser

Einfluss- und Machtgewinn der Regierungsspitze wird in der Literatur auch unter dem Begriff der „Präsidentialisierung" subsumiert (Poguntke 2005, Foley 2004). Der Regierungschef bzw. Premierminister demonstriert mit seiner gewonnenen Macht seine zentrale Rolle als oberster Repräsentant der von den Wählern ins Amt gebrachten Regierung und verweist auf seine besondere Legitimation, da er entweder direkt gewählt wurde (französischer Staatspräsident) oder als Spitzenkandidat seiner Partei im Zentrum des Interesses und der Aufmerksamkeit der Wähler steht (britischer Premierminister und deutscher Bundeskanzler). Nicht zuletzt daher wird das französische Regierungssystem von vielen als „semi-präsidentiell" bezeichnet, gilt der britische Westminster-Parlamentarismus als „Prime Ministerial Democracy" oder die Bundesrepublik als „Kanzlerdemokratie".

Als herausragendstes Beispiel einer personenzentrierten Regierungsweise gilt einmal mehr der amtierende britische Premierminister (Heffernan / Webb 2005, Kavanagh 2001). Blair hat dabei nach allgemeiner Einschätzung sowohl sein Kabinett und die Mehrheitsfraktion im Unterhaus als auch die außerparlamentarische Partei nicht nur eindeutig dominiert, sondern nach Belieben bestimmt und damit die ohnehin schon starke institutionelle Position des Premiers in der britischen Politik weiter ausgebaut. Die personellen und inhaltlichen Ressourcen im Sitz des Premierministers in Downing Street No. 10 wurden deutlich verstärkt, das Kabinett als Entscheidungszentrum entmachtet, die Parlamentsfraktion Labours ließ sich zumindest in den ersten sieben Jahren von Blairs Amtszeit ohne größeren Widerstand disziplinieren und die Partei ist nach einem umfassenden Prozess innerparteilicher Reformen als führungszentrierte Organisation zu charakterisieren (Jun 2004: 162 ff.). Indem Blair sowohl die innerparteilichen wie auch die Entscheidungsprozesse innerhalb der Regierung in erheblichem Maße auf sich und den engsten Kreis seiner Mitarbeiter zentriert hat, ist seine politische Führerschaft mit der Politik der Labour Party heute praktisch identisch. Blair ist dabei gar nicht der erste britische Premierminister, der den personenzentrierten Regierungsstil derart in den Vordergrund gestellt hat. Ähnliches lässt sich schon für die frühere Premierministerin Margaret Thatcher sagen. Im letzten Vierteljahrhundert britischer Politik ist also ein unverkennbarer Wandel hin einem zu größerem Einfluss des Premierministers innerhalb der Regierung zu verzeichnen, der aufgrund der damit einhergehenden strukturellen Veränderungen weitgehend unumkehrbar sein dürfte (Heffernan 2003).

Das Regierungssystem der V. Republik Frankreichs gilt schon seit seiner Gründung als „präsidentialisiert", was mit der herausragenden machtpolitischen und symbolischen Stellung des Staatspräsidenten bei gleichgerichteten politischen Mehrheiten zwischen Nationalversammlung und Präsidialamt erklärt werden kann (Gaffney 2003). Lediglich in Phasen der Kohabitation lässt sich machtpolitisch ein Bedeutungsverlust des Staatspräsidenten ausmachen. Der

Präsident verfügt über bedeutende verfassungsrechtliche Kompetenzen, die für seine tatsächliche Stellung jedoch weniger ausschlaggebend sind als die informalen Machtmittel, die ihm in der von de Gaulle geprägten Verfassungspraxis zugebilligt werden (Kimmel 2001). Die Präsidentschaftswahlen gelten gegenüber den Parlamentswahlen als die bedeutenderen, wobei der kürzlich veränderte Wahlzyklus die Vorrangstellung des Staatschefs erneut bestätigt hat (die Präsidentschaftswahlen finden nun vor den Parlamentswahlen statt). Entsprechend sind die französischen Parteien als „präsidentialisiert" zu betrachten. Der jeweilige Präsidentschaftskandidat nimmt innerhalb seiner Partei eine zentrale Rolle ein, und die Parteien sind in ihrer programmatischen und strategischen Orientierung ganz auf die Präsidentschaftswahlen ausgerichtet. Die „présidentiables" und ihre Partei befinden sich mithin in einem Verhältnis wechselseitiger Abhängigkeit (Pütz 2000). Dessenungeachtet lässt sich aber auch in Frankreich eine Zentralisierung des politischen Prozesses ausmachen, die das Gewicht der Staats- und Regierungsspitze in Wahlkämpfen, bei den eigentlichen Regierungsentscheidungen und innerhalb der Parteien erhöht hat (Clift 2005, Surel 2002).

Das deutsche Regierungssystem mit seinen im internationalen Vergleich durchaus beachtlichen informellen und formellen Machtressourcen des Bundeskanzlers bietet ebenfalls Optionen für einen auf den Regierungschef zugeschnittenen Regierungsstil (Helms 1996). Ob der Bundeskanzler diese nutzt, hängt von der politischen Konstellation, seinem Führungsstil und seiner Persönlichkeit ab. Die starke Stellung des Bundeskanzlers bezieht sich hauptsächlich auf den Binnenbereich der Regierung, weniger auf das politische System insgesamt, das durch viele Vetospieler gekennzeichnet ist, welche die Machtspielräume des Kanzlers begrenzen und ihn eher als Chef-Moderator oder Kompromissmanager erscheinen lassen (Schuett-Wetschky 2004). Trotzdem hat man sowohl Helmut Kohl (insbesondere in der Zeit nach der deutschen Einheit) als auch Gerhard Schröder die Attribute einer „präsidialen Kanzlerschaft" zugeschrieben (Lütjen / Walter 2000, Clemens 1998). Der präsidiale Regierungsstil war dabei unter Kohl eher nach innen – auf den Regierungsapparat und die eigene Partei – gerichtet, während der „Medienkanzler" Schröder mehr auf Außenwirkung bedacht war (Mertes 2003). Kohls personenzentrierter Regierungsstil konnte besonders deutlich beim Prozess der deutschen Einheit beobachtet werden, bei dem sämtliche zentralen Entscheidungen vom Kanzler und dessen unmittelbaren Umfeld ausgingen. In der zunehmenden Verengung der Realitätswahrnehmung auf den Machtaspekt, die Kohls Kanzlerschaft ab Mitte der neunziger Jahre charakterisierte, liegt nach Korte (2001) einer der Gründe für den Machtwechsel von 1998. Die Parallele zur Situation Gerhard Schröders im Jahre 2005 ist offensichtlich. Bei Schröder lassen sich die typischen Kennzeichen eines präsidialen Regierungsstils sogar noch zahlreicher feststellen als bei Kohl, wo sie sich weitgehend auf die Phase nach der deutschen Einheit konzentrierten. Charakteristisch für

Schröders Kanzlerschaft war, dass er seine Vorhaben häufig an Partei und Frak-
tion vorbei lancierte und erst anschließend um die nötige Unterstützung warb.
Sowohl beim Afghanistan-Einsatz der Bundeswehr, den der Kanzler Ende 2001
nur mit Hilfe einer damit verbundenen Vertrauensfrage in den eigenen Reihen
durchsetzen konnte, als auch bei der „Agenda 2010" im Jahr 2003 und der Entscheidung für vorgezogene Neuwahlen im Jahre 2005 setzte er zunächst die
Öffentlichkeit von seinen Plänen in Kenntnis, um daraufhin die Mehrheiten für
seine Vorhaben zu mobilisieren. Schröder bezog sich in seinen Begründungen
dabei interessanterweise jedes Mal auf die Interessen der Mehrheit der Bevölkerung bzw. auf das allgemeine Interesse.

d) Regieren als permanente Kampagne

Die Herstellung von medialer Aufmerksamkeit gehört für politische Parteien wie
für Regierungen zum politischen Überlebensprinzip in der modernen Demokratie
(Jun 2004, Farrell 2002, Sarcinelli 1998). Um im permanenten Wahlkampf bestehen zu können, ist Medienpräsenz unerlässlich, denn es sind die Medien, die
durch ihr Agenda-Setting maßgeblich darüber entscheiden, welche Themen mit
welcher Priorität und Dauerhaftigkeit auf die politische Tagesordnung gelangen.
Für die politischen Parteien folgt daraus die doppelte Anforderung medialer wie
inhaltlicher Kompetenz und die wahlpolitische Notwendigkeit, beide Anforderungen miteinander in Einklang zu bringen.

   Der Bedeutungszuwachs der Massenmedien hat in Verbindung mit der abnehmenden sozialen Verankerung der Parteien dazu geführt, dass die klassischen
Vermittlungsformen der repräsentativen Demokratie durch die direkte Wähleransprache via Medien immer mehr verdrängt worden sind. Die Politik wird heute
stärker als früher durch ihre Interaktion mit dem Mediensystem beeinflusst und
gerät unter Druck, sich dessen funktionalen Anforderungen und Selektionsregeln
zu unterwerfen (siehe den Beitrag von Thomas Meyer in diesem Band). Ihre
öffentliche Präsentation besteht zum einen aus der „Fremddarstellung" seitens
der Medien, die über politische Sachverhalte, Ereignisse, Personen und Organisationen gemäß ihrer eigenen Logik berichten; zum anderen handelt es sich um
Eigendarstellungen durch symbolische Politik, die Inszenierung sogenannter
Pseudoereignisse wie Pressekonferenzen, Fototermine oder Interviews, welche
die politischen Akteure bis zu einem gewissen Grade selbst in der Hand haben.

   Die Inszenierung beschränkt sich dabei keineswegs auf die Endphase von
Wahlkämpfen, sondern ist ständig präsenter Mechanismus in medienorientierten
Demokratien mit ihren visuellen Kulturen: „Da sich der politische Diskurs ...
weitgehend in das Forum der elektronischen Medien verlagert hat, ist Politik in
der Gegenwartsgesellschaft zu einer Art Dauerwerbesendung geworden. Politi-

sche Produkte werden fast rund um die Uhr angeboten" (Dörner / Vogt 2002: 22). Die Folge ist eine immer enger werdende Symbiose zwischen der Politik und den Medien.

Die Medialisierung der Politik wurde durch das Fernsehen als Leitmedium politischer Kommunikation erheblich beschleunigt. Ihren sichtbarsten Ausdruck findet sie in der zunehmenden Personalisierung der Darstellungsformen. „Das Charisma des Politikers soll das leisten, was die Rationalität von Verfahren, die Bindewirkung religiöser und politischer Weltbilder und die Überzeugungskraft wissenschaftlicher Expertise nicht mehr leisten können: In einem zunehmend unübersichtlich und unverbindlich gewordenen politischen Betrieb Übersichtlichkeit und Verbindlichkeit herzustellen" (Grande 2000: 134). Entstanden ist ein neuer Typ des Politikers, der Politik auf medialen Macht- und Zustimmungsgewinn anlegt. Mediencharisma gewinnt an Qualität und Bedeutung hinzu und wird zu einer „eigenständigen und häufig dominanten Machtressource" (Meyer 2001: 98). Die politischen Parteien machen sich diesen Effekt zunutze, indem sie die Personen im Rahmen ihrer permanenten Kampagne ganz in den Vordergrund rücken.

Diese Beobachtungen treffen auf Großbritannien, Frankreich und die Bundesrepublik gleichermaßen zu, wobei Großbritannien unter Blair mit der am stärksten ausgeprägten Medialisierung auch hier die Spitze bildet. Zwar lassen sich schon unter der konservativen Regierung Margaret Thatchers Ansätze zu einer stärker professionalisierten Medienkommunikation ausmachen, doch wurde diese Entwicklung erst unter Blair und New Labour zur vollen Blüte gebracht (Franklin 2004, Driver / Martell 2002). Professionelles Medienmanagement, unter anderem durch den Ausbau der Kommunikationsabteilungen innerhalb des Regierungsapparates (etwa die Einrichtung einer „Strategic Communication Unit" in Downing Street No. 10), stetige Anpassung von Programm und Personal an die Erfordernisse der Darstellungspolitik, Medienzentrierung der politischen Kommunikation, erheblicher Einfluss von Medienberatern auf die Umsetzung der Regierungspolitik und eine Konzentration der medialen Aufmerksamkeit auf den Regierungschef selbst – so lauten die wichtigsten Versatzstücke der Medienstrategie von Blairs New Labour. Die Blair-Regierung bleibt ein groß angelegter Versuch, Politik unter permanenten (von ihr selbst erzeugten) Wahlkampfbedingungen zu konzipieren und durchzuführen.

Auch in Deutschland sind Tendenzen einer zunehmenden Medialisierung der Politik nachweisbar, wobei der Amtsantritt der rot-grünen Bundesregierung 1998 gewiss eine Zäsur darstellte. Nachdem die Professionalisierung des Kommunikationsmanagements der Regierung bereits unter Kohl Fortschritte gemacht hatte, setzte der Medienwahlkampf der SPD (Kampa) im Jahre 1998 neue Standards. Auch im Amt haben Regierung und Kanzler die Möglichkeiten der medialen (Selbst)darstellung immer wieder gezielt eingesetzt, um Entscheidungskompetenz zu demonstrieren und für ihre Vorhaben öffentlichkeitswirksam zu werben. Anders als Kohl, dessen Position in der CDU unangefochten war, ging es Schröder dabei auch darum, fehlende Macht innerhalb der Partei zu substituieren. Indem er die SPD in seiner Entscheidungs- und Darstellungspolitik umging, konnte er sie zugleich vor vollendete Tatsachen stellen (Korte 2004: 212). Wann immer der Einsatz symbolischer Maßnahmen und die Nutzung der verschiedenen Medienformate sinnvoll war, um seine Politik öffentlich zu legitimieren, hat Schröder den Versuch unternommen, das Wählerpublikum auf diese Weise für sich zu gewinnen. Erinnert sei an seine glänzend inszenierten Auftritte bei der Hochwasserkatastrophe 2002, die Initiative der Bundesregierung zu den sogenannten Kanzlerduellen 2002 und 2005, die Ankündigung der vorgezogenen Neuwahl des Bundestags im Mai 2005 zur besten Sendezeit oder die mediale Vorbereitung der Regierungserklärung zur „Agenda 2010" im März 2003. Auch wenn es zu kurz greift, Schröder als bloßen „Medienkanzler" zu bezeichnen, ist seine Kanzlerschaft mit dem Trend zur Medialisierung der Politik doch untrennbar verbunden.

Dieselben Tendenzen lassen sich in der französischen Politik beobachten, wo die zunehmende Medialisierung bereits durch die „präsidentiellen" Attribute des Regierungssystems angezeigt ist (Clift 2005). Entsprechend stehen hier die Präsidentschaftswahlen als Medienereignis im Mittelpunkt, das kandidatenzentriert mit modernsten Marketing-Methoden auf der Bühne des Fernsehens aufgeführt wird. Blair und Schröder vergleichbar hat der jetzige Amtsinhaber Jacques Chirac das professionelle Kommunikationsmanagement auch nach seiner Wahl zum Staatspräsidenten gepflegt und stetig ausgebaut. Nachdem er 1995 den bisher längsten Wahlkampf in der Geschichte der V. Republik auch dank der Hilfe von Medienberatern und Meinungsforschern gewonnen hatte, gelang es ihm, die erfolgreiche Strategie in eine permanente Kampagne zu überführen, die sich in der späteren Auseinandersetzung mit seinem sozialistischen Kohabitationspartner Jospin als äußerst nützlich erweisen sollte. Insbesondere im Fernsehen konnte Chirac seine Vorteile Jospin gegenüber voll ausspielen, was ihm bei der Präsidentschaftswahl 2002 zum erneuten Sieg verholfen haben dürfte. Chirac nutzte das Fernsehen mehr als seine Vorgänger, um durch direkte Ansprachen an die Bevölkerung für seine Politik zu werben und Sympathie zu erzeugen. Dass ihm dabei nicht immer Erfolg beschieden war, zeigte sich zuletzt beim EU-Verfassungsreferendum im Mai 2005, als der Präsident das ablehnende Votum der Franzosen zum EU-Verfassungsvertrages nicht verhindern konnte.

5 Schlussbemerkung

Der Vergleich des britischen, deutschen und französischen Falles hat gezeigt, dass es in den Wettbewerbsdemokratien einen „eingebauten Populismus" (Decker 2005: 120) gibt, der sich insbesondere in der elektoralen Sphäre bemerkbar macht. Für Parteien und Regierungen liegt es deshalb nahe, bestimmte populistische Instrumente und Versatzstücke zu nutzen, um bei den Wählern Akzeptanz zu finden und diese für die eigene Politik zu mobilisieren. Ausgemacht und empirisch aufgezeigt werden konnten hauptsächlich vier dem Populismus entlehnte Stile des Regierens: Eine stärkere direkte Hinwendung der Regierungen zu den Meinungen, Interessen und Stimmungen der Wähler, um diese in den Mittelpunkt der Regierungspolitik zu stellen, ein Agieren der Regierungen als überparteiliche Organisationen, eine stärker personenzentrierte Außendarstellung des Regierens mit gleichzeitigem Machtgewinn des Regierungschefs in der Entscheidungs- und Darstellungspolitik sowie der Versuch der wählerwirksamen Organisation des Regierens, die den Regierungsprozess als permanente Kampagne medial inszeniert und sich dabei modernster Darstellungs- und Marketing-Techniken bedient.

Die zunehmende Unübersichtlichkeit des Wählermarktes aufgrund erhöhter Volatilität, die schwächer werdende Verankerung der Parteien in der Gesellschaft und die steigende Komplexität des Regierens sprechen dafür, dass Regierungen zur Legitimitätssicherung bei der Wähleransprache auch in Zukunft auf populistische Elemente des Regierens zurückgreifen. Die berechtigte Forderung der Wähler nach Berücksichtigung ihrer Meinungen und Bedürfnisse, das Interesse der Medien an publikumswirksamer Darstellung und die von beiden – Wähler und Medien – angemahnten personalisierten Formen politischer Führung lassen sogar erwarten, dass die angeführten Instrumente und Versatzstücke des Regierens an Bedeutung noch gewinnen könnten. Dieses muss keineswegs negative Auswirkungen auf die Funktionsfähigkeit von Demokratien haben, solange sich Regierungspopulismus nicht in bloßer Anbiederung an die Stimmungen in der Wählerschaft oder in rein medial inszenierter Symbolpolitik erschöpft. Nachhaltige Führung mit der Erarbeitung von langfristigen Strategien und Regierungsprogrammen kann sich zur Akzeptanzsicherung legitimerweise populistischer Elemente bedienen, ohne dass ihre Demokratieverträglichkeit schon in Frage stehen muss. Welche Chancen der „eingebaute Populismus" bereithält und ab welcher Grenze er für die Demokratie zu einer Gefahr werden könnte – dies gilt es in der Politikwissenschaft empirisch weiter zu erforschen.

Literatur

Besonders wichtige Titel sind mit einem Sternchen gekennzeichnet.

Alemann, Ulrich von (2000), Das Parteiensystem der Bundesrepublik Deutschland, Opladen.

Bukow, Sebastian / Stephan Rammelt (2003), Parteimanagement vor neuen Herausforderungen, Münster.

Canovan, Margaret (2002), Taking Politics to the People: Populism as the Ideology of Democracy, in: Yves Mény / Yves Surel (Hg.), Democracies and the Populist Challenge, New York, S. 25-44.

Clemens, Clay (1998), Party Management as a Leadership Resource: Kohl and the CDU / CSU, in: ders. / William E. Paterson (Hg.), The Kohl-Chancellorship, London, S. 91-119.

Clift, Ben (2005), Dyarchic Presidentialization in a Presidentialized Polity: The French Fifth Republic, in: Poguntke / Webb (2005), S. 221-245.

Decker, Frank (2004), Der neue Rechtspopulismus. 2. Auflage, Opladen.

Decker, Frank (2005), Politikverdrossenheit ohne Ende? Zur Krise der deutschen Parteiendemokratie, in: Gesellschaft – Wirtschaft – Politik, 54 (1), S. 104-127.

Driver, Stephen / Luke Martell (2002), Blair's Britain, Cambridge.

Döring, Herbert (1991), "Autoritärer Populismus". Alter Wein in neuen Schläuchen, in: Roland Sturm (Hg.), Thatcherismus – Eine Bilanz nach zehn Jahren, Bochum, S. 257-294.

Dörner, Andreas / Ludgera Vogt (2002), Der Wahlkampf als Ritual. Zur Inszenierung der Demokratie in der Multioptionsgesellschaft, in: Aus Politik und Zeitgeschichte B 15-16, S. 15-22.

Farrell, David M. (2002), Campaign Modernization and the West European Party, in: Kurt Richard Luther / Ferdinand Müller-Rommel (Hg.), Political Parties in the New Europe, Oxford, S. 63-84.

Finlayson, Alan (2003), Making Sense of New Labour, London.

Foley, Michael (2004), Presidential Attribution as an Agency of Prime Ministerial Critique in a Parliamentary Democracy: The Case of Tony Blair, in: British Journal of Politics and International Relations 6, S. 292-311.

Franklin, Bob (2004), A Damascene Conversion? New Labour and Media Relations, in: Steve Ludlam / Martin J. Smith (Hg.), Governing as New Labour, Houndmills, S. 88-105.

Gaffney, John (2003), The French Fifth Republic as an Opportunity Structure: A Neo-Institutional and Cultural Approach to the Study of Leadership Politics, in: Political Studies 51 (4), S. 686-705.

Giddens, Anthony (2000), The Third Way and its Critics. Cambridge.

Grande, Edgar (2000), Charisma und Komplexität. Verhandlungsdemokratie, Mediendemokratie und der Funktionswandel politischer Eliten, in: Leviathan 28 (1), S. 122-141.

Hall, Stuart (1986), Popular-demokratischer oder autoritärer Populismus, in: Helmut Dubiel (Hg.), Populismus und Aufklärung, Frankfurt a.M., S. 84-105.

Hartleb, Florian (2004), Rechts- und Linkspopulismus. Eine Fallstudie anhand von Schill-Partei und PDS, Wiesbaden.

Heffernan, Richard (2003), Prime Ministerial Predominance? Core Executive Politics in the UK, in: British Journal of Politics and International Relations 5, S. 347-372.

Heffernan, Richard / Paul Webb (2005), The British Prime Minister: Much More Than ‚First Among Equals', in: Poguntke / Webb (2005), S. 26-62.

Helms, Ludger (1996), Das Amt des deutschen Bundeskanzlers in historisch und international vergleichender Perspektive, in: Zeitschrift für Parlamentsfragen 27 (3), S. 697-711.

Helms, Ludger (2005), Die Informalisierung des Regierungshandelns in der Bundesrepublik: ein Vergleich der Regierungen Kohl und Schröder, in: Zeitschrift für Staats- und Europawissenschaften 3 (1), S. 70-96.

*Hirscher, Gerhard / Karl-Rudolf Korte, Hg. (2001), Aufstieg und Fall von Regierungen, Machterwerb und Machterosionen in westlichen Demokratien, München.

Jun, Uwe (2000), Parteien im Parlament: Die institutionell schwache Stellung der Fraktionen, in: Sabine Ruß u.a. (Hg.), Parteien in Frankreich, Opladen, S. 123-143.

Jun, Uwe (2004), Der Wandel von Parteien in der Mediendemokratie. SPD und Labour Party im Vergleich, Frankfurt a.M.

Jun, Uwe (2005), Entstehung und Erosionstendenzen von politischen Parteien, in: Christiane Frantz / Klaus Schubert (Hg.), Einführung in die Politikwissenschaft, Münster, S. 221-239.

Kavanagh, Dennis (2001), New Labour, New Millennium, New Premiership, in: Anthony Seldon (Hg.), The Blair Effect, London, S. 3-18.

Kimmel, Adolf (2001), Frankreichs republikanische Monarchie: Mythos und Realität, in: Hirscher / Korte (2001), S. 363-387.

Korte, Karl-Rudolf (2001), Der Anfang vom Ende: Machtwechsel in Deutschland, in: Hirscher / Korte (2001), S. 23-64.

*Korte, Karl-Rudolf (2003), Populismus als Regierungsstil, in: Nikolaus Werz (Hg.), Populismus, Opladen, S. 209-222.

Korte, Karl-Rudolf (2004), Darstellungs- oder Entscheidungspolitik in der modernen Mediendemokratie. Stile des Regierens in der Publikumsgesellschaft, in: Markus Karp / Udo Zolleis (Hg.), Politisches Marketing, Münster, S. 201-220.

Lütjen, Torben / Franz Walter (2000), Die präsidiale Kanzlerschaft, in: Blätter für deutsche und internationale Politik 45 (11), S. 1308-1313.

Mair, Peter (2000), Partyless Democracy. Solving the Paradox of New Labour?, in: New Left Review, H. 2, S. 21-35.

*Mair, Peter (2002), Populist Democracy vs Party Democracy, in: Mény / Surel (2002), S. 139-154.

Mertes, Michael (2003), Bundeskanzleramt und Bundespresseamt. Das Informations- und Kommunikationsmanagement der Regierungszentrale, in: Gerhard Hirscher / Karl-Rudolf Korte (Hg.), Information und Entscheidung, Wiesbaden, S. 52-78.

Mény, Yves / Yves Surel, Hg. (2002), Democracies and the Populist Challenge, New York.

Meyer, Thomas (2001), Mediokratie. Die Kolonisierung der Politik durch das Mediensystem, Frankfurt a.M.

Poguntke, Thomas (2005), A Presidentializing Party State? The Federal Republic of Germany, in: Poguntke / Webb (2005), S. 63-87.

*Poguntke, Thomas / Paul Webb, Hg. (2005), The Presidentialization of Politics. A Comparative Study of Modern Democracies, Oxford.

Pütz, Christine (2000), Rolle und Funktion der Parteien in der V. Republik, in: Sabine Ruß u.a. (Hg.), Parteien in Frankreich, Opladen, S. 77-98.

Puhle, Hans-Jürgen (2003), Zwischen Protest und Politikstil: Populismus, Neo-Populismus und Demokratie, in: Nikolaus Werz (Hg.), Populismus, Opladen, S. 15-43.

Sarcinelli, Ulrich (1998): Parteien- und Politikvermittlung: Von der Parteien- zur Mediendemokratie?, in: ders. (Hg.), Politikvermittlung und Demokratie in der Mediengesellschaft, Wiesbaden, S. 273-296.

Scharpf, Fritz W. (1993), Legitimationsprobleme der Globalisierung – Regieren in Verhandlungssystemen, in: Carl Böhret / Göttrik Wewer (Hg.), Regieren im 21. Jahrhundert, Opladen, S. 165-186.

Schuett-Wetschky, Eberhard (2004), Gouvernementale Parlamentskontrolle? Politische Führung, Regierungsmehrheiten und das Verhältnis von Parlament und Regierung, in: Everhard Holtmann / Werner J. Patzelt (Hg.), Kampf der Gewalten? Wiesbaden, S. 17-42.

*Surel, Yves (2002): Populism in the French Party System, in: Mény / Surel (2002), S. 139-154.

Taggart, Paul (2000), Populism, Buckingham / Philadelphia.

Wickert, Ulrich (1994), Frankreich. Die wunderbare Illusion, 12. Aufl., München.

Wiesendahl, Elmar (2003), Parteiendemokratie in der Krise: Das Ende der Mitgliederparteien?, in: Manuela Glaab (Hg.), Impulse für eine neue Parteiendemokratie, München, S. 15-36.

Die Autoren

Dr. Klaus Bachmann, Willy Brandt-Zentrum Wrocław

Prof. Dr. Frank Decker, Universität Bonn

Dr. Susanne Frölich-Steffen, Universität München

Dr. Reinhold Gärtner, Universität Innsbruck

Dr. Florian Hartleb, Technische Universität Chemnitz

Dr. Gilles Ivaldi, Universität Grenoble

Prof. Dr. Uwe Jun, Universität Trier

Prof. Dr. Thomas Meyer, Universität Dortmund

Prof. Dr. Günther Pallaver, Universität Innsbruck

Dr. Lars Rensmann, Freie Universität Berlin

Dr. Jens Rydgren, Universität Stockholm

Tim Spier, MA, Universität Göttingen

Prof. Dr. Marc Swyngedouw, Katholische Universität Löwen

Neu im Programm
· Politikwissenschaft

Jürgen W. Falter / Harald Schoen (Hrsg.)

Handbuch Wahlforschung

2005. XXVI, 826 S. Geb. EUR 49,90
ISBN 3-531-13220-2

Die Bedeutung von Wahlen in einer
Demokratie liegt auf der Hand. Deshalb
ist die Wahlforschung einer der wichtigsten Forschungszweige in der Politikwissenschaft. In diesem Handbuch wird eine
umfassende Darstellung der Wahlforschung, ihrer Grundlagen, Methoden, Fra-
gestellungeň und Gegenstände geboten.

Peter Becker / Olaf Leiße

Die Zukunft Europas

Der Konvent zur Zukunft der
Europäischen Union
2005. 301 S. Br. EUR 26,90
ISBN 3-531-14100-7

Dieses Buch gibt auf knappem Raum
einen Überblick zur Arbeit des „Konvents
zur Zukunft der Europäischen Union", zu
Anlass und Organisation des Konvents,
zu seinen wichtigsten Themen und
Ergebnissen. Ebenso werden die wichtigen Konferenzen und Entscheidungen
nach Abschluss des Konvents in die Darstellung einbezogen.

Bernhard Schreyer /
Manfred Schwarzmeier

**Grundkurs Politikwissenschaft:
Studium der Politischen Systeme**

Eine studienorientierte Einführung
2. Aufl. 2005. 243 S. Br. EUR 17,90
ISBN 3-531-33481-6

Konzipiert als studienorientierte Einführung, richtet sich der „Grundkurs Politikwissenschaft: Studium der politischen
Systeme" in erster Linie an die Zielgrup-
pe der Studienanfänger. Auf der Grundlage eines politikwissenschaftlichen Sys-
temmodells werden alle wichtigen Bereiche eines politischen Systems dargestellt.

Dabei orientiert sich die Gliederung der
einzelnen Punkte an folgenden didak-
tisch aufbereiteten Kriterien: Definition
der zentralen Begriffe, Funktionen der
Strukturprinzipen und der Akteure, Varia-
blen zu deren Typologisierung, Ausgewählte Problemfelder, Entwicklungstendenzen, Stellung im politischen System,
Kontrollfragen, Informationshinweise zur
Einführung (kurz kommentierte Ein-
führungsliteratur, Fachzeitschriften, Inter-
net-Adressen).

Im Anhang werden die wichtigsten
Begriffe in einem Glossar zusammen-
gestellt. Ein Sach- und Personenregister
sowie ein ausführliches allgemeines Lite-
raturverzeichnis runden das Werk ab.

Erhältlich im Buchhandel oder beim Verlag.
Änderungen vorbehalten. Stand: Juli 2005.

www.vs-verlag.de

VS VERLAG FÜR SOZIALWISSENSCHAFTEN

Abraham-Lincoln-Straße 46
65189 Wiesbaden
Tel. 0611.7878-722
Fax 0611.7878-400